自贡高新技术产业开发区

ZI GONG HI-TECH DEVELOPMENT ZONE
YEARBOOK

年鉴

（2017）

自贡高新技术产业开发区管理委员会　编

方志出版社
Publishing House of Local Records

图书在版编目（CIP）数据

自贡高新技术产业开发区年鉴. 2017 / 自贡高新技术产业开发区管理委员会编. —北京：方志出版社，2019.1

ISBN 978-7-5144-3481-1

Ⅰ. ①自… Ⅱ. ①自… Ⅲ. ①高技术产业区－自贡－2017－年鉴 Ⅳ. ①F127.713-54

中国版本图书馆 CIP 数据核字（2019）第 013721 号

自贡高新技术产业开发区年鉴（2017）

编　　者：自贡高新技术产业开发区管理委员会
责任编辑：罗　滔

出 版 人：冀祥德
出 版 者：方志出版社
地址　北京市朝阳区潘家园东里 9 号（国家方志馆 4 号）
邮编　100021
网址　http://www. fzph.org
发　　行：方志出版社图书经销中心
电话（101）67110500
经　　销：各地新华书店
印　　刷：成都中嘉设计印务有限责任公司

开　　本：889×1194　　1/16
印　　张：19
字　　数：475 千
版　　次：2019 年 1 月第 1 版　2019 年 1 月第 1 次印刷
印　　数：001~300 册

ISBN 978-7-5144-3481-1　　定价：280. 00 元

《自贡高新技术产业开发区年鉴(2017)》

编辑委员会

编辑部

编辑说明

《自贡高新技术产业开发区年鉴(2017)》是自贡高新技术产业开发区（以下简称“自贡高新区”）管委会主办、自贡高新区党政办公室主编、各部门、乡（街）协办的系统反映区情的综合年鉴，旨在全面系统记载2016年全区政治、经济、文化、社会、生态等各方面发展的基本情况和重大事件，反映在发展高新技术产业、建设现代城市和“两化”互动示范区中的新成就、新面貌、新风采。

《自贡高新技术产业开发区年鉴(2017)》采用分类法编辑，设类目、分目、条目三个层次。类目为最大单元，分目设置综合考虑自贡高新区现行管理体制，条目为年鉴内容的基本单元。为便于检索，条目标题用黑体字并加【】表示。

《自贡高新技术产业开发区年鉴（2017）》全面系统地记载2016年自贡高新区各行各业的基本情况和发展状况，设特载、专文、大事记、概要、政治、经济、城乡、文化、社会、乡 街道、文件、附录12个类目。“特载”刊载重要文件、重要报告，“专文”刊载论文、调研报告、专项工作总结等，“概要”介绍概况、组织机构、重要调研活动、会议，“文件”刊载重要文件和目录，“附录”汇辑先进集体、先进个人名录、统计表等。

《自贡高新技术产业开发区年鉴(2017)》为增加信息量，强化可读性，形象生动地反映自贡高新区2016年新面貌、新成就，全书前面刊载“高新影像”彩页，随文配少量插图。

《自贡高新技术产业开发区年鉴(2017)》采用的大部分稿件由区各部门、单位确定专人撰写或提供，编辑部撰写部分稿件并统编全书。稿件均经各部门、单位主要负责人审核，为示负责，撰稿人署名于各相应分目或条目文末。主要数据以高新区经贸发展局提供的统计数据为依据，其他数据由部门、单位提供。2016年实行新统计口径，同时因个别单位统计口径不同等原因，有的数据在不同条目中不尽一致，使用时请注意出处。

为精炼文字，党组织及党员，团组织及团员，如未注明，指中国共产党及中共党员、共青团组织及共青团员；“省”“市”“高新区”指四川省、自贡市、自贡高新技术产业开发区。

《自贡高新技术产业开发区年鉴(2017)》的编辑、出版承蒙有关部门、单位大力支持，在此谨表谢意。由于编者的认识、能力所限，难免有疏漏欠妥之处，恳请读者批评指正。

《自贡高新技术产业开发区年鉴》编辑部

2017年12月

高新影像

考察调研

经济建设

城乡风貌

文化体育

社会民生

考察调研 KAO CHA DIAO YAN

9月7日，省委副书记、省长尹力（右一）到高新区调研

5月18日，省决策咨询委员会主任甘道明（前排右一）在南岸科技新区调研

11 月 24 日，副省长刘捷（左二）在华西科技园调研

8 月 10 日，省发改委主任唐利民（中）在高新区调研

7月5日，省公安厅纪委书记李邵林（中）调研高新公安分局反恐防暴工作

8月19日，市委书记李刚（左二）到板仓工业园区企业调研

8 月 30 日，市人大常委会主任、党组书记谭豹（右三）到卧龙湖旅游区调研

7 月 30 日，市长刘永湘（前排右二）在龙誉汽车公司调研

5 月 4 日，市委常委、组织部长刘敏（左一）到高新区调研社会民生工作

12月7日，市委常委、市政法委书记刘笑禹（左三）到西景苑社区调研

6月6日，全省国资国企改革经验交流工作推进会参会人员到高新区考察

8月4日，市委中心组成员考察西南静脉产业园

10 月 20 日，环球石墨烯公司、美国恒利公司到高新区考察

11 月 29 日，省知名品牌验收组考察高新区知名品牌创建工作

2 月 23 日，新都区党政代表团到高新区考察

经济建设 JING JI JIAN SHE

8 月 2 日，高新区招商引资项目推进工作座谈会

10 月 9 日，高新区招商引资集中签约仪式

7 月 28 日，高新区国家高端装备制造业试点推进会

11 月 29 日，高新区创建省知名品牌验收会议

1 月 26 日，第二届川南名优特新商品交易会暨电商年货节在华商・国际城开幕

5月13日，“央行小贷通”融资对接会

12月22日，高新区招商引资集中签约仪式在深圳圣淘沙酒店举行

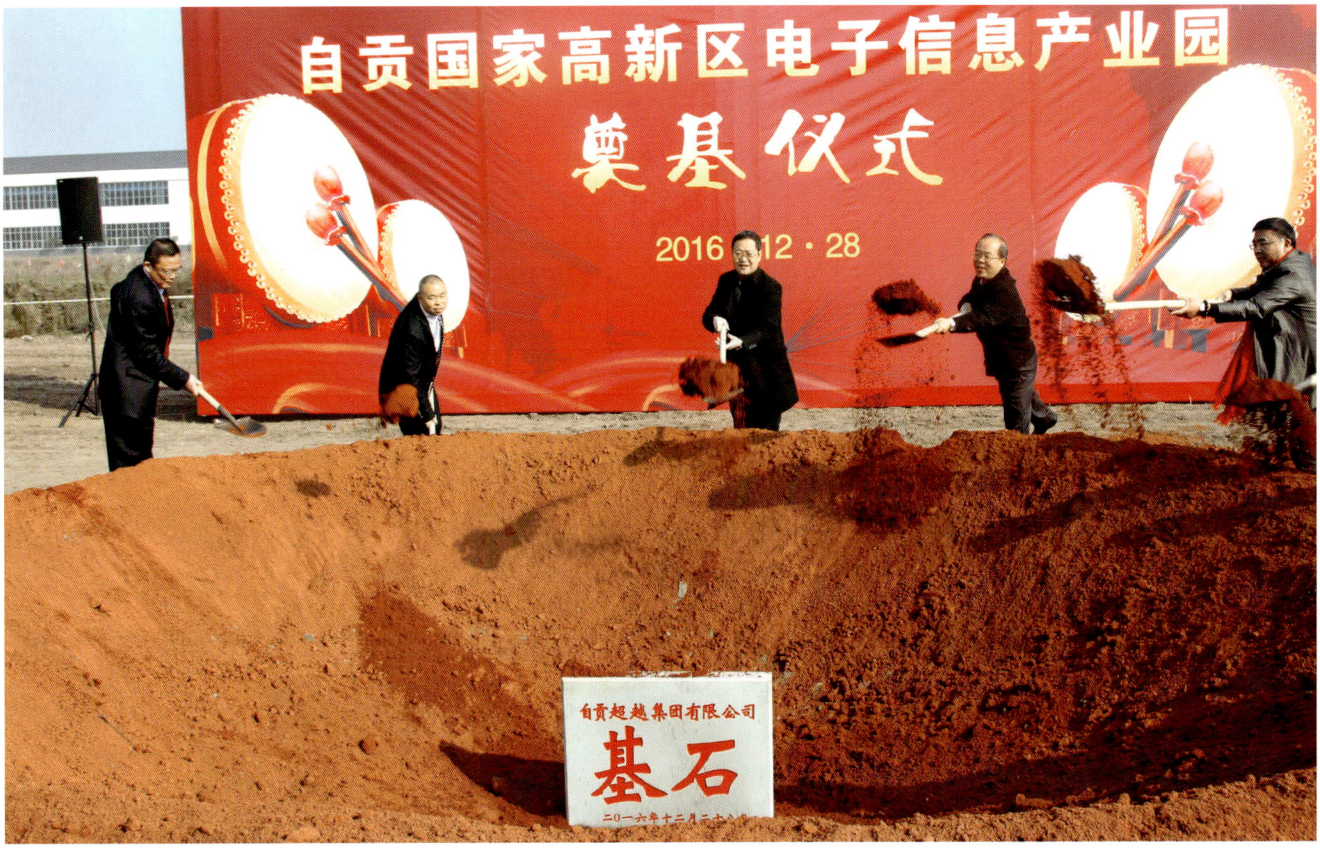

12 月 28 日，电子信息产业园奠基仪式

12 月 10 日，晶泽 · 华府一期开盘

11 月 9 日，高新区质监局在邓家坝加气站开展储气井泄漏事故应急演练

12 月 10 日，摩托车展销

“自贡 – 哈尔滨冰雪嘉年华”冰灯展

1

2

5

1. 安益生物产业园
2. 房产交易会
3. 卧龙湖婚礼中心
4. 迎新年商品展销会
5.10 月 1 日，“海汤神泉”开业
6. 海汤神泉浴池
7. 海汤神泉浴池
8. “海汤神泉”开业文艺演出
9. 海汤神泉外景

3

4

自贡卧龙湖国际旅游度假区
暨海汤神泉开放启动仪式

6

自贡卧龙湖国际旅游度假区
暨海汤神泉开放启动仪式
海 汤 神 泉
8

7

9

城乡风貌 CHENG XIANG FENG MAO

4 月 29 日，白色生物技术与绿色可持续发展讲座

燊海森林全景

11 月，汇园路通车

1 月 24 日，南湖公园雪后初晴

园林养护技能展示

1 月 1 日，汇东公园地下停车场投入使用

板仓秋色

釜溪河复合绿道羊龙湖

南湖立交桥夜景

南湖生态城夜景

华商·国际城音乐喷泉广场

1

2

3

4

1. 鸟瞰卧龙湖湿地公园
2. 维修村道
3. 南湖安置房（三区）一角
4. 狮子山公园
5. 汇东实验学校南湖校区二期竣工
6. 西区三期安置房一角

5

6

文化体育 WEN HUA TI YU

1月29日，高新讲堂——音乐艺术与人文素养

2月2日，高新区迎春文艺晚会

3月3日，高新区工会庆祝妇女节趣味运动会

4月24日，高新区首届足球联赛开幕式

4月26日，“青春飞扬·劳动托起高新梦想”文艺晚会

5 月 31 日，文明劝导员培训

6 月 8 日，全民健身走活动

6 月 28 日，庆祝建党 95 周年文艺晚会

高新区社区文化艺术节开幕式
暨卧龙湖国际旅游度假节文艺晚会
传承文化
千年盐都
1

歌唱祖国
汇东股份
1949-2016
2

3

2016自贡市“创新杯”年终网球比赛
4

1. 9月22日，艺术节及国际旅游度假区文艺晚会

2. 9月30日，汇东公司歌咏会

3. 11月16日，外媒记者到高新区采访

4. 12月24日，“创新杯”网球赛开幕式

5. 11月17日，青年歌手大赛

6. 11月18日，第二届艺术节之广场舞赛《蝴蝶泉边》

7. 12月28日，高新区首届农民运动会开幕式

12月31日，高新区代表队参加自贡市迎春健身跑活动

创建文明城市宣传活动

写春联迎新春

自贡市第六届社区艺术节“广场舞比赛”在华商·国际城北广场举行

社区运动会

社会民生 SHE HUI MIN SHENG

2月25日，省食品药品监管局副巡视员郑强到高新区调研食品药品安全工作

3月10日，高新区社会治安防控体系建设深化推进仪式，成立治安巡逻大队

8月12日，省总工会慰问环卫工人

9月20日，高新区社会事业系统召开安全稳定集体约谈会

9 月 14 日，签订“自贡英祥妇女儿童医院”投资协议

9 月 20 日，高新区开展液氨泄露处置培训与应急演练

11 月 18 日，《做智慧型父母》家庭教育讲座

1. 977 爱心车队参加文明交通行动
2. 12 月 2 日，宪法日宣传活动
3. 灭火演练
4. 急救知识及救护培训
5. 护送考生赶考
6. 防震减灾演练
7. 健康教育进社区

4

5

6

交通安全宣传进校园

世界旅游小姐大赛组委会向缨美模特艺术学校授牌

学校升旗仪式

慰问留守儿童

为婴幼儿免费体检

送科技到社区活动

儿童游乐会

义务献血

交警夜晚护送急救病人

整治交通违法

雨中执勤

目 录

特 载

专 文

大事记

概 要

政　治

经济管理

城乡建设

文化·体育

社　会

乡・街道

文 件

附　录

中共自贡市委　自贡市人民政府
关于促进自贡国家高新技术产业开发区加快发展二十条政策措施的意见

自委发〔2016〕25 号

为认真贯彻落实省委、省政府《关于加强产业园区党的建设推动产业园区科学发展加快发展的意见》（川委发〔2015〕15 号）和省委办公厅、省政府办公厅《关于印发〈关于创新体制机制优化机构编制资源配置推动产业园区发展的意见〉〈四川省产业园区领导班子和干部人才队伍建设规划指引（2015—2020 年）〉〈四川省产业园区综合考核评价办法（试行）〉的通知》（川委办〔2015〕41 号）精神，促进自贡国家高新技术产业开发区（以下简称高新区）加快发展，现提出以下意见。

一、明确高新区地位和作用

（一）高新区是全市经济建设的主战场、改革开放的试验田、创新发展的先行区，肩负着引领全市创新驱动发展、加快“产城互动”、推动自贡振兴发展的重要使命。各区县、市级各部门要深刻认识加快高新区发展的重大意义，举全市之力，推动高新区加快转型发展，围绕“高”和“新”，打造高新区“升级版”。

二、完善管理体制和运行机制

（二）充分授权，强化独立运作、封闭运行的集中管理模式。高新区党工委、管委会是市委、市政府的派出机构，实行党工委领导下的主任负责制，行使市委、市政府赋予高新区的市级管理权限，对高新区范围内的各项工作实行统一领导和管理，其“三重一大”事项由高新区党工委、管委会决定，特别重大事项由市委、市政府决定。

（三）高新区实行精简高效的大部制，允许高新区党工委、管委会在规定的机构限额内自主决定机构的设置和调整。在已设置机构的基础上，可根据工作需要加挂牌子，实行“一套人马，多块牌子”，并报市机构编制部门备案。将高新区纳入职务职级并行制度实施范围。

（四）市机构编制部门对高新区的机构、编制和职数实行高限控制，根据高新区的人口、面积和经济规模，按照与行使市级管理权限和承担具体职责相适应的原则，按需适度增加高新区行政编制，充实工作力量。人员调配和使用由高新区党工委、管委会自行确定，并报市机构编制和人事部门备案。

三、充分授予市级管理权限

（五）大力简政放权，支持高新区用足、用活、用好市级管理权限。法律法规规章等规定可以下放的市级管理权限由市政府下放给高新区，涉及具体的有关市级管理权限由市级相关部门按法律法规规章等规定直接下放给高新区管委会相应内设机构和派驻机构；涉及具体的有关市级管理权限，法律法规规章等无明确规定可以下放的，由市级相关部门委托给高新区。具体权限由高新区管委会根据经济社会发展需要提出，由市级相关部门按程序下放或委托，并授予业务专用章。下放和委托给高新区的管理权限，按照“权责对等”的原则，由高新区实际承担对应的行政和法律责任。高新区要优化机构设置，简化审批流程，提升人员综合素质和业务能力，提高服务质量和效率，确保下放和委托的权限落实到位、高效运行。支持高新区完善“一站式”服务平台，推行全程代办服务和办理结果备案制度，实行“一个窗口对外”的集中管理模式，确保下放和委托的市级审批手续在高新区内全部限时办结。

（六）高新区行使发展改革、商务、环保等领域相应市级管理权限。高新区负责其辖区范围内所有新建、改建、扩建项目的立项备案（核准、审批），项目可行性研究报告和概算审批，项目节能评估和审查，以及政府性投资项目的招投标核准、备案、监督、管理工作；负责外商投资项目许可、核准和外商投资企业设立审批工作；负责电力设施保护区施工作业许可，企业技术改造项目备案、核准工作；负责建设项目环境影响报告书（表）、建设项目水土保持方案的审批，以及环保执法、验收、监管、投诉等工作；依法履行统计工作职责。

（七）高新区行使规划建设领域相应市级管理权限。高新区负责组织其区域范围内控制性详细规划的编制和维护工作，并按程序报批；负责下达除房地产、商业外的其他所有项目的规划条件，审批规划设计方案和施工图，并核发全市统一编号的《建设项目选址意见书》、“建设用地规划许可证”“建设工程规划许可证”“建筑工程施工许可证”等。

（八）高新区行使国土资源管理领域相应市级管理权限。高新区负责其辖区范围内的项目供地预审、项目临时用地审批、集体土地占用审批；负责编制供地计划、土地一级市场工业用地供地方案，按批次报市国土资源部门备案并报市政府审批；负责土地地籍调查和工业用地的供后监管；负责出让土地使用权续期审核，建设占用耕地补充初审和权限范围内未利用地开发审核。

四、优化财税管理体制

（九）进一步明晰事权与支出责任相匹配的财政管理制度，强化高新区管委会行使一级政府的财政管理权限，负责高新区范围内的财政收支管理工作。中央、省、市按规定对高新区范围内的各类转移支付补助，由市财政直接下达给高新区。凡在高新区范围内开展生产经营活动的企业，一律实行“属地化”管理，在高新区办理工商、税务登记，并由高新区税务部门统一征管。在高新区之外注册企业迁入高新区落户的，必须及时办理工商、税务登记的变更手续。

（十）高新区范围内所有税收及附加收入的地方级部分（除中、省部分），按市级25%、区级75%的固定比例分享，就地分别缴入市财政和高新区财政。

（十一）高新区范围内除现有国有存量土地中权属为市本级的国有土地使用权出让收入缴入市本级国库外，其余土地收入全部缴入高新区国库。

（十二）高新区范围内的城市基础设施配套费、水土保持补偿费（除中、省部分）全额缴入高新区财政，其中：城市基础设施配套费按市级40%、区级60%的固定比例分享，水土保持补偿费按市级35%、区级65%的固定比例分享，市本级部分由高新区在年终结算时上解市财政。新增建设用地土地有偿使用费除中、省、市分成部分外，由市财政安排给高新区。人防易地建设费按规定安排给高新区使用。其他非税收入按现行财政体制执行。

五、全力支持产业发展

（十三）市级重大产业项目优先布局在高新区。优先安排和保障高新区的建设用地指标，确保高新区年度计划用地指标不低于当年市本级年度计划指标的三分之一。高新区建设征收用地所需耕地占补平衡指标和增减挂钩结余指标在市域内统筹，所需费用按“谁受益、谁承担”的原则分担。支持高新区项目纳入省重点推进、省重点支持项目和省级重点项目。

（十四）加快产业转型发展。壮大工业主导产业，市级工业发展专项资金重点支持高新区企业，鼓励高新区完善竣工投产企业奖励办法，加快项目建成投产。支持高新区自行建立产业发展专项扶持资金，助推工业转型发展。用好用活自贡市战略性新兴产业和高端成长型产业投资基金、自贡市创新创业股权投资基金，重点扶持高新区科技含量高、经济效益优、成长性好和带动力强的企业。大力发展现代服务业，鼓励高新区培育壮大现代物流、现代金融、信息服务、科技研发等现代生产性服务业，对需缴纳的各类行政事业性收费，除上缴省级部分外，其余实行“零费区”政策；在项目建设和运营中需缴纳的技术性服务收费，按物价部门核定的最低收费标准收取。大力推行拆迁还房货币化安置，促进高新区房地产市场健康发展。

（十五）允许高新区在不违背国家政策的前提下，自行制定招商引资优惠政策，建立项目引进风险补偿专项资金，自主决定派驻境内外招商机构或按市场机制招募境内外代理机构，并对招商引资引智人员或单位给予奖励。强化金融保障，市内引进的金融机构优先安排在高新区，创新金融产品优先在高新区试点。鼓励高新区根据产业发展需要引进和设立担保公司、天使投资基金、风险投资基金、创业投资引导基金等非银行类金融服务机构。鼓励高新区建立信贷风险补偿专项资金，引导金融机构支持高新区产业发展。鼓励高新区推进政府与社会资本合作，大力引进社会资金用于基础设施和社会公共服务项目建设。

六、创新用人管理机制

（十六）建立健全灵活高效的用人机制。在高新区开展扩大用人自主权试点，实施聘任制度和岗位管理制度改革，全面推行全员竞聘上岗、企业化运作的管理模式，实行基本薪酬与岗位绩效奖励相结合的收入分配制度，建立“人员能进能出、职务能上能下、待遇能升能降”的管理机制，形成注重实绩、优胜劣汰的用人导向。允许高新区在不违背国家法律法规的前提下，创新机制，自行制定政策引进特殊、高端、紧缺、优秀人才，为加快高新区发展提供人才支撑。

（十七）鼓励探索创新干部管理、绩效和

激励约束机制。对高新区比照区县进行目标管理、考核和奖励。由高新区自主制定管委会机关及辖区基层单位（含双重管理单位）的年度目标绩效管理和考核奖励标准及办法，根据经济社会发展成果，确定年度目标考核奖励。

七、强化组织领导

（十八）全面加强党的领导。建立完善加快高新区建设发展的领导机制，强化对高新区发展和党建工作的领导，定期研究高新区战略规划、体制机制、产业发展、干部人才、党群工作等方面的重大事项。加强高新区领导班子建设，增加领导班子职数，把思想解放、年富力强、熟悉经济工作、作风务实的干部选拔进入高新区领导班子，打造一支年轻化、知识化、专业化的干部队伍，为高新区科学发展加快发展提供坚强保障。

（十九）优化目标考核办法。按照“有权有为”的原则，改进完善考核体系，简化考核标准，突出招商引资、项目建设、科技创新、转型升级等重点工作，细化目标设置，严格考核，逗硬奖惩，充分发挥目标考核的导向作用。

（二十）营造实事求是、鼓励创新、宽容失误的政治生态和发展环境。支持高新区按照严管干部与支持创新相结合的原则，制定鼓励创新、容错免责的认定评价标准和处理办法，建立崇尚实干、敢于担当、鼓励干事创业的保障机制。

（2016年10月26日）

开拓进取　再创辉煌
为“建幸福宜居新城，造千亿产业园区”而努力奋斗

——在自贡高新区2017年工作会上的讲话

自贡市委常委、自贡高新区党工委书记　张邦举

（2017年1月20日）

同志们：

刚才，单鑫同志代表高新区党工委、管委会做了工作报告，对过去五年的工作做了实事求是的总结，深刻分析了目前面临的形势，并对未来五年和2017年的工作做了全面安排部署，我都赞成。会后，各级各部门要迅速抓好会议精神的传达贯彻和落实，切实把思想和行动统一到党工委、管委会的决策部署上来，确保圆满完成2017年各项目标任务。下面，我再讲五点意见：

一、敢于担当，勇于承担高新区所肩负的历史使命

我们必须牢记，高新区的发展承载着自贡老工业城市振兴发展的梦想。纵观自贡的发展历史，工业的兴衰带来了城市的兴衰，工业的发展决定着自贡的地位，工业的状况影响着广大群众的生活。对自贡而言，工业发展是经济社会加快发展最重要的动力和支撑，而工业园区建设是实现老工业城市全面振兴的必由之路，高新区自成立以来所走过的每一步，都肩负着加快推动自贡转型升级的重要使命，承载着千

年盐都振兴发展的梦想。

高新区的发展承载着每一代高新人的辛勤付出。1992 年，自贡高新区正式成立；2006 年，板仓工业园区开工建设；2011 年，高新区成功升格为国家级高新区。这每一次突破，都是历代高新人精诚团结、艰苦创业、奋力拼搏的结果，高新区的每一份成就都凝聚着高新区广大干部群众的心血。同时，高新区的发展也离不开市委、市政府的高度重视和坚强领导，离不开社会各界的关心支持，历届市委、市政府集全市之智、聚全市之力，加快推进高新区的发展，为高新区实现转型发展奠定了坚实的基础。在新的历史条件下，市委、市政府更是对高新区做出了新的战略定位，要求在“高”和“新”上下功夫，发挥主引擎作用，在五年内建成超千亿研发智造型高新区，可以说是开启了高新区发展的第三次征程。我们绝不能辜负市委、市政府赋予的历史重任，更不能辜负全市人民群众寄予的满腔期盼。

在新的形势下，面对宏观经济形势不断变化，以及各种因素的影响，园区部分企业面临着历史上最困难的时期。在这种情况下，市委、市政府对高新区做出了新的定位，我们必须为自贡产业的转型发展担当起主引擎、主阵地的作用，为自贡老工业城市的转型发展做出应有的贡献。

二、专注发展定力，进一步坚定高新区加快发展的信心和决心

我们要清醒地认识到，高新区通过二十多年的发展，尽管取得了一些成绩，但与发达地区相比还有很大差距，高新区当前最大的现实是发展不够。高新区要肩负起振兴发展示范区的重任，必须把发展摆在首位，始终专注发展定力，做到发展高于一切。在新的起点上，要抢抓发展先机，鼓足发展劲头，强化发展措施，谋求更快的发展速度，赢得更大的发展空间，推进经济又好又快地发展。

要明确高新区发展的中心任务。当前，高新区的中心任务就是“建幸福宜居新城，造千亿产业园区”。高新区发展的历程和实践证明，加快高新区发展的重要路径就是要坚持产城互动。我们提出“建幸福宜居新城，造千亿产业园区”这一中心任务，就是为了继续坚持走产城互动的道路，进一步做大产业规模，不断提升城市品质，使高新区的发展成果更好地惠及人民群众。

面对新的历史条件和困难，我们更要进一步坚定加快发展的信心和决心。通过一代代高新人的辛勤努力，高新区从小到大，已经成为支撑全市经济社会发展的重要力量，奠定了加快发展的物质基础。一是高新区已经成功的创建成为国家科技兴贸基地、国家节能环保装备制造基地、国家科技企业孵化器、国家知识产权示范园区，产业优势有所显现，节能环保装备制造、新材料两大产业初具规模，为加快发展奠定了坚实基础；同时，高新区拥有一支敢于顽强拼搏、敢于担当、甘于奉献、勇于创新的干部职工队伍，为高新区的事业发展提供了坚强保障。

三、突出重点，奋力开创高新区第三次征程新局面

市第十二次党代会报告对高新区的定位，既是动员令，更是勾画出了高新区未来的发展蓝图，为高新区发展指明了方向。今后五年，全区上下要结合高新区实际，深入贯彻落实市第十二次党代会的决策部署，抢抓机遇，迎难而上，奋力开创高新区第三次创业的新局面。要重点抓好以下几个方面的工作：

（一）突出产业支撑，做大做强园区经济

自贡高新区的发展，重点在产业，关键在园区，落脚在企业。但从目前来看，产业支撑不足仍然是高新区最大短板，我们要实现五年内规模工业总产值突破 500 亿元的目标，任务艰巨，工作繁重。因此，我们必须把产业强区

作为工作的重中之重，迅速做大产业规模。要瞄准战略性新兴产业全力招大引强，打造石墨烯产业园、生物医药产业园、电子信息产业园，在产业布局、政策扶持、配套服务等方面添举措，推进项目尽快投产达产，形成新的经济增长点。进一步优化园区资源配置，盘活园区闲置资产。对于停产半停产的困难企业，我们要逐户研究，实施“一企一策”，采取针对性措施，加大与金融机构和要素保障部门协调力度，盘活已形成的生产能力；对一些不符合园区产业布局的“烂尾”工程和项目，我们要逐个研究，集中精力开展园区升级工作，积极引导优势企业入驻，通过盘活园区闲置土地和厂房，不断优化园区产业布局，使园区重现生机与活力。

（二）突出开放合作，打造区域投资热土

高新区对外开放工作，与当前激烈的区域竞争态势相比，与市委、市政府的要求相比，还有很大差距。今后，我们必须狠抓招商引资第一要事，把高新区放在全省、全国的大格局中去审视，深刻把握发展大势和自身要求，在更前沿的领域、更广阔的空间中去抢项目、抢技术、抢资金、抢人才，以大开放促大发展，打造区域投资热土。要强化拼抢意识，主动出击，快速出击，抢占招商引资先机。要强化精准招商，按照产业布局实施精准招商，做足招商引资功课，深入分析园区产业优劣势和长短处，全面了解目标企业的战略取向和发展规划，找准招商引资结合点，不断推动园区产业延链补链强链。要瞄准重点产业和企业，以战略性新兴产业和500强企业为主攻方向，有针对性地对接，力争在招大引强方面实现突破。要强化全员招商，将招商引资工作作为一把手工程，做到人人肩上有招商担子、个个头上有招商指标，利用一切可以利用的资源，调动一切积极因素，采取行之有效措施，努力在招商领域、招商方式、招商效果上有大突破，力争项目早签约、早落地、早投产，形成全区招商、全员招商、全面招商良好氛围。

（三）突出改革创新，不断激发内生动力

高新区要突出“高”和“新”，就是要培育高新技术产业，同时不断地改革创新，以体制机制的改革、金融服务创新和科技人才引进为抓手，不断激发内生动力，推动高新区加快转型发展。要加快机构人事制度改革，坚持“机构精简、职能整合、结构优化、运行高效”的原则，加快高新区机构人事制度改革步伐，充分发挥“市场化运作”“企业化管理”体制优势，努力形成责权一致、精简高效管理架构。要在人事制度改革上下功夫，使人员能上能下、能进能出；在机构设置上，整合优化部门设置，理顺责权关系，提升行政和服务效率；在人员配置上科学化，合理精简冗余部门人员，强化招商一线、项目一线工作力量，为加快推进项目和园区建设提供有力保障。要强化金融服务创新，鼓励金融机构加大创新力度，促进金融与科技、产业相结合，增强金融支撑科技创新、服务经济社会发展的能力。要加大同银行、信托、基金等金融机构的沟通力度，通过金融产品创新、融资平台打造、服务水平提升，着力解决企业融资难、融资贵、担保难问题，切实解决企业在发展过程中遇到的实际困难。要强化科技人才引进，积极引导企业加快引进科技人才，鼓励企业自主创新，推动企业不断转型升级。相关部门要尽快制定具体可行的实施意见，不断完善企业人才引进的激励政策，加快引进海外高层次创新人才和千人计划、百人计划人才。要营造尊重人才，尊重企业家的良好环境，打造区域人才高地。

四、苦干实干，努力营造干事创业良好氛围

能否实现高新区的既定目标，能否实现市委、市政府赋予高新区的历史使命，关键在干部，主要在作风。高新区全体干部职工必须牢

固树立“一盘棋”的思想，苦干实干，努力营造超一流的政务服务环境。

（一）要有忠诚坚定、大我无私的思想境界

要坚定理想信念。坚守共产党人的精神追求，始终是共产党人安身立命的根本。今天，历史的责任落到了我们这一代人身上，让高新区广大群众过上幸福而有尊严的生活，应该成为我们必须担当的时代责任，有了这个信念的支撑，我们就有永续不断的动力，就没有克服不了的困难。要鲜明价值取向。作为党的干部，就是要讲大公无私、公私分明、先公后私、公而忘私，把公权用在为群众办事、为群众造福上去，在对组织、对人民、对同志上，要忠实真实诚实，做老实人、说老实话、干老实事，在工作中多做利长远、添后劲、惠民生的实事，绝不好高骛远、脱离实际，用我们的辛苦指数去换取高新区发展指数和群众幸福指数。要恪守为民情怀。我们要学会从群众中来，到群众中去，和群众打成一片，了解群众所需所想，对群众关心的问题，要一个一个地去解决，一项一项地去落实。要善于发动群众、引领群众，充分调动群众的主观能动性，群策群力为“建幸福宜居新城，造千亿产业园区”增砖添瓦。

（二）要有奋发有为、苦干实干的精神状态

要开拓进取。面对激烈的区域竞争，我们必须超越自我、敢为人先，实现新作为、寻求新突破。要以破的思维、立的智慧，敢字当头，以新应新，主动应变，抢占先机，推动发展。要攻坚克难。推动高新区加快发展，面对复杂变化的宏观环境和长期积累的深层次矛盾，需要我们研究研判深层次问题，把握真实状况、掌握发展规律，要有“明知山有虎，偏向虎山行”的勇气和魄力，涉深水、破坚冰、啃硬骨头，破解矛盾，见到实效。要勇争一流。后发更要高点起步。我们要实现弯道超车，追赶跨越，必须要敢向高处攀，和强者比，与能者赛，必须做到人无我有，人有我精。街乡之间要比实绩、比作风、比群众的满意度；部门之间要比争取资金，比争取项目，比争取政策，形成你追我赶、争先恐后干事创业氛围。

（三）要有舍我其谁、敢作善成的责任担当

要敢干事。要有敢打敢拼的血性，敢闯敢试的气魄，敢于到困难大、矛盾多的地方去解决问题，到群众意见大、怨气多的地方去化解矛盾，到工作推不开、情况复杂的地方去打开局面。要营造鼓励实干者、宽容失误者的环境，只要是一心为公、一心为民，工作中的失误，我们都可以容纳。要建立容错纠错机制，让干事者放心舒心。要能干事。要实现未来的目标任务，仅靠热情和勇气是不够的，还必须有足够的智慧和能力。要在学习和实践中不断提升工作能力，坚持战略思维，以更高的视野、更宽的视野、更高的要求、更实的作风去解决高新区发展难题，寻找高新区发展出路。要干成事。围绕高新区发展大局，要把精力集中在抓落实上，把目标定位在干成事上，用实实在在的工作成果来体现水平，彰显价值，真正树立以实绩论英雄、以发展论优劣的鲜明导向。各级领导干部要走项目建设、招商引资、产业培育、创新改革的第一线，以自己的榜样作用带动各级干部真抓实干。

五、全面从严治党，为高新区加快转型发展提供坚强保障

完成各项目标任务，关键在于加强党的领导，充分发挥党工委统揽全局和协调各方的作用。要严格执行《关于新形势下党内政治生活的若干准则》《中国共产党党内监督条例》和省委《关于加强和规范党内政治生活严格党内监督巩固发展良好政治生态的决定》精神，不断加强和规范党内政治生活，严格党内监督，切实把思想和行动统一到市委和高新区党工委

的决策部署上来，为顺利实现各项目标任务，不断开创从严治党新局面提供坚强有力的政治、思想和组织保证。

（一）强化思想教育，筑牢“四个意识”

要加强理论武装，坚持用习近平总书记系列重要讲话精神和治国理政新理念新思想新战略武装头脑，坚决维护以习近平同志为核心的党中央权威。多形式抓好理论学习培训，切实提高科学理论指导实践的能力、驾驭市场经济的能力、政策把握和落实的能力、拒腐防变的能力。要培优政治文化，凸显先进政治文化引领人、教育人的作用，积极倡导忠诚老实、光明磊落、公道正派、实事求是、清正廉洁的价值观，不断培育良好政治生态。

（二）严明纪律规矩，强化底线思维

要严明政治纪律。对中央、省委、市委和高新区党工委、管委会的各项决策部署，坚决做到要求什么就落实什么，规定什么就维护什么，禁止什么就纠正什么。对违反政治纪律的言行，各级党组织和党员领导干部要坚决制止。坚决落实党章规定的“四个服从”，自觉接受组织安排和纪律约束。要严明廉洁纪律，关键是要守住底线，严格执行领导干部廉洁从政各项规定，严格落实一把手抓党风廉政建设制度。

（三）鲜明用人导向，突出忠诚担当

认真贯彻中央、省委、市委、高新区党工委用人标准和要求，坚持以实绩论英雄，尤其要注重从招商引资、项目推进等工作一线选拔培养干部。强化党组织的领导和把关作用，严把政治关、品行关、作风关、廉洁关。特别是要坚决查处不作为、慢作为、乱作为，该处理的坚决处理，该调整的坚决调整，坚决杜绝庸政、懒政、怠政行为。严格执行干部任用条例，坚持干部选任标准，选好用好干部，坚决防止“带病提拔”。

（四）严格组织生活，开展经常教育

要推动党的组织生活制度化、经常化、规范化，用严格的组织生活来增强党组织的凝聚力。要坚持民主集中制原则。各级党组织要处理好民主与集中的关系，进一步建立健全议事规则、工作规则等制度。要提高组织生活质量和效果，深入开展批评和自我批评，认真落实“三会一课”、民主评议、党员领导干部参加双重组织生活会等制度，增强组织生活的吸引力和感染力。

（五）强化刚性约束，加强党内监督

要健全监督体系，着力构建党委（党组）全面监督、纪律检查机关专责监督、党的工作部门职能监督、党的基层组织日常监督、党员民主监督的党内监督体系。用好监督执纪“四种形态”，经常开展谈心谈话、约谈函询，让“红红脸、出出汗”成为常态。要持续强化反腐倡廉，持之以恒深化正风肃纪，特别是要防范和查处各种隐形变异“四风”问题，把作风建设成果巩固好发展好。要加强巡察工作，强化政治巡察，突出政治导向，聚焦发现问题，形成有力震慑。

同志们，高新区的历史已经开启了新的征程，发展的蓝图已经绘就，宏伟的目标催人奋进。让我们在市委、市政府的坚强领导下，肩负使命，不负重托，以更加开阔的眼光、更加昂扬的斗志、更加务实的作风，团结和带领全区干部群众，万众一心，开拓进取，追赶跨越，为“建幸福宜居新城，造千亿产业园区”，推动自贡老工业城市振兴发展而努力奋斗！

自贡高新区党工委管委会2017年工作报告

自贡高新区党工委副书记、管委会主任 单 鑫

（2017年1月20日）

工作回顾

2016年，在市委、市政府的坚强领导下，高新区认真贯彻落实党的十八大、十八届三中、四中、五中、六中全会和习近平总书记系列重要讲话精神，紧紧围绕“高”和“新”，深入实施创新驱动战略，着力推动产业转型升级，全区经济社会实现平稳健康发展。GDP实现184.9亿元，比上年增长9.6%，比全市高1.9个百分点；规模工业总产值实现192.4亿元，比上年增长5.8%；规模工业增加值实现52.3亿元，比上年增长11.1%，比全市高2.5个百分点；社会消费品零售总额实现77亿元，比上年增长11.2%，比全市高1个百分点；服务业增加值实现83.1亿元，比上年增长8.7%，比全市高1个百分点；固定资产投资实现94.5亿元，比上年增长14.8%；地方公共财政预算收入实现3.24亿元，比上年增长11.6%，比全市高2.4个百分点；城镇居民人均可支配收入3.35万元，比上年增长9%。

（一）招商引资步伐加快

着力招大引强，重点围绕生物医药、电子信息、石墨烯等战略性新兴产业开展精准招商，招商引资成效明显。与中科院天津生物所、安益生物公司共同打造“自贡生物科技产业园”；与安固强集团、恒力国际公司签订投资合作协议书，共建“石墨烯产业园”。成功引进深圳粤创“COF载带+驱动IC”（覆晶薄膜）、液晶显示器面板及模组、新能源电池、百川源电声产业园、超越智能终端、美为食品等项目，投资总额超百亿元。全年新签约项目22个，其中5亿元以上项目10个，市外到位资金108亿元。

（二）产业规模不断壮大

重大产业项目有序推进。全年25个产业项目累计完成投资37.6亿元，占年计划156%。其中，西南静脉产业园、星诺手机生产线等15个产业项目竣工，投入使用，智能终端产业园、彩色包装制品生产基地、净化材料设备生产基地等项目加快建设。工业经济不断壮大，节能环保、装备制造和新材料三大主导产业实现总产值170亿元，华西能源成功建成国内锅炉制造业首个智能制造车间。现代服务业繁荣发展，盐卤浴一期、华商·国际城一期正式营业，以“盐文化”为核心的卧龙湖国际旅游度假区成为新的旅游热点，阿里巴巴LBS自贡服务中心、京东川南分拨中心落户高新区，UU163、华商电商集聚区发展迅速，电子商务交易额突破3000万元，比上年增长34.7%。服务保障更加有力，在全市率先设立总规模6亿元“战略性新兴产业和高端成长型产业投资基金”，全年区本级兑现产业扶持资金8500万元。充分利用“科创小微贷”“园保贷”等金融产品，累计为企业新增融资5亿元。

（三）创新驱动成效显著

强化创新主体培育，全年新增中兴耐磨新型硬质材料研发中心、长城装备硬质合金设备

研究所等中小企业研发机构4家，高新技术企业4家，全区研发投入占比达2%。推进创新平台建设，高新孵化园一期工程1.5万平方米主体建设完毕，浙江大学自贡创新中心独立或与企业合作成功申报项目83个，申请专利216项，全年新增孵化企业3家，其中上市1家。实施专利技术转化项目20项，新增产值10亿元。加大知识产权保护力度，加快建设国家知识产权质押融资试点园区，完成高新区知识产权信息服务管理平台建设，全年申请专利693件，比上年增长1.73%，获得授权专利351件，比上年增长8.54%，PCT专利申请实现零突破，建成国家知识产权示范园区。创新融资方式，成功发行全市首支20亿元非上市资金债券，政府投资建设资金保障能力进一步增强。

（四）城市品质持续提升

基础设施建设加快推进，南湖公园西大门道路及立交综合改造工程全面完成，汇园路建成通车，南岸科技新区“一环两横三纵”道路框架体系初步形成，纬四路、南林街、紫薇路中段等道路建设加快推进，全年新增通车里程10公里，新增承载能力3.1平方公里，基础设施投入2.5亿元。城市功能进一步优化，丹桂北大街综合改造及立面整治快速推进，辖区34个老旧小区电力设施改造全面完成，缓堵保畅工程全面启动，城市信息化水平进一步提升。生态环境持续改善，卧龙湖湿地公园一期、狮子山公园建成对外开放，全年新增绿地15.2万平方米，绿地率达35.45%，人均公园绿地面积14.89平方米。城市要素保障能力不断增强，全年报征土地2191亩（146.07公顷），签订房屋拆迁协议592户，实现土地出让收入19亿元，水电气等要素保障水平进一步提升。

（五）社会民生显著改善

民生保障不断健全，城镇新增就业2251人，帮扶38名返乡人员成功创业，城镇居民登记失业率控制在1%以下，发放各类社会补助资金4200万元，养老、医疗、失业、工伤、生育保险覆盖面继续扩大，紫竹苑、汇福苑、卧龙湖一期、天海苑等保障安居工程加快建设，西区三期、南湖三期等保障安居工程全面建成，全年新开工建设安置房50万平方米，竣工39.2万平方米。社会事业繁荣发展，汇东实验学校南湖校区二期、汇西小学三期竣工，南湖社区卫生服务中心和卧龙湖社区卫生服务中心实现开工，公共卫生服务体系进一步健全，文化、体育公共设施进一步完善。社会保持和谐稳定，全区未发生一起群体性上访事件和进京非访事件，网格化服务管理体系不断完善，安全生产、食品药品监管进一步强化，全年未发生重大公共安全事件。

（六）从严治党不断深化

深入开展“两学一做”学习教育，进一步强化理论武装，把党的思想政治建设抓在日常、严在经常。突出抓好乡镇换届选举工作，营造风清气正换届环境，两乡党委、人大和政府换届工作顺利完成。认真落实“两个责任”，进一步完善配套制度，全年党风廉政建设个别谈话、集体谈话472人次。扎实开展巡察工作，持续推进正风肃纪，深入改进工作作风，形成了敢为人先、勇于担当的干事创业氛围。

经过高新区广大党员干部群众和社会各界一年来的艰苦努力，我们较好完成了全年目标任务，实现了“十三五”良好开局。

回顾过去五年，面对严峻复杂的宏观经济形势，高新区在市委、市政府的坚强领导下，认真贯彻落实上级决策部署，积极应对各种困难挑战，齐心协力，锐意进取，攻坚克难，圆满完成目标任务，经济社会实现平稳健康发展。

五年来，经济结构不断优化，综合实力显著提升。积极适应经济发展新常态，及时采取一系列政策措施，发展质量、能力和水平全面提升。2016年GDP是2012年的1.67倍，年均增速13.7%；规模工业总产值是2012年的1.5

倍，年均增速11.6%；社会消费品零售总额是2012年的1.4倍，年均增速9.5%；服务业增加值是2012年的1.6倍，年均增速12.8%；固定资产投资是2012年的1.2倍；一般公共预算收入是2012年的1.9倍。相继建成国家新型工业化产业示范基地（节能环保装备）和国家知识产权示范园区，综合实力进一步提升。

五年来，产业规模不断壮大，发展后劲持续增强。工业园区面积达12平方公里，比2012年增加4平方公里，龙头骨干企业发展态势良好，川力科技等5家企业成功上市，园区投产企业达130家，比2012年增加45家，其中规模以上企业新增32家。战略性新兴产业占全区工业总产值比重35%，比2012年提高10个百分点。服务业繁荣发展，华商·国际城一期、盐卤浴项目建成开业，南湖片区成为新兴消费热点。电子商务飞速发展，自贡在线等本土电商企业不断发展壮大。以旺万家家政服务为代表的各类便民服务、社区养老机构蓬勃发展。

五年来，创新能力不断提升，发展活力有效激发。建成浙江大学自贡创新中心，引进“两院”等尖端人才9人，聚集各类专家人才40余人。新增高新区知识产权服务中心等公共服务平台5个，新增大西洋公司技术中心（国家级）等企业研发中心25个。新增高新技术企业14家，达到33家，数量居全市第一。依托国家级创业服务中心，先后培育出升拓检测、远德安防等一批科技型中小企业40家。孵化器在孵企业数年均增长30%以上。专利申请总量突破1200件，全区年专利申请量增速50%以上。

五年来，城市面貌日新月异，宜居新城魅力凸显。建成区面积达35平方公里，建成南湖公园、釜溪河复合绿道、汇东公园、卧龙湖湿地公园、狮子山公园5座公园，全区绿化面积比2012年增加385万平方米。建成卧龙大道、汇园路等道路，东西顺畅、南北贯通的道路交通网络体系初步构建。建成高新区公安“天网”系统、交警“慧眼”系统和“数字城管”系统，实现街面无间断、高密度、全覆盖数字智能化管理。

五年来，民生福祉有效改善，社会事业全面发展。社会事业加快发展，汇东实验学校南湖校区、绿盛实验学校南湖校区、丹桂幼儿园等建成投入使用，竣工交付安置房132万平方米，城镇居民人均可支配收入净增1.05万元。强化安全生产责任落实，5年来辖区未发生较大及以上生产安全事故。建立健全治安防控体系，推动“大调解”体系持续健康发展。村、社区阵地建设不断加强，基层社会治理水平持续提升，社会大局保持和谐稳定，群众幸福指数不断提升。

五年来，作风建设不断深化，党的建设全面加强。扎实开展“中国梦”主题教育活动、党的群众路线教育实践活动、“三严三实”专题教育和“两学一做”学习教育，基层党组织的凝聚力和战斗力不断增强。深化正风肃纪，落实“两个责任”，着力解决群众身边的“四风”和腐败问题，党风政风持续好转，风清气正的政治生态进一步巩固。

五年来，我们风雨同舟、众志成城，攻坚克难、砥砺奋进，走过了极不平凡的历程。奋斗倍加艰辛，成绩来之不易。这些成绩的取得，是市委、市政府坚强领导的结果，是全区上下团结拼搏的结果。在此，我谨代表高新区党工委、管委会，向奋战在高新区各条战线上的广大党员干部群众，表示衷心的感谢和亲切的问候！向所有关心、支持和帮助高新区经济社会发展的同志们和朋友们，致以崇高的敬意！

在看到成绩同时，我们也要清醒地看到，发展中还存在一些问题和不足，与国家级高新区的发展定位、与市委市政府的工作要求、与全区人民的美好期望相比，还有一定差距。主要表现在：一是产业规模不大。高新区各项经济指标与发达地区相比，还存在较大差距，重大项目支撑还不强，发展不足仍然是目前最大的实际，要在五年内建成千亿园区，需要加快做大产业规模。二是发展品质不优。目前多数传统产业仍处于产业链低端，产业结构还有待进一步优化，园区主要还是粗放型、外延型的发展，需要加快引进培育战略性新兴产业，实现集约型、内涵型发展。三是创新能力不强。园区发展仍属于要素驱动型，聚集创新要素能力还不强，不“高”不“新”状况依然存在，科技对园区发展支撑能力还不足，需要加快实施创新驱动战略，实现发展动力转换。四是民生保障存在差距。目前高新区经济社会发展水平与群众日益增长的物质文化需求相比，仍存在一定差距，一些群众关心的问题还没有得到很好解决，需要进一步强化民生保障，让发展红利更好地惠及普通群众。五是工作作风还需进一步转变。新形势下，一些干部职工思想解放不够、担当意识不强、能力素质不足、工作作风不实问题依然存在，需要进一步转变工作作风，强化勤政为民意识。对于这些问题和困难，我们将在今后的工作中高度重视，认真加以解决，推动各项工作再上新台阶。

今后五年工作总体要求和主要任务

站在新的历史起点，我们必须以更加昂扬的斗志、更加奋发有为的工作推动高新区加快转型发展。一方面，高新区历经25年发展，已经积累了一定发展基础，取得了一定成绩，与此同时，经济形势更加复杂，发展任务更加艰巨，群众需求更加多元，工作要求越来越高，改革发展到了攻坚阶段，历史的交接棒已经传递到我们这一茬人手中，我们责无旁贷。另一方面，国家、省、市高度重视高新区的发展，特别是去年市委、市政府出台《关于促进自贡国家高新技术产业开发区加快发展的二十条意见》，市第十二次党代会更是把高新区定位为全市经济发展的主引擎，高新区正处在前所未有的战略机遇期。发展充满挑战，机遇千载难逢，我们必须以敢为人先的胆识和气魄、舍我其谁的责任和担当、甘于奉献的气量和胸襟，打破因循守旧，防止消极等待，杜绝畏难诿责，抢抓机遇，砥砺前行，追赶跨越，跳起摸高，在全市“推动振兴发展，决胜全面小康”中率先突破，勇争第一，做出示范，开创高新区跨越提升发展新局面，为自贡老工业城市转型升级做出应有贡献。

未来五年的总体要求是：深入贯彻市第十二次党代会精神，紧扣“推动振兴发展、决胜全面小康”主题，进一步牢记使命、坚定信心、提振精神，紧紧围绕“建幸福宜居新城、造千亿产业园区”中心任务，打造产业和创新“两个高地”，实施转型升级、创新驱动、改革攻坚“三大战略”，建设振兴发展示范区、科技创新引领区、改革开放先行区和现代城市宜居区“四大新区”。

未来五年的主要目标是：实现“四个翻番”，力争到2021年，GDP实现翻番，达到350亿元；规模工业总产值实现翻番，达到500亿元；地方一般公共财政预算收入实现翻番，达到16亿元；园区主营业务收入实现翻番，突破千亿大关；建成区面积达到45平方公里，建成超千亿研发智造型高新区，成为自贡产业发展的“主引擎”。

围绕上述要求和目标，未来五年主要任务是：

（一）坚持高端发展，推进产业转型升级，建设率先崛起的振兴发展示范区

瞄准产业高端，实现低端制造向高端智造跨越。加快传统产业改造升级，鼓励企业通过实施技术改造、信息化改造等手段，推进产品结构调整，推动传统产业由加工制造环节向研发设计、品牌建设、制造服务等领域延伸，加快节能环保装备制造和新材料两大主导产业智

能化、高端化进程，重点打造华西能源清洁高效锅炉智能制造数字化车间等一批智能化示范项目。着力培育战略性新兴产业，积极谋划工业 4.0 智能制造产业布局，围绕“高”和“新”，重点发展电子信息、生物医药、石墨烯等产业，进一步优化园区产业结构，为园区经济发展注入新的活力。不断提升企业核心竞争力，落实《高新区工业企业大企业大集团五年培育计划》，实施工业企业“1513”工程（培育年销售收入 100 亿元以上企业 1 家，50 亿元~100 亿元以上企业 5 家，10 亿元~50 亿元企业 10 家，1 亿元~10 亿元企业 30 家），扶持企业做大做强，加快培育一批超百亿大型骨干企业，打造区域产业高地。

紧扣开放合作，实现单向开放向双向开放跨越。一是要积极“引进来”。实施产业链招商，瞄准领军企业、关联企业、朝阳企业实施产业链招商，通过招商引资延链补链强链。积极创新招商方式，通过平台招商、以商招商、驻点招商、委托招商等形式拓展招商渠道，提高招商实效。不断优化招商环境，加快完善招商引资激励政策，推动各种优惠政策标准化、制度化，打造区域投资热土。二是要加快“走出去”。精准对接“一带一路”和长江经济带建设等战略，加强与沿线国家和地区的合作，推动园区企业“走出去”，采取海外并购、投资建厂、工程承包、研发中心等多种方式，实现园区工业与国际市场需求对接。强化龙头骨干企业示范带动作用，复制推广华西能源、运机集团等企业对外经营模式和海外市场经验，激发园区其他企业开拓国外市场的决心和信心。充分发挥关联企业协同作用，引导园区企业组团走出国门，实现资源信息共享，共同开拓海外市场。

注重发展转型，实现集中集聚向集群集约跨越。不断完善产业园区功能，按照企业集中、产业集群、资源集约、功能集成的要求，不断优化物流、保税、加工等功能分区，加快建设综合保税区，积极搭建企业公共服务平台，不断完善基础设施和生活配套设施，提升园区复合式承载能力，实现园区从物理平台向功能平台转变。优化工业空间布局，按照区域相邻、功能互补、联动发展要求，做强做大节能环保装备制造、新材料等优势产业，全力打造电子信息产业园、石墨烯产业园、生物科技产业园等战略性新兴产业园，努力打造产业结构优、科技含量高、辐射带动强的现代产业聚集高地，推动园区产业层次向中高端迈进。加快培育现代生产性服务业，重点发展研发设计、现代物流、现代金融、信息技术服务、电子商务等面向工业生产的现代服务业，为产业集群发展提供有力保障。

（二）坚持创新驱动，加快聚集创新要素，建设智能高效的科技创新引领区

着力完善创新体系。搭建创新平台载体，鼓励企业加大与中科院、清华大学、浙江大学等科研机构和高校的合作力度，建设工程技术中心、院士工作站等研发平台，集中力量开展技术攻关，提升企业和产品的核心竞争力。深入推进科技金融协同创新，充分发挥财政资金杠杆作用，通过投资基金、担保基金、债券基金等手段，撬动各类信贷资金和社会资本，为企业加大研发投入提供更充足资金支持。完善创新服务体系，加快省级科技成果转移转化示范区、省级大孵化平台建设，以国家级孵化器、四川省装备制造业产业集群窗口平台、自贡市技术转移公司等为依托，构建高新区创新服务综合体系。不断完善“1+N”创新政策体系，依托国家级知识产权示范园区平台，着力引导企业将知识产权嵌入产品研发、制造和销售全过程，促进技术创新成果知识产权化。

全力突破创新领域。不断发展新技术，充分发挥企业创新主体作用，加大对企业技术创新支持力度，引导各类创新要素向企业聚集，

形成一批拥有自主知识产权的核心技术。积极培育新业态，不断提升产品和服务信息技术含量，依托互联网、云计算、物联网等技术手段，推动电子商务、智慧社区、互联网金融、网上订餐等新兴业态加快发展。不断推行新模式，鼓励企业按照“制造+服务”模式，拓展工程总包业务，探索EPC（工程承总包）等多种业务模式，大力发展数字化设计、智能化生产和网络化营销，加快从单一的“产品、价格优势”向综合的“服务、效益优势”转换，引领制造业向产业链两端延展，向价值链高端攀升。

突出人才核心作用。加快吸引聚集产业人才，针对高新区的产业特点，制定出台相应的特殊人才激励政策，促进产业集聚与人才集聚良性互动，吸引培育一批科研型、技能型人才，造就更多科技创新人才和“大国工匠”。加强柔性引才引智，吸引高层次人才、经营管理人才、技能型人才落户高新区，大力引进“两院”院士、“国千”专家（国家“千人计划”专家），实施“智库+产业”工程，汇四海之智、聚天下英才为高新区所用，打造区域人才高地。积极开展“双创”工作，实施“创客”培育计划，培养引进高层次创新创业团队，充分利用企业闲置厂房等建设“众创空间”，打造众创、众包、众扶、众筹平台，建设一批“双创”示范基地，激发全社会创新创业内在驱动力。

（三）坚持问题导向，全力推进改革攻坚，建设充满活力的改革开放先行区

持续解放思想。要树立全球视野，要跳出自贡看高新区，站在全国，乃至全世界看高新区，在经济全球化大坐标中精确定位、找准位置，谋求发展新天地。开展“对标”行动，积极主动向沿海发达地区和周边兄弟园区学习，对于一切好的经验、好的做法、好的制度，都要敢于大胆“拿来”，大胆借鉴，大胆探索，大胆实践。要敢于担当，以重任在肩、舍我其谁的责任感，从我做起，从现在做起，比工作、讲奉献、争一流，惜时如金、分秒必争，心无旁骛、埋头苦干。要不断提振精气神，始终保持一股拼劲和韧劲，立说立行，立竿见影，以精神状态的上行动力，应对经济运行的下行压力。

创新体制机制。积极承接下放权力，深入贯彻落实《关于促进自贡国家高新技术产业开发区加快发展的二十条意见》，进一步优化办理流程，提升业务素质，压缩办理时限，规范行政行为，确保各项行政权力接得住、用得好。深化机构改革，优化组织机构设置，理顺职责关系，提升行政效率，加大政府购买社会服务力度，形成精简高效的政府组织体系。深化人事制度改革，推行全员聘任制度。深化分配制度改革，实行薪酬与业绩挂钩的收入分配制度，重点考核招商引资、项目推进、征地拆迁等工作，充分激发干部职工干事创业激情。进一步完善“管委会+公司”的开发模式，做大做强高新投资集团，充分发挥汇东股份公司功能，提升政府投融资能力，积极推广PPP（公私合营）开发模式，鼓励社会资本参与园区建设和运营，进一步激发内生动力和发展活力。

突破关键领域。坚持问题导向，深化“放管服”改革，进一步转变政府职能，以关键领域改革突破瓶颈制约。要坚持简政放权，进一步完善负面清单、权力清单、责任清单等制度，精简审批流程，积极探索“多评合一”“联合验收”等新模式。要注重放管结合，本着鼓励创新的原则，积极探索适合园区产业发展的监管方式，强化事中事后监管，多部门联合监管，着力打造包容有序、充满活力的发展环境。要提升服务水平，广大干部职工要争做服务企业的“行家里手”，继续落实项目责任制度、“一企一策”和结对帮扶制度，加快建成互通共享的网上政务服务平台，不断完善服务企业体系。

（四）坚持民生优先，不断提升城市品质，建设幸福文明的现代城市宜居区

突出高起点规划，打造绿色生态之城。突出规划引领，坚持绿色发展理念，以卧龙湖旅游区为核心，统筹推进南湖生态城开发。注重整体设计和风貌塑造，将“盐龙灯”特色文化元素融入城市设计中，实现城市与文化的和谐相融，打造独具特色的城市风景名片。不断完善城市景观生态体系，到2021年，人均公园绿地面积达15平方米，绿地率达38%，建成现代都市气息浓厚、生态环境优美、生活功能齐全的绿色生态之城。

突出高品质建设，打造繁荣舒适之城。加快基础设施配套建设，着力完善骨干路网，加快构建内通外畅的综合交通体系。加快推进海绵城市和地下综合管廊建设，畅通城市呼吸和地下动脉，全面提升防灾能力和城市空间利用率。树立精品意识，进一步完善城市功能，丰富城市业态，引进战略投资者和国际运营商，着重打造一批知名度高、影响力强的商贸旅游项目，大力发展健康养老、商贸旅游、文化艺术等现代服务业，推动二、三产业协调融合发展。

突出高水平治理，打造文明幸福之城。着重整治市容市貌，大力实施缓堵保畅工程，加快“智慧高新”建设，不断完善公共卫生、文化、体育服务体系，大力推进“三创”（全国文明城市、国家卫生城市、省级环保模范城市）联动，不断提升城市文明水平。深入推进“平安高新”“法治高新”建设，加大信访积案化解力度，全力保障食品药品安全，维护辖区和谐稳定。创新教育发展模式，积极推行“公建民营”办学模式，探索引进优质品牌学校入驻，不断提升辖区教育水平。强化政策兜底，加强保障性安居住房建设力度，5年竣工安置房100万平方米。利用园区就业优势实施产业扶贫，确保全面建成小康社会。加强工会、共青团、妇女儿童、老龄、残疾人等工作，推动各项社会事业协调发展，不断提升群众幸福指数。

（五）坚持从严治党，全面加强党的建设，营造风清气正的良好政治生态

建成超千亿研发智造型高新区，关键在党，关键在党要管党、从严治党。要突出思想政治建设，深入学习习近平总书记系列重要讲话精神，不断提高思想觉悟和理论水平，进一步增强“四种意识”，坚定“四个自信”，坚定不移地贯彻落实党的路线方针政策。要切实履行党建主体责任，各级党组织要坚定不移把抓好党的建设作为最大政绩，不断提升管党治党水平。强化班子建设，严肃党内政治生活，贯彻落实民主集中制；加强基层服务型党组织建设，充分发挥战斗堡垒作用；扎实开展“两学一做”，充分发挥党员先锋模范作用。要加强党风廉政建设，全面落实“两个责任”，进一步强化党内监督，驰而不息加强作风建设，以党风政风带动社风民风；持续用力正风肃纪，坚决查处侵害群众利益的不正之风和腐败问题；要加快推进纪检监察部门“三转”，把握运用好监督执纪“四种形态”，注重抓早抓小、治病救人；强化刚性约束，着力构建不敢腐、不能腐、不想腐长效机制，营造风清气正政治生态。

2017年工作安排

2017年工作目标：GDP达到208亿元，增长13%以上；服务业增加值达到93.6亿元，增长12%以上；规模工业总产值达到230亿元，增长22%以上；规模工业增加值达到63.5亿元，增长20%以上，力争增长30%；社会消费品零售总额达到85.9亿元，增长13%以上；固定资产投资达到113.4亿元，增长20%以上；一般公共财政预算收入达到9.12亿元，增长13%以上；城镇居民人均可支配收入达到3.7万元，增长10%以上；招商引资到位资金突破150亿元，增长40%以上。

2017年要顺利完成以上目标，重点要抓好以下六个方面工作：

（一）强化招商引智，扩大对外开放

加大招商引资力度。重点引进重大产业项目和海内外高端创业团队，全力确保中科光电“中科光谷”、横店集团“橡胶制品生产基地”、中信重工“特种机器人”、香港嘉蓝图“手机及智能终端”、香港顾政通讯“手机生产及配件”、天府彩灯文化“自贡恐龙主题欢乐园”等一批在谈重大项目落户。加大招商引资线索跟进，力争重庆太极集团、深圳天晟航空、环阳通集团等项目业主进入意向谈判，并投资落地。加强与深圳、江苏等发达地区商会的联络，围绕园区节能环保装备制造、新材料、生物医药、电子信息等重点产业，充分挖掘招商引资线索，开展重点招商。力争全年引进总投资50亿元以上项目1个，10亿元以上项目5个。

优化投资服务环境。深入推进服务流程再造，落实项目官员制、代办制，开辟项目审批绿色通道，不断提高服务企业的质量和水平，积极打造自贡高新服务品牌，持续改善投资软环境。启动综合保税区建设，大力发展保税加工、保税贸易、保税物流，推动保税经济繁荣发展。进一步降低园区企业水电气等要素成本，不断优化融资环境，打造企业投资成本洼地，以“一流的环境、一流的服务”，增强自贡高新区招商引资吸引力。

打造区域人才高地。坚持把人才作为第一发展要素，进一步健全完善人才、智力、项目相结合的人才引进及激励保障机制。针对企业需求，研究制定切合中小企业实际情况的人才引进政策，加大各类人才的补助激励力度，引导企业以“固定型”和“顾问型”等方式引进行业专家以及高层次人才，力争全年引进各类创新领军人才5人，企业科技研发人员比2016年提高1个百分点。

（二）加快转型升级，做大产业规模

抓好传统产业转型升级。择优发展“智能”制造业，在节能环保装备制造、新材料等重点产业领域，华西能源、东方通用等重点企业，试点推行智能工厂、数字化车间建设，提升园区制造业“智能化”水平，实现传统产业从资源驱动向信息驱动的转变。持续加大企业技术改造力度，全年计划实施技改项目18个，总投资16亿元，以技术改造推动传统产业转型升级。

培育发展战略性新兴产业。依托招商引资项目，围绕产业发展方向，大力发展战略性新兴产业，重点打造电子信息产业园、石墨烯产业园和生物医药产业园三大特色产业园，推动三大新兴产业尽快形成产能，实现园区高端化、集群化发展，加快培育形成新的经济增长点。力争全年战略性新兴产业产值达到82.2亿元，增长22%。

进一步加大企业帮扶力度。对园区企业分类梳理，实施“一企一策”，开展联系帮扶，建立健全企业定期沟通协调制度、委领导联系重点企业和困难企业制度、企业要素保障协调制度等一系列服务企业制度，帮助企业做强做大。积极向上争取，帮助企业促发展、渡难关，力争全年向上争取专项扶持资金超过1亿元。重点做好闲置土地和厂房清理盘活，全年计划盘活华融工业园等闲置厂房13万平方米，清理收回华夏阀门、宇洋电力等闲置土地150亩（10公顷）。

（三）全面创新改革，增强发展活力

大力培育创新主体。推动中科院天津生物工业技术研究所“肌醇”“羟基脯氨酸”等产品加快产业化，推进兆强环保与四川大学进行“磁性液体的研究与开发”，加强科达节能加热炉黑体强化辐射节能技术研发运用，力促工业泵加快申报省级工程技术研发中心。大力实施高新技术企业递增计划，全年力争新增高新技术企业不少于5家。

积极搭建创新载体。以浙江大学自贡创新中心为依托，打造高新区技术创新平台，引领和联合企业开展技术攻关、申请国外专利和申报省级以上科技项目等创新活动。突出四川理工学院的创新骨干作用，大力推进抗衰减剂中试化生产、金属粉末注射成型脱脂烧结炉研制等合作项目，鼓励科技成果向园区企业转移转化；依托四川省装备制造产业集群窗口、自贡市技术转移公司等平台，不断完善创新服务体系，为企业提供更方便、快捷、全面的科技服务。

实施创业高新行动计划。鼓励浙江大学、四川理工学院等高校教师、大学生开展创意创业，鼓励炭研院等科研院所加快科研成果产业化。加快南岸科技新区孵化园一期配套设施建设，确保浙江大学高新众创空间投入运营，力争引进培育创业团队10家以上，新增孵化企业5家。

加大知识产权保护力度。深化国家知识产权示范园区建设，积极探索知识产权质押融资模式，提升科技型中小微企业融资能力，力争新增融资额1000万元以上；着力改善国外专利申请、专利转化等薄弱环节，力争国外专利申请、企业贯标和专利导航产业发展取得突破，专利申请量达到550件以上，全力打造知识产权强区。

（四）深化产城融合，建设宜居新城

坚持规划引领。坚持以科学规划引领开发建设，进一步放大区位优势、生态优势、资源优势，完成南岸科技新区控规调整，力争卧龙湖旅游区控制性规划完成审批。完成卧龙湖旅游区城市设计评审，充分挖掘“盐龙灯”特色文化名片内涵，将特色文化融入城市建设，全力打造独具特色的文化旅游目的地。

完善城市功能。全面实施城市缓堵保畅优化改造工程，全力确保丹桂北大街综合改造和立面整治工程如期完成，启动汇东路、通达街等道路综合改造工程。狠抓基础设施建设，确保东五路、东六路、纬三路等道路建成通车。重点抓好老旧小区功能改造提升，协调推进卧龙湖临时污水处理站按期开工。以城市品质主导城市发展，深化城乡环境综合治理，加强市容环境整治，规范市容市貌秩序，全面提升城市整体形象。

繁荣城市经济。推进泰丰·国贸中心、华商·国际城、自贡医养中心、妇女儿童医院、东西区邻里中心建设和运营，促进商贸服务业和健康养老业持续健康发展。以卧龙湖旅游区为主体，依托海汤神泉等项目，加速推进文化旅游形成新的服务业支撑。加快南岸科技新区孵化园建设，吸引工业设计、科技咨询、银行金融等生产性服务业集聚，进一步完善产业体系，促进服务业繁荣发展。

坚持绿色发展。全面加强污染防治，加快推进园区污水处理设施建设，加强工业废气、建筑扬尘等重点整治，持续改善环境质量。强化落实环保措施，全面做好环保督查各项工作，加快生态城市建设步伐，持续提高绿化覆盖面积，力争全年新增绿地面积10万平方米，城市建成区绿地率达到35.8%，人均公园绿地面积达到14.9平方米。

（五）增进民生福祉，维护社会和谐

持续改善民计民生。计划全年高新区本级财政投入民生事业资金1.5亿元，发放各类补贴救助资金超过4500万元，切实解决困难群众生活问题。加强城乡居民免费就业培训，动态消除零就业家庭，城镇人口登记失业率控制在2%以下。加大社会保险工作力度，确保被征地农民社会保险等各类保险做到应保尽保。重点保障安置房建设，加快卧龙湖一期、紫竹苑、汇福苑、天颐苑、天福苑等安置房建设，全年计划新开工建设安置房40万平方米，竣工交付使用60万平方米。

统筹发展社会事业。进一步优化校点布局，规划建设卧龙湖九年制学校，加快推进卫坪中心校迁建工程，完成汇西小学三期工程，促进教育均衡发展。加强公共卫生体系建设，有序推进卧龙湖社区卫生服务中心、南湖社区卫生服务中心建设，健全完善分级诊疗制度，提升公共卫生服务水平。

坚持依法治区。全面加强法治政府建设，完善行政管理、行政执法运行机制，全面推进政务公开，切实强化权力监督，不断提高依法行政水平。推进全民普法守法，教育引导广大干部带头遵守法律，带头依法行政，不断提高运用法治思维和法治方式深化改革、推动发展、化解矛盾、维护稳定的能力，让全区干部群众学法、守法、用法，不断推动法治社会建设进程。

创新社会治理。继续强化网格化服务管理工作，完善“大调解”工作体系，加强信访矛盾纠纷排查调处制度落实，扎实做好综治、信访、维稳等保障工作。严格落实安全生产责任制，加强食品药品等国计民生领域市场监管，狠抓隐患排查治理工作，提高应急处置能力，确保不发生有重大影响的事件，维护社会和谐稳定。

（六）全面加强党的建设，不断夯实执政根基

加强干部队伍建设。继续加大党员干部教育培训力度，加强重点岗位、关键岗位领导干部培养，切实提高破解发展难题和驾驭复杂局面能力。突出科学发展的用人导向，坚持用发展说话，凭实绩量人，健全政绩考核评价体系和奖惩机制。坚持党管人才原则，进一步加大人才引进和培养力度，着力建设一支创新型、开放型、复合型干部队伍。

加强党风廉政建设。认真贯彻执行各项党规党纪，按照《中国共产党廉洁自律准则》《中国共产党纪律处分条例》和《中国共产党问责条例》等要求，引导广大党员自觉规范言行，切实把纪律和规矩挺在前面。落实党风廉政建设“两个责任”，完善惩治与预防腐败体系建设，加强重要领域、关键岗位行政监察和审计监督，严格执行部门预算、政府采购、建设项目招投标等制度，始终保持预防和惩治腐败高压态势，为经济社会发展营造良好政治生态。

加强作风建设。始终把提高执行力作为转变作风、提高效能首要任务，紧盯重要时间节点，注重抓常抓小抓细，严肃查处整治干部不作为、慢作为、乱作为，用制度遏制“为官不为”行为，严明工作纪律，保证一切工作都要按照在全市争创一流、树立标杆的原则进行谋划、部署和推动，确保各项工作走在全市前列。

同志们，美好蓝图鼓舞人心，声声号角催人奋进。做好未来五年各项工作，责任重大，任务艰巨，使命光荣。让我们在高新区党工委、管委会的坚强领导下，不忘初心，牢记使命、提振精神，抢抓机遇，为全面建成超千亿研发智造型高新区而努力奋斗。

2016 年重大项目建设综述

全区上下牢固树立“项目为先”理念，扎实推进项目建设提速，集中力量、集聚资源、集成政策，猛攻有效投入，狠抓项目服务，促进一批重大项目落地建设、投产，为稳增长、增后劲注入动力，重大项目建设保持良好态势。

一、重大项目建设基本情况

2016 年，全区计划重大项目 62 个，计划总投资 195.3 亿元，年度计划投资 38.6 亿元，全年累计完成投资 50.1 亿元，占年计划 129.7%。按投资主体分，社会投入类项目 25 个，计划总投资 146.5 亿元，年度计划投资 24 亿元，全年完成投资 37.6 亿元，占年计划 156.8%；政府投资类项目 37 个，计划总投资 48.8 亿元，年度计划投资 14.6 亿元，全年完成投资 12.4 亿元，占年计划 85.1%。按建设性质分，续建项目 32 个，计划总投资 160.3 亿元，年度计划投资 27.3 亿元，全年完成投资 46.6 亿元，占年计划 170.7%；新建项目 30 个，计划总投资 35 亿元，年度计划投资 11.3 亿元，全年完成投资 3.5 亿元，占年计划 31%。

——25 个产业项目年度计划投资 24 亿元，全年完成投资 37.6 亿元，占年计划 156.8%。11 个工业项目年度计划投资 4.6 亿元，完成投资 3.1 亿元，占年计划 68.4%，四川大禹、盛世锦荣等 4 个项目实现开工建设，西南静脉产业园、四川道学机械等 7 个项目投产或部分竣工。14 个房地产和商贸旅游项目计划投资 19.5 亿元，完成投资 34.5 亿元，占年计划 193.5%，8 个项目部分竣工，卧龙湖国际盐泉生态城盐卤浴一期“海汤神泉”10 月 1 日开业，房地产项目柏麓郡一批次 11 栋楼交房。

——16 个基础设施项目年度计划投资 2 亿元，全年完成投资 2.5 亿元，占年计划 124.8%。南岸科技新区“一环两纵三横”主干道、汇园路、东四路等竣工通车。

——19 个社会事业及民生项目年度计划投资 12.2 亿元，全年完成投资 9.9 亿元，占年计划 81.1%。竣工安置房和保障性住房 39.2 万平方米4209套，汇东实验学校南湖校区二期、汇西小学三期综合楼竣工。

二、主要举措

（一）着眼全局，编制计划

分析宏观经济形势，把握国家政策导向，立足高新区规划、产业特色和招商引资签约情况，确定重大项目计划。一是编制年度项目计划。结合经济下行、项目锐减现实情况，反复对接，深度挖掘，梳理编制2016年重大项目计划，涉及产业、基础设施、社会民生等，逐一分解落实节点目标、开工时限、存在问题及措施。二是编制“十三五”项目储备库。依据高新产业规划、空间规划、土地规划及科技、社会事业等专项规划，对全区在建项目、拟建项目、储备项目汇总分析、优化整合、策划包装，编制“十三五”项目储备库，包装编制项目180个，总投资约935亿元。

（二）健全机制，跟踪服务

实行重大项目责任制，逐级逐项量化分解工作目标任务、形象进度和保障措施，明确从项目前期准备到项目竣工每一个环节责任单位和责任人，全程跟进服务。一是完善协调机制。调整板仓工业园区、卧龙湖旅游区、城市建设3个指挥部成员，管委会领导干部分别任3个指挥部指挥长，指挥部实行集中办公，分别协调工业、商贸旅游、城市重大项目建设。指挥长靠前指挥，定期召开协调会，解决项目推进问题；每个项目组建项目推进组，深入项目现场查看，跟踪服务，全力保障重大项目建设提速增效。二是实行会商会办。党政办公会议集中会商，研究重大项目建设推进工作，协调解决建设中重大矛盾和问题。重大项目办公室具体跟踪督办，倒轧时点查责任，确保重大项目无障碍推进，全力推动重大项目建设出形象、见实效。三是开辟绿色通道。继续实施重大项目提前介入制度，为重大项目快速推进扫清障碍、排除困难。建立项目预审快速审批机制，推行容缺受理，坚持多评合一、多图联审、联合竣工验收，做到高效率审批、便捷化发证和全过程跟踪。建立项目建设容错免责机制，为敢于担当者担当，营造有利于改革创新、敢试敢闯的良好氛围。四是加强督查考核。制定重大项目考核细则，明确每个季度推进目标，确保重大项目早开工、快建设、早见效。实行一旬一交流，一月一通报、一季一考评、半年一小结、一年一述职，强化过程控制，开展常态化督查推进。

（三）强化保障，加快推进

坚持统筹联动，狠抓要素供给，促进资源优化配置，确保土地、资金、人才等要素优先向重大项目倾斜。一是强化资金保障。引导金融机构有效增加信贷投放，切实加大项目建设资金支持，公开发行公司债10亿元，企业新增融资5亿元，提供25家企业续贷周转资金5.49亿元，项目贷款补贴1306.98万元。加大向上争取资金的力度，精心“包装”项目，向上争取各类资金3.56亿元，主要投入重大项目建设。二是强化用地保障。加强与上级国土部门的沟通汇报，各类用地指标总量继续保持高新区领先。坚持盘活存量和优化增量并重，确保有限的土地优先保障重大项目，全年供地32宗，面积94.04公顷。三是强化人才保障。深入了解企业用人需求，引进创新创业领军人才，狠抓“两高”人才培养，缓解结构性用工矛盾，营造良好的用工、稳商和谐氛围。

（四）配套功能，优化环境

着力为重大项目落户提供一流的发展环境和功能配套。一是改善硬环境。超前配套道路、水、电、气基础设施，生产生活服务设施，教育、文化、医疗等公共设施，四大功能区承载能力不断增强。年内，新增丹桂北大街综合改造及立面整治、综合保税区2个重大项目，使交通更便捷，物流更通畅，设施更优良。二是优化软环境。结合行政审批制度改革，完善建设项目“三并联”审批机制，设立项目服务综合窗口，为重大项目从企业注册到施工许可、竣工验收提供审批咨询、导办、综合预审、审批协调等“一站式”服务。稳妥推进综合行政执法体制改革，为重大项目建设营造良好氛围。继续实行重大项目官员制、代办服务，为项目建设提供全程“保姆式”服务。三是完善平台功能。发挥四大功能区、“区中园”引擎作用，突出错位发展，推进功能载体建设，加快产城融合步伐。深入实施创新驱动发展战略，加快创新平台建设，完善政府为桥梁、企业为主体、科研院所为依托、金融机构为支撑、科技服务机构为纽带的“政产学研资介用”体系，推进主导产业合作联盟、企业研发机构、技术中心等建设，构建集聚发展格局。

（五）加强调研，动态监测

关注宏观经济形势发展变化，开展重大项目调研活动，及时掌握第一手资料。分月、季度、半年、年度撰写重大项目运行情况分析报告，重点分析存在问题，制定对策，落实措施。专项统计重大项目进度，反馈项目实施过程中存在的共性和个性问题、责任单位完成情况。加强督查，未按时开工、进度缓慢项目查明原因，进行通报。

三、存在的主要问题和困难

随着经济发展进入新常态，新形势、新任务、新变化给加快项目建设带来了更多挑战。

一是企业投资意愿不强。受宏观经济影响，部分业主担心项目建成后运营收益问题，投资信心不足，存在观望等待心理。新建项目少、投入少。工业项目比上年少 4 个，投资比上年减少 5 亿元。7 个新建项目中开工仅 4 个。

二是重特大项目储备不够。尽管积累了一批重大项目，但投资 10 亿元以上的产业项目少，尤其是具有明显带动作用的龙头型、领军型项目缺乏。新签约项目实际开工率在低位徘徊，特别是一些重特大项目转化还面临不少制约。

三是项目竞争更趋激烈。区域竞争加剧，优质项目更为稀缺，竞争更为激烈。往往同一个项目多家争抢，无序竞争有时变成了低水平“让利竞赛”，不仅造成资源浪费，经济社会发展也受影响。一些投资者对地方政府扶持要求越来越高，“零地价”、财政奖励、设施配套等要求，往往使地方政府望而却步。

（经贸发展局）

创建知名品牌示范区综述

2016 年 11 月 29 日，省质监局专家验收组到自贡高新区考核知名品牌示范区创建工作，专家组经听取汇报、材料审查、实地考察对高新区的创建工作高度认可。专家组对高新区知名品牌示范区工作的评价是区域品牌基础坚实，发展环境良好，着力创新突破，区域品牌核心价值得到提升，园区设立的一站式服务政务中心，公共服务平台设施完善、服务优良，为园区品牌建设提供了充分的保障。高新区通过“四川省知名品牌示范区”验收，成功创建全省知名品牌示范区，这对推动品牌聚集、提升“高新造”品牌竞争力和培育壮大区域品牌经济全面发展起到积极的推动作用，为高新区“建幸福宜居新城，造千亿产业园区”，加快建成超千亿研发智造型高新区奠定了坚实基础。

品牌建设　且看风景正好

2011年，自贡高新技术产业园区升级为国家高新技术产业开发区，是国家新型工业化产业示范基地（节能环保装备制造）、国家新材料高新技术产业化基地、国家科技兴贸创新基地、国家知识产权试点园区和国家大学生科技创业见习基地，正在创建国家高端装备制造业标准化试点区、国家知识产权示范区。

高新区成立20多年来，充分发挥地理、资源、技术、人才和工业基础优势，不断优化创业环境，吸引人才、技术、资金等要素流入，优化产业结构，带动传统产业转型升级，地区生产总值、服务业增加值、规模以上工业增加值增速均位列全市第一，形成节能环保、装备制造、新材料三大优势产业集群，集中度达72%，成为支撑全市经济社会发展的主要力量。

2014年11月，高新区获批筹建四川省知名品牌示范区。建设期间，在省质监局关心和指导下，在市委、市政府坚强领导下，牢牢把握“产业兴区、创新兴区、质量强区”主线，着力推动产业转型升级，切实把质量和品牌融入经济社会发展主战场，为高新区加快实现经济规模和发展品质“双跨越”提供了强有力支撑，各项创建目标圆满完成，取得突出成效：

打造出一批在国际国内具有影响力品牌。全区创建四川名牌企业21家、四川省著名商标9枚，首届市政府质量奖2家，均位列全市第一。节能环保产业：全国第四大能源动力设备提供商华西能源公司，2015年与“一带一路”沿线国家签订工程总包合同总金额达10.2亿美元，已成为国际知名品牌，川润股份公司成为国内最大的润滑液压设备生产基地；装备制造产业：自贡运输机械集团股份有限公司成长为中国散料输送机械领军企业之一，川力实业有限公司成长为中国最大的摩托车机油泵、水泵及通机油泵专业制造商；新材料产业：中橡集团囊括了全国炭黑行业所有国家级科技进步奖，大西洋焊接材料有限公司继续保持了国内焊接材料行业品种最多、配套能力最强实力。

打下品牌发展坚实基础。骨干企业质量管理体系认证100%，职业健康安全管理体系和环境管理体系认证比重50%，强制性认证企业获证100%，全区主导产业实施专利产业化项目超过100项，新增产值突破50亿元；主导或参与国家标准制修订53项，行业标准制修订61项，位列全市第一。2016年，国家标准委、工信部批准高新区为国家高端装备制造业标准化试点单位，全省唯一，节能环保装备领域全国首家。

形成初具竞争力区域品牌经济。创建知名品牌示范区工作以来，高新区品牌经济占全区经济比重不断增加，市场占有率不断提高，成为拉动全区经济增长主要引擎之一，其中节能锅炉国内市场占有率30%，垃圾焚烧炉40%，管状带式输送机52%，CNG站成套设备达60%，40余户企业产品以“质量比肩国际一流水平、价格不到国际市场一半”的核心优势，销往巴基斯坦、泰国、印尼、孟加拉国等10余个“一带一路”主要国家，2015年签约外贸订单达12亿美元。

密切配合　合力推进创建

提高区域品牌建设水平。高新区管委会把品牌建设目标列入国民经济和社会发展规划，把“实施品牌带动战略，建设特色名牌产业园区”作为战略重点，成立创建工作领导小组和专门工作机构，按照“落实职责、落实任务、落实措施、落实时间”四项要求，形成“政府引导、部门指导、企业参与”工作机制，实行逐月考核，有力地促进了品牌示范区建设顺利开展。

制度机制“护航”创建。高新区管委会先后出台《关于工业企业大集团5年培育计划的实施意见》《质量兴区实施办法》《加快实施商标战略促进经济发展的意见》《深入推进质量强区战略促进跨越发展的实施意见》等。按照政策，高新区管委会对名牌、标准突出企业奖励27万元。

着力管理服务。建立全区企业质量档案，实施质量信用黑名单制度，开展重点产品质量提升专项行动。骨干企业建立质量诚信体系，公开质量信用承诺和质量信用报告。建立品牌合法权益保护工作机制、品牌危机应急处理机制、过程监管机制和质量失信惩戒机制，加强部门联动，打击假冒伪劣，整治质量违法行为，实施严格的质量监管与品牌保护。产品、工程、环境、服务四大质量指标纳入部门、乡（街）年度绩效考核体系，实施量化考核，保障区域经济健康发展。

政府“搭台”，企业“唱戏”。高新区管委会制定和实施质量提升和品牌建设年度培训方案，出台《加快推进标准化工作的意见》，引导企业采用国际标准或国外先进标准，鼓励企业主导或参与国家、行业标准制修订，东方物流公司成为全省首家物流服务标准化单位、汇东大酒店成为四川省旅游标准化示范单位。通过鼓励企业开展质量管理、环境管理、职业健康安全管理、节能减排、服务、环保等认证，全区骨干企业通过质量体系认证100%，强制性产品认证100%，部分企业取得美国、英国、法国、日本、意大利等国家认证证书。

政策配套 优化发展环境

优化发展环境是高新区一项“永不竣工的工程”，通过“软”“硬”共抓、双管齐下，创建区域品牌良好环境。

高新区管委会高度重视服务平台建设，增强品牌服务能力，拥有国家级科技企业孵化器自贡市高新技术创业服务中心等公共创新平台26个（其中质量检测公共服务平台5个）、企业创新平台35个（其中博士后科研工作站3个、院士工作站5个），它们为区域品牌建设、标准化以及质量工作提供了坚强保障。委托国家、省、市权威机构开展品牌创建、培育及保护等系列讲座，深化品牌建设意识，营造区域品牌创建氛围。

提升区域品牌核心价值，创新工作思路，把区域品牌建设与知识产权产业化紧密结合，实现区域知识产权资源潜力可持续开发利用，提升了区域品牌核心竞争力。高新区管委会连续出台《进一步加强园区知识产权工作的意见》《专利申请和实施奖励暂行办法》等政策措施，设立高新区知识产权服务中心、知识产权维权援助中心，大力推进知识产权质押融资，加快知识产权实施与产业化。近两年，全区申请专利1200件，专利申请年均增长38%，获得授权专利900件，年均增幅达61%，超过50%规模以上企业消除“零专利”，全区知识产权质押融资额达1亿元，主导产业企业实施专利转化项目超过100项，新增产值突破50亿元，2015年12月，通过国家知识产权试点园区工作考核验收。

高新区管委会把标准化作为品牌战略基础，充分发挥标准化的引领和支撑作用，推动节能环保装备产业建立以国家标准和行业标准为基础、企业标准为主体的标准体系，积极组织标准的贯彻和实施，组织标准实施的监督、检查与评价，鼓励采用国际标准和国外先进标准，加快科技成果和专利技术的标准化、产业化，重点打造了华西能源、川润、运机、东方通用、东方热电等公司与标准体系相适应的试点样板，为知名品牌示范区建设奠定了坚实基础。2016年，国家标准委、工信部批准高新区为国家高端装备制造业标准化试点区，是节能环保装备领域全国第一家。

再度出发 建设品牌强区

自获批创建省知名品牌示范区以来，高新区创新发展能力不断提升，主动融入“一带一路”倡议，一大批“高新制造”漂洋过海，实现内向型经济向外向型经济转变，区域品牌价值不断凸显。2016年，高新区通过省质监局向总局申请区域品牌价值评价，5 家企业申请企业品牌价值评价，从反馈情况看，“自贡高新”主导产业的综合实力、市场占有率高于市场平均水平，品牌、质量、标准基础扎实，以其独特的产业优势、创新优势获得较高评价。

质量决定竞争力和企业命运，企业要生存、发展、壮大就必须抢占产业链高端，实施品牌发展战略就是抢占产业高端重要途径。高新区将以省知名品牌示范区验收作为新起点，围绕“中国制造 2025”“互联网+”“五大高端成长型产业”等“十三五”发展重点领域，立足新兴产业项目，围绕全区产品重点，分梯度、明进度、抓培育、重储备，推动品牌战略可持续发展，进一步健全政策体系、推进创新创造和提升服务水平，引导企业瞄准世界先进水平，加大自主研发和技术创新能力，推动科技成果专利保护和专利成果标准转化，抢占行业制高点，把高新区建设成为全省品牌强区。

（质监局）

自贡高新区创新创业成效初显

近年来，自贡高新区（以下简称高新区）深入贯彻党中央、国务院“大众创业、万众创新”战略部署，紧紧围绕“加速科技成果转化、提升自主创新能力”工作方针，以“狠抓主体培育、强化服务能力、聚集创新资源、提升孵化效率”为主攻方向，着重服务模式创新，完善孵化链条建设，促进孵化器健康发展，有力推动了园区创新发展。与此同时，着力推进科技创新、企业创新和大学生创新创业孵化基地建设，形成多点支撑，协同发展良好格局，为进一步提升区域创新创业能力，推动转型升级奠定了坚实基础。

高创中心：多措并举优化创新创业环境

作为高新区主抓创新创业职能机构，自贡市高新技术创业服务中心（以下简称高创中心）近年来采取积极措施，完善创新创业政策，围绕高新区创新驱动发展体系建设，牵头撰写了《当前国内众创空间发展情况的报告》《自贡高新区大学生创新创业发展报告》，参与制定《自贡高新区关于推进科技创新增强转型发展新动力的工作方案》《自贡高新区支持科技创新的若干政策》等文件，推进落实孵化企业天健生物科技有限公司上市奖励 100 万元，同时与科技、经信、人社、商务、自贡市人才办、团委等部门有效对接，全面落实“四川青年创业促进计划”、自贡市“千人计划”专家、大学生创新创业专项补贴等政策，着力优化科技型中小企业发展环境。

强化国家级品牌建设。2016 年上半年，高创中心优化微信公众平台，搭建创业资料百度云网盘，全力拓展创业宣传和交流渠道，推广国家级品牌，推送各类创业咨询 120 余条，覆盖企业 150 家以上。先后接待宜宾市、内江市、泸州市等关于孵化器建设运营学习考察，推广高新区孵化创新经验，为省加快孵化器建设发展出谋划策，受到省科技厅等主管部门肯定，省内影响力进一步提升。

聚焦科技资源统筹。积极拓展业务功能，强化科技资源支撑，形成聚集效应。高创中心继续深化同自贡市科技局战略合作，加强同省机械设计院、炭黑研究院等单位在创新人才、研发体系上合作，加强与高校、科研院所合作，起草《自贡高新区与四川理工学院科技合作框架协议》，推动与浙大创新中心共建众创空间。升级扩充《维普中文科技期刊数据库》，孵化企业上半年文献下载量 3.62 万篇，增长 65%。结合孵化企业产业特色，组织开展生物医药、新材料、电子信息等行业校企交流活动，为技术合作与人才交流搭建平台，对接企业需求 17 项次，促成四川川越水治理公司与中科院南京地理与湖泊研究所达成专利授权等科技合作项目 3 项。

高创中心创新孵化平台获得相关方面充分肯定。年内，高创中心接受多项平台考核检查，完成 2015 年度省级大学生创新创业园区（孵化基地）认定，省小企业创业示范基地考评并报送《小企业创业示范基地发展报告》，组织孵化器及孵化企业填报《“三众”平台调查问卷》《“四众”企业情况》《“四众”平台服务企业名录》等调研资料。国家级科技企业孵化器统计和绩效考核、省级小企业创业示范基地、大学生创业园等各项平台统报工作获科技部火炬中心及省经信委、科技厅、人社厅等主管部门肯定，进一步夯实了高新区“大孵化”创新服务平台建设。

火炬统计基础工作扎实。围绕火炬统计工作要求，高创中心集中力量进行科技型中小企业逐家摸底，通过电话采访、实地走访，了解记录企业创新创业情况，梳理形成《科技企业孵化器在孵（毕业）企业情况》表 84 份，编制《2015 年度科技企业孵化器综合情况报告》《国家级科技企业孵化器统计报表（2015 年度）》和《国家级科技企业孵化器考评报告》，截至 6 月底，完成 2015 年度国家级科技企业孵化器统计和绩效考核资料报送。

创业项目挖掘和储备全面开展。今年以来，高创中心累计走访企业 25 家，挖掘“一呼百送”“淘金汇”等创业项目 7 项，储备创业个人和团队信息 11 个、创业项目 14 项，引进四川川越水治理有限公司、自贡昕泰科技有限公司等 2 家企业入驻孵化器，四川盐帮文化传播有限公司等 2 家企业园外孵化，辅导大学生创业项目 17 项，均已提前完成 2016 年度目标任务。

初创科技企业发展亮点突出。高创中心围绕生物医药、电子商务、软件信息、物联网等高新区重点发展的高新技术产业，鼓励引导制造企业向信息服务业转型发展，强化项目科技评估机制，激发企业创新活力，聚焦创业团队研发能力，孵化服务工作取得实效。升拓检测公司总经理吴佳晔被省委组织部认定为 2015 年度四川省“千人计划”人选，获评“创新领军人才”；同创新锐紧抓灯会契机，推广“U 客中心”建设，一季度新增注册用户 5 万多，销售收入 2015 年增长 335%，2016 年 1 月获“四川省电子商务示范企业”称号；大学生创业孵化项目“烧烤部落”，在 2016 年度市“普润城杯·互联网+”创业大赛决赛中获一等奖；天健生物挂牌“新三板”，定增募集资金 900 万元，解决企业后续发展资金需求。孵化企业脱颖而出，成为高新区加快“互联网+”、生物医药、电子商务等先导产业发展、实现产业转型升级中坚力量。

合力打造众创空间创新载体。高创中心按照高新区管委会部署，会同浙江大学自贡创新中心推进自贡工业信息发布中心、浙江大学自贡技术转移中心、企业家沙龙以及浙江大学高新众创空间（即“两中心一沙龙一空间”）建设。高创中心按要求主导完成众创空间 LOGO 设计、功能区划平面图以及工程施工图绘制等改造方案设计工作，多次会同浙江大学自贡创新中心和相关部门，围绕众创空间运行模式、经费预算、资源导入、创业团队筛选等进行深入讨论，完成《关于共建“两中心一沙龙一空间”合作协议》。

科技创新：“五位一体”推动新兴产业发展

浙江大学自贡创新中心（以下简称创新中心）是高新区2013年与浙江大学共同创立的科技创新服务平台。成立3年来，创新中心认真贯彻《国务院关于大力推进大众创业万众创新若干政策措施的意见》和一系列政策措施，积极营造“双创”环境，结合自身科技创新发展优势，走创新驱动发展道路，纵深推进“双创”工作。重点围绕节能环保、高端装备制造、新材料等战略性新兴产业，立足自贡，服务成渝，辐射西部，通过引入专家服务团队，构建公共技术创新服务平台，主动对接企业，走产学研协同创新之路，发展成为具有强大造血能力的集技术研发、成果转化、产业孵化、战略规划和教育培训功能“五位一体”创新创业服务机构。

实施引才行动，建设人才高地

人才是强国之本，高层次创新创业人才是国家发展的核心竞争力，创新中心坚持招才引智先行，把人才作为推动创新驱动发展的引擎，探索人才工作新思路、新方法，不断完善人才引进、使用、奖励机制，引进一批高层次人才和多支专家服务团队。

诚心引才爱才惜才。面向海内外引进高层次人才，通过互联网平台向高端人才抛出橄榄枝，主动沟通交流，寻找双方合作切合点，创新中心负责人直接与人才联系沟通。创新中心致力于打造一流专家服务团队，通过引进顶尖专家教授作为团队领军人，为团队提供核心技术支持，筛选优秀教授、博士作为团队核心骨干，大力培养专业研发人才，充分发挥队伍整体创新能力。为充分发挥研发队伍创业创新能力，创新中心组建初期提供科研启动资金，让团队专注科研，蓄积能量，为重大科技战略厚积薄发。创新中心制定激励制度，为高层次人才提供住房，解决配偶工作和子女入学问题，解除后顾之忧，提高研发积极性，保证人才队伍稳定性。目前，创新中心已引进聚集高层次人才85人，包括中科院院士1人，中国工程院院士1人，“千人计划”专家1人，长江学者讲座教授1人，国家杰出青年基金获得者2人，国家“863”计划专家1人，教授、副教授等高级职称拥有者14人，海外留学归国人员5人。

创新中心组建能源清洁利用研发中心、环境友好材料及应用技术研发中心、农产品加工新技术装备研发中心、发展战略研究中心等4个专家服务团队以及浙江大学自贡技术转移中心、浙江大学继续教育学院自贡培训中心等2个服务中心。正在筹建机电装备及智能控制研发中心、直驱技术与装备系统研发中心、盐健康与个人护理研发中心。

创新中心新引进“千人计划”专家姚斌领衔的机电装备及智能控制研发中心入选自贡市2014年高层次人才引进“千人计划”顶尖创业创新团队，机器人及机电系统创新团队入选四川省2015年“千人计划”创新团队，材料中心主任杨辉入选自贡市第二批高层次人才“双千计划”引进优秀专家，农产品中心副主任于勇入选自贡市第二批高层次人才“双千计划”引进领军人才。

加强科技研发，助推成果转化

2016年7月，国务院常务会议通过的《“十三五”国家科技创新专项规划》，是对国家未来5年科技创新进行系统谋划和前瞻布局，实施创新驱动发展战略、建设创新型国家的重大举措。

加快转变发展方式、推动产业转型升级、突破发展瓶颈制约、提升区域综合竞争力，最根本的途径是依靠科技支撑和引领，最迫切的要求是加快科技进步、创新与转化。

创新中心自运营以来，科技研发稳步推进，平台不断创新发展。注重技术发明创造，专利申请有效开展。目前，各平台申请专利176项，其中发明专利99项，获专利授权48项。关注国家及省、市科技项目，积极申报，申报纵向项目81项，其中国家级4项，省级54项，立项18项。从企业需求着手，加强科技研发，3个团队围绕高新区主导产业开展技术创新和研发，为企业解决技术难题，取得明显进展。

创新中心鼓励团队注资，成立企业实行转化。截至2016年上半年，成功孵化四川天法科技有限公司、自贡格灵新材料科技有限公司、自贡市裕香荟食品科技有限公司和自贡香御堂食品有限公司4家企业，注册资金5250万元，形成转化新增产值千余万元。四川天法公司主要提供脱硫脱硝系统化解决方案，自贡格灵公司在自贡推广的科技成果主要有高性能纳米耐磨地坪、功能涂料等，自贡裕香荟公司和自贡香御堂公司主要推广新型主粮、糙米产品等。

加快平台建设，推动社会服务

创新中心把各种创新要素互动、整合、协同，建设公共技术平台，为自贡市及周边地市企业创新研发提供服务。

围绕高新区重点发展产业方向，启动公共技术平台建设。启动锅炉设备、天然气设备、金属材料、高分子材料等公共技术服务平台筹建工作，规划建设“互联网+”医疗健康服务平台。与企业联合共建重点实验室、工程技术中心、企业技术中心等，加快推进专家团队产业化项目建设。与自贡市海川实业有限公司联合申报自贡市院士（专家）工作站，与自贡市技术转移公司共同签订联合建立“自贡天然气设备及节能环保装备公共技术创新服务平台”合作协议书。与荣县政府、四川大农和农业开发有限公司、浙江大学农业生物环境工程研究所共同成立企业研发中心——浙江大学农业生物环境研究所和农业技术（农产品加工）研究中心。与北京维拓时代建筑设计公司、四川凯茨阀门制造有限公司、自贡工业阀门制造有限公司建立3个联合研发中心。依托浙江大学优势科技资源，与自贡周边地市合作共建技术转移中心，联系内江市科知局联合建立浙江大学内江技术转移中心，与泸州市、南充市、宜宾市等地市就联合建立技术转移中心进行接洽。与地方高校合作共同发展服务社会，与四川理工学院签订战略合作协议。

激活创新创业，建立众创空间

响应党中央、国务院“大众创业、万众创新”号召，把握发展机遇，汇聚经济社会发展新动能，创新中心积极促成浙江大学与高新区双方共建“浙大·高新众创空间”（以下简称众创空间）。众创空间将在本地企业内创业、微创新以及充分调动本地创客优秀创意基础上，结合国内外最新科技动态和文化创意，提出符合自贡市及高新区发展的创意并引导企业创新人员或创客团队实施，促进自贡产业发展。

众创空间与浙江大学科技园紧密联系，学习全国领先运营体制，探索自贡特色模式，为众创空间前期建立奠定基础。正进行场地建设、设备购置、创客引入、专业导师团队以及专家委员会组建等，确保众创空间有序、高效运转。众创空间将通过多种方式吸引自贡、川南乃至国际国内创客资源集聚，第一批3~5个创客团队（项目）入驻，辅导优秀创业项目在本地产业布局中落地发展，结合自贡企业需求、产业发展、资源条件、创客热情，探索具有自贡特色的创新创业路径和模式，将众创空间建设成为川南地区创新创业中心。

汇众智搞创新。通过创业创新服务平台聚集全社会各类创新资源，使每一个具有科学思维和创新能力的人都可参与创新，形成大众创造、释放众智新局面。

强基固本：创新创业就业服务平台

近年来，高新区管委会始终重视创业就业工作，结合实际，整合资源，创新方式，强化服务，加强引导，开展创业基地建设，不断推动“大众创业、万众创新”深入开展。

创新工作方式，力促高校毕业生创业就业。不断加大政策扶持力度，搭建高校毕业生就业服务平台三级服务管理。区相关部门为主，乡（街）、村（社区）成立高校毕业生就业服务机构，通过各级平台及时送上高校毕业生就业创业政策，开展高校毕业生就失业普查，建立“一对一”实名制就失业登记制度，及时准确收集未就业高校毕业生信息，动态反映高校毕业生离校后就失业情况。靠前服务，组织工商、园区、街道等部门、单位走进校园，宣讲政策，搭建政府部门直接服务大学生平台。加大创业政策扶持力度，充分利用高校毕业生创业园区（孵化基地），实施园内孵化和园外创业扶持政策，设立高校毕业生创业资助资金，入驻园区的高校毕业生实施房租、水电、证照等办理“一条龙”服务。组织未就业应届高校毕业生参加见习，扶持园区高校毕业生见习基地持续提供一定数量见习岗位，提供离校未就业高校毕业生见习。鼓励高校毕业生到基层就业，开发和购买适合高校毕业生就业的乡（街）、村（社区）和企事业单位公益性服务岗位，对在单位公益性岗位工作的就业困难高校毕业生，给予岗位补贴和社会保险补贴。构建校企合作平台，发挥政府引导和扶持作用，整合本地高等院校、科研院所、职业院校、技工学校等教育培训资源与板仓工业园区企业对接，做到促进高校毕业生就业有预判、有支撑、有组织、有计划、有实效，力促高校毕业生就近就地稳定就业。

整合资源要素，推进返乡农民工创业服务。为促进返乡农民工自主创业，高新区开展了系列就业创业服务工作。开展返乡人员调查，掌握解返乡农民工就业创业意愿、年龄、文化程度、技术特长、创业项目等要素，有针对性地开展创业服务。建立引导联系机制，引导有一定科技含量和创业条件的返乡农民工创业人员入驻高新区“返乡兴业园”，进行创业孵化，提供创业要素保障。开展返乡创业“一条龙”服务，利用园区创业扶持政策，实施税收、房租和水电减免，协助返乡创业人员办理证照，为返乡创业人员提供良好创业环境。开展返乡创业咨询服务，为返乡创业人员提供法律、会计、专利、税务、管理等服务。整合并依托国家级创新创业基地、技术转移服务平台、中小企业服务港、创新中心等平台，为返乡农民工创业项目提供技术对接、成果转化、项目包装等服务。

加强宣传引导，树立创新创业典型。为营造创新创业良好氛围，引导更多有志人士乐于创业、敢于创业，高新区制定了“双创”系列活动方案，明确各有关部门职能职责，做好要素保障，确保活动效果。开展“双创”系列活动宣传，落实政策，促进返乡人员、高校毕业生等重点群体创业就业。甄选优秀创业成功人士及项目，参加省、市“高校毕业生创业大赛”“返乡创业之星评选”，扩大“双创”影响力。

（《中国高新技术产业导报》2016年10月24日　有删改）

高新区“两学一做”学习教育综述

高新区党工委认真贯彻落实中央、省委、市委部署要求，开展“学习党章党规，学习习近平总书记系列重要讲话；做合格共产党员”学习教育（以下简称“两学一做”）全面启动以来，以从严从实作风，坚持问题导向，深入学、扎实做、认真改、实在干，务实推进，学习教育取得成效，为推动高新区加快转型升级提供了坚强有力的政治保证和组织保障。

一、高度重视，精心组织，以上率下深入学

各级党组织高度重视，切实履行主体责任，强化责任落实，周密安排部署，精心组织推动，确保“两学一做”深入开展。一是加强组织领导。成立协调小组，组建工作组，健全推进机制。召开“两学一做”工作会1次、推进会3次，进行全面动员、研究部署、适时跟进。制定“两学一做”实施方案，工作任务逐项落实牵头领导、责任单位，明确时限和刚性要求。提供必要保障，按照每名党员50元划拨经费到村、社区、“两新”党组织。二是坚持以上率下。制定党工委领导班子和基层党组织领导班子发挥带头作用的基本标准，围绕三个专题，党工委中心组集体学习8次，听取汇报2次。建立区、乡（街）、村（社区）三级联系制度，党工委领导干部带头自学，参加双重组织生活，深入基层联系点指导23次，讲党课10次。全区各级党员干部到基层党支部联系点推动指导160余次，作党课报告120次，带动各党支部书记及普通党员讲党课245场次。三是整建基层组织。指导各级党组织换届，选齐配强专兼职党务干部，开展党务干部培训3次，提高专兼职党务干部能力。结合“两学一做”，各级党组织进行换届纪律专题学习，组织班子成员及相关人员观看《镜鉴》《永远在路上》、学习换届纪律，发放知识卡、明白卡，防患于未然。

二、特色教学，把握关键，创先争优赶先进

鼓励基层创新，利用本土元素、互联网等丰富“两学一做”形式，注意把握住几个关键点，及时发现、选树身边典型，持续开展正反典型教育，用身边的人和事感染党员群众，确保做得扎实。一是创新教学课堂。开放党校课堂，试点组建村（社区）党校8所，组织培训2期，采用群众喜闻乐见、易于接受的“乡土教材”，一期一主题，通过“村村通”小广播、“送教上门、流动授课”等方式把课堂搬到田间地头、大街小巷，将村（社区）党校打造成基层党组织培训党员、服务群众的实践锻炼平台和党员干部成长进步阶梯。探索互动课堂，开拓基层党内组织生活新方式、新方法，开展“轮流主持”组织生活会，把组织生活分成若干小时段，采取自荐、点名等方式，由党员各主持一段，让党员唱“主角”、干部当“听众”。利用“红色”课堂开展学习教育活动，组织党员到江姐村、吴玉章故居、烈士陵园等地接受革命传统教育，传承本土“红色”基因，丰富党性教育时代内涵。打造“指尖”课堂，各级党组织建立“两学一做”“互联网+”专栏、微信小知识、支部微信交流平台，刊发学习文章，及时传导经验。将党支部学习视频、图片、文本等内容制作上传，采用同步学方式，让党的最新理论精神第一时间传送到流动党员。

二是把握“三个关键”。坚守基层党支部重要基地，严格落实“三会一课”等制度，认真开展“双找双配套”、党费收缴专项检查、软弱涣散党组织整治等工作，找回“失联”党员38人，补交党费2.79万元，整顿软弱涣散党组织1个。利用专题学习讨论多功能载体，把集中学习讨论和当前中心工作深度融合，常态化开展主题党日活动，激发党员干部干事创业热情。把握宣传报道舆论导向，加强宣传引导，及时总结经验及成效，通过会议、新闻、手机报、网站专栏等形式和载体，广泛宣传“两学一做”，提高党员干部群众知晓度和参与率，营造浓厚学习氛围，设置宣传标语233幅，省、市级媒体报道20余次。三是选树身边典型。开展“合格党员具体标准、不合格党员具体表现”大讨论，制定合格标准和不合格底线，树立党员标杆，选树身边典型，开展带党徽、亮身份活动。创建市、区级党员示范岗43个，党员示范团体21个，党员示范单位11个，党员示范行业1个；市委、高新区党工委表彰优秀共产党员83人、优秀党务工作者32人、先进基层党组织35个。

三、严督精导，层层压实，聚焦问题抓整改

一是严格调研督查。实行“以目标任务逼成效、以时间倒排逼进度、以责任追究逼动力、以上级督导逼责任领导”的“四个倒逼”办法，逐级传导压力。组织专项督导组深入督导单位，采取定点联系、蹲点包抓、分类指导的方式加强指导，通过约谈领导、发督办函、专题通报等方式进行督查督办。二是加强分类指导。印发“1+8”学习教育指导意见，每月推送工作清单，分类发放5500份学习资料。在高新区“两学一做”协调小组指导下，部分基层党组织探索创新，“两新”党组织自贡市华燃天然气有限责任公司党委将学习教育与“三心一推”相结合开展活动，起到了凝聚人心的政治引领作用；板仓街道制定“三结合三突出”学习方法，“两学一做”和推进工作两不误。通过学习，对全体党员补好“钙”，加足“油”，提高了党员的政治意识、大局意识、核心意识和看齐意识。三是突出关键少数。坚持把领导班子和领导干部特别是“一把手”作为重点督查对象，明确每次督导都与“一把手”见面的硬性要求，通过面对面沟通情况，一对一指出问题、提出建议，推动“两学一做”落实。四是聚焦问题整改。认真贯彻落实“三项整改”回头看。按照从严从实的要求，聚焦“八个常态长效”，研究制定“三项整改”方案，确保全区上下每一个单位、每一个班子、每一名党员干部都百分之百参与“三项整改”，建立“三项整改”回头看制度23个、党员日常教育管理制度30个，查找并整改问题28个。五是进行党性分析。以学习贯彻党的十八届六中全会、省委十届九次全会和市第十二次党代会精神为主题，围绕“两学一做”要求，召开专题组织生活会和民主生活会，认真查找问题和不足，结合思想和工作实际，进行党性分析，开展批评和自我批评，组织民主评议，广大党员干部思想受到洗礼，工作得到推进。

四、以学促行，围绕中心，统筹推动出业绩

“两学一做”根本目的在于改进思想作风、激发干事活力、推动事业发展。推行党员干部德能勤绩廉反向测评、“不担当”责任追究机制，制定《高新区创新容错纠错免责试行办法》，优化干部干事创新创业环境；建立领导干部重点工作“周统计、月交账”制度，出台《高新区领导干部不作为慢作为乱作为问责暂行办法》，把真正想干事、能干事、干成事的干部选出来、用起来，让“混天过日”干部“混不下去”，推动高新区党员干部抢抓机遇、拼命干事。2016年，高新区围绕“高”和“新”，深入实施创新驱动战略，着力推动产业

转型升级，全区呈现出经济社会平稳健康发展、干部群众奋发有为良好局面。

高新区党工委将结合上级精神，继续扎实推进“两学一做”学习教育，全面加强党的建设，创新工作实践，提高履职尽责能力。一是不断提高党员干部按照党员标准规范言行的自觉性，增强理想信念，树立政治意识、大局意识、核心意识、看齐意识。二是营造清风正气的干事创业环境，进一步树立勇于担当责任意识，推动全面从严治党向基层延伸、保持党的先进性、纯洁性、积极性。三是勇于思考，拓展党的群众路线教育实践活动和“三严三实”专题教育成果，解决党员干部队伍突出问题，在发挥基层党组织战斗堡垒和党员先锋模范作用、奋发有为干事创业上凸显成效，打造一支“信念坚定、对党忠诚、为民服务、担当有为”的党员干部队伍，深化思想与行动上的转变，为“建幸福宜居新城、造千亿产业园区”提供坚强政治组织保证。

（党政办公室）

2016年创建全国文明城市工作综述

2016年，高新区按市创建全国文明城市（以下简称创文）指挥部部署，推进“三创联动”（创建全国文明城市、国家卫生城市、省级环保模范城市三项工作联动），分解17大类207个重点点位、1450个一般点位，狠抓攻坚，突破关键，创建工作有序推进，取得阶段性成效。

一、强化组织领导，保障落实到位

健全创文工作机制，调整充实高新区创文指挥部和下设政务环境、法治环境、市场环境、人文环境、社会文化环境、生活环境、安全稳定环境、城乡环境、创建活动9个组。主要领导亲自部署，召开动员大会、推进会4次，创建指挥部主要成员单位专题会3次。分管领导靠前指挥，带头扑下身子抓落实，与部门、乡（街）、社区干部一起深入现场，解决具体问题。为实现“加分升位”，建立联动工作组，把创建工作融入环境、融入工作、融入生活，合力整改突出问题，形成党政共抓、上下协调、条块结合的指挥系统和工作网络。加大经费保障，投入经费2.46亿元，其中城区环境提升改造2.3亿元，居民区设施整改340万元，背街小巷环境整治900万元，宣传等经费402万元。

二、广泛宣传发动，创建氛围浓厚

为使市民成为创建主体，实现“创建为民、为民创建”宗旨，广泛开展宣传发动。按“规范化+特色化”，设计制作公益广告、宣传画，张贴、悬挂主干道、商业街区、文化广场、建筑围挡、乡（街）、社区、公园、学校、宾馆饭店、商场、农贸市场等。在《自贡日报》《自贡晚报》刊载“文明高新、共建共享”专栏，扩大社会宣传面。利用环境因地制宜打造特色主题，春华广场打造“文化广场”，妙观寺广场打造“法治广场”，汇东公园广场打造“道德广场”，龙汇隧道打造“城市文明宣传长廊”。开展知识竞赛、有奖竞猜、游园活动、文体活动等宣传创文知识。全区制作固定宣传标语、宣传画1809处，宣传活动371次，建筑围挡1.98万平方米，发宣传资料66.8万份，参加群众52.24万人次。

三、突出创建重点，开展专项行动

围绕高新区经济社会发展和群众关心的热

点难点问题，对照全国文明城市标准，查找创建中存在的突出问题和工作短板，开展系列专项行动。

——春季爱国卫生行动。按照“多城联创”思路，实施“爱卫生、做卫生、讲卫生”春季卫生大行动。制定“分线负责、条块结合”牵头实施方案，落实“横向到边、纵向到底”任务清单。开展扮靓市容环境、“清洁家园、灭蚊防病”“城市因我而文明·美景”和迎接省级卫生城市复检工作，全面动员，全民动手，全域行动，推进春季卫生大整治。

——“十大专项整治行动”。开展“文明劝导”、上网服务营业场所、“牛皮癣”、占道经营、城市社区（居住小区）环境、道路破损及配套设施、出租车运营不规范行为、建筑工地乱象、“向不文明交通违法行为宣战”、食品经营单位食品安全等十大专项整治行动，取得明显效果。

——“十大群众参与活动”。组织开展“寻找身边好人”暨第四届自贡市道德模范评选、“法制记忆·盐都故事”普法行动暨法治文化作品征集、文明校园创建、“五星级文明户”创建评选、“文明窗口服务之星”争创评选、首届“盐都公益志愿之星”争创评选、争做“盐都文明好司机”评选、“寻找最美家庭”“诚实守信之星”争创评选、“我身边的美丑瞬间”影像作品及“文明新盐都”微视频作品征集等十大群众参与活动。通过形式多样的群众性精神文明建设活动，形成“全民参与创建，全民支持创建”良好态势，促进创文提档升级，群众知晓率、支持率、参与率、满意率提高。

——示范创建活动。确定卧龙湖湿地公园、汇东实验学校、春华社区、明珠社区、学苑街社区卫生服务中心、丹桂大街、沃尔玛商场、华商国际城诚信广场、汇东交警大队、红旗乡政府10个点作为高新区各行业示范点开展创建活动。

——三大主题周活动。11月21日至12月18日，开展创文集中宣传周、环境秩序整治周、志愿服务劝导周“三大主题周”活动。教育系统在汇东公园开展“走出校门、唱响创文”集中宣传活动，师参加生300余人；党政办公室牵头开展一会、一课、一教、一访、一宣“五个一”宣传活动，党工委领导作“构筑共同精神家园”宣传报告；文化执法大队牵头举办“文明高新·有您更精彩”文艺演出。城管执法大队、乡（街）牵头开展市容环境卫生、脏乱差死角、“牛皮癣”小广告等整治。文明办牵头组织社区干部120余人、机关干部100余人、志愿者300余人，在公园、广场、景区、商业街区、集贸市场、车站、交通路口等开展文明劝导活动。

四、创文效果显著，实现为民创建

——创建成果惠及百姓。丹桂大街升级改造成为亮丽城市景观，交通秩序和周边环境明显改善；背街小巷及街面破损得到整治，实现沟通、路平、灯亮；公园景观绿化美化，品质提升；配足配齐健身路径，广场设施得到改善；小区环境改善，消防设施、路灯、垃圾桶、停车场等公共设施完善；政务环境优化，一站式优质服务、首问负责制得到体现；社会治安防控体系健全。社会环境安全稳定；环境污染有效控制，人居生态环境质量提高；市民素质普遍提升，市容交通井然有序。

——文明之花盛开。宏发社区、明珠社区建成省级文明社区，高新区国税局获省级文明单位，学苑街道获省“和谐社区示范街道”、省“安全示范社区”，明珠社区获全国科普示范社区、科技系统先进单位，高峰乡获四川省最美乡镇，悦景社区被评为省首届十大“书香社区”，汇东实验学校原创校园心理剧《心墙》获省第八届中小学生艺术节戏剧类二等奖、市“中国梦，爱国情”第二届经典诵读比赛特等奖等。

（创文办公室）

志存高远十年磨剑　全心投入蓄势扬帆

——自贡市高新投资有限公司10年发展综述

2016年12月，自贡市高新投资有限公司（以下简称高投公司）成立10周年。10年，对于时间的长河或许只是短短一瞬，但却记载了高投公司成功开辟属于自己一片新天地的足迹。

玫瑰庄园（高投公司建设）

应运而生担重任

2006年12月，为加快投融资体制改革，特别是加快自贡高新区开发建设，经市政府批准，高投公司正式成立。高投公司从成立伊始便肩负起加快实施“城市经营、开发板仓”战略，加强基础设施投融资和建设管理的重任。经过10年运营，公司为高新区开发建设，乃至全市经济社会发展搭建起了投融资平台和城市资产经营平台。

高投公司初期注册资本金1亿元，三次增加注册资本金，注册资本金达到1.73亿元。经过10年发展，高投公司成为总资产规模近156亿元，净资产99亿元，在区域经济发展中较有影响力的政府投融资开发建设平台，主要经营城建项目投融资、城市建设开发经营和土地整理。“十二五”期间，该公司不断完善子公司发展体系和集团管控机制，2016年年末，已设立自贡市高新城市投资开发有限公司、自贡市技术转移有限公司、自贡市金马产业开发有限公司、自贡市高新工程项目管理有限公司、自贡市优畅科技有限公司、自贡市南湖汽车服务有限公司和自贡市高新公园管理服务有限公司等11家全资或控股子公司。

多元化融资上台阶

十年来，高投公司通过银行贷款、发行债券、申请补助资金等方式，累计融资80亿元，其中资本市场直接融资40亿元。公司在资本市场信用评级升级为AA级，在人民银行征信系统和金融体系保持着优良信用记录。

2013年和2014年，高投公司成功发行两期共20亿元城投类公司债券。2015年、2016年高投公司又成功发行两期共20亿元私募债，实现市场化融资新突破，融资结构、整体实力、对外影响进一步提升。中期票据发行通过了市政府常务会议审议，储备起信托计划、短期融资、基金等多项融资方案和举措。整体融资结构中，直接融资比重从“十一五”末为零转变为“十二五”末超过90%。

十年砺剑，高投公司融资模式、融资成本、融资通道已经走在全市前列，资产负债率维持在36.31%的良性水平，可持续融资能力强劲。公司融资工作已从银行贷款向资本市场直接融资、抵质押融资向信用融资、高成本融资向低成本融资转变，公司已成为全市乃至川南地区投融资平台发展领域的先行者。

南湖公园（高投公司建设）

项目管理谱新篇

十年来，高投公司作为项目业主先后完成了自贡高新区范围内城乡道路等基础设施、农民集中居住区、拆迁安居房、公园、科技孵化园投资建设，涵盖高新区“四大功能区”所有功能片区，为高新区提升项目承载能力、优化招商环境、提高宜居水平等做出了贡献，直接和间接累计投入建设资金超过50亿元，带动社会投资超过500亿元。目前，高投公司正在投资建设板仓工业园区、南岸科技新区、卧龙湖旅游区道路等基础设施工程，拆迁安置房，南岸科技新区孵化园，魏明伦戏剧馆，东区邻里中心等。

公司代高新区管委会作为项目业主建设的釜溪河复合绿道、南湖公园、卧龙湖公园总面积近300公顷，山水相依，绿树成荫，鲜花盛开，是市民休闲、健身、集会的好去处，周末和节假日，更是游人如织。高投公司作为项目业主实施的3座公园、城市景观、基础设施等一大批惠民项目，为老百姓创造了宜居环境，提高了老百姓的幸福指数，深受市民称道。

龙汇南街（高投公司建设）

助力发展创佳绩

高投公司在市委、市政府和高新区党工委、管委会的大力支持下，抢抓机遇、创新发展，发挥“融资、建设、经营”三大职能，不断探索公司向“市场化”和“实体化”转型的路径，逐步发展成为高新区开发建设平台、综合投融资平台、国有资本管控平台和园区增值服务平台，推动建立区域金融服务体系，为高新区保持又好又快发展、引领区域产业集聚和科技创新、成功升级国家级高新区做出了重要贡献，公司自身建设也步入良性轨道。

高投公司依托清华大学、四川理工学院等合作高校的创新要素集聚优势和高新区的金融资源集聚优势，以大学科技园、技术创新联盟和产学研合作平台为载体，积聚各类银行、证券、担保、小贷、投行等金融机构和中介组织，促进符合园区产业导向的优质中小创业企业孵化、落地和壮大，探索建立完善“政府促进、市场主导、企业受益、安全有效”的金融支持科技发展的运行机制。技术转移公司为园区企业提供了4000余项专利信息和近200项科技成果信息。2016年6月，设立自贡市第一支产业投资基金——自贡战新高端产业投资基金，总规模6亿元，首期规模2.4亿元。同时，公司探索打造创业创新公共平台，建立创业辅导、企业管理、财务咨询、市场营销、人力资源、法律顾问、知识产权和检验检测等创业支撑服务体系，在产业服务中检验市场化能力，拓展市场领域。

文化建设展形象

十年发展过程中，高投公司高度重视塑造具有核心竞争力和影响力的企业文化，把企业文化渗透到管理和经营中。切实加强党的建设，以党建促发展，将党建工作贯穿到公司经营发展和法人治理全过程，推进企业廉政文化建设，深入开展党的群众路线教育实践活动、“三严三实”专题教育活动和“两学一做”学习教育活动。开展“创建学习型企业、争做学习型员工”活动，组织“读书节”“读书会”“读书月”，参加读书、演讲、国学朗读、文明礼仪等比赛，推动企业形成浓厚的文化氛围。公司在实现自身发展的同时，热心公益事业，开展捐资助学，设立“高新投资杯”奖学金，为残疾人等贫困群众送温暖。坚持正面引导，奏响主旋律，凝聚正能量，发挥互联网、网站、微信、内刊等平台作用，创办《今日高投》图文刊物和电子版，“自贡高新投资”微信平台、公司域名网相继上线，全方位展示公司新发展、新面貌。企业文化建设成为提升企业管理、激励创新精神、凝聚团队力量、提高职工素质、增强社会责任感、向现代化方向迈进的动力。

未来五年，高投公司将围绕自贡工业振兴发展和高新区“建幸福宜居新城，造千亿产业园区”发展目标，贯彻落实市委、市政府《关于促进自贡国家高新技术产业开发区加快发展二十条政策措施的意见》，借助自贡高新区平台，通过多元化经营策略，运用市场化投融资手段，建设成集城市基础设施投融资、重大市政设施投资管理、城市资源开发经营、新兴产业投融资、旅游项目投资开发于一体的现代投融资集团。

（高新投资公司）

大事记

DASHIJI

1月

1日 汇东公园地下停车场投入使用，建筑面积3.17万平方米，车位800余个。

5日 高新区党工委召开会议研究高新区“十三五”发展规划。

▲ 丹桂小区经一路、纬二路道路改造工程开工，道路长617米，车行道宽12米。该工程主要拆除道路中央绿化带并硬化，拓宽车行道宽度。

▲ 自贡汽车客运站开通内江北高铁站直通车。

6日 市委副书记谭豹率高新区管委会、市国土资源局、市城乡建设和住房保障局等部门负责人调研卧龙湖盐卤浴项目。

7日 高新区党工委召开“三严三实”专题民主生活会。

▲ 自贡工业阀门制造有限公司“自贡及图”、自贡市贝尔吉教学仪器设备有限公司“贝尔吉及图”被认定为2015年度四川省著名商标。

▲ 中铁十八局西南区副指挥长邓黎一行到高新区对接城市路网、卧龙湖养老健康城、高峰公园等PPP项目。

10日 住建部城乡规划管理中心、中冶京城管廊研究院、中国建筑设计院城市设计中心、厦门城市地下综合管廊公司等考察南岸科技新区综合管廊、卧龙湖湿地公园一期项目建设。

12日 高新区管委会召开加强社区治安立体防控体系建设工作推进会，颁发2015年度“十佳平安小区”奖牌。

13日 建立御景社区居民委员会。

14日 高新区2016年工会工作会议在管委会五楼会议室召开。

▲ 全省首个社区科普体验馆——明珠社区科普体验馆开馆。

15日 “高新大讲堂”第1讲在浙江大学自贡创新中心举行，浙江大学公共管理学院、浙江大学法学院思想政治教育系副教授蒋文华讲授《博弈论和政府管理》。

▲ 华西能源公司、浙江大学自贡创新中心在全市节能环保装备产业发展研讨会上发布和展示技术成果。

▲ 市总工会向全市首个省级“文化驿

站”高新交警大队和高新区 8 家市级“职工书屋”示范点授牌。

18 日　华西能源公司与瑞典斯堪的纳维亚生态能源控股公司签订《23.5 兆瓦生物质热电联产项目 EPC（设计、采购、施工）总承包合同》和《500TPD（吨/天）城市生活垃圾热电联产项目总承包合同》，合同总金额 7890 万美元（折合人民币 5.18 亿元）。

19 日　省食品药品监管局副局长杨俊带队到高新区检查食品药品安全。

21 日　波兰、法国、巴基斯坦、捷克、匈牙利五国驻成渝领事团考察华西能源公司，参观彩灯制作企业。

▲　意大利特伦托自治省政府意中项目发展协会主席王馨一行到高新区考察。

22 日　高新区及部分企业在“携手灯城·龙聚盐都”第六届大型招商推介会上作推介。

▲　高新区团委开展“暖冬行动”，慰问留守、贫困儿童 282 人，发放慰问金及物品 7 万余元。

22—24 日　全区出现低温降雪天气，日最低气温 0℃以下，普降小雪。

26 日　高新区管委会联合市商务局、市经信委、市农工委主办的“第二届川南名优特新商品交易会暨电商年货节”在华商·国际城开幕。

▲　高新区管委会和省机械研究设计院开展智能加工产业发展主题交流对接活动。

▲　13 时许，一对山商业城一电梯公寓 9 层发生火灾，15 时 12 分扑灭，转移被困群众 10 人。

27 日　全市首台纸币硬币自动兑换机安装中国人民银行高新支行（丹桂北大街 421 号），投入使用。

28 日　高新区党工委召开党建工作述职评议大会。

▲　新西兰、韩国、巴基斯坦等 10 国驻蓉领事及经贸促进机构代表，同省商务厅副厅长呙相林一行到板仓工业园区考察彩灯出口企业。

▲　红旗乡成立高新区第一支女子爵士鼓乐队。

29 日　“高新大讲堂”第 2 讲在市委会议厅举行，浙江艺术职业学院音乐系副教授、浙江大学客座教授张铭讲授《音乐与人生修养》。

▲　市政协主席潘泽金到华西能源公司看望慰问专家人才。

▲　《自贡，一座有盐有味的城市》在央视《新闻 30 分》栏目播出，其中展示高新区南湖公园、釜溪河绿道等。

30 日　“让我来居家智慧养老”服务平台在春华广场举行启动仪式，分别捐赠悦景、东湖社区老年人一键呼叫设备 100 台。该平台由省养老服务业协会主办，用户通过智能呼叫设备与急救中心、家庭医生和社区服务快速联络，实现急救求助、健康咨询、生活服务等功能。

是月　高新区在梨苑农贸市场、人人乐购物广场、汇东九鼎超市等建立食用农产品安全快速检测室，实行每日入市农产品快速检测、公示制度。

▲　四川运机集团公司“极端复杂地形超长距离管状带式输送机关键技术研究应用”获 2015 年度中国建筑材料联合会、中国硅酸盐学会建筑材料科学技术二等奖。

▲　全市首个既有住宅增设电梯在高新区科信苑小区投入运行。

▲　四川升拓检测技术有限责任公司总经理吴佳晔被评为省 2015 年“千人计划”创新领军人才。

2 月

2 日　高新区管委会召开大气污染防治会议，推行大气污染防治网格化。

▲ “情满高新·共创新高”2016年迎春文艺晚会在春华广场举行。

3日 市委常委、高新区党工委书记王猛，副市长未也分别带队检查高新区安全工作。

4日 市委常委、高新区党工委书记王猛，高新区党工委副书记叶茂恒等领导分别带队到自贡军分区、高新公安分局、高新交警大队和高新区环卫站等单位慰问。

16日 副市长、市公安局局长马宏带队到高新公安分局调研指导工作。

▲ 高新区管委会召开“先照后证”改革后加强事中事后监管工作会。

18日 省信息化办公室副主任、省经济和信息化委员会党组成员李建疆带队到高新区调研。

22日 中小学、幼儿园开学，义务教育段1.7万学生、1080教师返校，返校率100%。

23日 《创新驱动转型升级——自贡高新区加快千亿园区建设探索》获自贡市第十五次社会科学成果一等奖。

▲ 新都区党政代表团到高新区考察。

24日 高新区召开2016年食品药品安全监管工作暨区食品药品安全委员会全体会议，签订《2016年度食品药品安全工作责任书》。

25日 参加“首届全球川商返乡发展大会——自贡行”活动的美国、巴西等10个国家和地区近40名川籍企业家到板仓工业园区华西能源公司等企业考察。

▲ 省食品药品监督管理局副巡视员郑强到丹桂街食品药品监管所调研标准化建设和经费保障情况。

▲ 遂宁经济技术开发区管委会副主任蔡浏辉一行到高新区考察园林绿化工作。

▲ 高新区开召2016年食品药品安全监管工作暨食品药品安全委员会全体会议。

27日 智源TA27团队与绿盛实验学校共同举办的体验公益活动“共托明天的太阳”在绿盛实验学校南湖校区启动，近1000人参加活动。

▲ 釜溪河绿道至贡井公交专线开通。

3月

1日 汇东枢纽站至釜溪河绿道（“花海”）公交专线车开通。

2日 四川金鼎产融控股有限公司总经理程忠一行到高新区考察。

3日 绵阳市高新区普明街道及社区负责人58人到高新区考察社区建设。

4日 “高新大讲堂”第3讲在高新企业服务中心举行。130余人聆听国资委中央党校高管班教授、浙江大学客座教授金超《商业模式创新与落地》讲授。

4—10日 高新区“光明杯”篮球比赛在绿盛实验学校南湖校区举行。

5日 高新区团委在汇东公园广场开展志愿服务活动。

▲ 以色列驻成都总领事馆总领事蓝天铭、四川星慧集团总裁黄明良到高新区四川安益生物科技有限公司考察。

7日 高新区党工委、管委会召开2016年度工作会。会议总结2015年以及“十二五”工作，部署2016年工作。

▲ 板仓工业园区东区定制公交专线26路、401路开通。26路板仓工业园区东区至贡井鹅儿沟，401路板仓工业园区东区至自流井两口塘。

8日 高新区工会“巾帼趣味运动会”在春华广场举行，32支代表队300余名职工参加。

9日 省教育厅检查组到高新区检查中小学、幼儿园开校工作。

10日 高新区管委会在春华广场举行社会

治安防控体系建设深化推进仪式，成立群防群治巡逻大队并佩发红袖标。

▲ 泸州高新区管委会副主任卢启刚一行10人到高新区考察。

12日 “2016超级女声”四川唱区自贡分站30进10晋级赛在南湖体育中心广场举行，现场为癌症女孩募集捐款2.5万元。

15日 市委常委、市委组织部部长李国贵带队到华商·国际城调研。

▲ 高新工商分局、汇东保护消费者权益委员会在南湖体育广场举行“3·15”消费者权益日宣传活动，向自贡市2015年度“诚信服务、消费维权”示范单位的汇东大酒店、芭夯餐饮公司、英祥锦江大酒店等15家企业授牌。

▲ 华西能源公司、凯茨阀门公司被命名为市“诚信守法示范企业”。

16日 省委常委、省纪委书记王雁飞到华西能源公司调研。

▲ 自贡市物流协会成立大会在汇东大酒店举行。协会成员单位18家，其中高新区11家，四川东方物流有限公司被推选为会长单位。

▲ 云资本和雅骏新能源汽车公司负责人到高新区考察。

18日 高新区管委会召开2016年安全稳定工作会，77个责任单位负责人参加会议。

▲ 市政府印发《自贡市工业园区（集中区）产业定位》，自贡高新区产业定位为节能环保装备制造、金属新材料、生物工业、新能源汽车、电子信息等先进制造业，科技、金融等先导型服务业发展区。

▲ 高新大讲堂第4讲在高新企业服务中心举行，原杭州经济技术开发区管理委员会巡视员张学宁作《产业园区发展战略与招商策略案例分析》讲座。

19日 “南湖雅集”和“自贡瑜伽联盟会”共同发起的“阳光生活·户外瑜伽”公益活动在釜溪河绿道板仓驿站举行。

21日 全市工业工作会上，高新区华西能源公司、大西洋焊接材料公司、硬质合金公司、运输集团公司、川润公司、东方彩钢公司6家企业获2015年自贡市工业综合实力十强企业，受到表彰。华西能源公司在会上作经验交流。

▲ 绵阳高新区纪工委书记陈平率队到自贡高新区考察。

22日 高新区管委会召开2016年大气污染防治工作会，各责任部门、单位负责人参加会议。

23日 阆中市工业集中区党委书记、管委会主任韩发远一行18到高新区考察。

24日 国家发改委西部司副司长肖渭明带队到高新区调研。

▲ 省发改委稽查办副主任王勇一行到高新区督察南湖生态城改造项目。

▲ 汇东幼儿园发生一起诺如病毒感染事件。事件造成27名幼童出现呕吐、腹泻、发烧等症状，先后送医院就诊，未发生重症或死亡病例。

28日 市委常委、高新区党工委书记王猛主持落实管党治党暨党风廉政建设主体责任集体谈话会，高新区领导班子成员、部门、乡（街）、直属单位党政负责人及纪（工）委书记（纪检组长）参加谈话会。

29日 红旗乡政府在华商·国际城西广场举办第十四届“红旗之光暨文明创建活动颁奖晚会”，表彰平安家庭20户、最美家庭10户，孝媳贤婿10人。

31日 上海核工程研究设计院和四川大西洋焊接材料股份有限公司共同研发的14项核电焊材产品通过专家鉴定。

▲ 高新区食品药品监管局与市食品药品监管局组织食品药品生产经营业300人，在春华广场开展“落实‘四个最严’，推动社会共治”食品药品安全宣传日活动，发放宣传资料3000份，接待咨询260人次。

▲ 红旗乡悦景社区家长学校在凯悦星城网球场举行开学典礼，200余名学员参加活动。

是月 自贡运机集团“野外智能长距离带式输送机生产线”通过省经委专家组验收。

▲ 板仓街出现1例确诊布鲁氏杆菌病患者，疫情得到处置，未蔓延。

4月

1日 高新大讲堂第5讲在高新企业服务中心举行。浙江工商大学浙商研究院副院长、浙江省浙商研究会执行会长杨轶清作《浙商文化与浙商创业智慧》讲座。

▲ 绿盛实验学校初一学生李泰然、刘兴杰科技创意项目“创建人体尿液收集利用专业公司，建设城市生态卫生间”获第十一届自贡市青少年科技创新市长奖二等奖（省二等奖）。

5日 世界旅游小姐大赛组委会授予自贡缨美模特培训学校“世界旅游小姐”定点培训基地，该校成为西部地区唯一“世界旅游小姐”定点培训机构。

▲ 自贡市技术转移有限公司与浙江大学自贡创新中心签订建设“自贡天然气设备及节能环保装备公共技术创新服务平台”合作协议。

6日 四川省陶行知研究会幼儿园学术委员会专家组到丹桂幼儿园调研指导《在大区域活动中培养幼儿自信心的研究》课题。

7日 香港世界地质公园、香港狮子会何德心小学师生41人到绿盛实验学校南湖校区开展“自贡—香港两地青少年文化交流活动”，参加大课间活动，体验自贡地方特色美术课。

11日 建立紫景社区居民委员会。

▲ 电力电子应用国家工程研究中心主任、浙江大学工业技术转化研究院院长赵荣祥，国际直线驱动与工业应用会议主席、浙江大学苏工院直驱中心主任叶云岳一行到高新区考察，交流“高效智能直驱装备产业园”和“浙大自贡高效智能直驱装备联合研发中心”项目，叶云岳作《高端高效智能直驱技术与装备产业化发展前景》讲座。

12日 高新区党工委、管委会在高新企业服务中心一楼会议室召开高新区乡镇换届动员暨集体谈心谈话会。

▲ 2016年四川省小学数学课标教材教学研讨会在汇东实验学校召开，9市（州）小学数学教研员、骨干教师等500余人参加研讨会。

17日 中国第一位“围棋博士”何云波到汇东实验学校向400名教师、家长讲授《棋文化与中小学人文素质教育》。

19日 四川大西洋焊接材料股份有限公司“管线钢系列配套用焊接材料研究”“水工用低合金高强度钢焊接材料关键技术研究”、自贡硬质合金有限责任公司“棒材轧制用辊环牌号ZY27T及ZY28T开发”获2015年度四川省科学技术三等奖。

▲ “创全国文明城市、建省级安全社区”暨第十届学苑之春文艺晚会在妙观寺广场举行。

20日 高新区管委会在春华广场开展政法综治宣传活动，发放宣传资料1000余份，接待咨询100余人次。

22日 丹桂街争创全国文明城市暨庆祝“五一”劳动节文艺会演在春华广场举行。

26日 高新区管委会主办的“青春飞扬·劳动托起高新梦想”庆祝“五一”“五四”文艺演出在春华广场举行。

▲ 高新区管委会在春华广场开展“加强知识产权保护运用，加快知识产权强区建设”知识产权宣传活动。

▲ 高新区爱卫办、市健康教育所在高新企业服务中心开展“中国公民健康素养”巡讲活动。

27 日　市政协主席潘泽金带队到高新技术创业服务中心调研创业促进就业工作。

▲　高新区食品药品行业工会联合会成立大会召开，选举产生自贡高新区食品药品行业工会联合会第一届主席、副主席、委员和经费审查委员会、女职工委员会主任、委员。

▲　成都市龙泉驿区龙泉镇平江路社区干部到明珠社区考察社区科普工作。

29 日　市委书记李刚到高新区看望慰问劳动模范代表。

▲　市政府与中国科学院天津工业生物技术研究所签订投资 5 亿元在板仓工业园区建设“自贡生物科技产业园”战略合作框架协议。

▲　四川天煜文化传播有限公司、自贡市海天文化传播有限公司、自贡新亚彩灯文化产业有限公司、自贡亘古龙腾科技有限公司 4 家企业入选《2015—2016 年度国家文化出口重点企业目录》，四川天煜文化传播有限公司“澳洲华人文化创作有限公司中国彩灯文化推广项目”入选《2015—2016 年度国家文化出口重点项目目录》。

5 月

3 日　自贡市首个观鸟引导牌揭牌仪式在南湖公园桂花林举行。

4 日　市委常委、市委宣传部部长刘敏带队调研高新区重大项目和文化产业。

▲　国家发改委和住建部联合发布《成渝城市群发展规划》，自贡高新区被列入产值千亿园区计划。

5 日　高新区党工委召开“两学一做”学习教育工作会议。

7 日　市委书记李刚到高新区调研。李刚走进板仓孵化园、川力科技公司、自贡运输机械公司、华西科技园、浙江大学自贡创新中心了解发展和生产经营情况，问需求、听建议。

11 日　高新区党工委、管委会召开创建全国文明城市及省级卫生城市复审迎检工作推进会，总结 2015 年创建全国文明城市工作，部署 2016 年创建全国文明城市和省卫生城市复审重点工作。

▲　四川省侨联党组书记、主席刘以勤一行 3 人到自贡鸿山集团、自贡缨美模特艺术培训学校等侨资企业考察。

11—12 日　汇东实验学校 160 名《自贡晚报》小记者参加城市管理体验活动。

12 日　自贡市海天文化股份有限公司海天彩灯代表自贡参加第十二届中国（深圳）国际文化产业博览交易会。

▲　高新区在汇兴路“恒新国际歌城”开展消防应急演练，文化产业从业人员 200 余人观摩演练。

13 日　高新区管委会会同人行市中心支行举办“央行小贷通”融资对接会。人行市中心支行、四家金融机构、高新区相关部门负责人和园区企业代表参加会议。

16 日　方冲社区健身球操队（代表自贡市参赛）获四川省 2016 年老年健身球比赛老年组规定套路优胜奖、老年组自编自演套路优秀奖和体育道德风尚奖。

16—17 日　省委常委、省政协副主席、省总工会主席李登菊率省稳定经济增长督导组到自贡调研期间，实地走访自贡硬质合金有限责任公司。

18 日　省委、省政府决策咨询委员会主任甘道明带队到南岸科技新区调研。

▲　高新区召开关心下一代工作会，总结部署工作，表彰关心下一代工作先进集体、先进个人和优秀“五老”人员。

▲　高新区管委会和 10 余家企业参加第五届中国（西部）高新技术产业与金融资本对接推进会，发布科技成果和融资项目 20 余个。

20日　高新区第二届老年人运动会开幕式及文艺晚会在春华广场举行。

23日　省人大常委会副主任黄彦蓉到釜溪河绿道、东兴寺片区改造现场调研。

24日　自贡市川力科技股份有限公司在“新三板”挂牌，成为全市第四家“新三板”挂牌企业。

25日　丹桂社区居民黄效焜、官淑清夫妻家庭获“2016年度自贡市最美家庭”称号。

26日　高新区辖区企事业单位获2016年度自贡市科学技术奖13项，其中一等奖3项、二等奖7项、三等奖4项。

27日　高新区党工委在高新企业服务中心会议室召开中心组“两学一做”专题学习（扩大）会，围绕“坚定理想信念、明确政治方向”主题，读原文、忆党史、明方向。

▲　高新区党工委召开2016年党风廉政建设社会评价工作会。

▲　方冲社区第十四届趣味运动会在小区广场举行，17支代表队700多名运动员参加6个项目比赛。

▲　高新区首批居民健康卡在春华社区发放。

29日　四川天煜文化传播有限公司、自贡新亚彩灯文化产业公司在第四届京交会“川灯耀丝路”主题推介会上分别与美国节庆制作有限公司、英国朗利特集团签订“密尔沃基中国花灯展”和“2016年英国灯展”协议。

▲　位于华商·国际城的全市首个民间公益图书馆——“城市书房”向市民免费开放。

30日　四川产业振兴发展投资基金有限公司到自贡运机集团公司调研。

▲　高新区管委会在春华广场举办“飞扬旋律·快乐六一”幼儿文艺会演。

31日　四川安益生物科技有限公司与以色列英飞尼迪集团签订合作协议，双方共同设立生物领域战略投资基金，用于生物领域研发，生物技术成果转化与产业化生产等领域。省委副书记、省长尹力，省政府外办、省商务厅、以色列驻成都领事馆主要负责人见证签字。

▲　市委书记李刚率队到绿盛实验学校南湖校区、丹桂幼儿园看望慰问儿童。市领导潘泽金、谭豹、王猛、刘敏、詹勇、石岷嘉、牟玉昆等参加。

▲　市商务局带队，市物流业“十三五”发展规划及同城配送体系研究团到高新区调研，深入四川东方物流有限公司、自贡三辰实业有限公司、四川南方凯路物流有限公司考察。高新区管委会与调研团就自贡及高新区物流现状与规划、物流服务需求和企业发展思路、发展困难等进行交流。

是月　大西洋焊接材料股份有限公司、亘古龙腾科技有限公司在第119届广交会参展。

▲　汇东股份公司建筑工程施工总承包晋升为二级资质。

▲　居住高新区的自贡籍运动员董超在德国汉诺威国际射击公开赛中获4枚金牌，其中个人项目金牌3枚、团体项目金牌1枚。

6月

1日　工业和信息化部节能与综合利用司副司长、中国环保机械行业协会副秘书长李书彦一行到高新区考察新型工业化（节能环保装备制造）产业化示范基地建设。

3日　高新区党工委、管委会召开学习贯彻全市县级主要领导干部读书班精神会议。

7日　市人大常委会主任陈华率队到高新区食品药品监管局、芭夯餐饮管理有限公司、沃尔玛商场视察贯彻执行食品安全法和议案办理情况。

8日　高新区管委会在南湖公园举行全民健身走活动，管委会机关、乡（街）200余人参加，途中吸引众多市民加入健身走行列。

12 日　高新区管委会召开国家高端装备制造业标准化试点动员会。

13 日　主题为“尚德守法·诚信经营”食品药品安全知识竞赛在华商·国际城广场举行，启动食品药品安全宣传周活动。

14 日　市委副书记、市长刘永湘到高新区调研工业企业生产经营情况。

▲　市第四人民医院与红旗乡卫生院“院社共建、牵手社区”医疗结对服务启动。

▲　内江高新区管委会副主任吴红兵一行5人到高新区考察。

14—16 日　省人大财经工作座谈会在自贡召开。会议期间，与会人员到板仓工业园区、华西能源公司、运输机械集团公司、釜溪河绿道调研。

16 日　高新区“两学一做”学习教育知识竞赛在高新企业服务中心举行。

20—25 日　段昭南绘魏明伦川剧画展在南湖文化艺术展厅展出，展出旅美画家、硅谷美术馆馆长段昭南为戏剧家、“巴蜀鬼才”魏明伦剧作绘制的113幅戏曲人物水墨画。

21 日　省纪委常委罗冬灵到方冲社区调研党风廉政建设主体责任落实工作。

▲　市人大代表、政协委员、行风监督员30余人到人人乐超市和汇东大酒店体验食品安全消费。

22 日　高新区党工委召开中心组“两学一做”学习（扩大）会，学习党史、党章和《中国共产党廉洁自律准则》《中国共产党纪律处分条例》。

▲　深圳市卓盛世纪实业集团董事长李佳全、中国国际友好城市促进会副会长王捷、国家绿色产业促进工作委员会循环农业发展中心技术顾问曹克胜到高新区考察。

▲　市司法局、高新区管委会举办的2016年法治评书巡回演出走进高峰乡。

26 日　高新区禁毒办联合市禁毒办、市禁毒委成员单位等20余家单位，在长途客运站开展国际禁毒日宣传活动。

27 日　华西能源公司与土耳其伊兹德密尔能源公司在成都举行土耳其伊兹德密尔能源公司1×370兆瓦超临界高效清洁电厂总承包合同签字仪式，合同金额1.64亿美元（折合人民币10.88亿元）。

28 日　高新区党工委在春华广场举行“红色记忆·光辉历程”文艺晚会，庆祝中国共产党成立95周年，推进“两学一做”深入开展。

29 日　高新区纪检干部参加全市纪检监察系统“明高线、守底线，做合格党员”演讲比赛获第四名。

30 日　市委表彰高新区优秀共产党员3人、优秀党务工作者3人、先进基层党组织5个。

▲　市委常委、市委宣传部部长刘敏带队到高新区督导检查创建全国文明城市工作。

▲　四川鸿康科技股份有限公司“四川理工·鸿康校企联合技术研发中心”、自贡亘古龙腾科技有限公司“仿真恐龙控制及产品技术研发中心”、自贡市耐斯特密封件有限公司“特种密封件技术研发中心”认定为第三批自贡市中小企业研发机构。

是月　科技部火炬中心发文通报国家高新区评价（试行）结果，自贡高新区在115个国家高新区和苏州工业园（共116个单位）中综合排名第74位，比上年上升12位。

▲　高新区四川旺万家家政股份有限公司被确定为全省第七批服务业标准化试点单位。

7 月

1 日　高新区党工委召开庆祝中国共产党成立95周年大会，重温中共历史，展望未来，表彰先进典型。

4日　市人大常委会主任陈华带队到高新区视察缓堵保畅体系建设和节点改造。

5日　省投资促进局党组书记、局长陈光浩一行到高新区调研。

▲　汇东实验学校春华之光“文明少年，童心向党”文艺会演暨英祥奖学金颁奖晚会在春华广场举行。

6日　省人大常委会副主任刘道平一行到高新区开展《中华人民共和国环境保护法》《中华人民共和国大气污染防治法》《四川省城乡环境综合治理条例》执法检查，查看春华路空气自动监测站、汇西加油站等。

▲　浙江大学自贡创新中心与四川理工学院在创新中心会议室签订《战略合作框架协议书》，双方在专家学术交流、创新人才培养、科学研究开发、科技成果转化、联合申报项目等方面开展合作。

▲　全市首笔网上领购发票业务在高新区国税局办理，四川远建建筑工程设计有限公司通过网上购票系统领购5份增值税专用发票。

8日　汇东影城开业。汇东影城位于汇东大酒店主楼负一层。

▲　南湖郡自贡广电网络“智慧社区”上线试运行。

9日　科技部高新司产业发展处处长曹煜中带队到高新区调研。

10日　高新区“汇东股份杯”首届五人制足球联赛在汇东公园足球场落幕。

12日　自贡市龙腾文化艺术有限公司中标承制自贡、松潘两地政府打造的“夜游松州·魅力古城”2016年古城花灯节50余组彩灯。

12—13日　四川省人民政府驻重庆办事处主任常敏率长安离合器、重庆潞翔能源等10余家企业到高新区考察，对接“通用航空直升机国产及创新”“汽车零配件”、电子商务、现代服务业等项目。

14日　省公安厅反恐处处长马力率省反恐检查领导小组到高新公安分局检查指导反恐防暴工作。

15日　“无限极2016养生行走日”在釜溪河绿道举行，2000多名行走爱好者参加。

19日　市发展和改革委员会、市城乡规划建设和住房保障局印发《关于高新区前期物业服务和保障性住房物业服务政府指导价及相关事项的通知》。

20—26日　庆祝中国共产党成立95周年“习近平用典——四川青年书法交流展”自贡巡展在南湖体育中心文化艺术展览厅展出。

23日　华西能源工业股份有限公司、四川友华科技集团有限公司与蒙古国南戈壁资源有限公司和乌兰巴托布日德房地产公司在成都举行四方战略合作签约仪式。四家公司就蒙古国煤田代管、坑口电力建设、管状煤炭输送带建设、乌兰巴托市棚户区改造等4个项目达成合作协议，涉及标的350多亿元。市委副书记、市长刘永湘出席签约仪式。

24日　跃达房地产开发公司董事长王晓今一行到高新区考察。

25日　红旗乡东湖社区与四川广电网络自贡分公司携手打造智慧社区服务平台，成为全市首批试点社区。

28日　高新区党工委、管委会到自贡军分区、自贡市消防支队、自流井区人武部、汇东消防大队和武警支队三中队慰问官兵。

▲　省政府口岸与物流办公室公布第5批四川省物流重点联系企业名单，四川东方物流有限公司被列为重点联系企业。

30日　市委副书记、市长刘永湘率队到龙誉汽车有限公司调研汽车生产、市场营销情况，帮助企业解决困难，促进尽快形成产能，形成市场。常务副市长、高新区党工委书记王猛等陪同调研。

是月　省人力资源和社会保障厅确定自贡

高新区为四川省专家服务基地。该服务基地是组织专家与基层供需对接重要人才工作载体和平台，组织引导专家利用专业优势，帮助基层集聚创新资源，突破关键技术，优化产业结构，培养急需人才。

▲ 狮子山公园建成开放。

▲ 自贡灯彩文化产业集团有限公司成立。17家自贡知名彩灯文化企业和深圳投资团队组建而成。

▲ 红旗小学语文教师陈剑获“2016百佳校园阅读推广大使”称号，“杂志铺全民阅读推广办公室”评出的四川省唯一获奖者。

8月

1日 自贡硬质合金有限责任公司被授予自贡市第四批院士（专家）工作站。

▲ 自贡市工业大讲堂在浙江大学自贡创新中心开讲。机械工程专家、中国工程院院士、浙江大学机械工程学院院长谭建荣作《创新设计与智能制造——走向高端的必由之路》讲座。

2日 高新区党工委召开“两学一做”三项整改“回头看”工作会议。

▲ 住建部住房保障司主任戴冠华带队巡查高新区2016年棚户区改造项目。

4日 市委中心组成员考察吉隆西南静脉产业园。

8日 高新区举行全民健身游泳活动。

10日 省发改委主任唐利民率调研组到高新区明君商用车自贡汽车零部件生产基地和西南静脉产业园调研。

▲ 西南静脉产业园一期竣工投产。

11—12日 广东心里程电子集团有限公司副董事长彭俏奇一行到高新区考察，对接设立区域总部和“心里程智慧云校”项目。

12日 省总工会机电冶煤工会主席王筱泉一行到高新区慰问奋战在高温一线环卫工人，送上400份防暑降温用品。

16日 华西能源公司与中国出口信用保险公司四川分公司签订《战略合作框架协议》。双方利用国家政策性出口信用保险开拓国内外市场、防范信用风险和完善信用管理体系，在资本、技术、服务、货物贸易与境外投资等方面开展合作。市委书记李刚等出席签约仪式。

▲ 省政协副秘书长、民盟四川省委秘书长姚其清，省政协办公厅副巡视员谢斌带队到技术转移公司调研创新改革试验工作。

17日 蒙古国大呼拉尔议员阿嘎万鲁布森·温度日女士率企业代表团到华商·国际城、华西能源公司考察，落实自贡友华集团与蒙古国乌兰巴托布日德房地产公司、华西能源公司与蒙古国南戈壁资源有限公司签署368亿元项目战略合作协议。

▲ 高新区纪工委在方冲社区召开落实基层党风廉政建设主体责任“树形工作法”经验交流现场会。

18日 高新公安分局举行启动全省首个“掌上110”上线试运行仪式。“掌上110”手机APP客服端可语音、视频、文字报警，网上预约办证，实现接处警中心与报案人、出警民警之间信息闭环沟通，提高处警时效，快捷服务群众，打击违法犯罪。

19日 市委书记李刚到高新区督查重点企业运行情况，走进芭夯餐饮、莱美特、东方物流、凯茨阀门等公司调研。

23日 省政协副主席、省总工会主席李登菊率队督导贯彻落实省委十届八次全会精神，到华西科技园、安益生物公司查看企业生产经营情况。

▲ 高新区首个社区党校高峰乡桑海社区党校挂牌。

24日 四川升拓检测技术股份有限公司获

准在全国中小企业股份转让系统挂牌。

25 日　四川大西洋焊接材料股份有限公司、自贡市贝尔吉教学仪器设备有限公司获“四川省 2015 年度实施卓越绩效模式先进企业”称号，自贡市贝尔吉教学仪器设备有限公司被授予“四川省 2015 年度实施卓越绩效模式先进企业特别奖”。

25—26 日　第七届 C21 城市发展论坛在南充举行。在 C21 论坛上，世界井盐文明旅游目的地——“燊海森林海汤神泉”举行全球首发仪式，高新区获“四川绿色发展范例城市”，明君集团获“四川城市发展贡献奖”、高峰乡获“四川最美乡镇”。

29 日　中睿智汇（深圳）并购基金管理有限公司副总裁庄惠和一行到高新区考察，对接新能源汽车充电桩、新能源汽车电机、电控生产和液化天然气重型卡车生产项目。

是月　自贡市高新投资有限公司与四川创新发展投资管理有限公司共同出资的自贡市战略性新兴产业和高端成长型产业投资基金设立，总规模 2 亿元，主要投向节能环保、新一代信息技术、生物、高端装备制造、新能源、新材料、新能源汽车等产业。

▲　学苑街道被省人力资源和社会保障厅命名为“和谐社区示范街道”。

▲　汇东实验学校南湖校区二期竣工移交。

9 月

1 日　全市创建示范商贸服务单位现场推进会在高新区召开。高新区管委会、沃尔玛超市作经验交流。

2 日　高新区党工委召开中心组学习（扩大）会，学习贯彻省委十届八次全会精神。

▲　市食品安全专项整治示范创建工作现场会在高新区召开。

3 日　市卫计委联合高新区管委会组织市直属医疗机构和高新区医疗机构在春华广场开展大型义诊活动，启动“传承长征精神，义诊服务百姓”——2016“服务百姓健康行动”大型义诊周活动。

6 日　市委书记李刚到高新区红旗乡接访群众，市委常委、市委政法委书记刘笑禹参加接访。

▲　四川东方物流有限公司与国网国际工程有限公司在北京签订《巴基斯坦默蒂亚里-拉合尔±660 千伏直流输电项目物资储运服务协议》。该项目是国家电网公司与巴基斯坦水电部和国家输电公司合作签署的“一带一路”输电项目，物资运输采用总包形式，东方物流公司中标集装箱国内地面和境外海运业务，首次与国家电网公司境外项目合作。

7 日　省委副书记、省长尹力率省川南经济区稳增长工作调研督导组到高新区华西科技园、安益生物科技公司、运输机械集团公司调研，了解企业生产经营和稳增长政策落实情况。省政府副秘书长罗治平，市委书记李刚，市委副书记、市长刘永湘等参加调研。

▲　市委常委、市政府副市长李红强，市人大常委会副主任杨征宇率市人大教科文卫委员会部分委员和代表视察高新区彩灯产业发展。

7—8 日　国家教育督导团专家一行 5 人督导评估高新区义务教育均衡发展，抽检评估汇东实验学校、英杰希望学校、肖庙小学，认定达到国家县域义务教育均衡发展指标。

8 日　居住高新区的自贡籍运动员董超在第 15 届夏季残奥会上获 R1-SH1 级男子 10 米气步枪金牌，为中国残奥代表团夺得首枚金牌。

9 日　省纪委常委、省监察厅副厅长贾瑞云率调研组到华西能源公司调研党风廉政文化建设。

10 日　“2017 年自贡春节联欢晚会”节目选拔大赛高新区专场在春华广场举行，启动

“2017年自贡春节联欢晚会”海选。

12日 自贡市第二届残疾人文化艺术节颁奖晚会在富顺县文体中心举行，丹桂街居民肖辅葭获摄影艺术作品类金奖，黄小亮获声乐类作品金奖。

13日 卧龙湖旅游区“海汤神泉”旅游推介会在成都世纪城国际会议中心举行。

14日 高新公安分局举行“夏季攻势”专项行动涉案财物发还大会。

▲ 海外高科技人才走进自贡暨自贡市项目投资与人才引进推介会上，国家“千人计划”特聘专家、留德博士吴卫平与自贡运输机械集团公司签订合作协议。

15日 “海科会·自贡项目投资与人才引进”推介会参会人员考察高新区。

17日 21时许，板仓工业园区一家恐龙模型制作厂房发生火灾，未造成人员伤亡。

18日 首次开通翰林尚都—广电大厦、华商·国际城—市政府2条师生公交直通车。

19日 高新区召开产学园合作科技成果转化对接会，推介4项成果。

20日 自贡中兴耐磨新材料有限公司与自贡硬质合金公司签订5年战略合作协议，在科技创新、产品创新、经营模式创新等方面协作。

▲ 自贡高新区爱丁堡教育培训学校在市图书馆挂牌。

21日 汇西小学、自贡市益利压缩天然气有限责任公司邓家坝加气站、中国石油天然气股份有限公司四川自贡销售分公司汇西加油加气站、自贡百盛商业有限公司、沃尔玛（四川）百货有限公司自贡汇兴路分店、自贡汇东天骄大酒店有限公司6家单位“四川省安全建设示范单位（学校）”挂牌。

21—24日 高新区管委会、浙江大学自贡创新中心、自贡硬质合金公司、自贡兆强公司、自贡中兴耐磨材料公司等参加以“科技创新·军民融合·开放合作”为主题的第四届中国（绵阳）科技城国际科技博览会展示活动。

22日 高新区管委会在春华广场举行社区文化艺术节暨卧龙湖国际旅游度假节文艺晚会。

▲ 市人大常委会主任陈华一行考察高新区养老服务体系建设。

▲ 自贡市第二届中小学“学、爱、玩”校园足球联赛在汇东实验学校开幕。

27日 乐山高新区考察团到高新区考察。

28日 自贡市第六届社区艺术节开幕式暨优秀节目展演在华商·国际城北广场举行。

▲ 丹桂街食品药品监管所获“四川省食品药品监督管理系统先进集体”。

▲ 颐高集团有限公司项目总监杨茂森一行到高新区考察旅游投资环境。

29日 高新区党工委召开“两学一做”学习教育专题学习暨党风廉政警示教育会。

▲ 华西能源工业股份有限公司申报的伊朗、印度尼西亚带动进出口燃煤发电和带动进出口其他燃煤发电2个项目入选省商务厅“一带一路”倡议“251三年行动计划”2016年度重点项目。

30日 汇东实验学校《巍巍中华魂》获自贡市第二届中华经典诵读比赛特别奖。

10月

1日 卧龙湖旅游区盐卤浴“海汤神泉”开业。该项目一期建成面积3万平方米，日接待能力5000人，分室内休闲娱乐泡池与室外风情景观康疗泡池两部分。

6日 20时许，汇东路市图书馆旁一家摩托车专营店发生火灾，22时许扑灭大火，无人员伤亡。

9日 高新区招商引资项目集中签约仪式在檀木林城市名人酒店举行，高新区管委会与5家企业签订协议书。其中，信息产业项目4

个，医疗卫生服务项目 1 个，总投资约 108 亿元。

10 日　华西能源公司发布公告，13.5 亿元收购恒力盛泰（厦门）石墨烯科技有限公司 15%股权。收购后，华西能源公司新增石墨烯产品研发、生产、销售业务。

▲　高新区管委会在妙观寺广场开展世界精神卫生日宣传活动。

13 日　宿州市朗欣实业有限公司“手机生产线”在板仓工业园区开工建设。该项目占地面积约 8000 平方米，总投资 5.6 亿元，其中固定资产投资 6000 万元，主要生产 SMT 贴片及手机整机。

14 日　学苑街道通过省安全社区建设评定验收组评审验收，建成省安全社区街道。

19 日　红旗乡团委与四川理工学院生物工程学院团总支签订“大学生周末村干部志愿服务”协议。

20 日　市政府与美国恒力国际控股公司签订在高新区共建自贡“石墨烯产业园”合作备忘录。

▲　台湾同胞投资企业联谊会常务副会长高锦乐一行到高新区考察。

24 日　华西能源公司与老挝 Phogsubthavy 集团在成都签订老挝丰沙湾 1×220 兆瓦洁净高效电厂项目合同。该项目利用所在地低热值、高硫份煤炭资源，提供绿色电力。老挝前副总理宋沙瓦·凌萨瓦、市委书记李刚等出席签约仪式。

26 日　副省长杨洪波率队到板仓工业园区污水处理厂调研。

28 日　高新区安监局、园林局、公园管理公司在釜溪河绿道开展消防应急疏散演练，按火情发现、报警、信息传递、火情扑救、启动疏散预案、人员疏散等六个环节连贯进行。

31 日　高新区在全省第四季度重大项目集中开工仪式自贡分会场上开工 4 个项目，总投资 11 亿元，其中安益生物产业园投资 5 亿元。

是月　丹桂北大街综合改造工程开工。该工程主要内容为优化交通组织、优化交通秩序、更新基础设施、提升街道品质、完善城市家具等。

▲　尖山村 3 组（板仓工业园区内）工地发现《震复桥记》石碑。石碑高 2 米、宽 1.15 米、厚 0.12 米，碑文记述自贡大盐商王朗云及民众捐资重建“震复桥”义举。

11 月

1 日　川南“7+1”（泸州、内江、乐山、宜宾、眉山、资阳、南充、自贡）城市政协联系会参会人员到四川安益生物科技公司考察。

2 日　高新区召开干部大会，宣布市委关于高新区党工委主要领导干部调整决定，张邦举任中共自贡高新技术产业开发区工作委员会委员、书记，王猛不再担任中共自贡高新技术产业开发区工作委员会委员、书记职务。

▲　“自贡粤创微电子科技产业园”在“第九届中国西部投资说明会暨经济合作项目签约仪式”上签约，建设 COF 载带+驱动 IC（覆晶薄膜）生产线。

▲　高新区管委会与安固强材料集团有限公司、恒力国际控股有限公司签订投资石墨烯产业化项目协议书。

3—4 日　横店集团、深圳市共泰电子科技有限公司、盐城市天鹤电子科技有限公司、龙威建设集团公司等 9 家公司 20 余位客商到高新区考察投资环境，6 家企业达成投资意向。

4 日　破获一起冒充警察、政府工作人员诈骗案，涉案金额 15 万余元。

5 日　浙江大学自贡创新中心获省人力资源和社会保障厅批准设立省级博士后创新实践基地，成为全省 25 家博士后创新实践基地之一。

6日 深圳华新电子有限公司“新能源动力电池”无尘车间改造工程开工。

8日 高新区党工委召开“推进全面从严治党，巩固发展良好政治生态”宣讲会。

9日 高新区集中签约4个项目，其中工业项目2个、金融项目1个、文化产业项目1个，引资46.5亿元。

10日 省卫生监督总队支队长谢绍洲一行到高新区督察公共场所安全套推广和学校卫生监督管理工作。

▲ 四川省第五届初中课博会“同课异构”课堂展评活动中，汇东实验学校谢静获特等奖，张屏华获教学创新成果奖。

11日 重庆太极集团总经理李阳春一行到高新区考察，交流“太极川南生产基地”项目。

11—13日 自贡市第十五届房地产展示交易会在南湖体育中心外广场举行，泰丰地产、雄飞集团等房地产企业参加交易会。

15日 高新区召开党工委（扩大）会，传达学习中共自贡市第十二次代表大会精神，市委常委、副市长、高新区党工委书记张邦举主持。

16—21日 四川大西洋焊接材料股份有限公司“储罐工程用焊接材料”、自贡中心耐磨新材料科技有限公司“高性能石油钻采硬质合金耐磨零件”在深圳市会展中心举行的第十八届中国国际高新技术成果交易会参展。

17日 高新区第二届社区文化艺术节“青年歌手大赛”在春华广场举行。

18日 高新区第二届社区文化艺术节“广场舞大赛”在春华广场举行。

21日 市委副书记、市长刘永湘带队到板仓工业园区调研招商引资项目建设情况，协调解决困难和问题。

22日 高新区管委会召开创建全国文明城市迎检工作会。

▲ 板仓工业园区东六路启动建设。道路长2003米，宽16米，投资约3900万元。

▲ 四川产业振兴发展投资基金党委副书记、四川创新发展投资管理有限公司董事长刘嘉一行到高新区考察。

23日 高新区管委会与自贡天健生物科技股份有限公司签订“保健食品生产”项目协议书。项目投资2700万元，占地1公顷，建设年产20公斤石杉碱甲原料药生产线及年产50万瓶铁皮石斛口服液生产线。

▲ 汇园路建成通车。该路东起汇东路西段与汇兴路交叉口，中部上跨内（江）六（盘水）铁路，西接西山路，全长792.5米，宽28米，总投资约9000万元。

24日 副省长刘捷率省科技厅、省投资促进局、省发改委等部门负责人到高新区调研经济发展情况。

▲ 碧桂园四川区域投资总监王航一行到高新区考察房地产业。

25日 高新区管委会与自贡东方电力机械配套实业公司签订“机械零部件加工”项目协议书。项目投资5000万元，占地1.2公顷，建设火电、水电、汽车制造、基础建设、交通建设等配件。

▲ 环保部宣传教育中心公布中德青少年环境交流会暨环境教育优秀课件征集活动获奖名单，绿盛实验学校《绿色生活三字经进校园》环境教育课件和《绿色汽车与工业文明》数字环保微课分别获中小学教师组特等奖和三等奖，这是四川省仅有2件获奖作品。

27日 四川大西洋焊接材料公司参与合作的“特种焊接材料设备关键技术与应用”在第十届中国产学研合作创新大会上获2016年中国产学研合作创新成果一等奖。

29日 省政协副主席、省总工会主席李登菊率省委督导组到川力科技公司调研。

▲ 高新区创建“四川省知名品牌示范区”通过省质监局专家组考核验收。

29—30 日 市委常委、副市长、高新区党工委书记张邦举带队赴深圳考察环阳通信息技术有限公司、粤创科技有限公司等企业。

是月 省国土资源厅核定，高新区托管范围内中心城区划定为永久性基本农田面积 796.44 公顷减少到 50.84 公顷，为高新区未来发展建设预留空间。

▲ 高新区在第十六届中国西部国际博览会上签约项目 4 个，总投资 110 亿元。

12 月

1 日 高新区党工委召开中心组学习（扩大）会，学习贯彻中共十八届六中全会、省委十届九次全会和市第十二次党代会精神。

▲ 市委常委、市纪委书记李清率队到高新区调研创建全国文明城市和社区党风廉洁文化工作。

▲ 市委常委、副市长、高新区党工委书记张邦举带队赴浙江考察横店集团控股有限公司等企业。

▲ 成都方芯科技有限公司执行董事李鑫一行到高新区考察。

▲ 四川发展国冶建设投资有限公司董事长糜兵一行到高新区考察。

2 日 市委常委、市委组织部部长刘敏到南苑社区和宏发社区检查指导创建全国文明城市迎检工作。

▲ 高新区管委会在市客运总站广场开展法治宣传活动。

▲ 学苑街社区卫生服务中心与市第四人民医院在狮子山公园广场举行“医联助力社区，健康服务百姓”医联体合作挂牌仪式。

4 日 高新区创建文明城市办公室在春华广场设立宣传咨询点、举行文艺演出，宣传创建全国文明城市知识。

7 日 省法院审批委员会专职委员叶明带领四川省打击和处置非法集资工作领导小组办公室一行 6 人到高新区调研打击和处置非法集资工作。

▲ 市委常委、市委政法委书记刘笑禹率市政法委督导组一行到西景苑社区检查指导创建全国文明城市工作。

9 日 “自贡—哈尔滨冰雪嘉年华”冰灯展在华商·国际城广场开幕。该项目投资 3000 万元，占地 6000 平方米，近 100 名哈尔滨冰灯雕刻师打造。

▲ 市委常委、副市长、高新区党工委书记张邦举带队赴宿州考察新亚集团等企业。

▲ 卓越集团四川分公司董事长朱国华一行到高新区考察，对接物流集散中心项目。

▲ 成都市大邑经济开发区管委会、市场和质量监督管理局和成都乘风阀门控股集团等 5 家企业到高新区考察知名品牌示范区建设。

▲ 市第四人民医院与上善颐养苑老年公寓共同打造的康复中心成立，是全市首个设在老年公寓医养结合康复中心，为入住公寓老年人提供健康养老服务。

12 日 中国力天控股（集团）有限公司董事局主席张炼一行到高新区考察，交流新能源汽车项目。

14 日 自贡海天文化股份有限公司获准“新三板”挂牌，成为中国彩灯首家挂牌上市公司。

▲ 市委常委、副市长、高新区党工委书记张邦举在成都召开的全省科技创新工作会上作《坚持创新驱动，大力发展高新技术产业》发言。

15 日 中信重工开诚智能装备有限公司董事长助理岳仪春、副总经理杨文义考察高新区，洽谈项目合作。

16 日 深圳市通成宏业科技有限公司投资兴建的“线材生产”开工建设。该项目位于板仓工业园区华融工业园，总投资 1.6 亿元，主要生产数据线。

19 日 高新区质监局在“水岸豪庭”小区举行电梯受困应急演练。

21 日 市委副书记、市长刘永湘，市委副书记李国贵，副市长李世宏到蓝鹰社区检查指导创建全国文明城市工作。

22 日 高新区招商引资项目集中签约仪式在深圳圣淘沙酒店举行，签约 4 个项目，总投资 18.4 亿元。

23 日 自贡市中医院卧龙湖康疗中心举行开工仪式。该中心占地 33.33 公顷，建业务用房 19 万平方米，估算投资 7.4 亿元。

▲ 高新区团委开展关爱留守儿童暖冬行动，慰问家庭困难儿童、留守儿童 239 人，送去棉衣、棉袜、书包、文具，发放慰问物品和慰问金 5.56 万元。

24 日 蜀光中学文化遗产保护志愿者协会 40 余人到板仓工业园区自贡灯彩文化产业园参观体验彩灯文化。

▲ 高新区管委会主办的“创新杯”网球赛开幕。

26 日 高新区党工委、管委会召开村（社区）“两委”换届工作会。

27 日 “光恒科技”“考古烧烤”“安可咖啡”获自贡市创业真人秀节目《创客联盟》总决赛“返乡创业明星”和“返乡创业之星”。

28 日 《国家知识产权局关于确定 2016 年新一批国家知识产权试点示范园区的通知》批准自贡高新区为国家知识产权示范园区，创建周期 3 年。

▲ 高新区电子信息产业园在板仓工业园区举行奠基仪式。该产业园已签约 8 个项目，总投资 116.8 亿元。自贡超越科技股份公司首家入园，主要从事集成主板、手机、平板电脑、智能家具等研发、生产和销售。市委副书记、市长刘永湘出席奠基仪式。

▲ 高新区举行首届农民运动会。

29 日 市委常委、市纪委书记李清率市委考核组，考核高新区 2016 年度落实党风廉政建设责任制工作。

▲ 香港正鑫实业有限公司董事长林聪敏、浙江屹华汽车零部件有限公司执行董事叶林军到高新区考察。

30 日 东兴寺铁路桥竣工，该桥由原来单孔 16 米长拓宽到三孔 33.5 米长。

31 日 2017 年自贡市迎春健身跑活动南湖体育场 1 号门出发，经汇川路、丹桂南大街、南湖路、通达南街，返回南湖体育场。高新区组建方队参加。

是月 南湖公园打造成全市首个健康主题公园，制作艺术造型 5 组 39 个，包括健康步道 1 条，健康与疾病风险自助测试转盘 4 个，健康生活知识宝塔 3 座。

区情概览

【位置】 自贡高新技术产业开发区（以下简称自贡高新区或高新区）地处自贡市中心南侧，位于北纬28°55′37″~29°38′25″、东经104°02′49″~105°16′11″之间。隔釜溪河与老城区相望，东南与沿滩区相连，东北、西南与自流井区接壤，西与大安区相邻。

【面积】 高新区规划控制面积经过多次调整。1992年5月，高新区成立，起步区红旗乡，规划面积6.42平方公里。1995年12月，调整为10平方公里。2002年7月，市委、市政府《关于进一步加快自贡高新技术产业开发区发展的决定》将高新区区域面积向南扩展10平方公里左右，达到20平方公里。2005年5月，市政府批准板仓工业园区起步区10平方公里，高新区规划面积达30平方公里。2007年5月，市委、市政府《关于进一步加快四川自贡高新技术产业园区发展的决定》，将高新区规划面积扩大到60平方公里，其中板仓工业园区40平方公里、城市新区20平方公里。2011年，规划面积扩大到100平方公里，分为四大功能区：科技创新区10平方公里、产业发展区40平方公里、宜居生活区30平方公里、旅游度假区20平方公里。截至2016年年末，托管面积65.39平方公里，开发面积34.15平方公里。

【区划】 2016年，高新区辖丹桂街道、学苑街道、板仓街道和红旗乡、高峰乡3街道2乡，44个社区649居民组，21个村195村民组。高新区管委会驻丹桂北大街256号。

【人口】 2016年年末，常住人口25.86万人。户籍人口17.54万人，比上年增长4.16%，男性8.42万人，女性9.12人。城市人口14.89万人，占84.89%；农业人口2.65万人，占15.11%（户籍一元化改革转为城市户籍）。少数民族892人。

【三次创业】 1992—2001年，第一次创业从汇东开始建设，经过10年开发，建成一座10平方公里左右汇东新城并着手10平方公里南湖新城规划。2002—2010年，进入第二次创业，实施“经营南湖，开发板仓”战略，规划建设10平方公里南湖新城和40平方公里板仓工业园区。2011年，启动第三次创业，规划建设10平方公里南岸科技新区和20平方公里卧龙湖国际旅游度假区（以下简称卧龙湖旅游区）。高新区已建成国家级新材料高新技术产业化基地、科技兴贸创新基地、新型工业化产业示范基地、知识产权示范园区、知名品牌示范区、大学生科技创业见习基地，四川省“51025工程”重点园区、中小企业创业示范基地。节能环保装备制造、新材料等战略性新兴产业在全省乃至西部地区具有重要地位。

【自然环境与资源】 四川盆地南部浅丘陵地形，地势西高东低，地貌属背斜构造低丘地带，地表山露多为砂岩和页岩，土壤多为紫色，肥力中等，磷、钾含量较高，酸碱度呈中性略偏酸，有利于农作物的生长。主要文化旅游资源有一对山、妙观寺、玉川公祠、南湖公园、汇东公园、釜溪河复合绿道公园（以下简称釜溪河绿道）、狮子山公园、卧龙湖湿地公园。

【气候】 属亚热带湿润季风气候，冬无严寒，夏无酷暑，无霜期长，年平均气温18℃。多年平均降雨量1000毫米，常年盛行风向4—6月东南风为主，其余时间西北风和北风为主。2016年，平均气温18.8℃，比常年偏高0.8℃，居历史第4高位。降水量1025毫米，比常年偏多4%。冬季气温略偏高，春季气温偏高，夏季气温异常偏高，秋季气温正常；冬季降水偏多，春季降水略偏多，夏季降水略偏少，秋季降水偏多。日照1232小时，晴天233天、雨天132天。年内冷空气活动频繁，强降温天气7次，1月22—24日，出现低温降雪天气，最低气温0℃以下，普降小雪，积雪深5厘米左右。8月中下旬，出现2周左右高温晴热少雨天气，日平均气温31.5℃，比常年偏高5.3℃，居历史同期第一高位。6—8月，出现“6·9”“6·30”“7·13—7·14”“7·18”“7·22”“7·31”“8·3—8·5”“8·15”等普降大到暴雨天气。

【交通概况】 高新区是自贡市的城市新区和产业新区，城市道路里程70余公里。城区的汇东路、汇兴路、汇川路、紫薇路、南湖路、南环路贯穿东西，丹桂大街、兴川街、通达街、龙汇街、南苑街—南林街、西苑街—西林街贯通南北，“六纵六横”主干道立起新城道路骨架，文化路、春华路、华园街、学苑街等支道与主干道相接，将汇东新城与南湖生态城连成一体，并延伸卧龙湖旅游区。板仓工业园区内东西走向的板仓路、玉川路、金川路、龙乡大道和南北走向的荣川路、富川路、卫里路、锦里路、新源路、茂源路、东环路“七纵四横”构成园区道路骨架，并与南岸科技新区相连。在建或规划南湖生态城、卧龙湖旅游区道路14条，总长18.7公里；板仓工业园区、南岸科技新区道路24条，总长60余公里。自贡客运中心、南湖立交桥、渝昆高速公路汇东收费站等重要交通设施建在区内，140余条公交线路通达全市；经内宜、成渝、渝昆、自乐高速公路至成都、重庆各200余公里，南下宜宾70公里即可达最近机场和长江港口；高新区临近自贡火车客、货运站，经内昆、成渝铁路，内宜、渝昆、自乐高速公路连接成都、重庆、昆明，通达全国。

【国家高新区排名第74位】 科技部火炬中心发文通报国家高新区2016年度评价结果，自贡高新区在115个国家高新区和苏州工业园（共116个单位）中综合排名第74位，比上年上升12位。单项排名中，自贡高新区知识创造和技术创新能力第76位，产业升级和结构优化能力第80位，国际化和参与全球竞争能力第103位，可持续发展能力第45位。自贡高新区知识创造和技术创新能力、可持续发展能力上升较快；国家级创新创业平台载体建设、上市企业和中小企业培育、吸收就业等方面较好；从业人员结构优化、服务业发展、产学研合作等方面较薄弱。

【经济社会发展概况】 2016年，面对严峻复杂的宏观经济形势，始终保持专注发展定力，积极作为，统筹抓好稳增长、调结构、促改革、惠民生和防风险工作，经济平稳发展，各项事业取得新进展，社会保持和谐稳定。

经济运行总体平稳。经市统计局审定，2016年，高新区实现地区生产总值（GDP）184.89亿元，同比增长9.6%。其中，第一产业完成增加值3445万元，同比增长4%；第二产业完成增加值101.4亿元，同比增长10.4%；第三产业完成增加值83.12亿元，同比增长8.7%，占全市比重21.4%。全区一、二、三次产业比重由上年0.13∶67.65∶32.22调整为0.19∶54.86∶44.95。项目立项39个，总投资33.5亿元。全区按常住人口计算人均生产总值7.15万元。

财政收入较快增长。财政总收入36.18亿元，比上年增长40.02%，其中地方公共财政预算收入3.24亿元，比上年增长11.64%。财政总支出42.4亿元，比上年增长177.03%，其中地方公共财政预算支出12.44亿元，比上年增长44.32%。实现税收收入16.13亿元，比上年下降2.7%。

固定资产投资减少。项目立项39个，总投资33.5亿元。其中，工业项目24个，投资5.04亿元；其他项目15个，投资28.46亿元。完成固定资产投资94.51亿元，比上年增长14.8%。其中，完成工业投资21.72亿元，比上年下降25.4%；房地产开发投资48.2亿元，上年比增长15%。

工业经济增速放缓。全区列入统计规模以上工业企业80家，规模以上工业总产值192.37亿元，比上年增长5.8%；规模以上工业增加值52.29亿元，比上年增长11.1%。规模以上工业企业主营业务收入159.6亿元，比上年下降9.3%，实现利润8.7亿元。

房地产稳步发展。建筑业总产值105.28亿元，比上年增长51.50%；房地产开发投资24.91亿元，比上年下降16.1%；开工面积181.34万平方米，比上年增长126.22%；竣工面积111.7万平方米，比上年下降38.43%。

社会消费稳定增长。实现社会消费品零售总额77.05亿元，比上年增长11.2%。其中，批发业6.28亿元，比上年增长8.3%；零售业54.99亿元，比上年增长11.6%；住宿业8060万元，比上年增长10%；餐饮业14.97亿元，比上年增长11%。

社会民生协调发展。全年财政投入社会事业和民生5.39亿元，比上年增长54.15%。其中，教育支出1.68亿元，比上年增长15.91%；社会保障支出6526万元，比上年下降8.66%；医疗卫生支出2289万元，比上年增长5.78%；城乡社区事务支出2.83亿元，比上年增长155.91%。城镇居民可支配收入3.35万元，比上年增长9%。

2016年自贡高新区主要经济指标完成情况表

表1　　单位：亿元、%

指　标	完成	增长	占全市比重
地区生产总值	184.89	9.6	14.9
服务业增加值	83.12	8.7	21.4
规模以上工业总产值	192.37	5.8	—
规模以上工业增加值	52.29	11.1	10.7
固定资产投资总额	94.51	14.8	13.1
其中：工业投资	21.72	-25.4	—
社会消费品零售总额	77.05	11.2	13.9
财政总收入	36.18	40.2	27.1
公共财政预算收入	3.24	11.6	6.6
税收收入合计	16.13	-2.7	22.5
其中：国税各项收入	6.23	28.7	16.6
地税各项收入	9.9	-15.6	29.2
城镇居民可支配收入（万元）	3.35	9	—

说明：2016年，全市实行“5+2”（5区2县）考核体系，高新区作为独立经济单元统计，不再作为全市其中数，统计范围、口径相应调整，指标绝对数与上年绝对数自然增长不尽一致，下同。

组织机构和负责人名录

（截至2016年12月31日）

【领导干部名录】

张邦举

男，汉族，党校研究生，哲学学士。中共自贡市委常委、中共自贡高新技术产业开发区工作委员书记。1988年7月参加工作。历任：贡井区体改委副主任、主任，贡井区长土镇党委书记、镇长，贡井区人民政府副区长，市对外贸易经济合作局（市招商引资局）局长、党组书记，荣县县委副书记，县人民政府代理县长、县长，自流井区委副书记，人民政府代理区长、区长，自流井区委书记、人大常委会主任，自贡市委副秘书长，荣县县委书记，自贡市人民政府副市长、党组成员。

2016年11月，任中共自贡市委常委、中共自贡高新技术产业开发区工作委员书记。主持高新区党工委全面工作。

叶茂恒

男，汉族，党校大学。中共自贡高新技术产业开发区工作委员会副书记。

1978年9月参加工作。历任：自贡市贡井区建设乡副乡长，贡井区建设镇副镇长，贡井区建设镇党委副书记、副镇长，贡井区建设镇党委书记，贡井区委常委、自贡市工业开发区管理委员会主任，贡井区人民政府副区长、自贡市工业开发区管理委员会主任、书记，沿滩区人民政府副区长、党组成员、工业集中区管理委员会主任、党委书记，沿滩区委副书记、区总工会主席、区委党校校长。2011年10月起任现职。负责工业区管理办公室日常工作、板仓工业园区建设管理、企业服务工作，分管工业区管理办公室综合协调部、工程管理部、企业服务部、板仓工业园区建设指挥部。

陈　明

男，土家族，1966年10月生，重庆人，1989年7月参加工作，1998年9月加入中国共产党。中共四川省委党校经济学专业毕业，研究生学历，工学学士学位。

2016年12月，任中共自贡高新技术产业开发区工作委员会委员、自贡高新技术产业开发区管理委员会副主任。分工负责经济发展与贸易、环境保护、政务服务、科技、重大项目推进、招商引资及园区企业服务工作。分管经贸发展局（科技局）、投资促进局、政务服务中心、高新区创业服务中心，协助分管工业区管理办公室企业服务部。联系浙江大学自贡创新中心、市工商局高新直属分局、市质监局高新直属分局、自贡技术转移公司。

吴开洪

男，汉族，党校大学。中共自贡高新技术产业开发区工作委员会委员、自贡高新技术产业开发区工业区管理办公室副主任。

1985年6月参加工作。历任：自贡市沿滩区卫坪镇团委书记，沿滩区卫坪镇副镇长，自贡个私园区党委副书记、管理办公室主任，自贡市个私园区管理办公室党委书记、管理办公室主任。2007年7月起任现职。负责国土资源、征地拆迁、城市管理、城乡统筹工作。分管城乡统筹办公室、卧龙湖建设指挥部。联系市国土资源局高新区分局、高新区统征办公室、城市管理执法大队、环卫站。

杨敬华

男，汉族，在职大学。现任自贡高新技术产业开发区工作委员会委员、自贡高新技术产业开发区管理委员会副主任。

1987年8月参加工作。历任：化工部炭黑工业研究所设计部技术员，化工部炭黑工业研究所设计部助理工程师，中橡集团炭黑工业研究设计院工程师，中橡集团炭黑工业研究设计院高级工程师，中橡集团炭黑工业研究设计院副总工程师、工程公司副总工程师，自贡市规划和建设局副局长、党组成员，自贡市城乡规划建设和住房保障局副局长、党组成员。2015年12月起任现职。负责城市规划、城市建设、房地产管理、城市规划区政府性投资工程项目建设管理。分管建设和住房保障局、园林局、高新规划分局、征收办、城市开发建设指挥部，联系四川自贡汇东发展股份有限公司。

张润英

女，汉族，在职研究生，注册会计师、高级会计师。中共自贡高新技术产业开发区工作委员会委员、自贡高新技术产业开发区工会工作委员会主席、工业区管理办公室副主任。

1988年8月参加工作。历任：自贡公路运输总公司大安分公司文秘、会计，自贡公路运输总公司大安分公司财务科副科长，自贡公路运输总公司大安分公司财务科科长，自贡市交通投资开发公司财务部资金主管，自贡市交通投资开发公司开发经营部副经理，自贡市交通投资开发公司财务部经理，四川自贡高新技术产业园区管理委员会财政局局长。2008年2月起任现职。负责投融资、财政、税收工作。分管财政局、国库集中支付中心。联系高新区国税局、市地税局直属三分局、高新投资公司、金马公司。

卢 敏

女，汉族，1969年9月生，四川自贡人，1990年7月参加工作，1996年11月加入中国共产党。中共四川省委党校经济管理专业毕业，大学学历。

2016年12月，任中共自贡高新技术产业开发区工作委员会委员，中共自贡高新技术产业开发区纪律工作委员会委员、书记。分工负责纪工委工作，负责纪检、监察工作。协助分管审计工作。分管监察审计局。

魏家鲜

男，汉族，1972年11月生，四川富顺人，1998年9月参加工作，2001年7月加入中国共产党。中国人民公安大学刑事侦查专业毕业，大学本科学历，法学学士学位。

2016年12月，任中共自贡高新技术产业开发区工作委员会委员，自贡高新技术产业开发区管理委员会副主任。负责政法、维护稳定、法制建设、社会治安综合治理、安全生产、信访、防邪、公安、交警、消防工作。分管综治安全和拆迁协调办公室。联系高新公安分局、高新交警大队、高新消防大队。

代 朴

男，汉族，1974年10月生，四川自贡人，1993年6月参加工作。中共四川省委党校经济管理专业毕业，党校大学学历。

2016年12月，任自贡高新技术产业开发区管理委员会副主任（挂职）。协助分管经济发展与贸易、环境保护、政务服务、科技、重大项目推进、招商引资及园区企业服务工作。分管经贸发展局（科技局）、投资促进局、政务服务中心、高新区创业服务中心，协助分管高新区工业区管理办公室企业服务部。联系浙江大学自贡创新中心、市工商局高新直属分局、市质监局高新直属分局、自贡技术转移公司。

【党工委、管委会工作机构】

党政办公室（人力资源局）

主任：陈晏平（兼人力资源局局长、机关党委书记、“两新”党委书记）

副主任：操小玲　王　莉（兼人力资源局副局长）　廖　晟

政策研究室

主任：王太俊

监察审计局

局长：李韵梅（纪工委副书记）

综治安全和拆迁协调办公室（安监局）

主任：代丽萍

副主任、安监局局长：袁敦平

副主任：陈　钊　陈　健

主任助理：江　艳

经贸发展局（科技局）

局长：刘立立

副局长：缪　璐　邓　亿

建设和住房保障局

局长：赵立治

副局长：滕跃全　倪晓娟

投资促进局

局长：王明贵

副局长：王玉桢　明　理

局长助理：代　岚

财政局

局长：林　键

副局长：赵春学　梁　磊

社会事业局

局长：舒诚芳

副局长：雷兴礼　邹咏梅

信息化办公室

主任：李　庆

工业区管理办公室综合协调部

部长：陈　强

副部长：唐书绪

工业区管理办公室工程管理部

部长：吕　勇

工业区管理办公室企业服务部

部长：崔岩峰

统筹城乡综合配套改革办公室

主任：代丽萍

园林局

局长：滕跃全

副局长：倪晓娟

国有土地上房屋征收办公室

副主任：陈　钊

【市属管理机构】

自贡市公安局高新分局

局长：魏家鲜

政委：秦　琴

副局长：刘亚非　李咸立　罗南彬　荣　伟

纪委书记：翟　桦

政工室主任：谢　旭

国保大队长：刘献德

自贡市公安局交通警察支队高新区大队

大队长：邓　丰

教导员：钟学军

副大队长：倪　伟

自贡市汇东新区公安消防大队

大队长：何　强

教导员：李庭枫

自贡市城乡管理行政执法局高新区执法大队

大队长：刘其明

副大队长：陈辉伦

大队长助理：戴统明

自贡高新区文化市场综合执法大队
　　大队长：李　定
自贡高新区卫生执法监督大队
　　大队长：王　彪
自贡高新区食品药品监督管理局
　　局长：李立新
自贡高新区食品药品监督稽查大队
　　副大队长：胡贤刚
自贡市国土资源局高新区分局
　　局长：钟向林
　　副局长：邱　林
自贡市城乡规划建设和住房保障局高新规划分局
　　局长：陈志刚
自贡高新技术产业开发区国家税务局
　　局长：陈婷婷
　　副局长：郝志英　余祥厚　周秀英
　　　　　　邓琦思
　　纪检组长：张晓林
四川省自贡市地方税务局第三直属税务分局
　　局长：刘崇仲
　　副局长：余　彦　吴　涛　林　凯
　　纪检监察员：贺盛元
自贡高新区质量技术监督局
　　局长：张德洪
　　副局长：张　建
自贡市工商行政管理局高新分局
　　局长：曾　波
　　副局长：潘玉富　蒋仁发　蒋　铭

【主要群众团体】

自贡高新技术产业开发区工会工作委员会
　　主席：张润英
　　副主席：操小玲
共青团自贡高新技术产业开发区委员会
　　副书记：翁芸浩

【乡·街道】

红旗乡
　　党委书记：刘思东
　　党委副书记、乡长：刘　勇
　　人大主席团主席：尤德阳
　　党委副书记：谢　麒
　　纪委书记：吴彦萃
　　党委委员、副乡长：邱友绪　范嗣中
　　党委委员、组织委员：袁　玲
高峰乡
　　党委书记：彭光全
　　党委副书记、乡长：汤　勇
　　人大主席团主席：刘国华
　　党委副书记、纪委书记：王吉颖
　　党工委委员、副乡长：肖慈良　李利春
　　　　　　　　　　　　赵冬晶
　　副乡长：涂　强
丹桂街道
　　党工委书记、办事处主任：张佩琳
　　党工委副书记：陈孝贤
　　党工委委员、办事处副主任：周　猛
　　纪工委书记：廖　晟
学苑街道
　　党工委书记：刘述明
　　党工委副书记、办事处主任：舒　坦
　　党工委委员、办事处副主任：邓文勤
　　　　　　　　　　　　黄信贵　胡玉仙
　　纪工委书记：胡玉仙
板仓街道
　　党工委书记：周结荣
　　党工委副书记、办事处主任：曾智明
　　党工委副书记、纪工委书记：肖炳奎
　　党工委委员、办事处副主任：何正彬

【直属事业单位】

自贡高新区财政国库集中支付中心
　　主任：赵春学

副主任：王　宏　刘　捷

自贡市高新技术创业服务中心

副主任：邱友绪

浙江大学自贡创新中心

主任：童水光

基础教育中心

主任：杨　奕

副主任：梁雪梅

汇东实验学校

校长、副书记：周德华

书记：余　凡

副校长：张屏华

绿盛实验学校

校长、副书记：杨景华

书记：黄显清

副校长：黄显清钟长淑

红旗小学

校长：余　兰

书记：王　成

汇西小学

校长：何　英

书记：陈　琳

汇兴小学

校长、书记：兰志勇

副校长：曾林强

卫坪中心校

校长：黄志芬

书记：王明超

副校长：王明超　黄方勇

英杰希望学校

校长：谭大东

书记：陈富良

副校长：杨琼芳　濮　利

自贡二十中学校

校长：许夕权

书记：谢常洪

副校长：陈洪斌

重滩小学

校长：黄祥朝

丹桂幼儿园

副园长：彭维秀

红旗乡卫生院

院长：金建华

高峰乡卫生院

院长：郭泰谦

卫坪镇中心卫生院

院长：梁卫东

学苑街社区卫生服务中心

副主任、副书记：刘铁坚

副主任：万秋泉

【直属企业】

自贡市高新投资有限公司

总经理：黄　凯

副总经理：张德勇　殷　盛

财务总监：廖　瑛

四川自贡汇东发展股份有限公司

党委书记、董事长：黄永福

党委副书记、副董事长、总经理：邹　阳

党委副书记：李　冰

副总经理：殷　捷　曾晓强

吴希尧（总会计师）杨　颖

汇东大酒店有限责任公司

董事长、总经理：陈　兰

副总经理：张　磊　宋　英　熊　伟

总经理助理：袁红戟

【其他】

自贡高新区环境卫生管理站

副站长：张　凯　尤俊群

（党政办公室）

重大调研考察活动

【黄彦蓉到高新区调研】 5月23日，省人大常委会副主任黄彦蓉到釜溪河复合绿道、东兴寺片区改造工程施工现场调研。黄彦蓉指出，园林管护是城市管理的重要组成部分，要以人为本、突出特色，注重为市民提供丰富多彩的自然空间和审美体验。黄彦蓉希望保留好周边民居风貌，留住乡愁，避免大拆大建，突出乡土文化、生态等特色，不断提升城市品位和人居环境。市委书记李刚，市人大常委会主任陈华，市委常委、常务副市长、高新区党工委书记王猛等陪同调研。

【甘道明到高新区调研】 5月18日，省委省政府决策咨询委员会主任甘道明率领调研组莅临高新区，调研南岸科技新区及地下综合管廊规划建设。甘道明指出，高新区要继续深化规划，用国际化视野高标准规划建设南岸科技新区；完善基础设施投资保障机制，多元化融资破解资金难题，优化政府服务，企业投资建设营造最佳环境。希望高新区加大重大项目招商引资力度，加快项目建设进度，培育壮大新兴产业，提升改造传统产业，推动高新区经济持续健康发展。市委书记李刚、副市长唐杰、副市长张邦举等陪同调研。

【李登菊到高新区调研】 8月23日，省政协副主席、省总工会主席李登菊到华西科技园调研。李登菊表示，省委十届八次全会提出要推动产品供给向优质环保转变，加快构建绿色低碳产业体系，华西能源作为节能环保装备制造行业翘楚，未来发展前景不可估量。11月29日，李登菊率省委督导组到高新区自贡市川力科技公司调研，鼓励企业负责人加大新技术研发力度，用质量和价格优势打开更加广阔市场，让公司在市场竞争中更具生命力和创造力。市委副书记、市长刘永湘，市政协党组书记游开余等陪同调研。

【尹力到高新区调研】 9月7日，省委副书记、省长尹力率省川南经济区稳增长工作调研督导组在自贡督导期间，到高新区华西科技园、安益生物科技公司、运输机械集团公司等企业调研，了解企业生产经营和稳增长政策落实情况。尹力指出，要抓住项目投资不放松，抓好项目开工，全力加快项目建设，力争早日竣工投产；抓住产业发展不放松，积极应用高新技术和先进适用技术改造传统产业，升级产品结构，推动产业转型发展。充分运用国家级高新区平台，创新体制机制，加快企业入驻发展。抓好商贸、物流、金融、旅游等服务业发展，进一步扩大市场消费。按照新型政商关系要求，切实强化服务意识，帮助企业解决具体问题，有效降低企业税费负担以及融资、交易、能源、物流等成本。发挥企业家创造精神，营造尊重支持企业家、激活创新创业、促进经济增长良好社会氛围。省政府副秘书长罗治平，市委书记李刚，市委副书记、市长刘永湘等陪同调研。

【刘捷到高新区调研】 11月24日，副省长刘捷率省科技厅、省投资促进局、省发改委等省级相关部门负责人到高新区调研经济发展情况。前往自贡工业泵公司泵阀测试中心、华西能源公司、安益生物公司实地查看、指导，了解企业面临困难。刘捷指出，要坚定不移实施工业强市战略，不断改善发展环境，积聚发展要素，全面创新推进转型升级发展。市委书记李刚、省科技厅厅长刘东、省投资促进局局长陈光浩、省发改委副主任代永波、省经信委副主任王万锟、四川发展公司董事长王凤朝、省铁投集团董事长孙云、中国五冶集团董事长程并强随同调研。

【李刚带队到高新区调研】 市委书记李刚多次带队到高新区调研。5月7日，李刚到板仓工业园区走企业、进车间、问需求、听建议，详细了解园区发展及企业生产经营情况。李刚在调研过程中强调，高新区是全市经济建设的主战场，要深入践行“五大发展理念”，主动适应经济发展新常态，始终保持专注发展、转型发展定力，突出“高”“新”特色，坚持高点起步、创新突破，着力加强项目引进和平台搭建，在实施创新驱动发展战略、推进高新技术产业集聚发展、促进就业创业等方面下功夫，以宽广胸襟开阔视野推动工业园区建设，努力在全市改革发展中发挥更大作用。8月19日，李刚到高新区调研重点企业运行情况，走进板仓工业园区中兴耐磨新材料公司、芭夯餐饮管理公司、莱美特公司、东方物流公司、凯茨实业公司等企业，与企业负责人交流，实地察看企业项目建设和生产运行情况，详细了解企业在生产经营、技术创新、项目建设等方面情况，现场协调解决企业提出的困难和问题。在芭夯餐饮管理公司，李刚以自贡名牌小吃冷吃兔为例，对盐帮菜菜品卫生、餐饮文化营造等提出意见建议，希望树立品牌保护、开发和利用意识，做好产业规划，制定产业扶持政策，重点扶持龙头企业，将盐都美食这张城市名片发扬光大；在凯茨阀门公司，李刚指出，产品和订单是企业发展动力，鼓励凯茨阀门要进一步向外扩张，拥抱更大市场，获得更快发展。李刚强调，要认真学习贯彻市委十一届十四次全会精神，坚持把稳增长作为首要任务抓紧抓好，突出优工业稳企业，加强政策扶持激励，强化生产要素保障，引导企业研发创新、开拓市场、提质增效，发展壮大实体经济。各级政府和部门要进一步强化服务意识，发扬政企互动好传统，给企业送温暖，帮企业解难题，与企业家并肩携手、共克时艰。市委常委、常务副市长、高新区党工委书记王猛，市委常委、市委秘书长吴丕，副市长唐杰等参加上述调研。

【刘永湘带队到高新区调研】 市委副书记、市长刘永湘多次带队到高新区调研。6月14日，刘永湘到高新区调研工业企业生产经营情况。刘永湘指出，高新区工业企业生产经营有向好趋势，但企业质量下滑应引起重视。刘永湘强调，工业企业的健康发展是今后工作重点，要采取逐户研究、分类施策，企业为主、政府引导方针，“补短板、出狠招”，加大工业企业扶持力度，帮扶政策落实到位，营造良好发展环境。11月21日，刘永湘到高新区板仓工业园区调研招商引资项目进展情况，在“智能终端电子产品”和“智能终端产业园”建设现场，查看规划图、产品，询问项目进展情况。刘永湘指出，该项目建成达产对自贡市产业转型升级有着示范意义，业主要加快推进项目建设，高新区管委会和市级相关职能部门围绕项目建设加强协调配合，做好服务工作，主动帮助业主解决项目实施中困难和问题，提供优质服务，创造优良环境，力促12月投产。

【市人大到高新区视察】 6月7日，市人大常委会主任陈华带队到高新区视察贯彻执行食品安全法和议案办理情况。陈华要求，要着眼增强主体意识，着力强化食品安全法、各级政府和食药监管部门职责、监管人员岗位职责宣传；着眼提升落地落实水平，着力加强基层监管体系标准化、规范化，队伍履职能力和检验监测体系和监测能力建设；着眼加大执法力度，着力落实优化协同协作机制，优化监管重点领域、重点对象专项整治机制，优化执法环境和条件，优化执法手段，解决执法准、快、严问题；着眼共治共享体系，构建协管队伍运行机制，诚信从业自律和监管机制，从业人员学法、知法培训和健康监管机制，举报投诉快速回应机制，营造食品安全良好氛围。9月22日，陈华带队到高新区视察养老服务体系建设。陈华要求，高新区要加强养老服务机构规划和管理，建立完善养老服务体系，不断提升服务质量，发挥政府主导作用，整合各类资源，发动各方力量助推养老服务事业发展。

【市政协到高新区调研】 4月27日，市政协主席潘泽金带队到高新区调研创业促进就业工作。潘泽金指出，宏观环境对创业就业形成压力，要以爱心浓氛围、真心出政策、贴心抓服务、决心惠民生。要建立和完善城乡一体、平等竞争的劳动力市场，探索扩大创业就业途径，更新创业就业统计方式，科学反映推进现状。要结合本地企业和人员现状及市场需求，大力推进就业培训，打造培训品牌。要引入创业就业专家进行指导，继续营造就业氛围，深入推进“大众创业、万众创新”，取得创新带动创业、创业带动就业工作更大成绩。

【外地代表团参观考察】 2016年，遂宁经济技术开发区管委会、绵阳市高新区普明街道、泸州高新区管委会、新都区党政代表团、绵阳高新区纪工委、乐山高新区、井研县委、阆中市工业集中区管委会、成都市龙泉驿区龙泉镇、内江高新区管委会、成都市大邑经济开发区管委会等先后到自贡高新区考察统筹城乡发展、工业园区、科技创新、城市建设管理、园林绿化景观、社会管理。市、区领导及相关部门负责人陪同考察，介绍高新区发展情况，相互学习交流。

（党政办公室）

重要会议

【“十三五”发展研究会】 1月5日，高新区党工委召开领导班子会议研究高新区“十三五”发展规划，市委常委、高新区党工委书记王猛主持会议，各领导结合分管工作，围绕高新区“十三五”发展思路和重点工作发言，提出未来一段时间各领域重点工作任务。会议指出，高新区作为全市经济建设主战场、改革开放试验田、创新发展先行区和经济发展主引擎，在“经济强市”中要做出示范和表率。王猛强调，高新区要重点围绕“渡难关、稳增长、促转型”，着力做好五方面工作：一是加强产业发展，做大做强节能环保装备制造和新材料主导优势产业，千方百计引进高新技术产业和战略型新兴产业。二是注重城市经营，做好土地规划和经营，更好地服务经济发展。三是科学推进项目建设，坚定不移推进续建、民生、产业类项目，新建政府类投资项目要审慎，充分论证项目投入与效益。四是做好融资工作，重点做好“两证”办理、“园保贷”等工作，加强与金融机构协调衔接，着力解决企业资金难题。五是强化自身建设，着力提升高新区党员干部能力素质，坚定加快高新区发展信心和决心，不断增强队伍凝聚力和战斗力，为打造自贡高新区“升级版”提供坚实保障。

【“三严三实”民主生活会】 1月7日，高新区党工委召开“三严三实”专题民主生活会。市委常委、高新区党工委书记王猛主持会议，党工委全体班子成员参加会议。高新区党工委副书记叶茂恒代表领导班子作自查报告，班子成员逐一对照检查，剖析“不严不实”问题，

开展批评和自我批评。王猛指出，高新区党工委“三严三实”专题民主生活会会前准备充分，查摆问题深入，剖析原因深刻，批评和自我批评严肃认真，坚持了问题导向。王猛强调，要坚持不懈抓好学习教育，拧紧思想“总开关”；抓好立规执纪工作，建立长效制度；弘扬“三严三实”精神和作风，推动各项事业全面发展。梳理问题清单，整改落实到人头，督查整改到位。

【社区治安立体防控体系建设推进会】 1月12日，高新区管委会召开社区治安立体防控体系建设工作推进会。会议交流社会治安防控体系建设经验，通报2015年高新区社会治安情况和百日治安防控行动方案，学习高新区管委会《关于进一步加强社会治安立体防控体系建设的意见》，安排春节期间社会治安立体防控工作，颁发2015年度“十佳平安小区”奖牌。会议要求，要认清形势，进一步增强社会治安立体化防控体系建设责任感和紧迫感；重点突破，强力推进社会治安立体化防控体系建设；夯实基础，确保社会治安立体化防控体系建设取得成效。高新区各综治成员单位、乡（街）主要领导及分管领导、社区党组织书记代表、“十佳平安小区”代表、各重点内保单位80余人参加会议。

【食品药品安全监管会议】 2月24日，召开高新区2016年食品药品安全监管工作暨区食品药品安全委员会全体会议，总结2015年高新区食品药品监管工作，部署2016年食品药品监管重点工作，签订《2016年度食品药品安全工作责任书》。会议要求，要认清安全形势，增强责任意识，以实际工作措施和行动保障食品药品安全；提升工作水平，完善监管体系，加强统筹协调，狠抓综合治理，加强廉政建设，塑造良好形象；加强工作保障，组织领导到位、工作责任落实和工作保障跟上，推进食品药品监管工作上台阶。

【高新区2016年工作会】 3月7日，高新区党工委、管委会召开2016年度工作会。党工委副书记叶茂恒总结2015年工作并部署2016年工作任务，市委常委、高新区党工委书记王猛讲话中分析形势任务，提出要求。会议提出，2016年全区GDP同比（下同）增长10%，服务业增加值增长11%，规模以上工业总产值增长10%，规模以上工业增加值增长12%，固定资产投资增长16%，社会消费品零售总额增长12%，公共财政预算收入增长10%，城镇居民人均可支配收入增长8%。会议强调，要立足“做大做强产业支撑、发展壮大县域经济、建设产城融合发展带”三大重点任务，在建设“经济强市”中发挥示范引领作用，把高新区建设成为全市经济建设主战场、改革开放试验田、创新驱动先行区，确保经济社会平稳健康发展。牢牢把握“产业立区、创新兴区、两化强区”主线，坚持产业和城市良性互动，推动产业转型与升级、城市经营与发展、企业变革与做强、民生改善与提高、资金筹措与偿还、财政金融与保障、作风建设与改进等协调并进。会议要求，全区干部职工必须正视差距，增强危机意识；必须认清形势，坚定发展信心；必须重点突破，抓好当务之急；必须狠抓落实，大兴实干之风；必须风正心齐，营造良好环境，为加快高新区转型发展奋斗。高新区全体领导，部门、直属单位、三街两乡及部分园区企业代表130余人参加会议。

【党风廉政建设和反腐败工作会】 3月28日，高新区党工委召开2016年度党风廉政建设和反腐败工作会。高新区领导干部、机关部门负责人、三街两乡及直属单位党政负责人、纪（工）委书记（纪检组长）参加会议。纪工委书记林作文总结2015年并部署2016年党风廉政建设和反腐败工作，叶茂恒通报2015年党风廉政建设责任制考核结果，签订2016年度《领导班子成员党风廉政建设责任书》《党风廉政建设责任书》和《落实党风廉政建设纪委监督责任书》。市委常委、高新区党工委书记王猛指出，要认清形势，深刻认识，准确把握“四个战略”；一体联动，扎实抓好惩防体系建设；持之以恒，抓好作风建设，正确运用监督执纪“四种状态”；强化担当，推动全面从严治党。王猛对参加会议干部进行集体谈话，要求落实全面从严管党治党责任，当好既干净又干事好干部，正确对待个人进退留转，经受换届考验，遵守换届纪律。

【乡镇换届动员暨集体谈心谈话会】 4月12日，高新区乡镇换届动员暨集体谈心谈话会在高新企业服务中心一楼会议室召开。高新区领导干部、机关在编在职人员、乡（街）领导班子成员、直属单位主要负责人、“两代表一委员”、区换届领导小组办公室工作人员100余人参加会议。党工委副书记叶茂恒部署高新区乡镇换届工作，市委常委、高新区党工委书记王猛集体谈心谈话。王猛要求，要高度重视，充分认识乡镇领导班子换届重要意义，切实增强做好换届工作责任感和使命感；要精心组织，坚持高标准、严要求抓好乡镇换届工作；要严肃纪律、落实责任，选出忠诚、干净、担当好干部。

【“两学一做”学习教育工作会】 5月5日，高新区党工委在高新企业服务中心召开“两学一做”学习教育工作会。高新区领导干部、部门负责人、直属党组织主要负责人，各乡（街）党（工）委书记，村、社区党组织书记和“两新”党组织负责人160余人参加会议。市委常委、常务副市长、高新区党工委书记王猛主持会议。王猛强调，要通过“两学一做”学习教育，用党章党规、习近平总书记系列重要讲话精神武装头脑，推进思想政治建设常态化制度化，推动全面从严治党在基层落地生根，为打造高新区“升级版”凝聚强大力量，提供坚强保证。王猛要求，要把学习教育与中心工作紧密结合起来，同完成落实好各项任务紧密

结合起来，做到两手抓、两促进；专注发展定力，全力以赴稳增长、调结构、惠民生，确保经济社会平稳健康发展；强化改革创新，着力破除制约高新区发展的体制机制障碍和深层次矛盾，加快开放合作步伐；改善民生，办好民生实事，不断提升群众幸福指数；全面从严治党，强化基层服务型党组织建设，落实党风廉政建设“两个责任”，持续用力正风肃纪。

【全市县级领导干部读书班精神贯彻会】 6月3日 高新区党工委、管委会召开学习贯彻全市县级主要领导干部读书班精神会议，传达市委书记李刚，市委副书记、市长刘永湘在全市县级主要领导干部读书班上讲话精神。会议要求，准确把握市委最新要求，提高思想认识，狠抓落实，推动高新区加快转型发展，确保实现“十三五”良好开局。

【庆祝中国共产党成立95周年大会】 7月1日，高新区党工委在高新企业服务中心召开庆祝中国共产党成立95周年大会。高新区领导干部，部门、直属党组织负责人、村（社区）党组织书记等170余人参加会议，管委会副主任邹发勇主持会议。大会重温中共历史，展望发展未来，表彰优秀共产党员80人、优秀党务工作者29人、先进党组织30个。党工委副书记叶茂恒指出，全区各级党组织和广大党员干部要围绕“开发卧龙、建设高新”工作主线，充分发挥基层组织战斗堡垒作用、基层干部骨干带头作用、全体党员先锋模范作用；坚持党的领导，狠抓党的建设，推进项目、产业和创新，全力打造高新区“升级版”，为“推动振兴发展，决胜全面小康”提供有力支撑。

【党风廉政警示教育会】 9月29日，高新区党工委召开“两学一做”学习教育第三次专题学习暨党风廉政警示教育会。高新区领导干部、机关部门负责人、基层单位党政负责人和三街两乡、村（社区）负责人参加会议。会议围绕“坚持纪律底线、确保风清气正”主题，看案例、找差距。播放《盐都问政》和党风廉政教育警示片，剖析侵害群众利益典型案例；通报高新区上半年党风廉政建设社会评价测评结果，部署下半年党风廉政建设社会评价工作。会议要求，各级领导干部要当好党风廉政建设和反腐败工作领导者、执行者、推动者，任务落实到行动上，加大违纪者惩戒力度。

【党工委主要领导调整干部大会】 11月2日，高新区召开干部大会，市委常委、市委组织部部长刘敏宣布市委关于高新区党工委主要领导干部调整决定，张邦举任中共自贡高新技术产业开发区工作委员会委员、书记，王猛不再担任中共自贡高新技术产业开发区工作委员会委员、书记职务。市委副书记谭豹出席会议并讲话，希望高新区各级领导班子和广大党员干部

要讲政治，顾大局，自觉维护团结、和谐、稳定的发展局面，把思想和行动统一到市委决定上来，把心思和精力凝聚到推动高新区跨越发展上来，以实际行动全力支持和配合张邦举同志工作，确保班子顺利交接和工作平稳过渡。张邦举表示，坚决拥护市委决定，完全服从组织安排，将与高新区广大干部一道并肩战斗，讲政治、顾大局，作市委各项决策部署坚定执行者；创新体制机制，使高新区成为改革先行者；攻坚破难，使高新区成为加快发展引领者；抓班子、带队伍，使高新区各级干部成为跨越发展中坚力量。高新区各级干部要继续保持团结、担当、勤奋、务实、廉洁自律作风，让组织放心、人民满意，为加快高新区转型发展贡献力量。高新区领导干部，机关干部，乡（街）、基层单位主要负责人参加会议。

【学习贯彻中央、省、市3个会议精神会议】

12月1日，高新区党工委召开中心组学习（扩大）会，学习贯彻中共十八届六中全会、省委十届九次全会和市第十二次党代会精神。高新区党工委副书记叶茂恒主持会议，高新区领导干部、部门、直属单位负责人，乡（街）领导班子成员参加会议。会议宣讲中共十八届六中全会、省委十届九次全会和市第十二次党代会精神。叶茂恒要求，要认真学习、深入领会三个会议精神，不断增强党自我净化、自我完善、自我革新、自我提高能力，增强“四个意识”；要认真组织学习宣传，引导党员干部、群众把思想和行动统一到中央、省委和市委精神上来，领导干部要带头抓党建，把严要求贯彻到管党治党全过程、落实到党的建设各方面；要把学习领会会议精神与工作结合起来，联系实际，认真思考，加强研究，为“推动振兴发展、决胜全面小康”贡献力量。

（党政办公室）

党政办公会

【概述】　党政办公会是高新区党工委、管委会决策会议，党工委书记或党工委副书记、管委会主任主持，党工委、管委会全体领导干部参加，2/3以上领导干部出席方可开会，调研员、涉及会议议题部门、单位主要负责人列席。2016年，召开党政办公会议21次，学习贯彻上级会议和文件精神，听取审议部门汇报，讨论决定人事、机构、经济、社会事业发展计划、党的建设、党风廉政建设，决定召开重要会议，讨论重要报告，部署和总结重要工作。

【第1次党政办公会议】　1月11日召开。听取人事工作事项汇报，票决推荐高新区管委会副调研员人选1人，报送市委组织部审批。

【第2次党政办公会议】　1月28日召开。审议并原则同意《关于提请审议给予2016年高新区创新驱动发展专项扶持资金以及技术改造资金项目专项补助的请示》。会议要求：要本着实事求是、诚实守信、依法合规原则，核实扶持项目真实性及进展情况，严格按照协议、项目进度，拨付扶持资金；加强资金监管，专款专用，确保财政资金专项用于对应扶持项目；强化招商引资工作，完善工作措施，加强交流衔接，立足高新区产业实际，围绕“高”“新”，2016年着力引进2个以上高新技术产业或战略性新兴产业项目；完善重大事项决策机制，拟引进项目必须符合国家产业发展方向和高新区产业定位，招商引资协议以及扶持政策，需招商、经发、财政、国土、规建等部门集体会商提出建议，在征得该领域专家一致同意意见、律师法律审查同意意见，经高新区财经领导小组会研究通过后，提交党政办公会集体决策，并报送市委、市政府审定后实施。

【第3次党政办公会议】　2月2日召开。一、审议并原则同意《关于调整部分基层工作人员补助标准的请示》。会议要求：关心、爱护干部同时，要以“三严三实”标准严格要求基层干部，自觉强化法纪意识、红线意识、制度意识，加强惩防体系建设，扎紧制度“笼子”，讲政治、守规矩、守纪律，干干净净干事，清清白白为官，堂堂正正做人；要强化督促检查，确保各项工作落到实处。党工委、管委会领导要深入乡（街）联系点调查研究，明确重点任务工作标准和要求，加强过程监督检查，促进基层各项工作推进。二、审议并原则同意《关于兑现南湖城市综合体专项扶持资金有关事宜的请示》。会议要求：分管领导牵头，有关部门配合，拟定补充协议文本，在征求法律顾问意见后，与项目业主签订补充协议，按工程进度付款。

【第 4 次党政办公会议】　3 月 4 日召开。一、传达学习全市党委（党组）意识形态工作责任制座谈会精神，全市县、乡换届工作暨组织部长会议精神，学习《中国共产党巡视工作条例》《中共四川省委巡视工作实施办法》。会议形成一致意见：（一）党工委必须牢牢把握意识形态工作领导权、管理权、话语权，把意识形态工作放在心上、挂在嘴上、抓在手上，为高新区提档升级营造良好发展环境。（二）乡镇换届是今年党工委重要工作之一，要高度重视，加强换届工作组织领导，成立换届工作领导小组，负责全区乡镇换届工作。及时召开换届工作会，传达市委书记讲话精神，强调换届工作重要性和纪律要求，做好宣传引导。（三）巡视工作是党要管党、从严治党重要手段，班子成员要认真学习，深刻领会。二、审议并原则同意《党工委书记在年度工作会上的讲话》《高新区 2015 年工作总结暨 2016 年工作安排》《2016 年工作任务责任分解表》，要求党政办公室根据审议意见修改完善。会议强调：（一）要始终坚持以经济建设为中心，着力抓项目、抓企业、抓实体经济。突出产业发展，加大招商引资力度，在高新技术项目引进和高新技术企业培育上实现突破，（二）今年，市委、市政府把高新区纳入区（县）序列考核，全区上下要增强发展紧迫感，加快项目推进力度，主动协调发展，保障民生，建设幸福高新，力争在全市区（县）经济考核中排名靠前。（三）突出重点，强化考核。市委、市政府明确高新区承担的工作任务要全部分解下达，各责任单位要层层分解压实，目标督查办公室要加强过程管理，及时提出推进建议，确保各项任务顺利完成。（四）领导带头。班子成员要围绕目标任务抓好分管工作，熟悉基层情况，做到心中有数、过程清楚，一抓到底。三、审议并原则同意《关于审议 2016 年重大项目计划的请示》。会议要求：要强化责任落实，每个重大项目要明确责任领导和责任部门，对项目逐一研究，帮助业主协调解决问题，确保项目有序推进；督促业主加大项目建设力度，续建项目要加快推进，新建项目要抓紧办理相关手续尽快开工，政府类投资项目要加强预算管理、质量管理和工程管理，严格按照程序推进，防止政府类投资项目在招投标等过程中出现违法违纪行为。四、审议同意《关于高新区市管领导干部 2015 年年度考核结果的请示》。五、审议并原则同意《关于提请审议 2015 年度考核及评选“优秀服务能手”民主测评结果的请示》。六、审议同意《关于建立中共自贡高新区丹桂幼儿园支部委员会的请示》。七、审议并原则同意《关于审定〈2015 年度各直属党组织党政领导班子党风廉政建设责任制考核结果的通报〉的请示》。会议要求：党工委要切实履行主体责任，坚持党建和发展两手抓两手硬；分管领导要严格遵守党风廉政建设各项规定，在管好自己同时管好身边人和分管部门，守住道德底线和纪律红线；纪工委要切实履行监督责任，执行执纪监督“四种形态”，管好党员干部。

【第 5 次党政办公会议】　4 月 8 日召开。一、审议并原则同意《关于高新区乡镇换届工作的请示》。会议决定成立高新区换届工作领导小组加强领导，确保换届工作依法依规。会议要求：要制定换届方案，坚持正确选人用人导向，明确标准，把干事创业、能力强、人品好的干部选进领导班子，干部交流资格和条件，机关和乡（街）一视同仁，做到“一根墨线弹到底”；要严守政治纪律和政治规矩，严格依法办事，严肃换届纪律；要关心关爱干部，与干部职工广泛交心谈心，及时了解干部困难，听取意见建议，形成“组织想着干部、干部想着工作”良好局面。二、审议并原则同意《关于报请审批〈高新区实施乡镇工作补贴的标准和办法〉的请示》。会议请示事项。三、审议同意《关于中共自贡高新区国家税务局委员会换届选举的请示》。四、审议同意《关于对自贡天健生物科技股份有限公司在新三板上市给予补贴的请示》。五、审议并原则同意《关于提请审议〈高新区2016年党风廉政建设和反腐败工作意见（送审稿）〉的请示》。会议要求：党工委要切实履行主体责任，党工委班子成员要履行“一岗双责”；纪工委要抓早抓小，运用“四种形态”切实履行监督责任。六、研究配合市委巡察组巡视工作和学习型机关建设等工作。

【第6次党政办公会议】 4月13日召开。一、审议并原则同意《关于提请审议盐卤浴项目土地出租合同的请示》。二、审议《关于推荐2016年全市公开遴选副县级年轻后备干部的请示》。会议决定推荐全市公开遴选副县级年轻后备干部1人。三、审议《关于推荐乡镇党政副职职位拟选调人选的请示》，同意以党工委名义推荐3名同志作为全市乡镇党政副职拟选调人选报送市委组织部。四、审议《关于推荐全国优秀共产党员、优秀党务工作者、先进基层党组织的请示》，会议推荐全国先进基层党组织表彰对象1个，报送市委组织部。

【第7次党政办公会议】 4月22日召开。一、审议并原则同意《关于高新区公共视频监控系统项目建设的请示》，二、审议并原则同意《关于泰丰集团开发建设A-25-2地块的请示》。三、审议并原则同意《关于引进“自贡生物科技产业园”项目的请示》。四、审议并原则同意《关于申请自贡市高新区板仓片区棚户区改造及配套基础设施项目的请示》。

【第8次党政办公会议】 5月6日召开。一、审议原则同意《关于确定从乡镇事业人员、优秀村干部、大学生村干部中公开选拔乡镇领导班子成员考察人选的请示》。二、审议并原则同意《关于红旗乡、高峰乡党委召开党员代表大会的请示》。三、审议并原则同意《关于启动高新区部分中层领导职位推荐工作的请示》。四、安排近期工作。

【第9次党政办公会议】 5月9日召开。传达学习市委李刚书记到高新区调研指示精神，提出贯彻落实意见：（一）全区上下要以李刚到高新区调研为契机，引导广大党员干部思发展、谋发展、促发展，把心思和精力集中到高新区转型发展上来，心无旁骛一心一意抓发展。（二）找准高新区与全国、全省其他高新区差距，增强发展紧迫感、危机感和责任感，认真研判高新区面临的发展机遇，增添发展举措，增强发展信心。（三）引导党员干部敢于担当责任，狠抓工作落实。一方面按照全面从严治党和“三严三实”要求，严格管理干部，另一方面关心干部，为干事创业干部撑腰鼓劲，营造敢于担责、推动发展氛围。（四）认真研究新形势下新情况、新问题和新特点，全面加强高新区党的建设，强化作风与效能建设，提升执行力。重点抓好“两学一做”学习教育，打造一支专业化、年轻化干部队伍，为高新区发展提供坚强政治保障和组织保障。（五）重点抓好招商引资、科技创新、项目推进、队伍建设和执行力提升五个方面工作，狠下功夫，增添措施，努力在促进高新区发展、改革和稳定上取得新成绩。（六）细化具体举措，抓好贯彻落实。分管领导牵头，职能部门负责，制定高新区强化招商引资工作方案、推动企业为主体科技创新方案，项目包装引进和项目落地建设服务制度、提高干部队伍执行力、开展作风和效能建设方案。（七）会议强调推进盐卤浴建设、卧龙湖片区整体城市设计、华商·国际城立面整治、南湖立交桥后续工程自贡生物科技产业园等重点工作。

【第 10 次党政办公会议】 5 月 16 日召开。一、审议《关于从企事业单位领导人员选调乡镇领导班子换届副职初步人选的请示》，票决同意乡领导班子换届副职提名建议人选 1 人。二、审议《关于从“三类人员”中公开选拔乡镇领导班子成员提名建议人选的请示》。票决同意从“三类人员”中公开选拔乡领导班子成员提名人选 2 人。

【第 11 次党政办公会议】 5 月 31 日召开。一、审议同意《关于乡镇领导班子换届相关事项的请示》。二、审议《关于从乡镇领导班子成员提名人选请示》，票决同意红旗乡领导班子副职人选 1 人，高峰乡领导班子副职人选 2 人。三、审议并原则同意《关于高新区执行乡镇工作补贴的请示》。

【第 12 次党政办公会议】 6 月 7 日召开。一、审议《关于高新区乡镇换届干部调整的请示》。票决同意人事任免和提名事项。二、审议并原则同意《2016 年度全区财政预算收支计划》《2016 年度全区建设收支计划》，会议要求：（一）严格落实保运转、保民生、保发展基本要求，牢固树立过“紧日子”思想，压缩“三公”经费等一般性支出。强化税收征管，开源节流，保障高新区社会发展需要。（二）强化融资工作，对所有项目建设进行评估，分析项目经济效益，运用现代金融工具，做好项目融资；强化财政资金统筹调度，提高财政资金运转效率。（三）抓好城市发展，加快推进基础设施建设，为土地开发利用提供良好市场环境。

【第 13 次党政办公会议】 6 月 14 日召开。审议《关于发起设立自贡市战略性新兴产业和高端成长型产业投资基金的请示》。会议同意设立战略性新兴产业和高端成长型产业投资基金。管委会出资 15%，授权高新投资公司作为出资人代表履行权利义务和责任。分管领导牵头，高新投资公司董事长具体负责，与市有关部门衔接，向省经信委、省财政厅报送《组建方案》。同意农业银行自贡分行作为基金托管人。研究双创投资基金设立工作，解决各类人才创业资金缺乏问题。上述事项提交市委财经领导小组审定。

【第 14 次党政办公会议】 6 月 21 日召开。一、审议《关于红旗乡、高峰乡领导班子换届考察工作报告》，票决同意红旗乡、高峰乡领导班子换届考察工作报告和换届人选建议方案，强调加强乡党代会、人代会组织领导，重申换届纪律。二、审议并原则同意《关于发起设立自贡市创新创业股权投资基金的请示》。要求做好双创基金组建和与四川创新发展投资管理有限公司沟通协调工作。

【第 15 次党政办公会议】 7 月 21 日召开。一、审议同意《关于四川英祥实业集团“自贡英祥妇女儿童医院”项目的请示》。二、审议同意《关于拨付南湖城市综合体配建项目专项扶持资金的请示》。会议要求：加快移交土地，督促企业尽快开工建设西广场。三、审议同意《关于对川力实业在新三板上市给予补贴的请示》。四、审议并原则同意《关于兑现知识产权相关经费的请示》。五、审议人事任免事项。票决任免事业单位干部 14 人，调任部门干部 1 人。六、学习习近平总书记在庆祝中国共产党成立 95 周年大会上讲话。会议要求：领导干部要带头学习，增强学习主动性，通过学习将思想和行动统一到习近平总书记讲话精神上来；分管领导要引导分管部门和联系党组织学习习近平总书记讲话精神，做到全覆盖；要把学习与高新区实际相结合，保持共产党员先进性，推动高新区经济社会发展。

【第 16 次党政办公会议】 9 月 18 日召开。一、审议并原则同意《关于“国际盐泉生态城”项目有关问题的请示》。二、审议并原则同意《关于自贡市卧龙湖西区截污工程调整方案的请示》。三、审议同意《关于实施高新区 S305 线与紫荆城邦之间绿化隔离带整治工程的请示》《关于实施自贡市南湖生态城纬四路道路的请示》。要求工程实行招投标，严格预算约束，强化监管，确保工程质量。四、审议同意《关于依法收回自贡水务集团有限公司南湖生态城 A-13-01 地块的请示》。五、审议并原则同意《关于拨付自贡生物科技产业园产业化实验基地管理运营经费的请示》。六、审议并原则同意《关于下达 2016 年招商引资和固定资产投资目标任务的请示》。会议要求：班子成员要按照分工履职尽责，对分管领域目标任务细化分解，层层压实责任，狠抓落实；目督办要进行督查，每月通报任务进度，欠目标任务较多部门和乡（街），分管领导要提醒约谈，找差距、添措施，千方百计完成既定目标。七、审议《关于机构及人员整合的请示》。会议决定：（一）投资服务一局和投资服务二局合并设立投资促进局，工作人员合并办公，任命投资促进局负责人。重大项目办公室及人员并入经贸发展局。（二）分管领导牵头研究落实市委、市政府《关于促进自贡国家高新技术产业开发区加快发展的二十条意见》具体举措，突出招商引资，优化高新区内设机构，加强干部队伍建设，突出“知识化、年轻化、专业化”，注重真才实学，努力打造想干事、能干事、会干事、干成事、不出事干部队伍。八、审议《关于高新区工会副主席等职位干部任免的请示》，票决人事任免事项。

【第 17 次党政办公会议】 9 月 21 日召开。一、传达学习市委李刚书记关于加快高新区发展指示精神。会议认为：李刚书记在市委常委会审议通过《关于促进自贡国家高新技术产业开发区加快发展的二十条意见》（以下简称《意见》）后的讲话，体现了市委、市政府对高新区发展的关心、支持。会议要求：班子成员要迅速召集分管部门、单位传达学习李刚书记指示精神，结合即将出台的《意见》和工作实际，研究加快高新区发展具体举措；要迅速行动，班子成员和各部门、各单位要以全新视野、崭新精神状态、更加务实作风，紧紧抓住《意见》出台机遇，加强与市级部门沟通衔接，逐一对接下放权限，接好用好下放权限；切实抓好当前工作，突出招商引资和项目建设等重点，想办法，添措施，确保完成全年目标。二、审议并原则同意《关于引进“COF 载带+驱动 IC”等 3 个电子信息产业项目的请示》。三、研究自贡中医院卧龙湖康疗中心行政事业性收费减免、丹桂北大街改造事项。

【第 18 次党政办公会议】 11 月 7 日召开。一、通报 2016 年目标任务完成情况，安排近期重点工作。会议要求：（一）提振精气神，确保完成各项目标任务。各级各部门要对照计划，认真梳理，逐项研究，周密部署，落实责任，以只争朝夕、时不我待精神，力争完成各项目标任务。（二）认真谋划，确保明年实现“开门红”。要紧盯招商引资、项目建设、对上争取资金、产业发展等重点工作，不等不靠，认真分析，及早谋划，为 2017 实现“开门红”打好基础。（三）真抓实干，全力以赴抓好招商引资。要加强招商队伍建设，加大产业招商力度，中层以上领导干部都要肩负招商引资任务，充分调动全区招商引资积极性，力争在招商引资上取得新突破。（四）团结一致，形成合力。广大干部职工要互相配合、互相支持、互相理解，共同推动高新区加快发展。（五）廉洁自律，营造良好发展环境。各级领导干部要严格遵守各项规章制度，确保清正廉洁。二、审议并原则同意《关于审定全区 2016 年度目标绩效综合考核方案的请示》。三、审议人事事项。票决推荐交流提任县级领导干部考察 1 人，提任副调研员考察 1 人。

【第 19 次党政办公会议】　11 月 17 日召开。一、审议并原则同意《关于〈自贡高新区综合目标绩效考评办法（试行）〉等 6 个考评办法的请示》。二、审议《关于基层党组织新建、换届、撤销和换届结果、开除党籍处分的请示》，同意建立 5 个支部委员会，撤销 1 个支部委员会；同意 4 个党组织选举结果，7 个党组织换届；同意给予 1 名党员开除党籍处分。三、审议同意《关于高新区公车改革中非参改人员公务出行保障的请示》。四、审议同意《关于购买耕地占补平衡指标的请示》。五、审议同意《关于南湖片区改造项目二号安置点（卧龙湖一期）电梯设备采购及安装工程一标段实施的请示》《关于自贡市南湖景苑安置房三期工程（室外工程）实施的请示》。六、审议并原则同意《关于实施丹桂北大街临街立面整治工程的请示》。七、审议并原则同意《关于新超越集团智能终端产业园项目相关事项的请示》。八、审议同意《关于提请审议〈高新区管委会 2016 年第一批电子信息产业专项扶持资金使用管理办法〉的请示》。九、审议同意《关于粤创微电子科技产业园等 4 个项目申报财政扶持资金的请示》。十、审议并原则同意《关于显示器面板及模组等 13 个招商引资项目的请示》。

【第 20 次党政办公会议】　11 月 23 日召开。一、审议同意《关于审定高新区 2015 年度绩效目标考核结果及结算目标绩效奖的请示》。二、审议《关于新提拔干部试用期满转正的请示》，同意 3 人按期转正。三、审议并原则同意《关于以国有房屋租赁形式选拔学前教育举办者的请示》。会议要求：按照公平、公开、公正原则招标，通过市场手段选择办学者；要加大宣传力度，吸引更多优秀办学者参与。四、审议同意《关于实施 3 个电子信息产业项目政府配套项目的请示》。五、审议同意《自贡市卧龙大道道路建设二期工程项目一标段变更增加工程量预算的请示》《关于调整南湖片区改造项目（卧龙湖一期安置房工程项目一标段、二标段）合同金额的请示》。六、审议同意《关于丹桂大街视频监控改造的请示》。七、审议并原则同意《关于拟占用土地签订补偿协议的请示》。八、审议同意《关于对升拓公司在新三板上市给予补贴的请示》。

【第 21 次党政办公会议】　12 月 8 日召开。审议人事事项，同意副调研员人选 1 人，报市委组织部审批；同意任投资促进局副局长 1 人（挂职）。

（党政办公室）

组织工作

【概述】　2016 年，高新区组织工作紧紧围绕全面从严治党主线，广泛开展“两学一做”学习教育，统筹推进领导班子、干部人才队伍、基层党组织和党员队伍建设，提升组织工作科学化水平，为高新区改革发展提供坚强组织保障和人才支撑，以严实作风主动服务经济社会发展大局。年内新建党组织5个，发展党员65人，预备党员转正85人，转入组织关系450人，转出组织关系200人。高新区党工委表彰优秀共产党员80人，优秀党务工作者29人，先进基层党组织30个；市委表彰高新区优秀共产党员3人，优秀党务工作者3人，先进基层党组织5个。年末，全区副县（处）级以上领导干部10人，正、副科级领导干部85人。高新区党工委直属党组织25个，全区基层党组织283个，其中党工委3个、党委23个、党总支19个、党支部238个。全区党员6980人，其中女党员2751人，占39.41%；村（社区）党员4695人，占67.26%；新经济组织和新社会组织（以下简称“两新”组织）党组织党员548人，占7.85%。

7月1日，高新区党工委表彰先进党组织、优秀党员、优秀党务工作者

【“两学一做”学习教育】 2016年，在全体党员中开展“两学一做”学习教育作为全年党建工作龙头，推动思想建设、作风建设、纪律建设有机结合，全面深化。党工委切实加强领导，周密安排部署，强化责任落实，扎实有效推进。成立高新区“两学一做”学习教育协调小组，印发《关于在全区党员中开展“学党章党规、学系列讲话，做合格党员”学习教育实施方案》，购发《中国共产党章程》《中国共产党廉洁自律准则》《中国共产党纪律处分条例》《习近平总书记系列重要讲话读本》等书籍、笔记本和“两学一做”学习教育知识卡，在自贡市“两学一做”学习教育微网站实名认证自主学习党员4262人。坚持正面教育、理论武装，学用结合、创先争优，问题导向、注重实效，领导带头、以上率下，区分层次、分类指导要求，引导督促广大党员认真学习党章党规、学习习近平总书记系列讲话精神，统一思想行动，发挥模范作用，争做合格共产党员。党工委召开全区“两学一做”学习教育动员会部署，召开推进会3次、专题座谈会6次，举办讲座4次，组织知识竞赛1次，党工委中心组集中学习16次。各级党组织开展“重温入党历程”主题党日活动，党员回顾入党心路历程，联系个人成长经历思考“入党为什么、在党干什么、给党留什么”，对照入党志愿谈理想、谈信念，对照入党誓词明标准、找差距，坚定理想信念，增进对党感情。开展3个专题学习讨论，围绕“坚定理想信念、明确政治方向”主题，开展“读原文、忆党史、明方向”活动；围绕“坚持根本宗旨、勇于担当作为”主题，开展“学榜样、敢担当、真为民”活动；围绕“坚守纪律底线、树立清风正气”主题，开展“学案例、找差距、守纪律”活动。召开“亮问题、明责任、重整改”民主生活会，各级领导班子和领导干部对照职能职责，进行党性分析，查摆在思想、组织、作风、纪律等方面存在问题，开展批评和自我批评，建立问题、整改、责任“三张”清单，推动整改落实。党支部召开党员大会，开展“合格党员具体标准、不合格党员具体表现”大讨论，按照个人自评、党员互评、民主测评、组织评定程序开展民主评议党员工作。组织引导党员立足岗位做贡献、为民服务办实事、奋发有为促发展，评选共产党员示范岗39个，

共产党员示范团体 20 个、共产党员示范单位 6 个、共产党员示范行业 1 个。

6 月 16 日，高新区“两学一做”知识竞赛

【领导班子建设】　各级领导班子坚持中心组学习制度，带头认真学习中共十八届五中、六中全会精神和党章党规、习近平总书记系列讲话，讲政治、守规矩，自觉与党中央保持高度一致。坚持民主集中制，不断强化班子团结，广泛听取意见建议，落实“三重一大”制度，严以用权，决策科学化、民主化。年内，市委决定调整高新区党工委、管委会部分领导干部，调离高新区党工委委员、管委会副主任 3 人，调任高新区党工委委员、管委会副主任 1 人；11 月，中共自贡市委常委张邦举任高新区党工委委员、书记，中共自贡市委常委王猛不再担任高新区党工委委员、书记。优化配备乡(街)、部门、企事业领导班子，把工作经历、专业知识、工作实绩、发展潜能作为重要考察指标，注重选拔有产业发展、投融资、对外开放、城建规划、社会治理等方面能力干部，推荐全市年轻后备干部递进培养计划干部 3 人。结合干部考察和谈心谈话，分析研判各级领导班子结构特点、运行状况和班子成员履职尽责情况，及时解决班子运行中存在的突出问题。围绕全区总体战略目标和重点工程，优化调整综合考核指标体系，强化绩效过程管理，突出班子运行效率评价、关键指标和难点工作考核，增强考核针对性和实效性。利用换届选齐配强乡领导班子，调整充实学校等事业单位领导班子。

【党建责任制】　逐级落实书记抓党建工作责任制，分类制订党组织书记党建工作责任清单，形成一抓到底的党建工作责任格局，探索破解“党建抓什么、责任是什么、方法有什么”等问题，年末，开展书记抓党建工作述职评议，把党建工作考核结果作为选拔任用干部重要依据。建立基层党建工作经费保障机制，落实党建工作经费 416 万元。

1 月 28 日，高新区党建工作述职评议大会

【党务公开】　印发《高新区党工委党务公开工作实施办法（试行）》，成立高新区党工委党务公开工作协调小组，遵循依法依规、积极稳妥、分类实施、优质高效原则，推进党工委党务公开规范化、制度化、常态化。公开前审查把关，公开后收集反映，督办落实，依托高新区网站、新闻媒体、公开栏、电子政务网等载体，采取消息报道、文件登载（全文或摘要）、专题解读、新闻发布、情况通报等方式，及时公开党工委会议重要决议决定、重要文件(含党政办公室重要文件)、重要工作会议精神、重要工作情况、领导重要党务政务活动、领导重要批示指示精神及其办理落实情况及其他事项。

【干部队伍建设】　优化选人用人机制，选拔信念坚定、为民服务、勤政务实、敢于担当、清正廉洁干部。配强部门正职，配优综合部门。选送参加市以上干部培训 110 余人次，参加在职学历教育 22 人，专题培训、以会代训培训副科级以上干部。整合综合考核、日常考核、巡查考核，精准研判班子、评价干部。通过个别谈话推荐、会议推荐、民主测评、组织考察和党工委决定任命等程序，选任机关部门、事业单位负责人 22 人，其中副调研员 1 人、科级干部 21 人。交流副科级干部 3 人，平级转任重要岗位副科级干部 3 人，统筹纳入全市年轻后备干部递进培养计划年轻干部 3 人。完善新提拔干部任职承诺制、干部个人重大事项报告制度，探索干部考核评价体系，直属部门、单位主要负责人作工作述职和进行民主测评，综合运用干部述职测评结果，约谈个别履职不到位干部，提出整改要求，跟踪整改情况，强化干部履职尽责意识。

1 月 15 日，高新区干部素质能力研修班开班

【基层组织建设】 巩固“一定三有”“三有一化”（定权责立规范，收入有保障、干好有希望、退后有所养；有人管事、有钱办事、有处议事，推进城市基层党建区域化建设），改扩建基层党组织活动阵地 2 个，举办党务培训班 1 期，各级培训党务工作者 252 人次。清理调整基层党组织设置，新建党组织 5 个（均为“两新”党组织），换届 12 个，撤销 1 个。推进“两新”组织“两个覆盖”（组织覆盖、工作覆盖）工作，党工委成员联系 1 家以上“两新”党组织，机关党组织与“两新”组织结对共建 19 对，“两新”组织建立党组织 64 个。开展整顿软弱涣散基层党组织排查，培训基层党组织书记，加强基层基础保障，发挥基层党组织战斗堡垒作用，夯实基层党组织建设。

【机关党建】 加强机关党的组织建设和作风建设，年初签订《2016 年党风廉政建设责任书》，发放廉政风险提醒卡，完成“一表一卡”实名登记，深入开展“两学一做”学习教育。加强班子建设，继续坚持班子集中学习和周五机关学习制度，确定 10 个学习专题。全年召开机关党委会议 10 次，研究和部署机关党建工作。党委与各党支部签订《2016 年党建工作目标责任书》，支部书记履行“一岗双责”。贯彻“党要管党”和“从严治党”方针，完善党员教育管理目标责任制，坚持“三会一课”，推行“四议两公开”，保障党员和群众知情权和监督权。全年新发展党员 3 人，按期转正党员 3 人，推荐提拔机关干部 5 人。

【村（社区）党校】 7 月，印发《关于在全区普遍建立村（社区）党校的通知》，按照“试点组建、逐步推广、全面覆盖、发挥作用”原则，用 2 至 3 年时间实现全覆盖，把党校教育培训功能延伸至村（社区），扩展至全体党员，打造基层党组织培训党员、服务群众实践锻炼平台和党员成长进步阶梯。明确组织机构、师资队伍、办学原则、培训内容、办学载体、制度保障等措施。8 月 23 日，高新区第一个社区党校——高峰乡桑海社区党校挂牌。年内，建立村（社区）党校 8 所。

【党员教育管理】 抓严抓实党员学习教育，管理服务，落实“三会一课”等组织生活制度。开展党员组织关系排查，排查出失联党员

46 人，取得联系党员 38 人，尚未取得联系党员 8 人，健全党员组织关系介绍信存根、回执登记和党员流动情况登记三本台账。开展党代会代表和党员违纪违法未处理情况排查，经逐一调查核实，高新区市级党代表和乡党代表中，未发现违纪违法或党员违纪违法未处理现象。持续开展结对帮扶，科级党员干部结对帮扶困难群众 120 余人，党支部集体帮扶困难群众或党员 1～2 户。春节、“七一”期间开展走访慰问帮扶生活困难党员、老党员和老干部活动，其中“七一”慰问困难党员、老党员 290 人，慰问金 12 万余元。开展党费清理，补交党费 2.79 万元。举办入党积极分子培训班 1 期，培训 110 人。

【人才服务】　统筹推进党政人才、企业经营管理人才、专业技术人才、高技能人才、社会工作人才队伍建设，全年引进各类人才 136 人。组织企业申报省、市“千人”计划，申报“四川省有突出贡献的优秀专家”、高层次人才培养“千人计划”杰出创新人才、高层次人才引进“千人计划”领军人才等 10 人。搭建专家人才服务平台，年内，申报四川省专家服务基地成功，成为全市第一个政府专家服务基地，获省、市专项资金 40 万元。

【群众工作月】　5 月，在全区开展“为民解难·梦圆小康”主题群众工作月活动。在春华广场开展“排忧解难·服务群众”集中宣传服务，接访群众、政策法律宣传咨询、惠民义诊等；“手牵手·面对面”为民办实事，开展“放飞梦想·快乐成长”趣味游园进校园，发放爱心乘车卡、爱心电力卡，组织劳动模范体检、板仓工业园区招聘会，规范物业服务等；“走基层·惠民生”献爱心，送岗位、送医、送药、送文艺、送图书进村（社区），集中解决群众反映问题，慰问孤残、贫困残疾人家庭 50 户等。

【乡领导班子换届】　党工委制定《关于做好乡镇领导班子换届工作的通知》，建立乡镇领导班子换届工作领导小组，下设指导组、考察组，召开换届动员会和集体谈心会部署。严格换届风气监督，制定督查督导、谈心谈话、信访举报查核等制度，形成换届风气监督体系；召开民主生活会、学习会，营造换届纪律氛围；开展巡回督查、专项检查，排查影响换届苗头性问题和矛盾隐患，确保换届风清气正。通过个别谈心谈话，了解干部思想动态，结合年度考核和平时掌握情况，分析乡领导班子现状，坚持结构合理、好中选优、优中选强，从“三类人员”（乡镇事业人员、优秀村干部、大学生村干部）、企事业负责人、现任班子成员、基层公务员“四个一批”推荐、考察，选优配强乡领导班子。红旗、高峰两个乡党代会、人代会选举领导干部 17 人，其中“三类人员”2 人，企事业负责人 1 人，原领导班子成员 9 人，机关（基层）公务员 8 人，女干部 3 人。乡领导班子结构得到优化，领导力量增强。

【村（社区）换届启动】　12 月，着手村（社区）党组织、村（居）民委员会（以下简称“两委”）换届工作准备，建立高新区村（社区）“两委”换届工作领导小组，下设办公室、指导组、巡回督查组、调查处理组，制定换届工作方案，乡（街）分别建立领导机构和工作机构，制定换届实施方案。

【“两代表一委员”推选】　根据市分配高新区市党代会、人代会代表、政协委员名额，坚持推选条件，按照差额比例组织党代会代表、人代会代表、政协委员推选。经层层推荐，组织考察，听取所在单位党员群众和纪检、监察部门意见，公示接受社会各界监督，选举中共自贡市第十二届代表大会代表 10 人，推选自贡市第十七届人民代表大会代表 7 人、自贡市第十五届政治协商会议委员6人。组织自流井区第十八届人大代表第58选区选举工作，选举自流井区第十八届人民代表大会代表16人。

【老干部工作】　高新区副县级以上退休老干部11人，其中享受副厅级3人。组建有机关退休干部党支部。为老干部订阅《人民日报》《四川日报》《自贡日报》《自贡晚报》《晚霞》等报纸杂志，组织老干部参观高新区发展成果，参加市、区情况通报会、报告会，召开老年节座谈会，开展春节、老年节慰问老干部活动，组织老干部体检1次。听取老干部建议意见，发挥退休老干部优势和作用，退休干部担任高新区关心下一代工作委员会执行主任1人、副主任2人，老年人体育协会主席1人、副主席2人，特邀监督员1人。完成老干部统计年报工作。各单位开展退休干部游园观灯、郊游、钓鱼、棋牌等文体活动。

【经费保障】　提高村（社区）党组织干部待遇，保障教育培训、活动基本经费，购买《中国共产党章程》《中国共产党廉洁自律准则》《中国共产党纪律处分条例》《习近平总书记系列重要讲话读本》等书籍、笔记本和“两学一做”学习教育知识卡发放党员干部和党员。全年开支党建经费近100万元。

（秦　川　郭世彬　蒋沁兰）

纪检监察

【概述】　高新区纪检监察工作按照各级纪委全会部署要求，保持政治定力，严明政治纪律和政治规矩，推进全面从严治党主体责任落实；强化制度建设和执行，立行立改，深化纪律检查体制改革；把握运用“四种形态”，推进纪律审查方式转变，实施积极预防战略，推进惩治和预防腐败工作；推进中央八项规定及系列规定精神落地生根，持续正风肃纪，良好政治生态巩固发展。方冲社区“树干、树根和枝叶”为体系的“树形”工作法受到肯定推广。考核5个街乡和16个直属单位（部门）2016年落实党风廉政建设责任制情况，通报表扬丹桂街道办事处、板仓街道办事处、高新区城管执法大队、高新区国税局、高新公安分局、汇兴小学、卫坪中心校。

【“两个责任”落实】　实施“两个责任”推进工程，增强履职尽责意识，各部门、单位相继出台具体办法分解主体责任。召开高新区党政办公会4次研究党风廉政建设和反腐败工作，审议《2015年度党风廉政建设考核结果》《2016年度党风廉政建设和反腐败工作意见》，听取党员干部教育和宣传计划、专项巡察、党风廉政建设社会评价等工作落实及检查考核情况汇报。印发《2016年高新区党风廉政建设和反腐败工作意见和任务分工方案》，6个方面41项工作任务分解到领导干部、部门和基层单位，党工委书记与下级党组织主要负责人全面签订目标责任书，层层传导压力、落实责任。党工委书记落实“四个亲自”，带头作廉政承诺、讲廉政党课、参加下级领导班子民主生活会和述职述廉会，在全区大会多次强调廉政建设，作批示6次。执行报告制度，个人重大事项报告14件。党工委班子成员、部门、基层党政主

12月29日，2016年度高新区党政领导班子落实党风廉政建设责任制情况考评会

要负责人年终述责述廉，述责述廉报告编印成册，接受民主测评。开展“两个责任”落实情况督查，“一岗双查”领导干部1人。

【惩防体系建设】 全区各级纪检监察机构注重标本兼治，逐步铲除腐败滋生蔓延土壤，落实《高新区建立健全惩治和预防腐败体系2013—2017年实施方案》，制定《关于建立“惩防衔接、一体联动”工作机制推进积极预防、系统治理工作的实施意见》和《关于构建“一库四早四卡”推进惩防衔接、一体联动工作的实施意见》，报送《拒腐防变对策研究》调研报告。坚持问题导向，围绕管住权力，对照部门责任清单，梳理薄弱环节，完善高新区部门、单位职权职责目录和廉政风险等级目录电子库，排查出廉政风险点1148项，建立健全规章制度126项，让党员干部习惯在制度规范中阳光用权，在制度监督下依法依纪履行职责。构建“以惩促防、以查促建、抓早抓小、重在预防”的“双一四四”预防腐败模式，发出白色提示卡80张、黄色函询卡4张、橙色预警卡27张、红色纠错卡14张。实行监审联动，通过审计发现问题，纪检监察介入，构建“零距离”沟通机制。审计红肖路应急抢险工程项目，超进度付工程款审减率达31.67%，发出监察建议书，履职不力责任人员除名，追回超付

8月17日，高新区纪工委在方冲社区召开落实基层党风廉政建设主体责任“树形工作法”经验交流现场会

工程款18.32万元。

【正风肃纪】 完善作风建设常态化监督机制，构建区、街乡、村（社区）三级监督检查网络，整治“不作为、乱作为、不会为、不善为”。开展违规收送礼金整治，签订《党员、干部不违规收送礼金承诺书》1732份，其中县级干部14份、科级干部115份、一般党员1603份。重要节点巡查5次，检查单位46家次。开展“严肃换届纪律、查处损害群众利益不正之风和腐败问题，营造基层良好政治生态”专项巡察，发现问题52个，违纪违规问题线索8件，提出整改意见20余条，立案查处1件，诫勉谈话7人，党内警告处分2人，清退案件违纪所得资金4.9万余元，作书面检查1人。根据省、市委巡视组反馈意见，认真清查，清退2014年8月后违规发放资金、补贴等12.72万元。开展换届风气监督，发挥组织监督和群众监督作用，织密换届风气监督网，实行推荐、考察、选举全过程监督，检查7大类、54个具体项目，抽查25人次。检查惠民资金、民生资金、就业帮扶资金管理和使用，未查出挤占、挪用、克扣。

11月22日，高新区管委会领导和部门负责人走进自贡电台《行风热线》直播间与听众交流

【干部廉政谈话】 执行党工委、纪工委负责人与下级党政主要领导干部集体谈话、个别谈心制度。全年个别约谈、集体谈话472人次，

其中县级班子成员8人次，科级干部180人次，科级以下干部280人次。党工委、纪工委对红旗乡、高峰乡新一届领导班子集体廉政谈话和新任领导干部廉政谈话29人次，新提拔部门负责人廉政谈话6人。

【廉政文化】　深化党风廉政宣传教育，把党风廉政建设宣传教育融入党的宣传工作大格局。开展党性党风党纪、理想信念、廉洁从政、典型示范和警示教育，学习贯彻执行党纪新规，组织党员干部观看《镜鉴》《重拳出击、惩贪治腐》《覆轨之鉴》《贪欲打开腐败之门》等警示教育片，领导班子成员自读《忏悔实录》读本，开展“学习先进典型，讲身边勤廉故事”等活动，营造以廉为荣、以贪为耻社会氛围。省、市主流媒体刊发高新区党风廉政建设报道9篇。

11月8日，高新区纪工委举办从严治党讲座

【案件查办】　纪检监察坚持无禁区、全覆盖、零容忍，持续保持遏制腐败高压态势，加大纪律审查力度。2016年，收到信访举报133件（含重复件66件），其中区本级来信来访63件，市纪委转办55件，网络媒体6件，其他单位转办9件，办结133件，办结率100%。除重复件外，检举控告类52件，业务范围外15件。开除党籍1人，党内警告处分2人，移送司法机关2人，责令辞职2人，免职1人，诫勉谈话5人，通报批评2人，书面检查5人。

【社会化评价工作】　高新区党工委与乡（街）党（工）委书记签订党风廉政建设社会评价责任书，印发《党风廉政建设社会评价公开信》《党风廉政建设社会评价问卷》近20万份、制作宣传标语200余条，集中宣传12次，利用高新区门户网站、党务政务公开栏、LED、设置大型户外标语、网络、媒体、短消息等开展宣传全方位、多角度、立体化，引导群众积极参与、客观理性评价党风廉政建设工作，提高群众参与度。开展模拟测评、电话抽访、交叉检查，了解群众对党风廉政建设社会评价工作满意度、参与率、支持率，督促整改群众反映问题37个。反思上级反馈、群众反映问题，制定措施、整改落实责任，公示整改情况，接受群众评议。

5月27日，高新区党风廉政社会测评工作会

【纪检监察改革】　纪检干部聚焦主业，深化“三转”，利用换届配齐配强乡纪委班子，配专职纪检干部2人。制定《关于进一步明确纪检监察干部监督对象范围有关事项的通知》，全区纪检监察干部分三类，细分6项，明确纪检监察干部监督管理权限。建立纪检监察干部廉政档案，定期报告个人事项。建立纪检干部台账，动态管理纪检监察干部变动情况。纪检监察干部提醒常态化，高新区纪工委开展各级纪检监察干部谈心谈话40余人次。执行线索处置和案件查办向同级党（工）委和上级纪（工）委“双报告”制度，办案以上级纪委为主，报

送舆情2次，通过初核上报问题线索处理情况16件，涉及15人次、4个单位。办理回复上级交办案件7件。

（王坤华）

宣传思想工作

【概述】 2016年，树立“围绕中心、服务大局”宣传工作责任意识，提高宣传思想工作水平和实效。认真学习贯彻中共十八届六中全会精神和省、市党代会精神，以落实全市宣传思想文化工作会议精神为指导，围绕市委“推动振兴发展，决胜全面小康”工作部署，着力做好“两学一做”学习教育、建设创新型特色千亿园区，打造高新区“升级版”、项目建设、创建文明城市等对外宣传，为高新区建设成为全市经济建设主战场、改革开放试验田、创新驱动先行区营造舆论氛围。

6月22日，高新区党工委中心组“两学一做”学习（扩大）会议

【思想理论建设】 推进党工委中心组和各二级党（工）委中心组学习制度化、规范化，制定党工委中心组2016年学习计划。深入推进思想政治建设，采取集中学习、推荐阅读、专家解读、交流发言、网络自学、“高新讲堂”、参观调研等形式，强化各级党员干部对中共十八届六中全会精神、党章党规、习近平总书记系列重要讲话系统准确把握，联系实际促工作。党工委中心组集中学习16次，党工委成员按照要求参加市委宣讲报告会，深入基层宣讲20余场。各级党组织书记亲自抓学习，带头作宣讲。传达学习全市党委（党组）意识形态工作责任制座谈会精神，建立责任落实机制，做好意识形态管理和引导。

【新闻宣传】 在巩固市级媒体合作基础上，建立与国家级、省级媒体合作机制，与《四川日报》《四川经济日报》、四川在线、四川新闻网、央广新闻国际在线等媒体合作，发挥媒体平台作用，搭建高新区对外宣传平台。重点宣传高新区“十二五”成就和“十三五”发展思路、目标、主要任务，《四川日报》《华西城市读本》《四川经济日报》相继推出《奋力“升级”为建设“经济强市”提供有力支撑》《打造创新驱动主引擎，开启转型发展新征程》等报道。开展重大项目建设宣传，《中国高新技术产业导报》刊发《自贡高新区创新创业成效初显》等报道，省级报刊、网络媒体刊发《项目少了含金量高了》《自贡高新区：创新驱动发展的现代生态之城》和盐卤浴“海汤神泉”开业等宣传。《华西城市读本》推出高新区科技创新人才专访系列报道。全年，高新区在省级以上纸质主流媒体用稿300余篇，各级主流网络媒体刊发2000余条，《自贡日报》刊发《高新新闻》专版26期，自贡电台、电视台播出新闻200余条。

【政务信息】 编发《手机报》243期，报送市级信息480余条，报送市政府门户网站公开信息250余条，市委信息目标任务完成150%，市政府信息任务完成100%。高新区门户网站动态类栏目信息及滚动页面新闻信息325条。维护领导信箱日常运行，接收领导信箱咨询17条，回复率100%。

【网络舆情】 加强日常舆情和突发舆情引导，健全网络舆情搜集引导、预警通报、反馈督促和突发事件应急处置、网上信息发布等工作机制，构建以信息联络员为舆情点位的报送网络，建立应急舆论引导工作方案。加强重要节点、敏感事件网上信息监管，及时发现和处置网络谣言，低俗、政治类有害信息。开展净化网络内容为重点的网上舆论引导行动，建立网络安全部门联动工作机制，组织开展防黑客攻击专项行动和全区网络安全检查。编发《高新舆情》29期，答复市网络舆情中心《每日网络舆情》涉及高新区舆情相关问题3次。引导征地拆迁、城区升级改造、入学就业、环境污染等热点话题，通过常态化网络互动日常引导，保障高新区网络空间清朗。

【《自贡晚报》开辟高新专栏】 6月起，《自贡晚报》开辟专栏，栏目包括“高新·关注”“高新·发现”“高新·热线”“高新·话题”“走进·高新”等，每月末出刊，通过文稿和图片反映高新区的美和变化，展示高新区市民的幸福生活。年内刊载专版15期。

【党报党刊征订】 完成2017年党报党刊征订任务，征订《人民日报》173份、《光明日报》80份、《求是》117份、《四川日报》1063份、《自贡日报》1589份、《四川农村日报》218份、《经济日报》180份，经费128.25万元。

（杨　洪）

党政事务

【概述】 党政办公室作为高新区党工委、管委会综合办事部门，统筹协调、综合管理党工委、管委会具体日常工作。党政办公室按要求规范党务和政务秩序，健全机关事务管理机制，保障机关工作有序、高效运转。健全办文、办会机制，协调接待、会议和活动，组织目标督查和绩效考核，完善政务公开制度。创建工作新思路、新方式，提高党政事务办理及时性、有效性，为各单位、部门协调服务。

【文件办理】 严把公文政策关、程序关、文字关、体式关，坚持办文程序化、规范化、时效化，执行收文办理、公文审核制度，规范办文每个环节，提高公务质量和处理效率，确保党工委、管委会重大决策规范高效。签阅公文当日送达，落实“常件快办，特件特办，急件急办”办文原则，急件办理进行提醒和催办，紧急文件3个工作日内办结，一般性文件10个工作日内完成流转。2016年，办文3000余件，起草、审改文稿约380件，其中党工委、管委会联合发文12件，党工委发文50件，管委会发文73件，党政办公室发文130件。

【改进会风】 党政办公室发文规范会议。严格会议层级报批，无明确任务和实际意义的会议一律不开，内容相近、时间相同、与会人员重叠的会议，合并或按续召开。未经党工委、管委会批准，各级领导干部不出席研讨会、报告会、纪念会等会议，不参加一般性剪彩、奠基、首发首映式、颁奖等事务性或应酬性活动。会议要主题明确，准备充分，注重实效，力戒空话、套话。控制会议时间，党工委、管委会名义召开的全区综合性会议时间不超过半天，领导讲话控制1小时内，交流发言控制10分钟内；专项工作会议不超过2小时。严肃会议纪律，明确请假审批程序、会场纪律、会议精神贯彻落实等要求。编发《违反会议纪律情况通报》1期。

【会议活动协调】 严格执行中央和省、市委关于改进会风有关规定，坚持务实、节俭、高效原则、加大会议统筹力度，严格会议审批。控制会议规模规格，缩短会议时间。强化会前准备、会中组织、会后督办，会务质量提高。坚持一切从简，会场周边减少悬挂标语，会场不摆鲜花，水果，不发纪念品。全年协调承办会议700余次，参会1万余人次，统筹协调全区各类重大活动及区领导出席重大活动。

【接待工作】 严格依规接待，防止触碰红线，不铺红地毯、不摆鲜花、不打标语、严格陪同人员等。严格遵守中央八项规定、省委、省政府《十项规定》、市委、市政府《十一项规定》及《公务接待管理办法》《厉行节约反对浪费细则》等规章制度。严把经费标准关，做到制度化、流程化、规范化，确保整个接待过程有据可依，有章可循。全年共接待省、厅级领导99人次，各地、市、州党政代表团18批次，各区（县）、市级部门考察8批次，各类客商、考察团150余批次。

【政务信息公开】 健全政务公开责任、审议、评议、反馈、审查和监督等6项制度，专人负责信息公开维护管理和编辑、审核。围绕高新区中心工作和公众关注重点，丰富公开形式，畅通公开渠道，通过政府公报、政府网站、新闻发布会、报刊、广播、电视以及微博、微信等全方位公开，随时更新内容。全年，公开政府信息883条。其中，规范性文件18件，工作动态信息380条，财政信息46条，其他信息439条。报送市信息480余条，市政府网站公开信息250余条。

【保密工作】 完善保密制度，明确涉密岗位职能职责和工作要求。加大保密宣传和保密教育力度，提高保密意识，重点加强党政办公室、信息办公室、综治办公室、财政局等重点涉密部门工作人员保密教育。强化技术防范，提高保密信息化管理水平，统一安装计算机维护软件，完善涉密计算机户籍管理系统。标明密级重要会议材料，从收发、传阅、存放、销毁等各环节专人管理、专柜存放、专件处理，实行责任追究制。2016年，退回涉密文件172份，全年未发生失泄密事件。

【目标督查】 组织2015年各部门、单位考核，分解2016年目标任务。精简督查程序，抓重点、抓难点、抓实干，体现督查实效。完成市委、市政府交办重要议定事项85项，其中明确高新区为牵头单位37项，梳理会议决策和领导要求，党政办公会、专题会议、领导指示批示一事一督办。跟踪国际盐泉生态城建设、安益生物科技产业园建设、丹桂大街改造、乡换届等重大事项督办，编发《督办通报》8期，督办重点事项40余项。制定“1+5”综合目标考核办法，完善目标考核体系，实现全区目标考核“全统筹、分类别、精细化”效果，推进机关标准化建设，整理机关标准43项，编制标准7例，审核、修改部门标准20例。

【应急管理】 建立各级应急指挥平台，落实应急管理制度，印发《2016年地质灾害防灾预案》等应急预案，规范突发事件信息报送和处置。落实24小时值班并保证通讯畅通，实行抽查通报、责任追究，通报批评值班脱岗3人。汛期前，拉网式排查全区重要场所、重点工程、建筑工地、危岩危坎，及时发现隐患，落实整治和监控。开展应急管理示范单位创建，命名板仓街糍粑坳社区为应急管理示范社区，汇西小学、汇兴小学为应急管理示范学校，四川川润动力设备有限公司、四川川港燃气有限责任公司锅匡岩加气站为应急管理示范企业。

【建议提案办理】 2016年，市人大办公室、市政协办公室转来市人大代表、政协委员建议、提案28件，其中人大代表建议7件（联名1件、个人6件），政协委员提案21件（联名4件、个人17件），主要涉及高新区经济发展、城市建设管理、环境保护、社会民生等方面。发文并召开会议落实提案、建议办理责任领导、承办单位、责任人，办理过程中在调研、分析、论证上，沟通、协调、面复上，采纳、办理、落实上下功夫，事事重解决。丹桂北大街及几条支路交通秩序、公交站设置等在丹桂北大街综合改造中全部到位；公园实地勘查，增设部分座椅、休息厅；四川理工学院通过汇兴路地下通道建设、华园街双向通行等列入2017年计划。所有提案、建议在规定时限内办复完备，面商率、办结率、满意率均100%。

11月16日，市政协视察提案办理工作座谈会

【公务用车改革】 编制《公务用车制度改革实施方案》，高新区管委会、部门和乡（街）等公务用车改革单位14家，原有公务用车编制93辆，实有公务用车80辆，取消公务用车43辆，保留公务用车37辆。公务用车改革单位在编在岗司勤人员6人，竞聘上岗3人，转岗3人；非在编在岗司勤人员26人，竞聘上岗2人，另行安排岗位22人。全区在编在岗人员247人，其中县（处）级9人、科级167人、科员及以下公务员58人、机关工勤人员13人，实行公务交通补贴，每月补贴合计20.34万元。公务用车制度改革后，抢险救灾、处置突发事件，办理涉及国家安全、保密、机要通信等公务，基层重要调研，市外参加重要、紧急会议和活动，飞机场接、送站等可以使用保留车辆；保留车辆无法满足需要时，按程序审批定点临时租用车辆。

高新区公务用车改革单位车辆情况汇总表

表2

<table>
<tr><th rowspan="3">单位</th><th colspan="3">原编制</th><th rowspan="3">实有车辆</th><th colspan="5">保留车辆</th><th rowspan="3">取消车辆</th></tr>
<tr><th rowspan="2">一般公务用车</th><th rowspan="2">纪检监察执法执勤用车</th><th rowspan="2">一般执法执勤用车</th><th colspan="2">一般公务用车</th><th colspan="3">执法执勤用车</th></tr>
<tr><th>应急公务用车</th><th>一般特种专业技术用车</th><th>纪检监察执法执勤用车</th><th>一般执法执勤用车</th><th>执法执勤特种专业技术用车</th></tr>
<tr><td>高新区管委会</td><td>12</td><td>2</td><td>—</td><td>11</td><td>1</td><td>2</td><td>1</td><td>—</td><td>—</td><td>7</td></tr>
<tr><td>丹桂街道办事处</td><td>5</td><td>—</td><td>—</td><td>2</td><td>—</td><td>—</td><td>—</td><td>—</td><td>—</td><td>2</td></tr>
<tr><td>学苑街道办事处</td><td>5</td><td>—</td><td>—</td><td>2</td><td>—</td><td>—</td><td>—</td><td>—</td><td>—</td><td>2</td></tr>
<tr><td>板仓街道办事处</td><td>5</td><td>—</td><td>—</td><td>4</td><td>—</td><td>—</td><td>—</td><td>—</td><td>—</td><td>4</td></tr>
<tr><td>红旗乡人民政府</td><td>6</td><td>—</td><td>—</td><td>3</td><td>1</td><td>—</td><td>—</td><td>—</td><td>—</td><td>2</td></tr>
</table>

续表2

单　位	原编制			实有车辆	保留车辆					取消车辆
					一般公务用车		执法执勤用车			
	一般公务用车	纪检监察执法执勤用车	一般执法执勤用车		应急公务用车	一般特种专业技术用车	纪检监察执法执勤用车	一般执法执勤用车	执法执勤特种专业技术用车	
高峰乡人民政府	—	—	—	1	1	—	—	—	—	0
公安分局	5	—	43	48	—	—	—	29	2	17
城管执法大队	7	—	—	6	—	—	—	—	—	6
食品药品监督局	—	—	—	—	—	—	—	—	—	—
国库集中支付中心	—	—	—	—	—	—	—	—	—	—
食品药品稽查大队	—	—	—	—	—	—	—	—	—	—
卫生执法监督大队	1	—	—	1	—	—	—	—	—	1
文化市场执法大队	2	—	—	2	—	—	—	—	—	2
工会	—	—	—	—	—	—	—	—	—	—
合　计	48	2	43	80	3	2	1	29	2	43

【后勤保障】　坚持“管理科学化、保障规范化、服务社会化”后勤保障原则，管委会机关、高新企业服务中心继续聘请汇东大酒店物业公司负责物业服务，维护办公区域环境卫生、电力安全、设施设备、绿化等，保持办公环境整洁美观有序，有序运转。加强员工食堂管理，严把食材采购、餐具清洗消毒标准，定期和不定期检查，优化用餐环境。根据干部职工意见和季节变化适时调整菜品，食品质量得到多数用餐人员认可。全年未发生安全和食品卫生事故。

（吕　超）

机构人事

【概述】坚持“小机构、大服务”，优化办事流程，简化办事程序。加强高新区管理单位协调服务。2016年年末，高新区管委会管辖单位44个，另有垂直单位7个，管委会管理在编在册公务员（含参照公务员管理）140人，事业人员1263人，在编工勤人员37人。全区年度考核表彰优秀公务员19人，其中记三等功3人；事业单位优秀人员202人。

【机构设置】　自贡高新区设中国共产党自贡高新技术产业开发区工作委员会（以下简称自贡高新区党工委）、自贡高新技术产业开发区管理委员会（以下简称自贡高新区管委会），为市委、市政府派出机构；设立中国共产党自贡高新技术产业开发区纪律检查工作委员会（以下简称自贡高新区纪工委）、自贡高新技术产业开发区工业区管理办公室（以下简称高新区工业区管理办公室）。重大事项分别召开党政办公会、干部人事领导小组会、财经领导小组会集体决策，领导班子成员分工负责。高新区党工委、管委会内设党政办公室（挂人力资源局牌子）、监察审计局、综治安全和拆迁协调办公室（挂安全生产监管局牌子）、经贸发展局（挂科技局牌子）、建设和住房保障局、投资促进局、财政局、社会事业局、信息化办公室；工业区管理办公室内设综合协调部、工程管理部、企业服务部。根据工作需要设立统筹城乡综合配套改革办公室、园林局、国有土地上房屋征收中心、国有土地上房屋征收办公室、政策研究室等机构。双重管理高新公安分局、高新交警大队、高新区城管执法大队、高新区文化执法大队、高新区卫生执法大队、高新区食品药品监管局、高新区食品药品稽查执法大队7个行政执法单位，市部门垂直管理汇东消防大队、高新区国土分局、高新区规划分局、高新区国税分局、市地税局第三直属分局、高新区质监局、高新区工商分局7个派驻机构，设高新区工会工作委员会、高新区团委2个群团组织，托管乡（街道）5个，事业单位31个（2016年新设高新区财政投资评审中心），其中市直属9个、区县托管22个。

【新增编制】 调增事业单位编制84名，其中新设高新区财政投资评审中心5名、汇东实验学校57名、绿盛实验学校22名。

【议事协调机构新建调整】 2016年，高新区新建乡镇领导班子换届工作领导小组、“两学一做”学习教育协调小组、村（社区）“两委”换届选举工作领导小组、盐卤浴项目宗地顺位抵押融资监管领导小组、公园及风景区管理领导小组、“国际盐泉生态城”项目服务推进组、道路交通安全综合治理委员会、丹桂大街综合改造项目工程指挥部、党工委党务公开工作协调小组、省级卫生城市复审迎检指挥部、基本单位名录库建设领导小组、反恐怖工作协调领导小组、精准扶贫工作领导小组、第二十三届自贡国际恐龙灯会高新区分会场指挥部、互联网金融风险专项整治工作领导小组、环境监管网格化管理工作领导小组、意识形态工作责任制领导小组，调整高新区党风廉政建设和反腐败工作领导小组、城市开发建设指挥部、布鲁氏杆菌病疫情处置工作领导小组、西山路汇园路改造工程指挥部高新区征地拆迁维稳组、消防安全委员会、东兴寺片区改造工程指挥部高新区征地拆迁维稳组、创建全国文明城市指挥部、依法治区领导小组。

【人才队伍建设】 加大人才引进力度，全年公开招录公务员（含参照公务员管理）8人，遴选5人。公开考试招聘事业单位工作人员49人。组织高新区学校到高校考核招聘优秀人才，签约高校毕业生9人；择优选聘体制外职工63人；接收“9+3”毕业生安置2人。7月，通过省人力资源和社会保障厅遴选，高新区被确定为四川省专家服务基地。浙江大学派出专家团队成员11人，着力于技术开发、服务、咨询、转让，人才培训，继续教育，产业孵化，投资管理，规划咨询等，增强高新技术自主创新能力。

【人事管理】 开展职务与职级并行工作，晋升上一职级5人，完成事业单位岗位聘任、人事档案核查工作，审核确认77人连续工龄，办理辞职19人、辞退公务员1人、调入6人、调出13人、正常退休25人、提前退休1人。新建、更新、完善高新区公务员管理信息系统、编制实名制系统、广力工资系统、事业单位岗位设置系统信息，完成广力工资系统从单机版到网络版数据迁移，事业单位软件管理信息全部入库，续签聘用职工劳动合同。组织2016年度考核工作，审批全区机关事业单位年度考核结果，兑现公务员年度考核奖励。做好机关事业单位工人技师考核，参加网络培训300余人。完成编制、人事统计年报。

【工资福利改革】 4月，高新区管委会制订《高新区实施乡镇工作补贴的标准和办法》并报市政府批准，审核补发乡镇工作补贴400余人，按政策统筹考虑部分特殊群体，乡镇工作补贴平稳实施。申报审批高新区14家单位公务用车改革方案，完成2015年工资年报及财政供养人口汇总填报，按月审批31家工资直发单位工资和“五险一金”，校正新机保系统银行账户信息249人，机关事业单位养老保险顺利入轨运行。完成机关事业单位2016年工资正常晋升报批，兑现干警调整警衔津贴202人，事业单位岗位设置晋升职称后工资晋升，审批事业单位2015奖励性绩效工资。

（舒倩颖）

政务服务

【概述】 2016年，深化“两集中两到位”、并联审批和政务服务标准化、信息化建设，实行代办服务，推进“三并联”（并联评价、评审、审批）。全年受理办结政务服务事项2.73万件，其中行政审批2.02万件，公共服务7100件，办理提速100%，平均办结时间0.09个工作日，当日受理办结99.12%，提前办结率、按时办结率和现场办结率100%，群众评议满意、基本满意率100%。

【行政审批改革】 清理优化行政权力，编制办事指南和示范文本，确保行政审批、公共服务规范化。高新区行政许可事项74项，涉及综治、经发、住建、社会事业等14个部门。全面清理行政权力规范工作，其中涉及行政处罚、行政征收、行政强制等2905项行政权力。改革后，高新区进入审批系统审批事项32项，公共服务事项23项。减少审批层级，继续推行并联审批、项目代办、首问负责、一次性告知、限时办结、责任追究等制度，开辟重大项目立项、环评、安评、水保、节能评估手续办理和施工图、消防方案审查审批绿色通道，缩短基本建设手续办理时间，项目从引进投资到落地开工平均用时60天。

【项目审批】 项目审批做到有法可依，有迹可循。办理项目备案、审批、核准45个，总投资50.94亿元。其中，房地产6个，投资37.65亿元；工业企业29个，投资9.37亿元；其他1个，投资600万元；社会事业2个，投资5000万元；基础设施7个，投资3.36亿元。办理企业延期变更12个。

【招标管理】 2016年，依法核准招标建设项目8个，完成14个招标公告和招标文件、10个施工、监理、招标代理机构比选公告等备案。现场全程监督14个财政投资工程项目开标、评标和比选评审。非国有企业投资备案类工业项目免于工程招投标监督，不再核准项目招投标事宜，由企业自行组织实施，需要核准招标项目，实行1天办结制。

【政务服务窗口】 强化行权运行系统监察工作，网上电子监察与随时抽查结合，督促相关部门、窗口及时办结即将超时件3次，发现政务服务工作人员违反工作纪律2次，通知相关部门处理，平均每窗口每个工作日值守7.5小时。实行窗口办理和网上办理行政审批和公共服务事项互动，其中窗口办理1.98万件，网上办理7500件。推行上门办理、预约办理、自助办理、网上服务、延时服务、委托代办等服务，服务中心各窗口延时服务132人次，休息日预约服务82次，上门服务17次。

【代办服务】 落实领导联系项目和项目官员制度，实行“保姆式”全过程工业项目代办服务，加速手续代办，强化要素保障，推进项目建设。代办项目总数188个，其中代办工业项目146个（建成112个、在建19个、拟建15个），完成代办100个，代办中46个；代办商贸服务业项目41个（建成29个、在建8个、拟建4个）。新增代办工业项目8个，新开工13个。办理3家企业“国有土地使用权证”，面积8.2公顷；8家企业“不动产权证”，面积7万平方米。推进村（社区）代办服务，实现村（社区）便民服务站受理，专人办理。统一高新区政务中心、62个村（社区）便民服务室标识标牌、478块入驻窗口桌牌外形、材质、字体、安装，重点规范23个乡（街）、村（社区）便民服务场地、办事制度、机构标准化设置，通过省、市验收。

【“三并联”审批】 采取“前置介入”服务，四川安益生物科技有限公司等10家项目涉及环评、安评及水保等30项报告，开展“三并联”服务，“并联评价”阶段采取专家实名阳光咨询，前置专家咨询服务，为“并联评审”“并联审批”提速提供前期准备，原本需要15天完成的30场评审会缩短至1天完成。法定20个工作日办结事项提前到5天办结。

（唐 斌）

法 治

【概述】 推进依法治区，切实加强组织领导、统筹协调、责任落实。以基层普法依法治理为重点，典型示范、建章立制、营造氛围和普法为抓手，推进区域法治化进程。推行重大决策规范性管理、合法性审查、规范性文件后评估等制度，依法科学民主决策水平提升。党工委、管委会专项检查、专题通报依法治理情况，听取整改情况报告。邀请市人大代表、政协委员专题视察，动员社会各界支持、参与法治建设，法治建设氛围浓厚。

【法治宣传教育】 落实“谁主管谁普法，谁执法谁普法”普法责任制，各执法部门均举办法治讲堂以案释法。开展综治宣传月、“3·15”维权周、安全生产月、禁毒、宪法日、防通信网络诈骗等宣传活动40余次，设置图片展板、赠送法律书籍、发放宣传单、举办法制讲座、演出法制文艺节目、观看法制影视等宣传与人民群众生产、生活密切相关法律法规。领导干部带头学法，党政办公会会前学法常态化，中心组学法讲座1次。建立“法治教育基地”1个，累计培训“法律明白人”1000余人。持续开展“法律七进”活动，推进法律进机关、进学校、进乡村、进社区、进企业、进寺庙、进单位。全年，开展法律进机关54次、进学校58次、进乡村（社区）82次，进企业24次，进寺庙2次，进单位10次，推进各类群体学法用法，各级干部和群众“学法、用法、守法”意识增强。

6月22日，法治评书巡回演出

【依法行政】 建立完善依法决策制度和行政

决策程序，公众参与、专家论证、风险评估、合法性审查和集体讨论作为重大决策必经程序，执行行政决策合法性审查机制和风险评估机制。城市改造、公共卫生、社会保障等事关民生重大决策以及处理行政纠纷案件吸纳政府法律顾问意见，确保各项行政决策依法实施。执法单位以制度规范、约束执法行为，完善执法责任制，执法职责明确，执法程序完善，执法监督到位。

【社区矫正】 加强社区矫正工作组织领导，夯实矫正基础，层层落实责任，完善工作体系，规范工作流程，把握工作重点，落实“一人一档，个案矫正”和“三阶段教育”（接收前入矫教育、矫正期常规教育、期满解矫教育）。思想情绪波动大、不配合矫正工作的矫正人员，纳入重点监管，实行个别教育，实现在册社区服刑人员无脱管、漏管，通过检察院检查2次。3月起，通过政府购买公共服务方式，自贡市灵犀社会工作服务中心组织开展高新区社区矫正非执法类项目，服刑人员每个月安排“两个8小时”学习教育和社区服务，并涵盖走访、心理辅导、职业培训、个性帮扶等内容。至年末，社区服刑人员集中学习30次、社区服务84次，心理测评1次，心理测评量表150余人次300份。生活困难社区服刑人员学龄子女2人纳入“阳光助学”项目。年内，接收社区矫正人员96人，调查评估23人，警告7人次，期满解除矫正100人，变更居住地5人。年末，社区在矫96人，其中缓刑89人、假释6人、管制1人。

【安置帮教】 落实刑释人员安置帮教工作责任制，构建区、乡（街）、村（社区）三级安置帮教网络，推进安置帮教信息化建设，动员社会力量参与，做好刑释衔接、帮助教育、救助安置等工作。全年衔接刑释人员116人，通过各种途径全部实现安置、落实帮教，无重新犯罪。

（刘　磊　杜　莉　缪周阳）

维护社会稳定

【概述】 树立“稳定也是政绩”观念，实行稳定工作“属地管理、分级负责”和“谁主管、谁负责”，管委会与38家单位签订维护社会稳定责任书，落实领导干部“一岗双责”，定期通报领导干部抓综治维稳定工作实绩考核情况。建立村（社区）、乡（街）、区稳定信息获取、收集报送、分析研判机制，构筑“纵向到底，横向到边，上下贯通，层层负责”大维稳工作格局，筑牢社会稳定屏障。建立应急处置防线，力控社会面稳定，高度关注敏感期、重要会议、重大活动、节假日稳控工作，密切关注企业改制、征地拆迁、工程建设、农民工工资、民间集资、社会民生等问题，获取信息，分析研判，采取对策，及时掌控。以高新区应急综合指挥平台建设为抓手，健全突发事件应急指挥体系，坚持底线思维，制订应急预案，各级开展应急演练16次。2016年，排查重大群体性不稳定隐患86件，调处化解82件，化解率95.3%，结案市级挂牌案件4件，妥善处置较大以上突发涉稳问题1件。全年未发生被问责大规模群体性事件和重大恶性事件。

【风险评估】 实行社会稳定风险管控，促进重大决策科学化、制度化、法制化，推进社会稳定风险评估本地化、规范化，源头上预防和消除不稳定因素。社会稳定风险评估作为做决策、上项目、搞改革前置程序，重大项目、重大决策、重大改革、重大活动纳入风险评估范畴，落实决策前风险评估、实施中风险管控和实施后效果评价、反馈纠偏、决策过错责任追究等程序。全年风险评估8件，实施6件，其中“第三方”评估机制参与评估3件，没有发生未评估或评估不到位引发影响社会稳定事件。

【维护大局稳定】 开展反渗透、反颠覆、反分裂、反恐怖斗争，确保国家安全和政治稳定。严格管控背景复杂、政治意图明显境外非政府组织和敏感类社会组织，严防策划、煽动“非法集会”“街头政治”等渗透破坏活动。掌握意识形态领域斗争主动权，防范重大政治事件、民族分裂事件。加强网络舆情监测、预警和应对，防止负面舆情炒作形成现实危害。处置报送敏感社情民意、网络舆情30件。处置干扰人民代表选举事件1件，全年未发生邪教案件。

【防控处置】 完善情报信息收集、分析、处置机制，定期分析稳定形势，报送稳定形势分析预测报告9篇、不稳定因素328件，涉稳人员559人次。修订群体性事件应急预案和大规模暴力犯罪应急预案，加强应急知识宣传和应急专业培训，提高公众应急意识和各级应急人员处置突发事件能力。建立健全突发事件应急处置体系，实行分级管理、分类处置，适应实战、服务实战。完善实战预案，联合指挥和跨区域应急联动机制健全，开展预案推演和实战演练。分析研究敏感时期涉稳问题和工作方法，落实重点时期、重点人员、重点群体“三重”管理，涉稳重点人员“一人一策”，24小时值班备勤。重大涉稳问题领导包案，专案攻坚，领导包案化解挂牌督办案件12件。全国、省、市“两会”期间，未发生非正常上访和个人极端事件。

（袁敦平　刘　磊　缪周阳）

社会治安综合治理

【概述】 落实社会治安综合治理（以下简称综治）领导责任制，综治工作纳入高新区党工委、管委会年度工作目标，作为领导班子和领导干部综合考核评价及年度考核重要内容，管委会与45个综治成员单位签订综治目标责任书，推动综治委成员单位依法履职尽责，齐抓共管局面形成。财政投入综治经费360万元，保障工作需要。深化社会治安立体化防控体系建设，构建区、乡（街）、村（社区、单位内部）三级防控和人防、物防、技防“三防”网络。以省考评平安建设先进区和整治治安问题突出区为抓手，加强重点工作暗访督导，采用警示、挂牌督办推动突出问题整治，未发生重大治安问题责任查究案件。深化“平安高新”创建活动，评选十佳“平安小区”。

【重点治安问题治理】 开展危爆物品、寄递物流、禁毒防艾等专项整治，督查落实寄递物流安全管理“三个100%”（实名收寄、封箱验视、过机安检）制度。设立高新区危爆物品清理整顿工作组，健全管理机制，联合市邮政管理局等单位突击检查寄递物流点、分拨中心，达到安全管理“三个100%”要求。综治办公室组织清理整顿旅店业、歌舞厅、网吧等行业，清理旅店业160余家，责令限期整改5家；检查发廊11家，检查歌舞厅4家，取缔无牌无证发廊4家。

【网格化服务管理】 完善网格化服务管理体制机制，财政保障网格化服务管理经费300余万元。全区划分城区网格156个，农村网格21个，配备网格员177人，实行月、季、年度考核，配备安装“社区E通”软件手持终端机177部，网格员利用村（居）民熟悉、有群众基础优势，上门入户、谈心交流、感情互动等方式，收集办理网格社情民意和公共安全隐患，解决村（居）民反映问题，及时报送信息。构建特殊人群监测、预警、救治、帮扶、服务、管理框架，初步建立政府、家庭、社会三位一体关怀帮扶体系。发挥关工委、志愿者、社工等作用，落实流动人口、出租屋和吸毒人员、易肇事肇祸严重精神障碍患者、社区服刑人员、刑满释放人员等特殊人群服务管理，及时发现、消除治安隐患。全区网格更新录入网格化事件1.29万件，流动人口信息5800条，特殊人群信息676条，治安隐患信息1条，特殊人群走访服务5229人次。

【矛盾纠纷化解】 巩固“大调解”机制和信息系统深度运用，分析房地产、企业改制、民间借贷、劳资关系、社会保障、城市管理、危爆物品、寄递物流等重点领域矛盾，定期研判矛盾纠纷发展趋势，报送矛盾纠纷研判《会议纪要》9篇，预警矛盾激化风险，化解群体性矛盾纠纷8件。报送省大调解工作信息管理系统矛盾纠纷1521件，化解1508件，化解率99.15%。

【群防群治巡逻大队成立】 3月10日，高新区管委会在春华广场举行社会治安防控体系建设深化推进仪式，成立高新区群防群治巡逻大队，为参加仪式的12支巡逻队100余人佩发红袖标，构建区大队、乡（街）支队、村（社区）分队的治安巡逻网络。巡逻队员由乡（街）、出租车行业、物业公司、城管和单位内部保安等群体组成，主要任务是协助公安机关维护社会治安秩序，保护公民人身、财产安全，防止和减少违法犯罪。巡逻中队、分队注重排查、掌握和化解各类社会不稳定因素，协查可疑人员、物品、车辆，案件多发时段和地段巡防。

【禁毒日宣传活动】 6月26日，高新区禁毒办联合市禁毒办、市禁毒委成员单位等20余家单位，在长途客运站开展“6·26”国际禁毒日宣传活动，动员社会各界参与禁毒人民战争，减少毒品危害，悬挂标语5幅，摆放展板30余幅，散发资料1000余份，发送礼品2000余份，讲解20余轮次，接受咨询500余人次。《四川法制报》、四川省电视台、《自贡日报》、自贡电视台等媒体全程跟踪报道。

（刘 磊 杜 莉 缪周阳）

信访和群众工作

【概述】 2016年，全区受理群众来访122批997人次，比上年增加10批，增加165人次，其中初访102批860人次，重复访20批137人次，集体访33批899人次，来访反映问题122件。来访批次、人次比上年上升。受理群众书面来信3件，网上信访172件。接收上级交转办信访件28件，受理市委书记、市长信箱信访件72件，人民网留言85件，省直转信访件18件，《12345》市便民呼叫中心5件。群众网上信访、书面信访和上级交办件全部办理回复，来访反映问题办结回复122件。

【信访机制】 建立区、乡（街）、村（社区）群众来信来访办理责任制，村（社区）侧重协调化解一般信访，乡（街）办理本辖区重大信访，区协调办理重大疑难信访。落实区、乡（街）党政主要领导负总责、分管领导亲自抓、其他领导配合抓，信访工作人员具体经办的领导机制和工作机制，坚持领导干部周五接待群众来信来访和定期下访制度。定期组织召开信访分析会，通报信访工作情况，重点研究重大疑难信访，制定办理措施。开展矛盾纠纷排查，每月定期排查、敏感期重点排查、滚动排查，摸清信访苗头和底数，梳理影响社会稳定矛盾纠纷，制定处置措施，化解信访矛盾，把信访苗头消除在萌芽状态。全年排查信访矛盾纠纷358件，化解323件。

【信访办理】 全区各级均建立信访工作制度，实行“首问负责制”和具体承办制，规范办理程序。热情接待来访群众，如实登记来访诉求，录入全省信访信息系统，甄别来信来访反映问题，分类交办、转办，规定时限内答复，合理诉求解决到位；生活困难，帮扶解决到位；不合规合理诉求，政策法规解释到位。注重初信初访办理，把及时就地解决问题作为信访工作关键。

【信访秩序维护】 宣传《信访条例》《关于进一步规范信访事项受理办理程序引导来访人依法逐级走访的办法》等规定，开展“信访基础业务提升年”和“为民解难·梦园小康”群众工作月活动，送法律、送政策、送科技、送卫生、送文艺下乡入村进户，引导群众采取“网、电、信、访”等多种形式反映诉求，依法逐级走访。控制非正常上访，全国、省、市“两会”、杭州G20峰会和重要节庆日等敏感时段，排查非正常上访苗头，重点人员和群体落实稳控方案，实行“一个案子、一名领导、一个方案、一套班子、一抓到底”，把非正常上访苗头消除在萌芽状态。敏感时期未发生恶性案件和非正常上访事件。

【干部“六下访”】 继续实行信访干部“六下访”制度，高新区领导干部每月到联系乡（街）、企业、分管部门下访1次，乡（街）党政班子成员经常性到联系村（社区）、组下访，发现并及时解决群众反映的问题和困难，预防不稳定因素转化为信访。各级干部下访806次、2357人次，解决劳动社保、交通能源、城乡建设、卫生计生等信访问题85个，收集意见建议154条，协调处理信访问题81个，化解信访积案12件，解决苗头性问题42个，督办重点信访12件，开展政策法规宣传165场（次），落实帮扶资金43.05万元，提供技术指导25次，群众诉求得到及时反馈，合理诉求得到解决。

【信访积案化解】 梳理摸排近年来群众反映较多的信访问题和信访积案，实行领导、部门包案。集中力量，综合施策，着力破解信访积案“久拖不决”和“终而不结”问题。发挥联席会议机制优势，形成上下联动、各方配合、共同化解合力。梳理两批信访积案12件，主要诉求拆迁安置、土地流转、企业改制、环境污染等问题，列入高新区领导干部包案、部门（单位）化解责任制。年末，12件领导包案信访积案全部化解，办理情况按规定录入全省信访信息系统。

（兰春霞）

公　安

【概述】 2016年，高新区公安工作围绕创建“平安高新”总体要求，积极应对新常态下社会治安复杂局势，深化公安改革，推进基础信息化、警务实战化、执法规范化、队伍正规化“四项建设”，着力提升公安机关履职能力和水平，致力创造平安和谐稳定的社会环境。全年，立各类刑事案件2240件，比上年减少202件，下降8.3%；破案908件，减少114件，破案率40.52%。抓获犯罪嫌疑人1035人，比上年增加175人，其中提请逮捕136人、移诉274人、强戒64人，追回网上逃犯213人。受理查处行政治安案件1320件，比上年减少148件，下降10.08%；行政处罚653人，比上年增加186人，增长39.83%，其中治安拘留197人。挽回经济损失600余万元，重点人员可控100%。

【社会维稳维护】 创立情报主导下合成作战机制，推进国保网侦和情报分析站建设，在重点行业、重点区域、高危人群设特情，实现信息化技术手段与传统工作对接融合，提高情报信息获取、研判能力和重点敏感行业、群体覆盖率。全年搜集报送各类涉稳情报信息 170 条，预警 118 件，未发生无预警涉稳事件。分析“908”专案对象等 18 名涉稳重点人员情况，研究落实“一人一策”分级管控，以乡（街）为主做好稳控工作。特别是重要节点和敏感日前，重点人员逐人见面，多渠道疏导化解。全年未发生重点人员上省进京和赴杭、赴蓉等漏管失控事件。坚持源头治理，开展矛盾纠纷排查调处，抓早消除不稳定因素。公安分局信访部门接办群众来信及上级转办信访件 14 件，接待群众来访 31 批 75 人次，认真调查核实、处理和反馈。排查矛盾纠纷 67 件，化解和处理 20 件，缓解 44 件，化解成功率 99%。完善应急处突工作机制，配齐配强装备，适时开展应急拉动演练，提升应急处置能力，处置各类涉稳事件 308 件，其中上访事件 221 件，治安处罚 2 人。

武装巡逻

【立体治安防控网络】　深入推进社会治安立体防控体系建设，构建警民联动、警种联管，具有高新特色综合性防控格局。传统方式与现代科技相结合，推进“天网”等建设，制订安装 280 个高清视频监控点位方案，完成招投标；专业化与社会化相结合，组建高新区群防群治巡逻大队，乡（街）、村（社区）分别组建群防群治巡逻支队、分队，动员小区保安、单位保安、治安积极分子等 1200 余人参加，落实小区、背街小巷巡逻防范，确保辖区警情平稳可控。探索“五小工程”（社区居民自治、视频监控覆盖、防爬设施安装、单元防盗门维护、“红袖章”整合），深化“平安联盟”等治安防控新模式，在华商·国际城建设“视频监控网”“警企联动网”“群防群治网”，打造“平安商圈”综合体样板。建立接处警、武装巡逻“一体化”为核心“快反机制”，逐步形成人防、物防、技防“三防”结合民安警务。全区抢劫、抢夺、机动车盗窃、《三电》盗窃和诈骗分别比上年下降 6.25%、63.16%、7.12%、31.58%、6.28%。

【民爆危化物品管理】　民爆危化物品监管常态化，层层落实责任，严把爆炸物品、爆破作业审批关，爆破服务措施落实。定期检查危化品生产、经营、使用单位和存放点，开展易制毒化学品专项整治，动态监管 44 家易制毒化学品企业，没有发生易制毒化学品、精麻药品被盗、丢失或流入非法渠道事件。严格落实 19 家寄递网点实名制登记、收寄验视和可疑情况报告制度。宣传“缉枪治爆”，发动群众举报，开展管制器具清查，全年收缴各类非法枪支 28 支、子弹 615 发、管制刀具 157 把。

【公安执法改革】　规范执法办案程序，完善三级执法质量考评体系，所有执法部门和全部执法办案活动纳入考评。推行执法信息化建设，实现刑事、行政案件网上审批、网上监督和网上考评，为一线部门民警配备现场执法记录仪。推进执法视音频管理改革试点工作，在公安内网建立 FTP 链接，统一存储执法视频，制定《执法视频采集范围规定》，编发《执法视频管理操作手册》，实施“四个一律”“五个统一”等，规范执法视频采集、存储、使用。融合刑事技术、情报、网安等技术手段，成立“合成作战室”，打造集警力合成、手段合成、快速反应为一体“大刑侦、大情报”警务模式。升级改造执法功能区，设立案件管理中心和涉案财物管理中心，有序推进执法办案中心、涉案物证中心建设。以执法功能区建设、警营文化建设、警务公开、日常行为养成和办案接处警规范为主要内容，“五位一体”推进派出所规范化建设。实行法制民警对口联系执法所队、执法问题突出所队约谈、接处警回访等制度，纠正、追责违规执法。

【社区警务】 整合警务资源，夯实基层基础，保障民生警务。社区居委会、警务室、业主委员会、物业公司“四位一体”合署办公，警情互通，治安共管。借力天网、350兆、微警务，打造社区“智慧警务室”。基础信息采集率、社区民警见警率、人民群众满意率“三率”提高。推进“一标三实”基础信息大采集和“双清”工作，全区采集实有人口净增4.29万人，从业人员净增2.09万人，“业务协同”户籍人员清理登记2.61万人，服务实战196条。

【服务窗口建设】 优化服务窗口设置，整合丹桂、学苑、南湖3所城区派出所户籍窗口，建立“高新公安分局警务服务中心”，设案件受理、户籍、出入境、流动人口、印章等窗口，减少管理层级，节约警力成本，警务效能提高，做优“服务群众最后一公里”。在全市率先推出居民身份证相片自助“满意拍”设备，携带照相采集设备上门为高龄老人、残疾人、重度精神病患者等特殊人群办理二代身份证，提供人性化、亲情化服务。全年办理迁入户籍9662人，迁出户籍3900人（未含板仓迁入户籍137人，迁出户籍274人）。换领补办身份证5148张，其中异地55张。

【“夏季攻势”行动】 高新公安分局在为期四个月“夏季攻势”专项行动中，破获刑事案件178起，查处治安案件256起，抓获违法犯罪嫌疑人280人，其中刑事拘留85人，提请逮捕63人，起诉111人，治安拘留131人，强制戒毒13人，抓获网上逃犯37人，缴获枪支5支、子弹100余发、各类毒品900余克。“夏季攻势”专项行动全市排名第三。

【“掌上110”运行】 8月18日，启动全省首个“掌上110”上线试运行。该系统能自动、准确获取报警用户位置信息，通过与PGIS系统联动，实时查询报警位置周边巡逻警力、警车、派出所等警力部署情况，实现可视化、扁平化指挥。同时承载警情快讯、线索举报、户政业务、“110”警情回访、生活帮助等功能，开启公安智能警务模式。至年末，下载“掌上110”APP 223人次，报警求助31人次。

8月18日，高新公安分局“掌上110”启动仪式

【打造“三个警营”】 秉承队伍建设“服务实战、服务一线、服务发展”思路，构建创新、和谐、活力“三个警营”。建立队伍建设创新激励机制，出台“金点子”工程、“青年才俊”奖、“警营之星”等创新激励制度，把改革理念根植队伍管理。倡导民警在日常工作中积累感悟、思考工作发展，表彰奖励提出助推工作创新发展措施民警。人本理念融入队伍建设，构建和谐警营。坚持从优待警制度，出台民警健康检查、紧急救治、心理疏导、子女就学等“十大举措”和“五小工程”建设，组织关爱覆盖民警工作生活。搭建文化载体，警

官俱乐部、警营文化长廊相继落成，开展“六队一协会”活动，文化氛围浓厚，队伍文化生活丰富。精细化、精品化管理公安队伍，打造激情团队，落实双向约谈、家访回访、晨练帮厨等“十项制度”。出台“青年民警成才计划”制定青年民警职业生涯规划，开展分类、分层培育，实现人才培养梯次发展。选树省优秀共产党员、省最美人民警察宫强身边典型，弘扬时代主流精神和社会主义核心价值。

高新公安分局民警宫强获四川省首届最美警察

【警务监督】　公开执法依据、办案程序、工作流程、办结时限，接受公众监督，民警违法违纪“零容忍”查处。受理纪检信访投诉16件，查结率100%。全年问责12人次，其中警诫2人、通报批评4人、约谈4人、诫勉谈话1人、解聘协警1人。

【“5·3”杀人案犯被判无期徒刑】　5月3日凌晨2时许，郑某与朋友谢某等人在华商·国际城一龙虾店吃夜宵，邻桌冯某敬酒时与谢某发生口角。冯某回座后将谢某伤自己面子一事告诉钟某等人，钟某等人表示要给冯某找回面子，遂在冯某带领下用啤酒瓶砸向郑某等人，引发群殴。郑某头部被人用啤酒瓶狠砸一下，遂拔出随身携带折叠刀向对方人员捅刺，将冯某捅伤，并一路追打用啤酒瓶砸钟某，向钟某胸、腹、背部等处捅刺数刀，直到钟某倒地不起，后抢救无效死亡，至1死1伤。郑某逃离后，又返回现场观察情况，被办案民警抓获。郑某主动交代罪行，具有从轻处罚情节。法院以故意杀人罪、故意伤害罪判处郑某无期徒刑，剥夺政治权利终身。

【破获冒充国家机关工作人员诈骗案】　11月3日，李某到丹桂派出所报警称，一男子借警察身份与之谈恋爱，多次以各种理由诈骗其钱财7.1万元。丹桂派出所组织干警开展侦查。干警在侦查过程中发现，陈某捏造国家机关工作人员身份，骗取数人钱财。11月4日12时许，抓获犯罪嫌疑人陈某，破获系列冒充警察、政府工作人员诈骗案，涉案金额15万余元。

【破获系列入室盗窃案】　3月以来，高新区连续发生系列翻窗入室盗窃案，高新公安分局刑警大队通过研判分析，串并案件13起，通过刑事科学技术，抓获犯罪嫌疑人熊某。审查中熊某交代，3月以来，在江苏盐城市、自贡高新区等地翻窗入室盗窃作案15起，涉案金额12万余元。

【破获“7·22”敲诈勒索案】　7月22日，廖某（男，33岁，贡井区人）、邓某（男，28岁，自流井区人）、曹某某（男，33岁，成都市人）3人窜至高新区某商务酒店，以帮助受害人刘某（男，29岁，成都市新都区人）在自贡开保健按摩店前期跑关系花费钱为由，要求刘某支付1.5万元，以语言恐吓威胁刘某写下1.4万元欠条，非法扣押刘某长安车1辆，要求受害人拿钱赎车。7月26日，抓获犯罪嫌疑人廖某等。

【破获伪造假冒商标案】　3月，位某某在河南省巩义市一印刷店仿造“鑫川虎”牌电线商标，私刻“鑫川虎”电线质检员印章，仿造“鑫川虎”商标及质检单8000余张，购买40万元伪劣电线，在自流井区某公寓“明普装饰材料店”批发零售。7月7日，高新区公安分局学苑街派出所抓获犯罪嫌疑人位某某，挡获伪劣电线657圈、未贴“鑫川虎”标识牌586张，涉案金额40余万元。

（高新公安分局）

道路交通管理

【概述】 高新交警大队管辖道路里程174.8公里，属地化管理机动车约8.1万辆，驾驶人10.3万人。辖区学校（含幼儿园）53所，校车14辆。重点管理驾驶人1814人，车辆1482辆。其中，客运单位4家，驾驶员808人，车辆520辆；驾校4所，驾驶员384人，车辆413辆；出租车单位3家，驾驶员193人，车辆93辆；货运单位5个，驾驶员317人，车辆303辆（挂靠车49辆）；危化品运输企业6家，驾驶员112人，车辆104辆（挂靠车38辆）。

【事故预防及处理】 结合春运、灯会、安全生产月等重点工作，强化道路交通安全隐患排查和整治。全年接处警5424件，受理道路交通事故1677件，道路交通轻微事故快速处理1879件，比上年增长2.63%；受伤890人，比上年增长7.62%；死亡17人，比上年下降5.56%；直接经济损失201.34万元，比上年增长6.04%；发生并侦破致人死亡肇事逃逸案件3件，侦破率100%。未发生重大道路交通事故，“四项指数”呈“三升一降”。

【交通违法犯罪打击】 全年，交通违法行政拘留66人，刑事立案43件，移送检察机关追究刑事责任，其中交通肇事罪11件，危险驾驶罪32件；刑事拘留5人，取保候审37人。暂扣机动车驾驶证294本，吊销机动车驾驶证17本，记满12分440人。

【道路交通秩序整治】 开展春运、灯会、“五·一”、“六·一”、“两考”、中秋、“9·25”演唱会、国庆、创建文明城市等节假日和重要活动交通秩序维护行动，服务群众340万人次，疏导车辆160万辆次。立足网格化管理体系，摸清道路情况，强化警民联动，提升重点单位、区域、路段管控率，实现点、线、段、面结合网格化管理。开展“酒驾毒驾”集中违法整治行动，持续开展道路交通安全综合整治长效机制建设年行动、“道路交通安全隐患排查”、货车双超治理、校车安全治理、禁鸣喇叭行动等一系列专项行动。严厉打击各类交通违法行为，查处交通违法行为11.8万余起，其中酒驾334起，醉驾30起，毒驾5起，涉牌涉证842起，记满12分491起。

【交通事故调处】 完善“司法、行政、人民”三大调解机制，提高道路交通事故损害赔偿纠纷案件调解成功率，矛盾纠纷、不稳定苗头消化在基层。2016年，受理调解案件3258件，调解成功3109件，占95.43%。未发生因事故处理工作不当引发上访、信访和群体性事件。发挥交通法庭效能，实现交通事故诉讼案件受理、调解、审理一体化，减少当事人诉讼成本和司法成本，缓解“诉讼难”“控告难”“赔偿难”等问题，道路交通事故损害赔偿纠纷解决效率提高。2016年，高新区交通法庭受理交通事故案件206件，鉴定48件，判决结案150件，调解结案38件。

【缓堵保畅】 汇园路建设、东兴寺大桥改造、丹桂北大街改造等重点工程建设期间，为缓解道路施工影响群众出行，开展交通流量调查分析，优化施工路段周边道路交通组织，重设交通信号灯，提升施工路段周边道路交通通行能力。制定应急处置预案，强化联勤联动，调配警力加强路面巡逻管控、现场疏导指挥、事故预防，实现施工路段交通影响降低。治理车辆乱停乱放，疏通道路提高通畅率，纠正和查处乱停放车辆2.28万起。城市交通秩序和道路通行环境良好。

清理“僵尸车”

【交通安全设施建设】　加强道路交通基础设施建设和维护，排查标线8610公里，维护5845.93平方米；排查标牌5.17万套，维护172套，新制作285套，排查水马6.89万个，维护256次；排查硬隔离护栏2952根，维护108米，安装隔离桩311根。

【交通管理手段提高】　以公安公共视频建设为契机，适应丹桂北大街、汇园路、东兴寺片区建设改造后道路交通管理，配套内部建设，升级改造视频监控系统，实现系统集成升级；强化路面科技建设，与路面警力联勤联动，拓展宣传面、监控面。2016年，提供交通事故视频资料217件，刑事、治安案件视频资料38件，查找失物视频资料25件，利用监控视频帮助寻人5件，查获严重交通违法行为11件。利用LED向上屏发布春运交通安全、交通整治年、摒弃交通陋习、预防交通事故、“两考”服务、打非治违、党风廉政建设社会化评价、法制、创建文明城市等宣传信息307条次。

【文明出行行动】　深化与社会传媒、企业等合作，开展道路交通安全和文明出行宣传活动，深化“五进”。开展“向不文明交通违法行为宣战”行动，倡导开文明车、行文明路、做文明人。组织交通志愿者在车站、交通路口维持秩序、引导行人行走斑马线，示意车辆礼让行人，曝光闯红灯行为。走访企业237次，讲座27次，教育培训1030人次，约谈企业负责人42次，发送抄告246份。“两考”期间开展“禁噪”行动，警告鸣笛车辆，为考生提供安静生活和备考环境。文明交通微博宣传307次，简报宣传1236篇，媒体报道179篇。

交通安全宣传

【校园周边交通秩序】　开展校园周边交通安全检查5次，走访学校42所次，增设学校周边标志、标线8处。严格校车审验，审核发放校车标牌28套、变更校车驾驶人3人，校车及校车驾驶员符合“车车合格、人人规范”标准。召开校车安全谈话会17次，校车违法事件警示教育5次，受教育447人次，发送抄告通知书5份。开展“警校共育”，校园警务中队民警被学校聘任校外交通安全辅导员，文明安全出行进学校教育活动15次，发放宣传资料2万余份，通过QQ群、微信群发送交通安全温馨提示540余条。治理学校周边交通秩序保障师生进出通畅，在交通路口设“护学岗”，上、下学时段引导学生安全通行。

【规范执勤执法】　制定内勤执勤警务标准，

培养“讲政治、讲学习、讲规矩、讲奉献、讲责任”交通管理执法队伍。紧贴实战，建立“每月一训”，树立理性、平和、文明、规范执法理念，增强警员安全防护意识，提升队伍职业素养。制定《行政执法案件备案审批制度》《交通事故分析研判制度》《日常执法质量跟踪考评办法》《执法办案能力等级评定办法》和《错案责任追究制度》，以法制建队，规章管队。实行办案民警、法制员、中队长和大队领导环环紧扣、相互制约、层层把关、集中研判、责任到人“四级案审”机制。推行“案件点评”，每月检查、季度排名执法质量考评，实行执法过错追究，典型达标案件引路，实现执法案件整体优秀。2016 年，高新交警大队被评为“四川省政法系统先进集体”，团支部被授予市“青年文明号”，立功受奖 20 人次。

【便民服务】 实施警务公开，服务窗口职能职责、流程标准上墙、上网，通过现场公示、网络公示等方式，增强业务流程透明度，方便群众办事，实现业务办理加速。实行“一站式”和“一窗式”服务，在一个集中地点办理完整个业务流程，窗口业务最多“二次办结制”，承诺“绝不因我让群众多跑一次路、多排一次队、多等一分钟”。走访企业、学校等 52 次，开展警营开放日活动 8 次，宣传和接受群众法律咨询 1.3 万人次，散发宣传资料 7 万份。儿童节期间，慰问部分学校儿童，捐赠书包、文具、体育用品，向病困学生捐款。全年收到锦旗、表扬信（含手机短信、网络帖子）162 件（封）。

3 月 29 日，高新交警大队举行四川省公安民警英烈基金会爱心捐助

【“9·8”交通事故逃逸案】 9 月 8 日，王某某驾驶一辆越野车行驶至汇川路消防支队路口人行横道处，撞倒行人黄某某。事故发生后，王某某驾车逃逸，黄某某送医院抢救无效死亡。王某某构成交通肇事罪，吊销驾驶证，被判处有期徒刑 10 个月，缓行 1 年。

（张晓凌）

消　防

【概述】 汇东消防大队下设汇东路和荣川路 2 个中队，消防车 7 辆。2016 年，高新区火灾形势持续稳定，发生一般性火灾 20 件，比上年下降 42.85%，直接财产损失 85.09 万元，比上年上升 25.36%，无人员伤亡。

汇东消防大队警营

【消防安全管理】 高新区管委会与乡（街）、重点防火单位签订消防工作责任书，完善考评机制和评价标准，层层落实消防工作责任。消防安全作为乡（街）、部门、单位责任目标进

行考核，把消防工作纳入社会治安综合治理和评定文明单位重要内容，明确各级各部门、各单位领导、安全员职责，形成齐抓共管消防工作格局，推进消防工作社会化进程。三街两乡、大型商业综合体、区级消防安全重点单位“微型消防站”建设达标。开辟重大项目、重点企业绿色通道，建立跟踪服务制度。加大消防监督执法力度，全年查处火灾隐患和违法行为782件，责令“三停”16家，临时查封30个场所，拆除7家违规使用彩钢板建筑，办理消防行政案件69件。

【火灾隐患排查整治】 开展“夏季消防大排查大整治”“冬春火灾防控专项治理”。以“夏防”为载体，开展人员密集场所火灾隐患分类治理，劳动密集型企业消防安全，易燃易爆危险品场所消防安全，养老院、医院、学校及幼儿园消防安全，彩钢板违章搭建，七氟丙烷气体灭火系统等9项整治行动。以“冬防”为载体，开展养老院、易燃易爆危险品场所、劳动密集型企业、消防安全重点单位“六加一”、重大火灾隐患6项整治行动。挂牌督办存在重大火灾隐患单位1家。

8月15日，汇东消防大队检查——对山商业城消防安全

【消防安全宣传教育】 深入开展消防安全宣传教育，培训单位责任人、管理人、安全员、消防从业人员366人。开放消防站45次，接待参观群众6000余人。以“七进”为宣传平台，印发消防安全教育资料，针对8类人员密集场所设置400余块消防安全“三提示”告示牌，设置大型户外宣传标语3块，滚动播放消防公益宣传3000余次，借助微信发送消防温馨提示信息346次。开展“消除火灾隐患，共建平安社区”为主题的“11·9”消防宣传活动，在各学校开展“消防零距离体验活动”，2万余人次参加体验。开展家庭消防安全自查活动，构建学校、家庭、社会“三位一体”消防宣传格局。

中小学生走进汇东消防大队参加体验活动

【消防安全培训】 6月27日，高新区管委会召开消防安全培训会，乡（街）、村（社区）负责人、大型商贸流通企业分管安全生产负责人参加培训。汇东消防大队大队长围绕防火、灭火两个方面，从扑救初起火灾、正确报警、组织人员疏散逃生、维护保养和使用消防灭火器器材、设施等进行讲解，要求提高消防安全意识，加强消防安全管理。

【综合演练】 新增和更换一批防护装备，储备泡沫灭火剂11吨。制定灭火救援、部队管理、应急通讯保障等预案18件，修订重点单位预案112件。组织开展长跑、业务理论、体能对抗、实战化练兵及执勤岗位练兵等训练，修订完善灭火救援作战信息卡，编写道路水源手册，审订78家重点单位资料卡，开展“六熟悉”（熟悉消防队责任区交通道路、水源情况，熟悉责任区内重点单位分类、数量及分布情况，熟悉责任区内主要灾害事故处置对策及基本程序，熟悉责任区内重点单位建筑物使用及重点部位情况，熟悉重点单位内部消防设施情况，熟悉重点单位消防组织及其灭火救援任务分工情况）20余次。组织消防应急演练和地震、抗洪等无预案随机拉动演练、夜间实战演练30余次。

【安保救援】 全年接警出动181次，出动消防车285辆次、警力1556人次，抢救被困69人，疏散298人，抢救财产价值5395.1万元。完成“两节”“两会”、自贡国际恐龙灯会等重大消防安保任务。

【消防基础建设】 全区增建市政消火栓30个，累计200余个；新购消防装备器材300余件。以“救早、灭小和3分钟到场”扑救初起火灾为目标，划定最小灭火单元，依托消防安全网格化管理平台和体系，发挥治安联防、保安巡防等群防群治队伍作用，建设“有人员、有器材、有战斗力”社区微型消防站。年内，全区成立社区及重点单位微型消防站100余个，培训网格员2000人次，网格员开展消防检查50余次。

【“1·26”火灾】 1月26日13时许，一对山商业城一电梯公寓9层突发火灾，消防支队调集5个中队10辆消防车71名消防官兵处置。火势15时02分控制，15时12分扑灭。转移被困群众10人，直接经济损失20余万元。火灾原因是电焊作业高温焊渣掉落塑料、包装纸壳上引发。

【“9·17”火灾】 9月17日21时许，板仓工业园内区一家恐龙模型制作厂房突发火灾，火势较大。荣川路中队、汇川路特勤中队5台消防车28名官兵前往处置。燃烧物为恐龙模型，制作原料为塑胶和钢架，火势不易扑灭，容易二次复燃。消防官兵分4组，先浇灭周围小火，阻截燃烧物，最后集中总攻。21时46分，火势被扑灭，事故未造成人员伤亡。

【“10·6”火灾】 10月6日晚上20时许，汇东路市图书馆旁一家摩托车专营店发生火灾，火场侧自贡爱尔康立耳鼻喉医院医生、护士立即转移51名住院病员到安全地带，消防部门派出四个中队64名消防官兵驾驶9辆消防车赶赴火场。火灾现场可燃物多、过火面积大、有毒有害烟雾浓，灭火难度大。消防、公安通力协作，22时许扑灭大火，无人员伤亡，直接经济损失49.65万元。

（汇东消防大队）

工　会

【概述】 高新区工会工作贯彻落实“组织起来、切实维权”工作方针，抓基层、打基础、增活力，采取分步实施，整体推进方法，完善区、乡（街）、村（社区）工会，大力发展行业工会，构建区、乡（街、行业）、社区（村）工会联合会、独立基层工会四级组织网络体系，形成乡（街、行业）工会为龙头，社区（村）、直属机关事业单位工会为基础的工会组织格局，推进工会组织规范化建设，联系职工桥梁作用进一步发挥，服务经济、维护职工合法权益等工作取得新成绩。年内，获全国工人先锋号1个、省五一劳动奖状1个，全国物流行业劳动模范1人、省五一劳动奖章1人。组织4名劳动模范疗休养。年末，全区职工4.51万人，工会会员4.48万人，职工入会率99.33%；基层工会组织327个，其中乡（街）工会5个、行业工会4个、村（社区）工会联合会65个，涵盖法人单位3899个，专职工会干部7人，兼职工会干部780人。命名示范工会组织30个，合格以上职工之家269个，占82.26%，其中模范职工之家39个（全国1个、省1个、市7个、区30个），东方物流公司被授予“全国模范职工之家”，四川运输机械集团有限公司工会、四川大西洋集团有限责任公司工会被省总工会命名为2016年全省职工（农民工）文化驿站示范点。

【工会工作会】 1月14日，高新区2017年工会工作会议在高新区管委会五楼会议室召开。高新区工委会、经审会、女工委员会委员，乡（街）工委会主任、副主任，机关、直属企、事业单位工会主席，社区工会联合会主席代表、区优秀工会工作者70余人参加会议。会议总结高新区2016年工会工作并部署2017年工会工作。会议要求，要充分发挥组织优势，动员广大职工投身千亿园区建设；充分发挥机制优势，团结广大职工共同构建和谐社会；充分发挥队伍优势，强化自身建设中夯实基层基础。

【工会组织建设】 协调行业、帮助企业依法组建工会，完善乡（街）工会工作委员会、行业工会联合会、基层独立工会组织建设，理顺工会领导体制和运行机制。新建工会组织13个，发展会员1286人，其中农民工会员69人。新验收职工合格之家61个。基层工会按时换届，乡（街）按党政副职配备工会主席，选配社会化工会专职工作者，定额补贴乡（街）、行业、社区（村）工会联合会工作经费。选送20余人参加省、市总工会干部培训和参加全国开发区工会工作会议，举办工会财务培训班1期，参加培训60余人。收、管、用好工会经费，工会经费收入同比增加45万元，增长25%，市工会经审会审议无违规开支。

【职工民主管理】 贯彻市委、市政府加强职工民主管理意见，落实厂（政、教）务公开、修改完善职工代表大会（职工大会）制度，企业工会围绕企业经营、技术改造、工资保障开展专题协商和民主建议活动。指导督促企业签订集体工资协议，新签订区域性、行业性职工工资协议8份，续签集体工资协议254份，工会加强集体工资协议履行监督。市总工会命名集体工资协议示范企业3家。

【职工劳动竞赛】 开展“当好主力军，建功高新区”主题活动，各行业工会围绕实施创新驱动发展战略、经济结构战略性调整，组织技能比武、劳动竞赛，机关开展优秀公务员、优秀服务能手，学校、医院开展最美教师、最美医生（护士），企业开展优秀员工、销售能手、技能标兵等建功立业活动。

【帮扶服务】 完善维权帮扶区中心、乡（街）站、村（社区）点建设，建立困难职工帮扶档案220人。补助生活困难职工18人2.4万元，大病职工11人12万元，送爱心乘车卡133人2万元，爱心电力卡65人1.3万元，慰问困难职工子女文具、购书卡、书籍7200元。开展“金秋助学”行动，发放助学金10.92万元，资助困难职工子女68人，其中应届贫困大学生40人。组织劳模疗休养、体检，慰问困难劳模4人。夏季，开展送清凉活动，向10家企业奋战一线职工送去价值2.74万元清凉饮料、防暑药品。配合有关部门开展创业指导、职业技能培训。区工会主席、副主席联系帮扶困难企业4户，了解企业生产经营和职工生活情况，帮助解决实际问题，提出摆脱困境建议，鼓励职工与企业共渡难关。

【职工文体活动】 推进职工书屋，农民工驿站建设，创建全国职工书屋3个，省文化驿站

1个，市文化驿站1个、职工书屋6个，区职工书屋23个。开展“创建学习型工会，争做知识型职工”读书活动和国学精品朗读活动，送文化进园区、进企业。高新区工会《互联网+工会高新模式之初探》《全面深化改革，推动创新、稳增长、调结构，为高新区持续发展发挥工人阶级主力军作用》在全国开发区工会工作会上分别获二等奖、优秀奖。环卫工为题材拍摄微电影《魅力学苑》参加省总工会评比获优秀作品奖。指导乡（街）、规模企业建立职工活动中心，组建职工文体队伍。举办庆妇女节女职工趣味运动会，32支队伍300余人参加袋鼠运瓜、众星捧月、龟兔赛跑、毛毛虫4个项目比赛，获一等奖2名，二、三等奖各2名，优秀奖25名。参加市第五届工会干部运动会，获团体亚军；市第七届乒乓球比赛，获团体第三名。区工会获市总工会、体育局2016年度职工文艺、职工体育工作一等奖。

（古　菁）

共青团

【概述】　2016年，团区委紧紧围绕“推动振兴发展、决胜全面小康”主线，坚持“凝聚青年、服务大局、当好桥梁、从严治团”工作要求，不断加强团员青年思想建设、队伍建设和作风建设，着力强化团的各项职能建设，团结带领全区广大团员青年共筑青春梦想，投入高新区经济社会发展中，为高新区贡献青春力量。宣传团组织特色工作，报送团市委、团省委信息13条，撰写调研报告1篇。新建“两新”团组织4个，发展团员723名，9名团员列为入党积极分子培养，4名团员发展为中共预备党员。获省优秀少先队员1名、省优秀少先队集体1个，市优秀共青团员3人，市优秀共青团干部2人，市优秀共青团组织1个。年末，高新区团委下属团组织19个，共青团员1176人。

【团队主题教育】　开展“学党章党规（团章）、学系列讲话、做合格党员（团员）”专题教育，全区各级团组织召开专题学习会20余次。组织团干部学习中共十八届五中、六中全会精神，提高政治理论素质，坚持“四个自信”。选送3人参加全省团干部培训。组织团员、青少年走进爱国主义教育基地接受洗礼，利用学雷锋纪念日、“五四”青年节、“六一”儿童节、“十一”国庆节等重要节点，开展社会主义核心价值观宣传教育。诵读国学经典，引导青少年弘扬传统美德，培养良好道德品行和习惯，树立正确世界观、人生观、价值观。结合“三创”（创全国文明城市、创国家卫生城市、创省级环保模范城市）联动，在学校开展系列主题团日活动，持续开展“红领巾心向党”主题教育活动。

5月4日，汇东实验学校南湖校区举行纪念“五四”运动97周年暨新团员入团宣誓仪式

【青年创业行动】　开展服务产业园区、青年技能大比武、青年岗位能手等活动，配合有关部门组织“三型”（岗位骨干型、技术专家型和管理复合型）青工和农村实用技能人才培训，引导青年立足岗位焕发创造活力。推进“大众创业、万众创新”，搭建青年创业就业桥梁，为30余名大学生提供创业平台和政策指导。联合相关部门举办大学生创新创业大赛，

服务大学生创新创业示范孵化基地建设，搭建“创业培训—孵化培育—金融支持—跟踪服务”青年创业服务体系，基地在孵青年创业项目14个。

【青年志愿行动】　注册团员青年志愿者600人，志愿者队员每年志愿服务10小时以上，各级志愿者队伍集中开展服务活动18次，服务群众2500余人。组建青年应急志愿服务队1支，队员10人，开展防灾减灾救灾服务1次。组建网络志愿服务队1支，在互联网上提供信息咨询、释疑解惑等帮助。

【青年环保行动】　组织团员青年投身环境保护行动，建设生态高新区。开展环境保护宣传，发放宣传资料1000余份，环保袋200个。组织城乡环境卫生整治、污染治理、植树护绿、保护水资源等活动21次，清理立面牛皮癣200余处，清除卫生死角32处，捡拾白色垃圾500余袋，参加团员青年420余人。

【青少年关爱行动】　组织法律法规学习8次，开展送法进校园宣讲活动30余次。推进青少年综合服务平台建设，建成青少年综合服务平台4个，其中年内新建1个，覆盖80%乡（街），聘请兼职工作人员4人。利用各类关爱阵地，

1月21日，高新区团委慰问贫困家庭留守儿童

定期为外来务工人员子女和本地贫困家庭子女提供课业辅导、亲情陪伴、爱心助学等服务，参加青年志愿者230人次，服务405人次。建立常态帮扶关系，9名志愿者与9名贫困学生签订“结对帮扶联系卡”。开展“互联网+圆梦村小”关爱留守儿童、贫困学生活动，募集爱心资金5920元。各级团组织开展慰问活动6次，慰问留守儿童、家庭困难儿童443人，发放慰问物品、现金8.4万元。开展“金秋助学”活动，捐助8名大学新生助学金1.6万元，推介1名家庭经济困难高中毕业生列入市烟草公司“诚至诚”项目资助。

（范银春）

妇女工作

【概述】　依法维护妇女合法权益，实施女职工建功立业、素质提升工程，继续开展创巾帼文明岗、争做知识型女职工等活动，妇女在高新区经济社会发展中生力军作用得到发挥，累计创巾帼文明岗19个，其中全国4个、省5个、市10个。市表彰“最美家庭”1户。

【保护妇女合法权益】广泛宣传男女平等基本国策和《中华人民共和国妇女权益保障法》，增强妇女维护自身合法权益意识和能力，呼吁全社会共同关注女性权益维护。3月，开展妇女维权宣传周活动，集中宣传《中华人民共和国反家庭暴力法》，开展反对家庭暴力教育，加强婚姻家庭矛盾和邻里纠纷调解，训诫家庭施暴者，深化幸福家庭创建活动。开展单亲家庭、贫困母亲援助行动，免费就业培训指导、职业推介，帮助提高生活质量。重视女干部培养使用，管委会直属部门副科级以上领导干部中女性占近30%，乡（街）换届后领导班子配备女

干部 1 人以上，村（社区）干部中女性占 70%以上。

【关注妇女健康】 推进女职工大病互助保险和机关事业职工生育保险工作，新办理女职工大病保险 1029 份，投保金额 13.13 万元，累计参加大病互助保险女职工约 1.12 万人，投保金额 101.46 万元，年内 11 人获赔付 12 万元。机关事业人员生育保险补助 30 人，金额 7.1 万元。举办女性健康讲座，邀请专家讲解妇女病预防和保健知识 2 场，举办妇女节趣味运动会、文艺演出等活动，丰富妇女生活。

10 月 13 日，举办《女生如何保护自己》讲座

【妇女儿童维权案】 2015 年，詹市村 1 组村民代表会议讨论集体资产补偿费分配方案时，部分代表以曾某及其 2 个儿子是无承包土地、宅基地的"空挂户"和未尽村民义务为由，拒绝兑现补偿。曾某诉至法院。沿滩区法院查明，曾某嫁给叶某某后，为方便照顾婆婆，征得大多数村民同意，报村委会和派出所审核后，2008 年 4 月，曾某及长子户口迁入，2 人未分得承包地、未申请宅基地。2013 年 12 月至 2015 年 10 月，长子服兵役将户口迁出，退伍后又迁回该组。2010 年 1 月，曾某夫妇次子出生后按政策上户在该组。曾某等户口迁入后以户为单位向组里缴纳了公路建设集资款，办理了新农合医疗证。法院认为，依照《四川省人大常委会法制工作委员会关于如何确定农村集体经济组织成员问题请示的答复》规定，在征用土地时户口在农村集体经济组织，且依法履行该农村集体经济组织成员义务的，即属于农村集体经济组织成员，应依法享有集体经济组织成员权利。曾某 3 人是按政策和程序报批上户，履行了村民义务，符合集体经济组织成员资格；未实际承包土地及申请宅基地不是认定集体经济组织成员必备条件。2016 年 6 月 29 日，法院判决：詹市村 1 组支付曾某及其 2 个儿子集体资产占用补偿费每人 3300 元（合计 9900 元），并执行到位。该案例被省妇联、省女法官协会、省女检察官协会、省律师协会联合评选为"第二届四川省维护妇女儿童合法权益十大优秀案例"。

（古　菁）

未成年人工作

【概述】 重视未成年人工作，区、乡（街）、村（社区）关心下一代工作委员会（以下简称关工委）健全，构建学校、社区、家庭关爱网络，营造全社会关心未成年人健康成长氛围。以"立德树人"为重点，加强青少年社会主义核心价值观教育，深入打造"六好""四好"升级版活动，实施"发挥一个作用、完善两项制度、落实三方责任、丰富四项活动、夯实五级基础""12345"工程。

【关心下一代工作会】 5 月 18 日，高新区召开 2016 年关心下一代工作会议，总结 2015 年工作和安排部署 2016 年工作，表彰关心下一代工作先进集体 4 个、先进个人 4 人和优秀"五老"（老干部、老战士、老专家、老教师、老模范）人员 18 人。会议要求，关心下一代工作要强化"三个注重、四个突出、三个落实"，完善机制、打造品牌，以社会主义核心价值观为核心，加强未成年人思想道德建设；以未成年人健康成长为目的，营造全社会关爱未成年人环境；以服务基层为立足点，夯实关心未成年人工作根基；以适应形势任务为需要，加强关工委自身建设。

【未成年人关爱平台】 推进“留守儿童关爱工程”，搭建帮扶、守护、捐助三大平台。多方筹集资金建设留守儿童之家，村（社区）关工委牵头，学校配合，“五老”党员参与，开展“一对一”结对关心留守儿童生活和学习情况，进行心理疏导，解决实际问题，促进健康成长。中、小学校配齐法制副校长，定期讲授法制教育课，送法律、安全、禁毒知识进校园，在留守儿童中开展法律和自我保护知识宣传教育。发起关爱留守儿童倡议，为孤残贫困和留守儿童编织捐赠爱心毛衣，300余名贫困、留守儿童温暖过冬；为患重病儿童募集救助金42万余元。实施“春蕾计划”和“春暖行动”，发动爱心人士2000余人，募集资金15余万元，受助儿童400余人。团区委在春节、端午、“六一”等节日，组织女企业家、巾帼志愿者为孤残贫困儿童送去节日礼物。

【未成年人教育】 围绕“立德树人”根本任务，坚持以培育、践行社会主义核心价值观为统领，组织“三讲”（“五老”讲、专家讲、老师讲），开展“两史”“三爱”“五爱”、法制、感恩励志、学雷锋等教育活动。高新区关工委宣教团发挥“五老”作用，深入社区、农村和中、小学校举办爱国主义、革命传统和理想信念宣讲，受教育青少年2万人次。学校组织参观江姐、吴玉章故居，瞻仰烈士，进行革命传统教育。乡（街）、村（社区）以家长学校为平台，开展家庭教育活动198场次，培训家长7800人次。

【未成年人成长环境净化】 推进平安校园、和谐校园建设，开展“零犯罪学校”创建活动。关工委组织“五老”监督员巡查网吧，劝阻未成年人进网吧和纠正不文明行为。清查校园周边文具、图书店，禁止销售不利于未成年人成长书籍等物品。学校实现无刑事犯罪、无治安案件和无毒品“三无”目标。建立留守女童安全信息库，落实留守女童监护责任，安全护送建档留守女童120人。创建明珠社区青少年科普教育基地、方冲社区青少年假期活动教育基地、汇东实验学校心理健康教育基地、卫坪中心校留守学生之家4个示范点。

11月25日，举办《中小学生使用手机的方便与危害》讲座

【未成年人活动】 开展未成年人进军营、进乡村、进企业、进社区、进两院（养老院、孤儿院）“五进”，参加社会实践活动。开展清明节前“网上祭英烈”，“六一”期间“学习和争做美德少年”，暑假期间“我们的节日”手抄报、“老少共话中国梦”“童心向党、歌声飞扬”、中华经典诵读、优秀童谣传唱等活动，“十一”期间开展“向国旗敬礼，做一个有道德的人”活动。组织未成年人参加创建文明城市、体验城市管理、绿化美化家园等活动。举办“社会主义核心价值观进校园”赛课、征文、演讲比赛，形成社会主义核心价值观教育长效机制。

【“五失”青少年帮扶】 落实未成年人服务管理，构建“五失”青少年帮扶网络，建立60名“五失”青少年信息台账，其中失足9人，失业15人、失管15人、失学15人、失亲6人，实行定人帮扶、定期走访、动态管理、追踪变化，了解“五失”青少年生活状况、行为习惯、心理动向和转化效果。在最低生活保障、特困人员供养等方面向“五失”青少年倾斜。动员社会力量捐赠、创办服务机构、提供志愿服务等形式，参与“五失”青少年救助和帮扶，与市职业技术学校签订协议，市职业技术学校作为高新区失业人员指定实用技术培训学校。

（周　麟）

经济管理

JINGJI GUANLI

工　业

【概述】　高新区工业企业主要集中在板仓工业园区。板仓工业园区位于自贡市南郊，北临釜溪河，南接川云中路，西靠内宜高速公路，东连外南环线，规划面积40平方公里，是自贡市多点多极支撑、着力次级突破，两化互动、统筹城乡，创新驱动、结构调整主战场，市委、市政府集全市之力重点打造的千亿工业园区。

板仓片区（含工业园区、南岸科技新区、配套服务区）累计开发面积超过13.5平方公里，其中工业园区8.5平方公里，南岸科技新区4.5平方公里，配套服务区0.5平方公里，累计完成政府性投资50余亿元，道路通车里程50余公里。工业园区已形成以荣川路、富川路、金川路、龙乡大道等主干道为支撑的“七纵四横”园区道路骨架，南岸科技新区已形成“一环两纵三横”环形路网，并与东环线，川云公路相连形成自由式格网状的路网总体布局。在建或规划道路24条，规划专用铁路与内昆线相接通达全国。水、电、气、通信设施超前规划建设，配套日供水8000吨自来水厂、日供气5万立方米天然气配气站、10千伏电力主干线和110千伏变电站、日处理污水1.5万吨污水厂，高新企业服务中心为企业提供各项服务，综合管廊、医院、学校、公交等各种配套设施相继完善，满足了各类生产项目入驻需要，为工业园区发展提供有力保障。

2016年，依托国家新型工业化产业示范基地和国家新材料产业化基地，围绕优化产业升级，突出优势产业，引进新兴产业，狠抓项目建设，着力打造节能环保、装备制造和新材料产业集群。面对复杂多变的经济形势和下行压力不断加大的严峻挑战，企业订单萎缩，流动资金短缺，投资意愿下降现状，引导产业转型升级，强化骨干企业引领作用；帮助企业转变发展策略，调整产品结构，释放产能；协调引进新技术、资金、产品与生产经营状况不佳或产能设计不足企业开展战略合作。全区工业经济运行呈现稳中放缓态势，主要指标保持在合理区间。板仓工业园区入驻企业124家，规模以上工业企业80家，其中新增3家，总产值192.37亿元，比上年增长5.8%；规模以上工业增加值52.29亿元，比上年增长11.1%。节能环保装备、机械制造、新材料三大主导产业企业68家，完成工业总产值170.17亿元，占全区工业总产值88.46%。规模以上工业企业主营业务收入159.6亿元，比上年下降9.3%；利润8.7亿元，比上年下降14.8%；税金和附加1.81亿元，比上年下降3.5%，固定资产投资21.72亿元，比上年下降25.45%。工业项目立项24个，总投资5.04亿元。新增“新三板”上市企业3家，申报专精特新企业23家。华西能源公司、四川运机集团公司生产的余热发电锅炉、各类带式输送机成为主要出口产品。6家企业获2015年全市工业综合实力十强企业，占全市60%。

2016年自贡高新区规模工业按产业分类产值表

表3　　单位：万元、%

行业分类	户　数	总产值	增　长	占　比
规模以上工业总产值（现价）	80	1923680	5.8	—
节能环保	23	986441	3.2	51.3
CNG制造	7	162311	8.1	—
锅炉配套	12	435732	13.8	—
锅炉制造	2	360634	-9.2	—
其他	2	27764	10.9	—
机械制造	37	610277	11	31.7
泵阀	15	218443	15.6	—
输送设备	5	239444	9.6	—
数控设备	2	4515	-46.8	—
其他	15	147875	10.2	—
新材料	8	105012	3.6	5.5
金属	6	58334	8.6	—
橡塑	2	46687	-1.9	—
其他产业	12	221941	5	11.5
生物医药	3	86388	4.4	—
食品	2	12696	20.1	—
其他	7	122857	9.1	—

2016 年自贡高新区规模工业企业经济效益情况表

表 4　　　　单位：万元、%

指　标	2016 年	上年同期	增　长	指　标	2016 年	上年同期	增　长
年初存货	343393	362818	-5.4	管理费用	72595	76705	-5.4
流动资产	1399635	1335582	4.8	管理费用中的税金	5274	3373	56.3
应收账款	538659	495650	8.7	财务费用	18281	26937	-27
存货	431379	458098	-5.8	利息收入	280	684	-59
产成品	68333	87398	-21.8	利息支出	17074	23086	-26
资产总计	2174643	1987925	9.4	资产减值损失	10052	12689	-20.8
负债合计	1289596	1133847	13.7	投资收益	5559	6038	-7.9
营业收入	1602480	1767218	-9.3	营业利润	87344	113249	-22.9
主营业务收入	1596046	1759712	-9.3	营业外收入	4579	2620	74.8
营业成本	1352699	1471669	-8.1	政府补贴	2589	2031	27.4
主营业务成本	1349178	1463791	-7.8	营业外支出	4971	13788	-63.9
营业税金及附加	18054	18707	-3.5	利润总额	86951	102083	-14.8
主营业务税金及附加	18044	18355	-1.7	应交增值税	48055	51364	-6.4
销售费用	48024	53859	-10.8	平均用工人数（人）	13578	13820	-1.8

【产业转型升级】　稳步推进“1513”培育工程，加强升级规模以上企业培育。鼓励华西能源、运机集团等优势骨干企业做大做强，发挥示范带动作用。实施工业化和信息化融合，华西能源公司建设的国内锅炉制造行业首个智能制造车间投入运行，安普瑞为运机集团配套的远程控制系统提升皮带运输机智能化水平，升拓检测公司自主研发的高铁无损检测大数据库正加快推进。强化二、三产业互动，推进主导产业向“制造+服务”转变，制造业加速向微笑曲线两端延伸。支持企业沿“一带一路”“走出去”，科技服务、工程总包、投资运营发展迅速。园区企业签订外贸订单 70 亿美元。

【节能环保】　2016 年，节能环保产业产值 98.64 亿元，比上年增长 3.2%，占规模以上工业总产值的 51.3%。拥有四川华西能源工业股份公司、四川川油天然气科技发展有限公司、自贡金灿光电有限责任公司等节能环保产业企业 23 家，其中从事节能环保服务产业企业占近 1/3，分布在节能环保技术和产品研发产业、节能环保产品和设备制造产业、节能环保服务产业以及推广应用节能环保技术领域，形成上中下游紧密联系、产学研结合产业布局，成为全市乃至川南地区节能环保产业发育、扩散中心。产业领域涵盖化工轻工环保技术研发设计、节能环保锅炉、CNG、节能灯具制造、环保型化学处理剂、环评、城市和工业污水处理等。

【装备制造】 2016年，装备制造产业完成产值31.03亿元，比上年增长11%，占规模以上工业总产值的31.7%。拥有国家机电工业重点骨干企业、国家基础工业特定振兴企业四川长征机床集团有限公司，中国西部地区最大输送机械设计、生产基地四川省自贡运输机械集团股份有限公司等企业。围绕优势骨干企业，集聚形成机床、泵阀、运输机械三大装备制造产品群，产业配套丰富。大型铣车复合加工中心系列、超长曲线管带机、曲线皮带机、各类工业泵阀等优势产品在国内同行业具有竞争力。

【新材料】 2016年，新材料产业实现产值10.5亿元，比上年增长3.6%，占规模以上工业总产值的5.5%。板仓工业园区集中有自贡硬质合金有限责任公司、四川大西洋焊接材料股份有限公司、自贡华刚硬质合金新材料有限公司、自贡长城硬面材料有限公司、四川莱美特镁业科技有限公司金属及复合材料产业，四川新国荣能源材料有限责任公司、自贡鸿康科技有限公司精细化工材料产业，四川花语精细化工有限责任公司、自贡格灵新材料科技有限公司、四川汇东之江材料技术应用有限公司环境友好材料产业。《自贡市新材料产业发展“十三五”规划》把板仓工业园区建成全国知名金属及复合材料基地作为发展目标。

【重大工业项目】 2016年，确定重大工业项目12个，其中新建7个、续建5个，计划总投资16.9亿元，年度计划投资5.6亿元，实际完成投资3.97亿元，占年计划70.9%。凯茨阀门工业园（一期）、西南静脉产业园（一期）、盛世锦荣3个项目竣工，四川大禹、三人实业、道学机械、海峰紧固件、高新孵化园（一期）5个项目完成主体建设。

【企业服务】 根据企业业务领域和市场层级，制定针对性措施支持优势产业做大做强，支持华西能源公司、运机集团公司等龙头企业融入“一带一路”倡议，拓展海外市场，发挥引领作用。帮助企业转变发展，推进产业供给侧结构性改革，加大科研投入，加强市场调研，促进产品结构调整，去杠杆、去库存，调整产能回归理性区间。持续开展工业企业服务活动，实行“一对一”帮扶，协调企业生产经营水、电、气等要素供需矛盾，解决企业发展困难。针对企业反映办证难、融资难等问题，继续实施全程代办，全年代办工业项目146个（建成112个、在建19个、拟建15个），其中完成100个，代办中46个，新增代办8个；办理企业土地使用权证3家8.2公顷，不动产权证8家7万平方米。帮助企业解决流动资金短缺问题，推进“园保贷”“科创小微贷”、知识产权质押，国立能源公司等5家企业新增融资2050万元。协调解决园区企业纠纷76次，企业生产经营秩序稳定，维护企业发展外部环境。

【盘活园区闲置厂房】 研究惠企政策，推进亏损严重、长期停产企业兼并重组，川力科技、鸿康科技、中艺彩灯等园区企业并购重组，实现产业链扩张。招商推介，寻找合作伙伴，引进“新能源动力电池”“手机生产线”“新超越智能终端”项目，通过租赁等形式盘活华融工业园、金灿光电灯饰园、四川立能、慧博机械、

12月28日，新超越智能终端暨电子信息产业园奠基仪式

派威阀门、祥瑞等企业等闲置厂房。调查摸底，动态掌握闲置厂房情况，建立闲置厂房开发利用机制，鼓励闲置厂房租赁、合作联营、折资入股等形式开发。年内，盘活闲置厂房近 3 万平方米。

【全国“守合同重信用”企业 8 家】 6 月，国家工商总局公布 2014—2015 年度全国“守合同重信用”企业名单，华西能源工业股份有限公司、四川省自贡运输机械集团股份有限公司、四川凯茨阀门制造有限公司、四川花语精细化工有限公司、自贡市川力科技股份有限公司、自贡市贝尔吉教学仪器设备有限公司、四川安益生物科技有限公司、自贡市华华广告印务有限公司评为全国“守合同重信用”企业，占全市 66.67%。

【文化出口重点企业 4 家】 4 月 29 日，商务部、中宣部、财政部、文化部、国家新闻出版广电总局联合发布 2016 年第 19 号公告，四川天煜文化传播有限公司、自贡市海天文化传播有限公司、自贡新亚彩灯文化产业有限公司、自贡亘古龙腾科技有限公司 4 企业入选“2015—2016 年度国家文化出口重点企业目录”，入选数占全市 80%；四川天煜文化传播有限公司“澳洲华人文化创作有限公司中国彩灯文化推广项目”入选“2015—2016 年度国家文化出口重点项目目录”，入选数占全省三分之一。

1 月 28 日，10 国驻蓉领事及经贸促进机构代表考察彩灯出口基地

【华西能源公司签订多项国外协议】 2016 年，华西能源工业股份有限公司与土耳其、老挝、蒙古等“一带一路”沿线国家签署 62.16 亿美元项目合约或合作协议，2 个项目被列为“‘一带一路’251 三年行动计划 2016 年度重点项目”。1 月 18 日 华西能源公司与瑞典斯堪的纳维亚生态能源控股公司签订《23.5MW（兆瓦）生物质热电联产项目 EPC（设计、采购、施工）总承包合同》和《500TPD 城市生活垃圾热电联产项目 EPC 总承包合同》，合同总金额 7890 万美元（折合人民币 5.18 亿元）。6 月 27 日 华西能源公司与土耳其伊兹德密尔能源公司在成都举行土耳其伊兹德密尔 1×370 兆瓦超临界高效清洁电厂总承包项目合同签字仪式。该项目是华西能源公司第一个超临界机组总承包项目，合同总金额 1.64 亿美元（折合人民币约 10.88 亿元），项目建设周期 31 个月。华西能源公司董事长黎仁超与伊兹德密尔能源公司董事长哈利尔·萨哈因签署协议。市委书记李刚、伊兹德密尔能源公司首席执行官奥加·奥伊玛克等出席签约仪式。7 月 23 日，华西能源

7 月 23 日，华西能源工业股份有限公司、四川友华科技集团有限公司与蒙古国南戈壁资源有限公司和乌兰巴托布日德房地产公司在成都举行四方战略合作签约仪式

公司、友华科技集团公司与蒙古国南戈壁资源有限公司、乌兰巴托布日德房地产公司签订蒙古国优质煤矿资源开发、建立中蒙能源走廊和城市基础设施建设等四方战略合作协议。协议涉及350多亿元煤田代管、坑口电力建设、管状煤炭输送带建设、蒙古国境内棚户区改造等四项境外合作。该批项目建设，将打造中蒙经济走廊核心电源支撑点，提高蒙古国煤炭资源清洁利用，拉动经济发展，也有利于改善中国华北地区自然环境和电源结构。市委副书记、市长刘永湘出席签约仪式并讲话。

【自贡灯彩文化产业集团有限公司成立】 2016年7月，17家自贡知名彩灯文化企业和深圳投资团队整合组建成立。灯彩文化产业集团生产基地坐落板仓工业园区金川路，占地面积2万余平方米。主要经营国内外灯会展出、中国传统灯彩创意设计制作、智能机械仿真恐龙、仿生动物、景点景观、园林艺术造景等。集团是全球唯一拥有国际品牌授权灯彩企业，已在国外16个国家30多个城市，国内200多个城市和地区举办灯会展览展出活动，在海外注册“中国彩灯节”“中国熊猫节”“环球灯会”等品牌。2016年，获韩国庆典大奖委员会亚洲最佳成就奖，“美国加州中国彩灯节”全球行业最高奖——铜环奖。

【带式输送机定量分料系统运行】 1月，自贡运机集团“带式输送机定量分料系统”开发完成投入运行。该系统以输送机现代设计方法为基础，应用有限元分析技术、离散元分析技术等方法设计，采用料流检测、信息反馈、电脑控制、液压驱动等技术措施，用户根据需要将料流由一台输送机向两台输送机分流。系统安装简便，调节灵活，反应迅速，操作简单，是现代机电液一体化产品，填补了国内、国际相关领域空白。该系统首次在新疆汉泰能源有限公司长距离皮带廊项目安装并运行成功。3月14日，“野外智能长距离带式输送机生产线”通过验收。

【西南静脉产业园一期投产】 四川新吉隆环保科技有限公司计划投资2.5亿元建设西南静脉产业园循环经济再制造工程基地，占地面积13.33公顷，建筑面积6.5万平方米。主要建设模具修护中心、表面处理中心、激光再制造中心、资源再生中心、模具外包服务中心、环保装备研制与应用中心、资源化中心。2015年1月开工建设。2016年投资1亿元，8月，一期工程竣工投产。

西南静脉产业园鸟瞰图

【中药制造生产线竣工】 四川盛世锦荣药业有限公司投资6100万元建设中药制造生产线，占地1.73公顷，建设年产5000吨中药材饮片生产线、中药颗粒剂生产线等。2016年年末竣工。

【凯茨阀门工业园一期竣工】 四川凯茨阀门有限公司阀门工业园占地10公顷，建筑面积7

万平方米，总投资2.64亿元，建设阀门生产线等。项目于2014年11月开工建设。2016年，投资1亿元，年末一期工程竣工。

【手机生产线开工】 10月13日，宿州市朗欣实业有限公司“手机生产线”开工建设。该项目位于板仓工业园区华融工业园，占地约8000平方米，投资5.6亿元，其中固定资产投资6000万元，主要生产SMT贴片（印刷电路板）和手机整机。

【安益生物产业园开工】 10月31日，安益生物产业园在全省第四季度重大项目自贡分会场集中开工仪式上开工。安益生物产业园占地6公顷，总投资5亿元，建设5.8万平方米生物中间体扩能项目厂房及配套设施，包括300吨/年脯氨酸绿色发酵生产线、5000吨/年肌醇绿色发酵生产线、100吨/年谷胱甘肽发酵生产线、10吨/年人参皂苷Rh2发酵生产线和生物科技成果孵化转化中心、产业化试验基地。

【集装式船舶及脱硫机械密封主体完工】 四川大禹机械密封件制造有限公司投资3000万元建设大型集装式船舶及脱硫机械密封扩建项目，占地1.63公顷，生产车间1.37万平方米，办公楼2598平方米。2016年，投资1500万元，年末完成主体建设。

【输电线路监测系统主体完工】 自贡市三人实业有限公司投资2600万元建设输电线路状态监测系统产业化项目，占地1公顷，生产车间5000平方米，办公楼1200平方米。2016年年末，完成主体建设。

【高新孵化园一期主体建设】 南岸科技新区高新孵化园一期由自贡高新投资公司投资建设，占地3.9公顷，总投资2亿元，建筑面积1.5万平方米。2016年投资1亿元，年末主体断水。

【高强度紧固件生产线主体完工】 四川海峰紧固件制造有限公司投资3500万元建设高强度紧固件生产线，占地1.67公顷，厂房面积1.1万平方米，办公楼1350平方米，配套附属设施650平方米，年产紧固件5000吨。2016年，投资1200万元，年末主体竣工试产。

【机械设备制造主体完工】 四川道学机械制造有限公司投资7000万元建设石油、铁路、环保机械设备制造项目，占地1.6公顷，建筑面积1.2万平方米。2015年开工建设。2016年，投资3500万元，年末主体竣工试产。

（唐　锐）

商贸服务业

【概述】 面对宏观经济下行、市场需求不足、实体经济经营难度加大等严峻形势，高新区管委会和有关部门上下联动，发挥引导作用，多措并举，改善消费环境，挖掘市场潜力，推进消费升级，促进房地产、金融、商贸流通多领域现代服务业发展，信息与科技、中介服务、物流等现代新兴服务业稳步发展，全区消费品市场呈现运行温和、消费总量稳定、增长速度放缓态势。2016年，全区限额以上商贸企业62

家，其中新增3家；规模以上服务业企业61家，其中新增7家。商贸服务业增加值83.12亿元，比上年增长8.7%；社会消费品零售总额77.05亿元，比上年增长11.2%，其中批发业6.28亿元，比上年增长8.3%；零售业54.99亿元，比上年增长11.6%；住宿业8060万元，比上年增长10%；餐饮业14.97亿元，比上年增长11%。商贸服务业从业人员7782人。华商·国际城街区评为市级特色商业街区。

新增限额以上商贸企业：

自贡四达翔荣汽车销售服务有限公司

自贡市兴达贸易有限公司

自贡市高新区天聚成小时代茶饮楼

新增规模以上服务业企业：

自贡高新区金苹果幼稚园

自贡华商物业有限公司

自贡腾达彩灯文化艺术有限公司

自贡井盐文化企业管理服务有限公司

自贡合利物流有限公司

自贡光明医院

四川天煜文化传播有限公司

2016年自贡高新区社会消费品零售总额表

表5 单位：万元、%

指　标	完　成	增　长
总　计	770481	11.2
按销售单位所在地分	770481	11.2
城镇	693177	11.2
农村	77304	11.3
按行业分	770481	11.2
1. 批发业	62808	8.3
限额以上	4283	12.8
限额以下	58522	7.9
2. 零售业	549894	11.6
限额以上	173489	13.8
限额以下	376404	10.6
3. 住宿业	8060	10
限额以上	3713	11.9
限额以下	4347	8.4
4. 餐饮业	149719	11
限额以上	12077	5.6
限额以下	137642	11.5

2016 年自贡高新区规模以上服务业企业经济效益表

表 6 单位：万元、%

指　标	2016 年	2015 年	增　长
营业收入	242758	218337	11.2
营业成本	179077	156507	14.4
营业税金及附加	1641	2333	-29.6
销售费用	16507	23414	29.5
管理费用	28376	25442	11.5
管理费用、税金	788	769	2.4
财务费用	3732	4394	-15.1
投资收益	305	-277	210
营业利润	14297	6809	110
利润总额	16525	7105	132.6
应付职工薪酬	45658	42808	6.7
应交增值税	6859	6893	-0.5
从业人员人数	7782	7396	5.2

【外贸进出口】 2016 年，外贸备案企业 37 家，比上年减少 8 家。外贸进出口总额 3304 万美元，比上年下降 50.8%，其中出口 3063 万美元，比上年下降 52.09%。自贡中艺文化产业股份有限公司、四川天煜文化传播有限公司等 7 家企业在 7 个国家和地区办展 19 场次，创汇 600 万余美元。

【推进服务业发展】 推进电子商务、现代物流、现代金融、科技服务、养老健康五大新兴先导型产业发展作为新动能，向上争取服务业发展促进资金 1194.74 万元。东方物流有限公司被授予全国物流先进集体。全市第一座城市综合体——华商·国际城运营一周年，入驻商家超过 520 家，年客流量 1100 万人次，逐步成为全市商业新中心；“海汤神泉”国庆节期间开业，为自贡休闲旅游业增加新业态；丹桂北大街升级改造为自贡精品商品集聚特色街。

【餐饮住宿业】 2016 年，全区限额以上住宿和餐饮企业 44 家，其中限额以上住宿企业 9 家，包括四星级宾馆 2 家、一般商务酒店 7 家；限额以上餐饮企业 35 家，包括正餐 33 家。营业收入 2.09 亿元，其中客房收入 5904.9 万元，餐饮收入 1.08 亿元，商品销售收入 1371.8 万元。年内，新开业限额以上餐饮企业 2 家。

12 月 16 日，良品火锅签约暨良品哺哺开业仪式

【专业市场】 高新区辖区有川南农副产品批发市场、川南机电市场、兴达电脑城、苏宁电器商场、一对山商业城、轻纺市场、一对山批发市场、华丽装饰城等大型专业市场 14 个，按照功能划分有小商品批发市场、电脑器材及软件专业市场、建筑装饰材料专业市场、农副产品专业批发市场、轻纺和日用百货商品市场、五金机电市场六大类，经营面积 9.16 万平方米。建有梨苑、通达、绿盛、一对山、丽景世家“农+超”、板仓、高峰寺、景苑 8 个规模农贸市场，经营面积近 2.5 万平方米。成交额超亿元商品交易市场 5 家。

【电子商务】 阿里巴巴 LBS 自贡服务中心、京东川南分拨中心等落户高新区，带动电商业态提档升级。推进华商·国际城电商集聚区建设，建成众创空间 2.3 万平方米，引进勤为科技中国光大银行信用卡中心、中国移动呼叫中心项目入驻，打造万人级电商服务外包中心；促进电子商务从城市向农村延伸，建成村邮电商服务站点 100 个。建成同创新锐信息技术有限公司“温馨家园”公众服务平台、旺万家居家智慧养老服务平台，打造“15 分钟便民商圈”，覆盖 50 余个住宅区。电子商务交易额突破 3000 万元，比上年增长 34.7%。

【社区便民店】 推进“互联网+社区便民店”建设，完善城乡流通设施网络，支持房地产开发商、有经营能力和实力个人、农民专业合作社利用存量营业房，以直营或加盟方式建设社区便民店 50 个，其中补贴 12 万元建成“社区便民示范店”15 个。

【天天快递川南转运中心投入运营】 11 月 7 日，天天快递川南转运中心在板仓工业园区正式投入运营。该中心占地面积 8000 余平方米，总投资 1400 余万元，配备省内最先进流水线设备，集办公、分拨、转运等于一体，日均快件处理量 20 万件，覆盖川南四市，辐射云南水富、昭通，贵州赤水等地。

【商品促销】 “内搭台、走出去”促进消费需求增长，组织企业参加“2016 四川自贡迎春购物月”“第七届盐帮美食文化节”，“惠民购物全川行动”“川货全国行”展销。区内举办“第二届川南名优特新商品交易会暨电商年货节”、汽车、家电、服装、厨卫电器等商品促销展会 6 场。商贸企业通过打折促销、降价优惠等活动，把消费者“请进来”，各大商家利用店庆、周末、节假日开展特价商品促销活动，刺激消费，扩大市场。

华商·国际城国庆黄金周促销活动

【川南名优特新商品交易会】 1 月 26—31 日，第二届川南名优特新商品交易会暨电商年货节在华商·国际城举办。交易会是第 22 届自贡国际恐龙灯会经贸交易会经贸活动之一，面积 2000 平方米，设展销位 100 余个，自贡和泸州、宜宾、内江、乐山4个市132家企业名优特新产品参展，涵盖工业、林业、果蔬、酒类、禽蛋、加工、鲜活、旅游和调味饮品等200余类。交易会采用“互联网+”方式，参展产品在网络平台进行网上销售，实现线上线下互动。50万余人次参观选购，实现销售总额7300万元。

【美食旅游文化节】 7月22日至8月7日，“味在自贡·食在华商”自贡美食旅游文化节在华商·国际城喷泉广场举行，在盐都美食街、希洛克美食城、海鲜大世界、夜宵一条街等奉出特色食品，举办大胃王极限挑战赛、好先生教你做洋餐、百万海洋球、原创音乐节、美食琅琊榜、美食文化主题周等20个促销活动，100余商家助力，1000余种美食亮相，客流量同比增长30%，餐饮营业额同比增长25%。

8月7日，“味在自贡、食在华商”美食旅游文化节闭幕仪式

【“自贡—哈尔滨冰雪嘉年华”冰灯展】 12月9日，“自贡—哈尔滨冰雪嘉年华”冰灯展在华商·国际城广场开幕。该灯展是第23届自贡国际恐龙灯会推出的重大文化活动，展区占地6000平方米，投资3000万元，以冰灯、雪景为主要素材，近100名哈尔滨冰灯雕刻师用5000吨冰打造。冰灯展布局冰川恐龙、极地风光、糖果城堡、魔幻童话、圣诞狂欢、北欧小镇、极地雪乡、东方风情8个主题展区，2000件冰雕艺术作品。游客可以观赏到冰川、峡谷、高寒植物、极地动物等冰雕作品和景观，体验滑冰梯、住冰屋、打雪仗、冰上碰碰车、冰上游戏。展出至2017年3月中旬。

（郑　娟）

“自贡—哈尔滨冰雪嘉年华”冰灯展城堡冰雕

农村和农业

【概述】 高新区作为自贡市规划发展的城市新区和产业新区、统筹城乡发展试验区，以现代城市化和高新技术产业化为战略核心，农业发展服从城市规划发展，农村工作向逐步适应城市工作转变，以城市发展带动乡村发展，以工业化带动农业化发展，农业逐年减少，农村面积逐年缩小。主要农作物围绕适应城市市场需求种植时令蔬菜，兼有水果、小麦、水稻、玉米、红薯等，畜牧业主要以家庭养殖猪、鸡、鸭、兔等，限制规模养殖场发展。2016年，农业农村工作发展延续良好态势，以深化统筹城乡改革为动力，保障要素投入，主动应对各种自然灾害，实现农业稳中有进；发展乡村旅游，

转变生产方式；加快农民集中居住区建设和城乡一体化进程，持续进行农村环境综合治理，稳步推进农村向城市化转变，逐步适应农民向市民转变。托管区域65.39平方公里中，高峰乡、板仓街含有农业，农村地域面积31平方公里，耕地1786.62公顷，农业总产值3.84亿元，增加值3445万元，粮食总产量1.05万吨。农业人口转为城市户籍，同时享有农村集体经济成员权益。农民人均纯收入上万元。财政投入农林水资金687万元，比上年增长2.23%。农业农村工作发展延续良好态势。

【土地征用和承包经营权流转】 规范农村集体土地统筹程序、补偿补助安置标准、监督管理。2016年，征收集体土地105.81公顷，统筹集体土地1148.61公顷。新签房屋拆迁协议592户，拆除搬迁房屋1666户万余平方米，拆除无证房34户，杆管线搬迁33处。安置房屋895套。协调解决征地拆迁、土地流转和重点工程矛盾纠纷32件。

【安置房建设】 制订《推进安置房建设进度表》，明确各建设指挥部作为安置房建设、管理主体，相关部门加强协作，加大安置房建设推进力度，落实工程监管措施，确保工程质量安全和按时完成建设任务。每季度召开安置房建设推进工作会，对照目标任务检查督促通报各指挥部安置房建设情况，协调处理安置房建设中突出问题。统筹协调平衡乡（街）房源需求，实行片区安置，动态管理。新开工安置房建设50万平方米，年内竣工39.2万平方米4209套，其中南湖三期7.5万平方米911套，南湖西区三期2万平方米288套，板仓八期1.7万平方米188套，板仓九期13万平方米1300套，景苑三期15万平方米1522套。清理原建闲置安置房28套重新安置。办理“房屋所有权证”和“土地使用证”800余套。

【农村环境改善】 建立农村环境卫生管理长效机制，以更高标准、更大力度进行乡村环境综合治理，重点治理水源和环境卫生。巩固釜溪河流域和饮用水水源水域外200米范围内规模化畜禽养殖取缔成果，健全釜溪河流域管理体系，整治入河排污口，清理釜溪河流域沿岸和河面垃圾30余吨，实现饮用水源无污染，江河流域水面无漂浮物、河道无污泥堆积、堤岸无垃圾、河道畅通无障碍物“四无”。以治理扬尘、露天烧烤、露天焚烧垃圾、秸秆等为重点，空气质量持续改善。延伸农村自来水、天然气安装，引导村民绿化美化农家大院和房屋周边环境。建立村庄保洁制度，村民小组配置保洁员1~2人，新建垃圾池10个，改建垃圾池10个，巩固生活垃圾“户分类、村收集、区转运、市处理”，乡村公路每周清扫1次并清运垃圾池中垃圾，每月整治村容村貌及环境卫生2次，维护乡村整洁环境，农民卫生习惯逐渐养成，生活方式转变，生活品质提升。

（周　麟）

区属企业

【概述】 2016年，高新区直属国有企业生产经营总体平稳，国有资产总量进一步增加，国有资本实现保值增值。年末，直属国有企业资产总额213.2亿元，净资产125.68亿元，比年初分别增长109.68%、119.61%。全年实现经营收入9.17亿元，利润3.22亿元，上缴税金5958.32万元。

【自贡市高新投资有限公司】 探索公司向“市场化”和“实体化”转型路径，制定《自贡高新国有资本投资运营集团有限公司组建方案》，进行前期准备，打造国有资本管控平台，母公司负责管资本、管投资，子公司面向市场追求经济效益，以利高新区和全市园区基础设施投融资和建设运营，实现国有资源有效利用和国有资本保值增值，把高投公司打造成为高新区和全市产业园区投资运营平台、科技金融助推服务平台、高新区开发建设投融资平台和城市资产资源运营平台。2016年年末，公司下属子公司11家，资产总额155.82亿元，净资产99.23亿元，比年初分别增长106.14%、106%，资产负债率36.31%。全年实现经营收入3.56亿元，比上年下降10.5%；利润2.66亿元，比上年增长13.53%；上缴税金213.32万元，比上年下降272.53%。拓展融资渠道，破解资金瓶颈，融资结构和融资规模转变为以资本市场直接融资为主，与证券、银行、基金等机构建立合作关系，募集发行公司债券10亿元，获省产业发展引导资金350万元。6月，设立自贡市第一支产业投资基金——自贡战新高端产业投资基金，总规模6亿元，首期规模2.4亿元，发起人资金到位，签订省财政资金4000万元和省双创基金8000万元参股协议。组建自贡市南湖汽车服务公司、自贡市优畅科技有限公司、自贡市高新工程项目管理公司，启动自贡市金融控股投资发展公司组建和魏明伦戏剧馆建设运营前期工作等。子公司发展保持稳中有进态势，技术转移公司主动服务园区科技企业，支持、辅导申报专利352件，获专利授权257件；城投公司调出监管类平台，接收卧龙湖旅游区8座公交站台和龙汇隧道户外广告位，开展第一宗闲置土地市场化利用；解决金马公司多年久拖未决、制约发展历史遗留问题；公园管理公司推出特色化经营和规范化服务，经营收入超过2000万元。

（兰思棋）

【四川自贡汇东发展股份有限公司】 以打造大集团为目标，参与市场竞争，调整内部机制，围绕“持续调整产业结构，强力开拓市场领域”，寻求公司发展方式新转变和寻找新经济增长点，成为兼具融资、开发建设、产业培植和城市经营功能综合性国有企业，产业结构日趋合理，覆盖政府性融资、担保，代建城市基础设施，施工、房地产开发与经营，酒店经营，物业管理服务，城市园林绿化设计、施工与维护，工程咨询和工程监理、贸易、养老服务、资产经营与管理，城市公共设施管理和维护、汽车租赁等业务。年内取得建筑工程施工总承包二级资质。2016年年末，公司下属子公司5家，资产总额57.47亿元，净资产26.45亿元，比年初分别增长119.96%、192%。全年实现经营收入5.61亿元，比上年增长30.03%；利润5635万元，比上年增长12.47%；上缴税金5745万元，比上年下降15.53%。作为投、融资和开发建设主体，投资8.3亿元，参与市重大项目自贡航空产业园、自贡飞龙峡风景区、四川卫生康复职业学院及附属医疗机构建设。续建开发房地产项目南湖逸都年内竣工面积9000平方米。子公司整合资源，探索“互联网+”与经营相结合，启动电子商务建设，搭建起“互联网+汇东酒店”“互联网+汇东物业”“互联网+汇东园林”框架体系，电子商务建设初显效果。

（缪青芸）

【自贡汇东大酒店有限责任公司】 坚持一业为主，多元发展，立足主业，做大做强分、子公司，进行结构调整、跨界整合、模式创新，管理输出、餐饮食品、商务度假酒店方面取得新突破。下属天骄大酒店、龙辰酒店、东环之兴酒店、仙市慢餐民宿酒店秉承汇东大酒店宗旨打造星级服务，设天悦食品公司、汇东百味之祖餐饮管理公司、依能洁洗涤公司、汇东海德旅行社等。2016年年末，资产总额1.33亿元，净资产6000万元，全年实现经营收入1亿元，利润1100万元，上缴税金763万元。通过国家旅游局组织专家“盐文化”主题酒店银星级试评，总经理陈兰获全省旅游行业最美饭店杰出管理奖。

（熊开荣）

科　技

【概述】　2016年，自贡高新区深入实施创新驱动发展战略，推进科技改革，加快构建全区科技创新体系，着力增强企业自主创新能力建设。研发经费支出占地区生产总值2%，国家、省、市各级科技项目立项45个，获批准资金1288万元。认定有效高新技术企业31家，其中新认定4家；省级以上研发机构达32家；新增中小企业研发机构4家，累计17家；新认定市级企业技术中心3家，累计10家；新认定院士（专家）工作站1个，累计6个；浙江大学自贡创新中心获省级博士后创新实践基地；科技进步贡献率56%；高新技术产业产值96亿元，占规模以上工业产值比重50%。获省科技进步三等奖3个、市科技进步奖14个。高新区被命名为国家知识产权园区。

【南岸科技新区】　南岸科技新区作为高新区科技研发、人才交流服务新平台，提升创新实力、转变发展方式、增强内生发展动力突破口，列入省级重大建设项目。按照“产城一体、园城融合”发展理念，釜溪河片区为核心，依托釜溪河滨水景观带，建设10平方公里的现代化科技创新区。南岸科技新区规划由“一园三区四中心”构成，“一园”即行政公园，“三区”即企业总部区、创新创意区、高端服务区，“四中心”即科研中心、金融服务中心、孵化中心、科技成果交易中心。起步区规划4.3平方公里，规划建设5万平方米企业孵化中心、5万平方米行政服务中心、3万平方米成果交易中心、1平方公里承载能力等创新载体，配套建设酒店、餐饮等生活配套设施，引进法律、咨询等中介服务机构，强化区域创新集聚区功能。2012年3月23日举行启动仪式。2016年，投资5000万元，续建“一环两横三纵”路网人行道、绿化景观等基础设施、高新孵化园。“一环两横三纵”6条道路人行道、绿化景观，铺设人行道、绿化，安装路灯等。高新孵化园预计总投资8亿元，占地14.87公顷，主要建筑物建筑面积18万平方米，其中孵化大楼11.1万平方米，实验厂房3.8万平方米，配套用房820平方米，地下车库3万平方米和绿化景观等配套设施。一期主要建筑物建筑面积10.95万平方米，修建孵化大楼8.7万平方米，配套用房510平方米，地下车库2.2万平方米和绿化等配套设施，年内投资2.45亿元，一期工程1.5万平方米主体断水。

南岸科技新区道路建设

南岸科技新区地下综合管廊

【高新技术企业】　省高新技术企业认定管理小组办公室公布2016年认定有效高新技术企业

名单，自贡高新区有效高新技术企业31家，占全市50%，比上年增加4家。高新技术产业实现总产值96亿元，占全区工业总产值45%，产值上亿元高新技术企业7家，占产值上亿元企业80%。

自贡高新区高新技术企业名单：

华西能源工业股份有限公司
四川川润股份有限公司
四川川油天然气科技发展有限公司
四川花语精细化工有限公司
四川省自贡运输机械集团股份有限公司
中橡集团炭黑工业研究设计院
自贡市鸿康实业有限公司
自贡通达机器制造有限公司
四川立能特种材料股份公司
四川省自贡工业泵有限责任公司
四川万欣水利水电设备有限公司
自贡东方彩钢结构有限公司
自贡三强卡西尼压缩机有限公司
四川胜达泵业设备制造有限公司
自贡东联锅炉有限公司
自贡长城硬面材料有限公司
四川华神新能源设备有限公司
自贡市挚诚科技有限公司
四川科达节能技术有限公司
四川新国荣能源材料有限责任公司
自贡市川力实业有限公司
四川凯泓水利机械制造有限公司
四川川润动力设备有限公司
自贡长城装备技术有限责任公司
自贡兆强环保科技股份有限公司
自贡自高阀门有限公司
四川凯茨阀门制造有限公司
四川升拓检测技术股份有限公司
四川金灿光电有限责任公司
自贡沃兰特阀门制造有限公司
四川大禹机械密封件制造有限公司

【产学研合作】 建立和完善政府为桥梁、企业为主体、科研院所为依托、金融机构为支撑、科技服务机构为纽带的“政产学研资介用”体系。围绕主导产业，深化节能环保、装备制造、新材料等5个省级产学研战略联盟建设，骨干企业在行业关键领域掌握一批拥有自主知识产权核心技术。推进企业技术中心建设，自贡硬质合金有限责任公司被授予自贡市第四批院士（专家）工作站，新认定四川胜达泵业设备制造有限公司技术中心、自贡三强卡西尼压缩机有限公司技术中心、自贡长城装备技术有限责任公司技术中心市级企业技术中心3家，认定四川鸿康科技股份有限公司四川理工鸿康校企联合技术研发中心、四川大农和农业开发有限公司农产品深加工及质量安全研究中心、自贡亘古龙腾科技有限公司仿真恐龙控制及产品技术研发中心、自贡市耐斯特密封件有限公司特种密封件技术研发中心4家市级中小企业研发机构。深化与四川理工学院、中橡炭黑研究院、四川机械设计院自贡分院等本地科研院所合作，畅通科技成果转化渠道，浙江大学自贡创新中心服务企业80余家。全年，企业实施技术攻关项目20余项。

浙大自贡创新中心环境友好材料实验室

【知识产权】 国家知识产权质押融资试点园区建设工作全面铺开，引导、扶持企业采取知识产权质押等方式实现知识产权市场价值，建立知识产权质押融资制度和体系，拓宽中小企业融资渠道，2016年，新增知识产权质押融资

1621万元，累计知识产权质押融资1.16亿元。完善高新区知识产权服务中心及维权援助中心服务体系，推进高新区知识产权信息服务平台和管理平台建设，高新区专利管理平台试运行，打造知识产权工作“线上+线下”服务格局。全区专利申请和授权量稳步提高，申请专利693件，比上年增长1.73%，其中发明专利307件；授权专利351件，比上年增长8.54%，其中发明专利63件；新申请PCT专利1件，实现PCT申请零突破。新增中国专利优秀奖1件，四川专利奖2件。高新区管委会奖励专利申请资金80万元。

【科技成果转化平台】 新引进中介机构3家，累计15家。自贡市技术转移公司联合四川省机械研究设计院建成“高新区装备制造产业集群信息化检查平台”，为企业提供产品信息、检验、检测等服务。四川同创新锐信息技术有限公司推广“U客中心”，注册用户1万户，销售收入比上年增长100%，获“四川省电子商务示范企业”。浙江大学自贡创新中心独立或与企业合作申报项目81项，立项18项，申请专利176项，其中台湾专利1项，获得专利授权48项，具有高耐磨、耐腐蚀、易维护性能的纳米超硬地坪技术运用于汇东公园地下停车场、汇东实验学校南湖校区操场。自贡市技术转移公司、高新区知识产权服务中心加快创新成果转化为现实生产力。全年，技术合同交易额近1亿元，累计实施专利技术转化20项，新增产值10亿元、利税2.25亿元。

【科技企业孵化器】 录入全国科技企业孵化器管理系统孵化企业70家和毕业企业44家信息。引进“四川川越水治理有限公司”等3家企业入驻孵化器，“四川盐帮文化传播有限公司”等6家企业园外孵化，孵化器入驻企业6家，在孵企业70家。自贡市首家民营孵化器——2.3万平方米华商格子里投入运营，入驻孵化单元96家。走访企业48家，挖掘创业项目13项，储备创业个人和团队信息15个、创业项目19项。辅导大学生创业项目37个，扶持创业资金45万元，实现创业117人。大学生创业孵化项目“烧烤部落”“光恒智能”2团队在2016年度自贡市商务局“普润城杯·互联网+”创业大赛决赛中获一、二等奖，入围“自贡市返乡创业之星”决赛。通过省级大学生创新创业园区（孵化基地）复审。推进自贡工业信息发布中心、浙江大学自贡技术转移中心、企业家沙龙以及浙江大学高新众创空间（即“两中心一沙龙一空间”）建设。完成众创空间图形标志、功能区划平面图和工程施工图绘制等方案设计。报送《小企业创业示范基地发展报告》《“四众”（众创、众包、众扶、众筹）企业情况》《“四众”平台服务企业名录》。

【科技资金扶持】 落实中央、省、市委科技创新重大决策部署和政策扶持，向上争取和本级支持相结合，兑现本级扶持资金1860万元，推荐中兴耐磨特种整体内冷双螺旋硬质合金管材生产线等30个项目申请省级扶持专项资金，20个项目获扶持资金926万元。

【核电焊材14项产品通过鉴定】 3月31日，“核电设备及安装用低合金钢、不锈钢焊接材料国产化研制”科技成果鉴定会在自贡召开。上海核工程研究设计院和四川大西洋焊接材料股份有限公司共同研发的14项核电焊接材料产品通过专家鉴定。该成果属国家16个重大技术成果之一，专家组认为，研制成果填补国内空白、达到国际先进水平，可替代同类进口产品运用于核电项目工程。鉴定会由中国核能行业协会组织，中国工程院院士叶奇蓁、国家核电专家委孙昌基等参加鉴定会并为“核电焊接材料研发中心”揭牌。

【省、市科学技术奖 17 项】 4 月 19 日，省政府作出《关于授予 2015 年度四川省科学技术奖励的决定》，四川大西洋焊接材料股份有限公司“管线钢系列配套用焊接材料研究”“水工用低合金高强度钢焊接材料关键技术研究”、自贡硬质合金有限责任公司“棒材轧制用辊环牌号 ZY27T 及 ZY28T 的开发”获三等奖。5 月 26 日，市政府作出《关于授予 2016 年度自贡市科学技术进步奖的决定》，高新区辖区企事业单位 14 个项目（包括合作项目）获 2016 年度自贡市科学技术进步奖，占全市 31%，其中一等奖 3 项、二等奖 7 项、三等奖 4 项。

高新区辖区单位获 2016 年度自贡市科学技术进步奖名表

表 7

等次	项 目	单 位
一等奖	绿色轮胎用高结构炭黑的结构三要素研究	四川理工学院
	钨热钼喷涂（溅射靶材）材料及热喷涂技术	自贡长城硬面材料有限公司
	大型 LNG 储罐用 9Ni 钢焊接材料关键技术研究及产业化	四川大西洋焊接材料股份有限公司、四川大学
二等奖	镁合金表面无铬磷化技术研究及应用	四川理工学院、四川省莱美特镁业科技有限公司、山东省科学院新材料研究所
	线切割钼丝新工艺研究及应用	自贡硬质合金有限责任公司
	碳化铬基喷涂粉末的产业化	自贡长城硬面材料有限公司
	大单重高性能钼合金拉丝条的关键技术研究	自贡硬质合金有限责任公司
	工业加热炉黑体强化辐射节能技术及应用	四川科达节能技术有限公司、四川理工学院
	海洋工程用 550MPa、600MPa 级高韧性焊接材料的研究	四川大西洋焊接材料股份有限公司、四川理工学院
	低 WO2. 9 相蓝色氧化钨的开发及应用研究	自贡硬质合金有限责任公司
三等奖	延迟动力系统 Schwarz 型波形松弛算法	四川理工学院
	碳钢和奥氏体不锈钢带极堆焊系列配套焊接材料研究	四川大西洋焊接材料股份有限公司、四川理工学院
	自洁式煤层气专用球阀	四川凯茨阀门制造有限公司
	制革废水处理的生物絮凝剂及微生物技术研究	四川理工学院、嘉兴学院

【明珠社区科普体验馆】 1 月 14 日，全省首个社区科普体验馆——明珠社区科普体验馆开馆。该馆位于高新区明珠社区，集科普娱乐、益智游戏、休闲生活等民生科普主题一体，免费向社会开放。体验馆主要围绕社区居民身边的科技创新、科学生活、节能环保、卫生健康、安全避险等配置科普展品展具，包括科普屏媒、科普壁挂展品、机器人和自动化类展品、科学

实践手工套件系列展品、和谐时代区域规划模型展品及安全应急救援展品。全馆设置“磁易贴”展板73块，其中3D展板48块。年内，中央人民广播电台网、人民日报网、中国社区网、中国未成年人教育网、四川文明网、四川日报社等媒体采访报道，成都、眉山等等科协及社区到明珠社区科普体验馆参观交流。

（宋顺峰）

招商引资

【概述】　2016年，高新区招商引资工作以夯实招商项目、创新招商机制、营造投资环境、狠抓项目落地为重点，实施全民招商，着力招大引强，围绕战略性新兴产业精准招商实现突破。全年引进市外到位资金108.06亿元，比上年增长2.97%，占目标任务108%。其中到位省外资金66.61亿元，比上年增长28.4%，占目标任务145%；固定资产投资类资金59.13亿元，比上年下降4.97%，占目标任务152%。第二产业项目到位市外资金63.02亿元，其中到位省外资金36.87亿元，到位市外固定资产投资类资金15.69亿元；第三产业项目到位市外资金45.04亿元，其中到位省外资金29.74亿元，到位市外固定资产投资类资金43.44亿元。新签约1亿元以上重大项目19个，占目标任务111.8%，签约资金110.8亿元，其中5亿元以上项目10个，占目标任务183.3%。市督办项目履约率94%、开工率89%、资金到位率57%。高新区管委会被评为市2016年度招商引资工作先进单位，获市表扬重大招商引资产业项目2个。

2016年自贡高新区招商引资情况表

表8　　　　单位：亿元、%

时间	引进到位市外资金						引进省外项目数			
	总额		省外资金		税源性资金		总数	工业项目	5亿元以上	1亿元以上
	金额	增长	金额	增长	金额	增长				
1月	—	—	—	—	—	—	—	—	—	—
2月	—	—	—	—	—	—	—	—	—	—
3月	34.96	44.64	21.18	51.07	20.29	36.82	—	—	—	—
4月	12.46	9.68	6.93	3.74	7.48	41.13	1	—	—	1
5月	9.2	6.6	4.6	9.52	6.73	56.88	10	4	4	10
6月	11.31	-8.5	6.26	24.21	7.66	-11.75	1	—	1	1
7月	9.5	3.94	3.49	-2.51	5.73	49.9	—	—	—	—
8月	5.99	-17.61	2.35	-21.93	2.55	-34.95	1	1	1	1
9月	3.16	-68.07	1.66	-62.01	2.15	-70.71	—	—	—	—

续表8

时间	引进到位市外资金						引进省外项目数			
	总额		省外资金		税源性资金		总数	工业项目	5亿元以上	1亿元以上
	金额	增长	金额	增长	金额	增长				
10月	12.07	17.76	11.68	126.8	4.6	-27.1	4	4	4	4
11月	—	—	—	—	—	—	—	—	—	—
12月	9.4	14.22	8.45	85.71	5.96	-3.09	7	6	6	2
合计	108.06	2.97	66.61	28.4	63.15	4.04	24	15	16	19

2016年自贡高新区招商引资签约1亿元以上项目情况表

表9

单位：亿元

序号	项目名称	投资企业（个人）	投资总额	建设内容及规模	签约时间
1	自贡生物科技产业园	四川安益生物科技有限公司/中国科学院天津工业生物技术研究所	5	生物中间体扩能项目	2016.4
2	自贡英祥妇女儿童医院	湖南英祥房地产开发有限公司	12	占地6.87公顷，预计投资12亿元，建筑面积16万平方米，建设产科、月子、恢复、妇科、儿科、母婴保健、康养等中心。二级综合医院和相应专科医院（以主管机构批准为准）	2016.5
3	机械配件生产	河南长兴建设集团有限公司	1.5	火电（炉门、风帽、梳型板等）、水电（卷筒、减速器、滑轮等）、汽车制造配套（拨叉、排挡杆等）、基础建设配套（固定块等）、交通建设配套（楔形线夹、耐张线夹、铜轮等）等行业生产线	2016.5
4	汽车、锅炉部件制造研发基地	四川宝赢汽车部件制造有限公司	1.6	汽车及锅炉部件制造加工生产线	2016.5
5	石杉碱甲及铁皮石斛GMP生产工厂改扩建	自贡天健生物科技有限公司	1.2	石杉碱甲、铁皮石斛产业化基地建设	2016.5

续表9

序号	项目名称	投资企业（个人）	投资总额	建设内容及规模	签约时间
6	中国光大银行股份有限公司自贡分行	中国光大银行股份有限公司	15	设立光大银行自贡分行	2016. 5
7	阿里巴巴跨境电商服务中心	四川麦芽网络技术有限公司	1	利用阿里巴巴品牌、网络、技术、人才以及电商生态资源、扎实的电子商务基础等优势，在建设互联网金融保障、电商人才培训、电商业务、电商生态服务、政策配套等体系方面开展合作	2016. 4
8	设立自贡灯彩文化产业（集团）有限公司	周宪（深圳中科宇兴投资有限公司）	5	国内外灯会展出、中国传统彩灯创意设计制作、仿生恐龙（动物）、机器人、城市亮化、景点景观、园林景观和彩灯艺术产品研发等	2016. 8
9	自贡卧龙湖医养中心一期	张朝阳	2. 4	占地 13. 33 公顷，项目分两期建设。一期占地 5. 33 公顷，投资 2. 4 亿元，建设名中医馆、治胃病中心和配套用房等 7 万平方米，设床位 500 张	2016. 5
10	桑海森林足球公园	哈尔滨一汽变速箱股份有限公司	1	占地 3. 67 公顷，其中 3 块足球场地及配套酒吧、茶坊等，总建筑面积 2252 平方米	2016. 5
11	狮子山公园	杭州市建设工程管理有限公司	1. 6	狮子山公园位于汇东西区，占地 6 公顷，区级综合性开放公园	2016. 5
12	桑海森林湿地公园	哈尔滨一汽变速箱股份有限公司	1. 9	占地 221 公顷，其中湖面及公共绿地 66. 67 公顷，建筑面积 252 万平方米	2016. 4
13	自贡国贸天街	刘宏兵	7	6 栋 4 层商业建筑群组成，6 栋商业裙楼栋栋相连，层层相接，上下互通，多个天井环绕其中，宛若天上街市，故称天街。集购物、休闲、餐饮、娱乐、旅游、展示、运动等业态一体的中央商业街区	2016. 6

续表9

序号	项目名称	投资企业（个人）	投资总额	建设内容及规模	签约时间
14	“COF载带+驱动IC”（覆晶薄膜）一期	深圳粤创控股集团	30	一期投资30亿元，占地3.33公顷，建2条生产线，厂房6万平方米、办公研发楼1万平方米	2016.10
15	智能终端产业园	深圳市南方联合移动通信设备有限公司	7.8	建设10条高速SMT贴片生产线、30条整机组装线、10条包装线及LCD模组	2016.10
16	新能源动力电池	深圳华新电子公司	5	建设4条手机、汽车用锂电池生产线	2016.10
17	手机生产线	宿州朗欣实业公司	5.6	建设4条以上SMT贴片线、20条以上手机整机生产线，年产手机300万部	2016.10
18	工业炉窑黑体节能元件及材料生产线	四川科达节能技术有限公司	1.2	建设年产20万只工业炉窑黑体节能元件及材料生产线	2016.11
19	南充市商业银行股份公司自贡分行	南充市商业银行股份公司	5	设南充市商业银行自贡分行	2016.11
合计			110.8	—	

【优势项目包装】 立足高新区四大功能区和节能环保、装备制造、新材料三大主导产业以及航空与燃机、新能源汽车、电子信息等新兴产业定位，包装节能环保锅炉制造、CNG/LNG新能源成套装备制造、节能环保运输机械装备制造、焊接新材料、新型碳材料、高分子合成材料等产业强链、补链、优链、延链项目。围绕电子信息、生物医药两大培育产业，包装“轨道交通智能化设备和信息系统生产”“LED、OLED显示应用及智能数码生产线”“生物医药产业化生产基地”等项目。更新制作一系列画册和多媒体推介资料，推出中英文版、中德文版，制作《卧龙湖国际旅游度假区推介书》，召开卧龙湖旅游区海汤神泉开业推介会，在省、市报刊、电视台、网站开辟专栏宣传高新区投资环境、储备项目。包装推出81个项目，夯实招商引资基础工作。

【项目储备库】 分析论证产业集聚、产业延伸、产业补缺、上下游产品链，筛选、策划和包装，完善招商项目储备库，储备项目81个，总投资308.5亿元，占地942公顷。其中，节能环保装备制造业项目15个，投资36.3亿元；高端装备制造类项目15个，总投资51.5亿元；汽车产业项目5个，投资27亿元；电子信息产业项目11个，投资60亿元；生物医药产业项目9个，投资30亿元；新材料产业项目8个，投资17亿元；现代服务业项目12个，投资61.5亿元。

【招商引资平台】 推行“全民全员全年”招商机制，构建投资促进局为主、部门、乡（街）联动网络，纳入目标考核，借力省、市和行业协会等招商引资平台，实行“全员招商、全民服务、全面绩效”，营造“大招商、招大商”氛围。实施招商引资“一把手”工程，市委常委、副市长、高新区党工委书记张邦举先后赴深圳、浙江、江苏、安徽、重庆、成都等地，围绕电子信息、新材料、装备制造等产业，到深圳粤海光电技术有限公司、深圳环阳通集团、浙江横店集团、安徽宿州新亚集团等企业“一对一”攻坚，达成“液压轧机系统、精密合金材料研制”“橡胶制品生产基地”“新动力电池项目二期”“光学玻璃”“中科光谷”等合作意向。

【招商引资活动】 根据产业发展趋势，分析产业发展特点和企业投资动态，锁定重点项目企业，走出去请进来招商。参加第六届“携手灯城·龙聚盐都”大型招商会、“川商返乡大会”“中外知名企业四川行活动”“自贡市2016年广深地区招商对接会”“西博会”等招商引资活动，拜访客商100余人，发放高新区宣传推介资料千余册，获取信息50余条。“走出去”招商和小分队招商30余次，赴深圳、重庆、苏州、台湾等地专项招商，考察企业和项目30余个。“请进来”招商80余次，接待客商500余人。

【主导产业招商】 节能环保产业重点对接龙威集团自贡环保净化产业园、佳莱净化材料设备生产基地；装备制造产业重点对接四川宝赢汽车部件制造有限公司、河南长兴建设集团有限公司；生物医药产业重点对接中国科学院天津工业生物技术研究所、四川安益生物科技有限公司，签订《战略合作框架协议》和《招商引资协议书》，共同打造产业化试验基地，推进自贡生物科技产业园建设；电子信息产业重点赴成都考察电子科技大学“功能性机器人”，广州考察广东心里程电子集团数码产品和智慧教育产品区域总部、创业孵化基地、结算中心、财务中心和销售中心，赴深圳考察深圳粤创控股集团“自贡粤创微电子科技产业园”，考察未来科技裸眼3D研发总部及智能电子终端生产基地，赴重庆考察重庆溪洋集团“智能终端电子信息及配件生产制造”等，分别签订“COF载带+驱动IC（覆晶薄膜）”“智能终端产业园”“新能源动力电池”“手机生产线”等项目《招商引资协议书》；新材料产业重点对接美国恒力国际控股有限公司，双方签署共建自贡“石墨烯产业园”合作备忘录；第三产业重点对接阿里巴巴自贡服务站，勤为科技呼叫中心，平安、铁塔自贡公司总部等项目，与英祥房地产开发有限公司签订建设妇女儿童专科医院协议书，高新区业态进一步丰富。

【投资服务管理】 研究国家高新园区企业优惠政策，出台加快产业集群发展、推动科技创新、吸引川籍企业回乡创业等措施。优化投资软环境，落实专人负责项目前期接待、信息搜集、对接洽谈、追踪服务、项目签约、证件收集、后评价管理。1亿元以上项目实行1个管委会领导联系、1个项目联系人、1套VIP标准化服务、1套考核办法。严格按照招商引资协议兑现各项约定，坚持“首问负责制”“一次告知制”“项目官员制”“并联审批制”和“限时办结制”，各部门靠前服务，开辟“绿色通道”，全程免费代办各项手续。项目入驻前，用地达到给水、排水、供气、供电、道路、通信等配套齐全和场地平整“六通一平”条件。符合条件企业，高新区管委会协调金融机构给予投融资扶持，通过国家级高新区平台，帮助企业向上争取各类专项资金，高新区设立专项资金鼓励企业创新发展、做大做强、上市融资。完善项目管理制度，实施招商引资项目后评价制度、租售厂房准入制度，招商引资项目进行源头管理和引资效果评价，清理未按招商引资协议约定履约企业，解除招商引资协议 1 个，办理 10 余家企业厂房租售。

【生物科技产业园协议签订】 4 月 29 日，市政府与中国科学院天津工业生物技术研究所签订投资 5 亿元在板仓工业园区建设自贡生物科技产业园战略合作框架协议。天津工业生物技术研究所为自贡建设“自贡生物科技产业园”提供技术、人才支撑，促进自贡形成生物医药、生物保健品、生物食品、生物农药为下游产业的生物产业集群。市委常委、市人民政府副市长、高新区党工委书记王猛主持签约仪式，市委书记李刚，市委副书记、市政府市长刘永湘，市人大常委会副主任詹勇，市政协副主席常玉华出席。签约仪式结束后，举办《白色生物技术与绿色经济发展》报告会。

【安益生物公司与以色列签订协议】 5 月 25 日至 6 月 3 日，四川安益生物科技有限公司与以色列签订多项合作协议。协议包括：与英飞尼迪集团签订共同成立生物领域战略投资基金，用于生物领域研发、生物技术成果转化、生产等；与特拉维夫大学签订生物领域联合研发、生物技术成果转化合作协议；与 Hadasit 生物技术公司、希伯来大学和丹投资公司签订生物技术转让、生物技术投资合作协议。省委副书记、省长尹力，以色列驻成都领事馆总领事蓝天铭等出席签约仪式。

【集中 2 次签约 9 个项目】 10 月 9 日，高新区招商引资项目集中签约仪式在檀木林城市名人酒店举行，高新区管委会与 5 家企业签订协议书。其中，信息产业项目 4 个，医疗卫生服务项目 1 个，总投资约 108 亿元。深圳粤创控股集团投资的“COF 载带+驱动 IC”（覆晶薄膜）是签约项目中规模最大项目，总投资 80 亿元，占地 85.33 公顷，分三期投建 8 条生产线，拥有先进的 COF 载带+驱动 IC 设计、封装、测试技术，产品需求量大，市场前景广阔，主要供应三星集团、LG 集团、京东方、台湾友达等企业。新超越集团投资 7.8 亿元“智能终端产业园”，深圳华新电子有限公司投资“新能源动力电池”，宿州市朗欣实业有限公司投资“手机生产线”，湖南英祥房地产开发有限公司投资妇女儿童专科医院项目。市委常委、常务副市长、高新区党工委书记王猛主持签约仪式。市委书记李刚，市委副书记、市长刘永湘，市委常委、副市长李红强出席签约仪式。11 月 9 日，高新区在汇东大酒店集中签约 4 个项目引资 46.5 亿元，其中工业 2 个、金融 1 个、文化产业 1 个。深圳市粤海光电技术有限公司“显示器面板及模组”投资 6 亿元，建设 2 条显示器面板及模组生产线；中国光大银行股份有限公司自贡分行引进战略投融资 40 亿元；四川科达节能技术有限公司“年产 20 万只工业炉窑黑体节能元件及材料生产线”和深圳中科宇兴投资有限公司投资自贡彩灯文化产业（集团）有限公司项目。市委书记李刚，副市长、高新区党工委书记张邦举出席签约仪式。

【“石墨烯产业园”协议签订】 10 月 20 日，市政府与美国恒力国际控股公司签署共建自贡“石墨烯产业园”合作备忘录。备忘录明确，在高新区统筹规划建设石墨烯产业园，重点围绕石墨烯新材料规模化制备、产品应用及产业化、人才及项目引进和成果转化等 4 个领域开展合作，分步实施“石墨烯+”项目，实现技术与资本融合、技术和应用协调发展。市委书记李刚，市委副书记、市长刘永湘，环球石墨烯集团有限公司总经理爱德华·陈等出席签约仪式。11 月 2 日，高新区管委会与安固强材料集团有限公司和恒力国际控股有限公司签订投资“石墨烯产业园”合作协议书，项目投资 31 亿元，占地 33.33 公顷，分三期建设。其中，第一期投资 10 亿元建设石墨烯前驱体大规模化生产，第二期投资 11 亿元建设石墨烯在汽车方面应用项目，第三期投资 10 亿元用于石墨烯其他领域应用产品生产。

【深圳签约 4 个项目】 12 月 22 日，高新区招商引资项目集中签约仪式在深圳圣淘沙酒店翡翠厅举行，四川美为食品有限公司“食品生产”、深圳百川源科技集团股份有限公司“电声产业园”、深圳市佳莱净化技术有限公司“净化材料设备生产基地”和深圳市通成宏业科技有限公司“线材生产”4 个项目签约，总投资 18.4 亿元。市委书记李刚，市委常委、高新区党工委书记张邦举等出席签约仪式。

（龚玲玲）

财　政

【概述】 主动适应经济发展新常态，牢牢把握“从严从实”新要求，坚持稳增长、调结构、惠民生、防风险，克服宏观经济下行压力持续，民生、社会事业、产业扶持和开发建设支出持续增长，落实积极财政政策，完善预算管理制度，推进预算公开透明；着力改善民生，坚持厉行节约，强化财政收入征管，严格控制一般性支出；加强财政管理，坚持依法理财，严肃财经纪律，提高财政资金使用效益；加强地方政府性债务管理，强化风险防控，促进财政持续健康发展。高新区本级财政总收入 21.7 亿元，增长 97.59%。其中，地方公共财政预算收入 3.24 亿元，比上年增长 11.64%；基金预算收入 18.46 亿元，增长 128.45%。上划中央、省、市收入 14.48 亿元，比上年下降 2.53%。财政总支出 42.4 亿元，其中地方公共财政预算支出 12.44 亿元，比上年增加 3.82 万元，增长 44.32%；基金支出 19.12 亿元，比上年增加 12.44 亿元，增长 185.59%；债务还本支出 10.84 亿元。支出产业扶持专项资金 1.33 亿元，比上年增长 6900 元，增长 108%；建设性支出（含征地、拆迁、安置）32.94 亿元，比上年增加 5 亿元，增长 17.9%。分析研判国家、省财政政策走向及资金安排取向，着力研究均衡性财力转移支付政策，夯实基础数据，争取支持，上级财政累计拨付资金 3.56 亿元，比上年增长 362%。

2016 年自贡高新区财政收支统计表

表 10　　　　单位：万元、%

指标	完成	增长
一、高新区本级收入合计	216952	97.59
其中：1. 公共财政预算收入	32386	11.64
税收性收入	16086	-4.4
非税收入	16300	33.87
2. 基金预算收入	184566	128.45
二、高新区本级财政支出合计	423956	177.03
其中：1. 公共财政预算支出	12436	44.32
一般公共服务支出	9303	38.9
农林水事务支出	687	2.23
教育支出	16762	15.91
社会保障支出	6526	-8.66
医疗卫生支出	2289	5.78
城乡社区事务支出	28316	155.91
科学技术支出	6506	-68.3
2. 基金预算支出	191208	185.59
3. 债务还本支出	108390	—
三、财政总收入	361783	40.02
国税收入	62279	28.71
地税收入	99038	-15.65
税务部门组织收入	200466	116.52

【预算编制】 了解各部门、单位 2015 年预算及执行中存在问题，清理和压缩部门历年结转结余资金，研究分析有关规定和办法执行效果，涉及政策性问题进行专题调查研究，规范细化预算科目。按“三上三下”程序编制预算，“二上二下”过程中与部门、单位沟通，对接核实人员、公用、事业、建设等项目，不重不漏，项目清晰，提高预算编制科学性、准确性。编制《2016 年高新区财政预算》，报送党政办公会审议通过后，发送各预算单位按照预算安排执行。完善预算编制管理体系，按照新《预算法》要求，编制和反映全区年度财政收支预算，包括公共预算收支、政府性基金预算收支和财政专户收支，促进全区财政综合预算统一管理，实现“收入一个笼子、预算一个盘子、资金一个口子”。

【财政收入组织】 按照“抓紧、抓早、抓实”要求和全区公共预算收入增长目标，收入任务细化分解到征管部门，纳入季度考核。关注宏观经济形势和国家税收政策变化，搞好税源调研、分析、研究，分析影响收入不利因素，及时采取稳收入措施。跟踪骨干税源、重大项目税收、重点税种“三重”征收管理，追缴清欠，主体税种和零散税收征管并重，应征尽征，均衡入库，不征过头税（费）。深化“收支两条线”管理改革，挖掘非税收入潜力，督促收入及时缴库。培育重点产业，蓄发收入后劲，继续抓好房地产市场培育。

【支出结构优化】 强化财政支出管理和资金调度，突出民生改善、社会事业发展、产业培育和基础设施建设等重点领域支出保障。做好社会救助和社会福利工作，保障最低生活保障、再就业、困难救助、失地农民保险等政策落实到位。支出社会救助和社会福利资金3.01亿元，其中最低生活保障1452.7万元，再就业435万元，困难救助496万元，失地农民养老保险1.63亿元。坚持教育优先发展，完善义务教育经费保障机制，学前教育投入力度加大，保障汇东实验学校南湖校区二期、卫坪中心校、汇兴小学二期建设和现有校区改造，教育总支出2.22亿元，同比增长5.1%，其中教育事业支出1.68亿元，同比增长15.9%；教育事业建设支出3591.96万元，同比下降18.54%。文化卫生医疗事业和食品安全监管工作支出2815万元。产业发展培育、招商引资、项目奖励、企业上市奖励、贷款贴息、创新补助等扶持支出1.33亿元，同比增长107.81%。政府性投资基础设施建设项目支出17.29亿元，同比增长35.32%，其中安置房（含棚户区）建设支出7.22亿元，同比增长75.67%。

【财政资金管理】 统计、审核全区现有财政专户，加强财政资金银行账户管理，开展财政资金安全检查，从5个方面自查和检查，完善财政资金内部管理，细化资金运行每个环节管理制度，查堵管理漏洞，防范财政资金风险，保障财政资金安全运行。调查11个独立核算单位，完成预算单位内部控制基础性评价。抽查29个单位，纠正管理中存在问题。继续推进大平台动态监控系统和公务卡改革工作，健全预算动态监控系统规程。2016年，财政直接支付业务2665笔，金额37.67亿元；财政授权支付1.02万笔，金额2.86亿元。动态监控处理疑似违规支付174笔，金额5544.22万元，纠偏误操作支付77万元；工资直发8985.2万元。继续推广公务卡结算方式，区本级383个预算单位采用公务卡结算，新增公务卡90张，累计855张，公务卡刷卡报销1751笔，金额279.71万元，比上年增加31.37万元，增长13%。

【国有资产管理】 建立行政事业单位资产管理信息系统（二期）基础信息库，清理评估板仓保障性住房（公租房）、南湖生态城部分公交站台候车亭附属广告资源、汇东公园地下停车场和金苹果幼稚园资产注入高新投资公司。理顺国有资产管理关系，清理各单位国有资产，整合调配，使资产使用单位和管理单位一致，明晰产权和管理关系。协调汇东公司与中国农发重点建设基金有限公司签署《中国农发重点建设基金投资协议》有关事宜。

【政府性债务管理】 把控制和化解政府性债务风险作为财政工作重要任务，着力抓好政府债务风险防控，防范高新区开发建设系统性风险。出台《高新区政府性债务暂行管理办法》，把政府性债务全口径纳入预算管理，按规定合理举债，控制债务规模。加强运行风险分析，把握政策，研判变化和趋势，减少政策变化和经济因素波动影响。编制高新区2016—2019年全口径收支平衡表，按四大功能区、运转、平台公司等板块分类分析评估，实现中央经济工作会议“把地方政府性债务分门别类纳入全口径预算管理”要求，提供高新区开发建设依据。做好债券发行基础工作，稳步推进存量债务置换，争取新增政府债券额度，2016 年争取到位地方政府置换债券资金 10.84 亿元，地方政府新增债券 6200 万元，高新区开发建设资金压力缓解。

【财政评审】 强化政府投资和专项支出预算约束，制定《高新区财政投资评审工作相关事宜的通知》《高新区财政投资评审审批程序有关问题通知》《高新区财政局关于高新区财政评审有关工作暂行规定》《高新区财政投资评审管理试行办法》《高新区财政投资评审操作规程》等，制度上明确评审责任、时限、流程，增强评审透明度。委托评审老旧小区电力设施改造工程、南环路至通达南街紫荆城邦绿化隔离带工程等项目，全年委托评审项目 54 个，完成评审项目 42 个，送审金额 2.89 亿元，审定金额 2.71 亿元，审减 1841.67 万元，审减率 6.37%。

【政府采购】 执行四川省 2016 年出台相关政策，政府采购公开、公平、公正。拓展采购方式，提高采购效率，推行协议供货制度，提高资金效益。全年办理政府采购 565 件，采购金额 5916.5 万元，节约资金 810 万元，节约率 13.69%。

【“三公”经费】 压缩一般性工作经费，控制“三公”经费支出，降低行政运行成本。2016 年，高新区行政单位（含参照公务员法管理事业单位）、事业单位和其他单位使用财政拨款安排“三公”经费预算总额 690 万元，其中公务接待费 90 万元，占 13.04%；公务用车购置及运行维护费 600 万元，占 86.96%。决算总额 456 万元，其中公务接待费 77 万元，占 16.89%；公务用车购置及运行维护费 379 万元，占 83.11%。

【财务检查】 接受市财政局“严肃财经纪律、落实监管责任、确保资金安全”专项整治检查。开展盘活财政存量资金、税收收入征缴及退付、农村公共服务运行维护补助资金检查；整治私设“小金库”及滥发钱物问题，自查面 100%，重点抽查 29 个单位，占 30%。纠正存在问题，向 9 家单位下达处理意见，下发行政建议书 9 份，收缴违纪违规资金 12.72 万元。

【政府购买公共服务改革】 2016 年，试点政府购买公共服务，在幼教、审计、物业、环卫、养老、环境保护、社区矫正、社区服务等方面开展政府购买公共服务。公共服务项目涉及预算 3859.82 万元，实际采购金额 3319.45 万元，节约资金 540.38 万元，节约率 14%。

【财政改革与队伍建设】 加强财政队伍建设，把纪律约束作为硬性要求，努力造就一支政治素质高、业务水平过硬的财政队伍。定期召开理论政策学习会、业务讨论会、思想交流会，重视制度建设、典型教育、严格监管，廉政建设贯穿每一环节，细化每一岗位。重视财政财务人员理财能力提升，组织财政干部职工到财经高校、上级部门培训，其他区（县）学习交流，定期召开基层预算单位财务人员培训会。

（熊开荣）

国家税务

【概述】 截至 2016 年年底，高新区国税局承担着 1.01 万户纳税人税收征管工作，其中一般纳税人 1903 户，小规模纳税人 2663 户，个体工商户 5560 户。2016 年，在面临经济下行、落实政策减收等多重压力下，始终坚持组织收入为中心，推进“营改增”改革试点，“稳增长、促改革、提绩效、争一流”工作基调，抓好税源分析预测，加强重点税源监控，做好零散税源征管，加大纳税评估力度，全力以赴组织收入。全年组织税收收入 6.23 亿元，比上年增收 1.37 亿元，增长 28.38%。其中，增值税 5.6 亿元，企业所得税 5989 万元，消费税 81 万元，个人所得税 1500 元。完成地方级收入 1.79 亿元，比上年增收 6632 万元，增长 58.96%；区级收入 3576 万元，比上年增收 1326 万元，增长 58.96%。国税收入首次突破 6 亿元。

【收入特点】 从税种结构来看，国税税种构成一直由增值税“独撑”天下，缺乏消费税增长拉动。2016 年增值税累计入库 5.6 亿元，占税收总量 90.23%。从行业结构看，传统产业、低技术含量和低附加值产业依然占据主导地位，高新技术产业发展相对滞后，这一现象成为影响国税收入增长直接因素。2016 年，通用设备制造业、批发和零售业、房地产三大传统行业税收收入占国税收入 66%。从产业结构看，二、三产业尚欠合力推进、共同支撑发展格局。

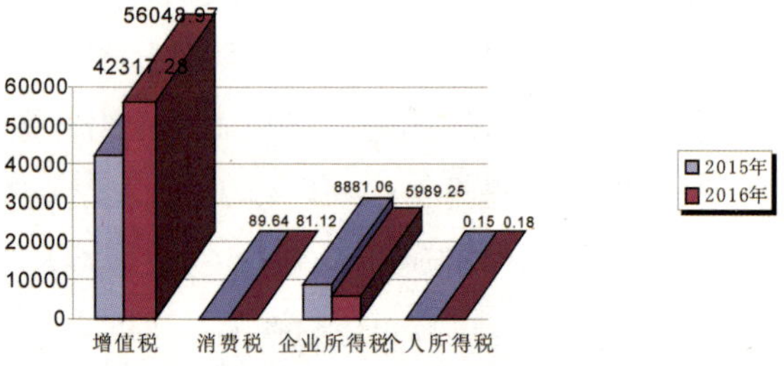

2016 年—2015 年分税种完成对比图

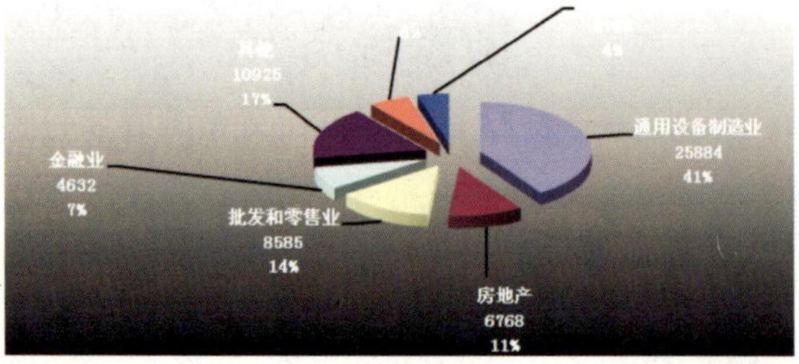

2015 年、2016 年自贡高新区各行业税收完成比重图

【依法治税】 以创建“四川省国税系统依法行政示范单位”为依托，开展税收法治文化建设活动，打造“快乐纳税 · 快乐服务”法治品牌，落实执法责任追究制，规范税收执法行为，执法正确率持续保持 100%。开展第 25 个税收宣传月和日常税收宣传，依托 QQ 群、税信通、微博、《纳税服务》电子期刊等信息化宣传平台扩大税收宣传范围，营造依法纳税和协税护税氛围。按照内外并举、综合治理，纠建并举，规范税收执法，提升依法行政能力。开展税收检查、打击出口骗税、发票违法犯罪活动，整治优化税收秩序。加强与地税、工商等部门信息共享、沟通协作，交换涉税信息 3.01 万条，查补税款 6597.31 万元。高新区国税局创建成“四川省国税系统法治税务示范基地”。

【税收征管】 深化国税地税合作，建立组织领导、联席会议、合作考核 3 项机制，打造联合办税厅，携手宣传辅导，维护纳税人权益，促进纳税服务深度融合，形成“进一家门、办两家事”格局。清理征管基础信息，税务登记完整率 99.16%，税务登记差错率为零，财务报表采集率 82.67%，未按期申报催报率和未按期缴纳税款催缴率 100%。税源管理转移到风险管理上，突出 3 类重点纳税人分类风险排查：商贸一般纳税人税务登记法人代表、财务负责人及办税人员为市外身份证信息纳税人，排查开票及申报情况；根据市局发布的税收风险管理情况报告对“金税三期”和防伪税控中税控器具授权信息不匹配情况，开展逐户排查；增值税专用发票用量大纳税人，逐一排查用票信息、申报信息、购销品名、购销对象、购销距离等，综合判断企业税收情况，化解潜在风险。全年完成风险应对 91 家次，实行欠税催报催缴，加强欠税企业发票使用监控，入库税款及滞纳金 3103.54 万元，其中当年欠 233.54 万元，往年陈欠 2870 万元。推进征管信息化建设，作为全市“金税三期”双轨上线运行唯一试点单位，广泛宣传，优化服务，1 月 8 日，“金税三期”首日单轨运行。组织“三证合一”新增市场主体税收管理调研，安装一户培训一户，保证增值税发票系统升级版试点纳税人正确操作使用。

2016年自贡高新区国税收入前10位企业一览表

表11　　单位：万元

纳税人名称	纳税金额
华西能源工业股份有限公司	12462.62
四川省自贡运输机械集团股份有限公司	8745.89
四川川润动力设备有限公司	2172.48
中国农业银行股份有限公司自贡分行	1361.5
自贡电力建设集团有限公司	1240.47
四川友华房地产开发有限公司	1152.11
自贡市远达房地产开发有限公司项目一部	954.4
华西能源工程有限公司	926.01
四川成自泸高速公路开发有限责任公司	902.69
自贡市川力科技股份有限公司	853.43
合　计	30771.6

【“营改增”平稳过渡】　开展“营改增”攻坚，完成“营改增”改革试点。5月1日开出全市第一张营改增增值税发票。完成国地税移交营改增纳税人3842户，承担地税部门代征税款税控器具发行、发票配发及后续管理工作。全年建筑业、房地产业、金融业、生活服务业四大行业营改增税收1.47亿元。

【纳税服务】　适应“营改增”业务需求，升级服务硬环境，改造办税服务大厅，规范标识设置，增设5个办税服务窗口，扩大纳税人自助办理服务区，配备导税员和咨询员。优化服务软环境，开展税务干部职工礼仪培训，设置意见簿听取意见建议和涉税需求，开展政策辅导和培训，纳税人学校举办培训17期，培训纳税人3000人次。推出“微信预约办税服务”通道，提供“互联网+”个性化服务，纳税人“触手可及”办税，实现随到随办、随办随走，办税服务效率和纳税人满意度提高。月均受理纳税业务2万余件，即办率90%以上。办税服务大厅代开发票1.36万张，开具完税凭证1653份，新办纳税人2643户，答复纳税人咨询上万次，实现“零过错投诉”“零负面曝光”“零人为差错”优质服务。

【税收优惠】　国家出台的各项稳增长措施，特别是小微企业税收优惠等政策落实到户，减轻企业负担，发挥税收优惠政策对地方经济发展支持和调节导向作用。办理出口退（免）税3029.53万元，其中出口退税923.29万元，办理免抵调库2406.24万元。办理税收减免1.43亿元，其中，高新技术企业减免1422.99万元，民政福利企业、软件企业和资源综合利用企业减免358.6万元，未达起征点和小微企业增值税减免1992.99万元，小型微利企业减免134.01万元，西部大开发减免890.89万元，其他减免9489.85万元。

【队伍建设】　制定《2016年绩效考评指标》4.0版、《个人绩效实施细则》等制度，明确绩效加减分项目，强化过程监督。把“人才兴税”作为干事创业根基，选任股、室负责人3人。开展“两学一做”教育活动，组织党课培训、专题座谈讨论。会计从业资格、初级会计职称考试3人取得初级会计职称，攻读硕士学位1人，参加市国税局业务比武9人。高新区国税局党委被评为全市先进基层党组织。

（钱思琪）

地方税务

【概述】　坚持“一二三四五”（围绕“一个中心”，服务地方经济发展；坚持“双管齐下”，推进税收管理规范；抓住“三个重点”，征管主业夯基提效；推进“四化建设”，加速税收征管改革；强化“五项保障”，提升综合管理能力）工作思路，主动增强“六种意识”（政治意识、法治意识、担当意识、服务意识、文化意识、清廉意识），做好优化服务促发展和组织收入保财政两项重点工作，以组织收入为中心，强化税源管理，优化税收服务，深化依法行政，发挥地方税收在支持深化改革，保证地方财政收入作用。截至2016年年底，高新区地方税务纳税人8524户，其中个体工商户4425户。全年入库总收入10.05亿元，比上年减收1.97亿元，下降16.39%。其中，税收收入9.46亿元，比上年减收1.86亿元，下降16.41%（扣除“营改增”直接减收2.62亿，比上年增收7600万元，增长8.73%）；基金附加收入5860万元，比上年减收1132万元，下降16.19%。区级公共财政预算收入1.29亿元，比上年减收2097万元，下降14.24%%。

2016年自贡高新区地方税务收入情况表

表12　　单位：万元

项　目	收　入	项　目	收　入
收入总计	100496	11. 耕地占用税	1657
（一）税收收入	94636	12. 契税	21393
1. 营业税	24137	13. 代征增值税	508
（1）金融保险业营业税	2544	（二）基金附加收入	5860
（2）其他营业税	21593	1. 教育费附加	2166
2. 企业所得税	9537	2. 地方教育费附加	1433
3. 个人所得税	12100	3. 残疾人保障基金	785
4. 资源税	7	4. 文化建设事业费	15
5. 城市维护建设税	5113	5. 食品价调基金	163
6. 房产税	4318	6. 工会经费	1295
7. 印花税	1289	7. 税务部门罚没收入	3
8. 城镇土地使用税	6263	省级税收	16823
9. 土地增值税	5586	市级一般预算收入	50494
10. 车船税	2728	区级一般预算收入	12908

【依法治税】　规范表证单书，梳理、调整征管业务流程，调整岗位职责，完善内控制度，强化执法督查，健全涉及权力运行所有环节制度规范，规范行政行为和自由裁量权，完善风险防控机制，推进依法行政示范单位创建。深化国地税合作，开展税法宣传月活动，联合开展大企业纳税评估和日常税收检查，探索建立打击发票违法犯罪、纳税评估以及重点领域和关键行业专项检查方面合作，移交涉税疑点，打击税收违法行为。推进“营改增”工作，向高新区国税局移交纳税人基本信息2883户。评估驾校、劳务派遣等行业，检查餐饮、娱乐、住宿等行业66家，查补税款9.23万元。查处一企业使用他人证件少缴个人所得税案，补缴

个人所得4479.99元，罚款2240元。

【税收征管】 开展税源调查、税收分析和预测，增强组织收入前瞻性。分解收入计划，健全税源季、月、旬、周分析报告制度，跟踪了解组织收入中存在问题，统筹指导组织收入。实行领导包片责任制，定人员、定目标、定责任，强化绩效考核和奖惩问责。深入重点企业解剖分析企业生产、销售、资金及税收收入等增减变化，加强涉税信息各个节点控制管理，板仓工业园区入库税收收入1.46亿元，比上年增长9.99%。夯实一般税源征管基础，加强个体、零散税源管理，6户纳税人查补超定额税款4.4万元，调整132家餐饮、住宿业纳税人定额，调增营业额324.6万元。完成824户纳税人汇算清缴工作，汇算清缴100%，补缴税款1962.7万元。加强高收入人群个人所得税征管，年收入12万元以上1960人申报应纳税额5003.08万元。收集、处理两处以上取得收入信息1339条，查补入库个人所得税12.8元。

2016年高新区地方税收前10位企业

表13 单位：万元

纳税人名称	纳税金额
自贡市城市建设投资开发集团有限公司	4073.48
自贡高新国有资本投资运营集团有限公司	4000.12
自贡中港文化旅游投资开发有限公司	3915.76
自贡市岭海房地产有限公司	3454.36
自贡诺亚金融服务有限公司	3245.77
四川友华房地产开发有限公司	3235.55
四川自贡汇东发展股份有限公司	3141.35
华西能源工业有限公司	2800.21
华西能源工业股份有限公司	1916.95
自贡市晶泽实业有限公司	1750.91
合　计	31534.47

【纳税服务】 调查纳税人需求，开办纳税人涉税业务、自然人股权转让、企业所得税年度汇算等培训8期，培训纳税人1000余户次。围绕“聚焦营改增试点助力供给侧改革”主题，开展上门送税法活动，依托互联网平台搭建“网上办税QQ在线交流群”，架起与纳税人面对面沟通桥梁。开展简化报表、资料提供、个体工商户定额管理以及第三方涉税信息采集等自查，梳理简并涉税资料，减轻税务人员和纳税人负担，提高办税效率。开展“互联网+”办税行动，拓展网上办税、信息查询、业务咨询、公众互动等网上办税服务。推进电子申报纳税，开通网报纳税人3917户，开通率96.5%；网报3725户，网报率88.09%；强化个人所得税全员全额明细上线申报3535户，申报覆盖率86.88%。

【税收优惠】 落实结构调整、科技创新、促进消费、保障民生等税收政策，发挥税收优惠政策对地方经济发展支持助推和调节导向作用，促进经济发展。2016年，减免113户企业纳税人税收3998.33万元，其中企业所得税3928.6万元，土地使用税69.73万元，促进企业技术创新和技术进步，推动产业结构升级。为退役士兵、残疾人、起征点以下等3000余户个体工商户，减免税收1285万元，释放政策红利。

【队伍建设】坚持制度为本，完善个人绩效管理制度，制定《干部职工教育培训计划》，构建干部成长、事业发展制度保障。坚持善待为先，开展摄影、书画、刺绣作品展示，创作音乐快板《盐都桑税赋新篇》，共诵《自贡地税赋》，以政治激励、人文关怀、文化引领，增强队伍凝聚力和归属感。坚持严管为重，开展形势、理想、廉政和税收职业道德教育，深化作风建设，弘扬清风正气。践行“两学一做”，参加税收、财会、法规、计算机操作等培训56

人次，提升队伍整体素质。

（邹　志）

金融·保险·证券

【概述】　自贡高新区金融、保险、证券机构由市行业主管部门管理。高新区是全市金融、保险、证券机构聚集区，中国银行、农业银行、农业发展银行、邮政储蓄银行自贡分行设在高新区，各银行在高新区设立支行或营业部、营业网点74家，证券营业部8家，保险公司23家。2016年，高新区辖区金融机构贯彻落实稳健货币政策，坚持以“服务实体经济、促进金融产业”为主线，立足国家高新区平台优势和政策优势，扩大社会融资，防范金融风险，持续加大重点工程和新兴产业支持力度，促进高新区经济转型升级，金融运行总体保持稳中有进态势。

【金融服务】　贯彻落实金融政策，完善金融服务体系，建立金融补偿机制，改善区域金融环境。组织企业参加银企对接话3次，其中市以上2次，高新区管委会组织1次。创新和拓展新型融资渠道，与证券、银行、基金等机构密切合作关系，培养观念较新、融资能力较强专业团队，探索构建中小企业融资担保平台，提升直接融资比重，自贡高新投资公司非公开发行公司债10亿元。完善金融统计体系，开通自贡金融信息服务互联网平台，完成担保、小额贷款行业年度决算报表、季度快报审核汇总上报和规模以上工业、商贸企业直接融资、其他融资数据统计报送。运用已有资源和融资渠道，帮助企业协调解决融资难问题，企业新增融资5亿元。落实《高新区工业企业应急临时周转金方案》，为25家企业续贷提供周转资金5.49亿元。推进科技金融结合创新试点，引导金融资源向科技产业倾斜。兑现金融创新突出贡献奖、企业上市奖、引入金融机构租房补贴、固定资产投资项目贷款补贴1306.98万元。

【非法集资防范打击】　持续坚持防范和处置非法集资工作，开展防范打击非法集资宣传月活动，重点宣传非法集资涉及法律问题、刑事、民事案件处理案例，引导和提高公众对非法集资危害性认识，营造防范打击非法集资舆论氛围，从源头上遏制非法集资案件发生。逐户检查区内6家融资担保公司、3家小额贷款公司，走访212家企业，开展互联网金融风险整治，核实违法立案查处5件。

11月27日，省打击和处置非法集资领导小组办公室到方冲社区调研

【“新三板”挂牌企业3家】　2016年，高新区内3家企业获准在全国中小企业股份转让系统挂牌。5月24日，自贡市川力科技股份有限公司获准挂牌（股票代码：837581）。该公司1995年成立，是集开发、研究、生产各类机油泵、水泵及通机油泵的国家级高新技术企业，通过ISO 9001、TS 16949国际质量管理体系认证和ISO 14000环境管理体系认证，授予四川名牌产品称号，“川力”商标被评为省著名商标。8月24日，四川升拓检测技术股份有限公司获准挂牌（股票代码：839148）。该公司2004年注册入驻高新区孵化园，拥有10多项发明专利和实用新型专利，牵头制定2项国家

标准和多项行业标准，产品、技术居世界领先水平。12月14日，自贡海天文化股份有限公司获准挂牌（股票代码：870359），成为中国彩灯首家挂牌上市公司。该公司1998年成立，注册资本1450万元，主营彩灯文化创意、设计、制作；彩灯文化创意衍生品研发、生产与营销；文化传播、交流与推广等。该公司获“全国十大节庆企业”“四川省文化产业骨干企业”“全国十大文化企业”“文化部优秀出口文化产品和服务项目企业”等。

（财政金融局）

【中国银行自贡分行】 2016年，实现净利润1.71亿元，比上年增加830.16万元，增长5.11%；实现净利息收入2.08亿元，比上年减少1995.84万元，下降8.74%；实现中间业务净收入5277.31万元，比上年增加1272.37万元，增长31.77%。年末，本外币各项存款余额108.66亿元，比年初减少17.06亿元，下降13.57%；本外币核心存款市场份额20.88%，余额排名第三位（四大行，下同），市场份额较年初下降3.64个百分点。本外币贷款余额37.59亿元，比年初减少4.57亿元，下降10.85%。其中人民币贷款余额37.58亿元，比年初下降10.85%；外币贷款余额5.17亿元，比年初下降6.31%。本外币贷款市场份额14.6%，比年初下降2.53个百分点。其中，公司贷款市场份额14.14%，余额排名第三位；零售贷款市场份额15.07%，月排名第四位。地址：丹桂北大街179号。

（中行自贡分行）

【农业银行自贡分行】 2016年年末，各项存款余额192.06亿元，比年初增加21.66亿元，在“工农中建”四大行中，存量、增量分别占比36.94%、272.66%，居首位；各项贷款余额108.43亿元，比年初增加7.77亿元，贷款存量、增量“四大行”分别占比42.13%、68.99%，保持第一位。全年上报省市重点项目贷款金额88.86亿元，通过审批重点项目金额68.79亿元，实现投放20.17亿元。创新产品支持地方政府减负，审批一类债置换业务5.4亿元，在全省率先采用“政府增信”服务“三农”新模式支持小微企业发展。推广市场上唯一针对农民进城购房设计的农民安家贷，累计发放3亿元。年末，法人贷款余额66.64亿元，占“四大行”法人贷款总额51.29%，其中传统特色产业和小微企业贷款20.6亿元，生物医药、航空燃机、装备制造、新材料龙头企业项目建设贷款11.3亿元。为37户企业办理政府应急资金转贷9.03亿元，下调12家困难企业贷款利率，减收企业利息600万元，减免20余户企业顾问费上千万元。省级农业产业化龙头企业金融覆盖率95%，投放贷款3.4亿元；支持124个专业合作社、家庭农场、种养大户等新型经营主体惠农贷3000万元；建成助农取款点2471个，覆盖全市80%行政村。发放建档立卡贫困户456户个人贷款4290万元、6043户授信1.88亿元，新增小额扶贫贷款207户884万元，发放水利工程贷款1.59亿元。个人贷款净增6.33亿元，比上年增加1.5亿元。新建离行式自助银行3个，离行式自助银行总数31个。地址：汇东路261号。

（农行自贡分行）

【农业发展银行自贡分行】 2016年，累计投放各类贷款20.45亿元；年末贷款余额62.74亿元，比年初增加13.85亿元，增长28.32%，排名全省第四名。投放粮油贷款1.01亿元，收储、轮换、销售粮油2万吨。辖内4个机构均被确认为异地搬迁主办行，到位异地搬迁资金1.94亿元，支付资金1.14亿元，支付率58.76%。以棚户区改造和水利建设为突破口，支持政府平台公司10家，项目21个，累计投放中长期贷款19.41亿元，重大项目信贷支持力度位列全市银行之首。分6批投放农业发展重点建设基金16.94亿元，提供小井沟水利工程、沱江河道整治、荣县棚户区改造低成本资本金支持，解决项目资本及建设资金融资渠道。全年各项收入比上年增加4069万元，各项财务支持1.88亿元，实现账面利润1.16亿元，比上年增加3412万元，增长41.78%。地址：丹桂北大街433号。

（农发行自贡分行）

【邮政储蓄银行自贡市分行】 2016年末，辖3个一级支行164个营业网点。全年实现收入2.69亿元，列全省第八位；利润1.29亿元，列全省第4位。年末，各项存款余额221亿元，净增29.83亿元；信贷余额40亿元，净增9.21亿元，累计投放33.85亿元，比上年增加7.25亿元。逾期贷款3886万元，逾期率1.01%；不良贷款3362亿元，不良率0.87%，风险总体可控。地址：丹桂北大街541号。

（储蓄银行自贡分行）

【自贡中成村镇银行股份有限公司】 设一级支行7个、二级支行2个。2016年年末，各项存款余额5.56亿元，各项贷款余额8.46亿元，存贷比87.43%，涉农贷款比率87.18%，小微贷款比率65.35%。资本充足率14.18%，核心资本充足率13.1%；人民币超额备付率4.26%，不良贷款率1.77%；资产利润率（折年）0.06%，成本收入比84.48%，净利差（折年）3.95%。客户2万余户，比年初净增加3000户，增长17.59%；贷款1900户，比上年增加248户，增长15.01%；贷款户均45万元，比年初减少3.4万元，下降7.02%。公司类贷款客户62户，贷款余额2.1亿元，占24.87%；个人类贷款1845户，贷款余额6.37亿元，比年初增长23.98%；保证类贷款余额1.58亿元，占18.68%；抵押类贷款5.41亿元，占63.93%，比年初增加8000万元，增长17.43%；涉农贷款余额7.38亿元，比年初增加4300万元，增长6.19%；小额贷款余额5.53亿元，比年初增加3400万元，增长6.55%。全年贷款增量中，涉农和小微贷款增量分别占98.66%和79.15%。存款日均6.19亿元，比上年增加1.21亿元，增长24.3%。全年利息净收入4096.47万元，非利息净收入减少26.8万元，中间业务净收入减少28.2万元，累计净利润63.63万元。地址：春华路汇东·阅城。

（自贡中成村镇银行）

【乐山市商业银行自贡分行】 截至2016年年末，在自贡开业富顺支行、荣县支行，筹备成立龙湖社区支行，金融服务与网点进一步延伸。主要推出“诚相贷”农户贷款、“好相贷”个人贷款、“快易贷”小企贷款等金融服务和“财富通-稳赢”系列理财产品，年末，分行各项存款余额13.8亿元，各项贷款余额9.74亿元，与逾100家企业建立信贷关系。地址：兴川南街1号南湖公馆3栋。

（乐山商行自贡分行）

【攀枝花市商业银行自贡分行】 2016年，新设富顺支行、南湖社区支行、西林街支行。年末，分行资产总计13.08亿元，比年初增加2.48亿元，增长26.07%；各项存款余额12.14亿元，比年初增加3.59亿元，增长41.92%，其中储蓄存款余额2.63亿元，比年初增加1.51亿元，增长134.58%；各项授信余额9.04亿元，比年初增加2.56亿元，增长39.5%；收息率98.4%；报表净利润545万元；上缴税收840万元。地址：龙汇南街1号。

（攀枝花商行自贡分行）

【南充市商业银行自贡分行】 2016年，资产总额3.33亿元，比年初增长98%；存款余额（含保本）2.91亿元，比年初增长302.32%，其中公司存款1.66亿元，比年初增长206.26%；储蓄存款1.25亿元，比年初增长591.52%。各项贷款1.91亿元，收息率98.4%；报表净利润545万元；上缴税收840万元。比年初增长100%。开展社区金融服务，组织“乒乓球超级联赛”、妇女节活动、“欢度新春佳节、共筑和谐社区”等社区营销活动80余次，联系客户3万余人，发放宣传资料3万余份；营销存款4000万元，天府手机银行有效客户600余户；发展特约客户208户，其中餐娱类30户、酒店类5户、服装类10户、旅游类10户、其他类253户。开展行业营销特色服务，营销餐饮企业流动资金贷款1笔、特约商户60余户、代发工资10户。地址：龙汇南街惠川广场。

（南充商行自贡分行）

【中国人寿自贡支公司】 2016年，总保费收入5.13亿元，比上年增长23.97%。承办全市城乡居民大病保险和区县职工补充医疗保险，服务人群271万人，年度保费7376万元；处理赔案2.1万件，赔款金额6448万元；满期给付2.84万件，金额2.73亿元；上缴税金699万元。赠送300名贫困母亲每人2万元保额关爱女性保险。公司年度经营绩效考核被省公司评为AAA级。地址：汇川路网通大厦。

（中国人寿自贡市分公司）

【太平洋寿险自贡中心支公司】 2016年，总保费收入2.13亿元，比上年增长23.5%，市场份额8.5%。其中个人险新保标准保费2.23亿元，比上年增长68.1%；个人险新保期缴保费6030.2万元，比上年增长30%，全省系统内排名第5位；短意险总量2105万元，比上年增长31%，全省系统内排名第4位。全年累计期满给付1178件，金额1540.25万元；出来各类赔案6998件，赔款金额2061.3万元。上缴各类税金404.3万元。提供全市“独生子女平安保险”26.9万人，失去独生子女家庭“计划生育特别扶助对象住院护理保险”，全年实现保费284万元，比上年增长186%。全市60岁以上老年人老龄险累计保费313万元，比上年增长93%。地址：丹桂北大街英祥商厦5楼。

（太平洋寿险自贡中心支公司）

【平安财险自贡中心支公司】 2016年，总保费收入1.97亿元，比上年增长26%，其中车险保费收入1.8亿元，非车险保费收入1768.6万元。处理各类赔案1，23万件，赔款金额7000余万元；上缴各类税金1125.46万元。中标沿滩区政策性农业保险项目、市公交集团机动车集中保险项目（二标段）。地址：汇兴路中段新美帝景1号楼。

（平安财险自贡中心支公司）

【平安寿险自贡中心支公司】 2016年，总保费收入3.75亿元，其中新契约保费1.36亿元，续期保费2.39亿元。个人险新契约保费1232.6万元、银行代理保费1226.3万元，个人业务保费收入17.3万元/人，赔款支出2184.7万元。全年个险新单保费自贡市场占有率第一。地址：汇兴路四川理工学院培训中心。

（平安寿险自贡中心支公司）

【寿康人寿自贡中心支公司】 2016年，实现标准保费5062.8万元，其中个人险标准保费3559万元，比上年增长90.83%；银行保险规模保费1.16亿元，其中标准保费1503.8万元。全年个人险、团体险、银行险理赔684人次，赔付金额540万元，其中个人险赔付555人次，金额360.68；银行险赔付46人次，金额171.14万元。11月，与市第四人民医院召开

“健保通”直付式理赔服务新闻发布会，该项目于2017年1月1日正式实施。地址：丹桂北大街809号交通大厦4楼。

（寿康人寿自贡中心支公司）

【中华联合财产自贡中心支公司】 2016年，总保费收入7422万元，比上年下降21.75%。市场份额8%，比上年同期下降3.4个百分点，在全市财险公司中排名第四位。全年累计支付赔案1.83万件（含农险），比上年增加4690件，增长34.38%；支付赔款6826万元，比上年增长35.63%。上缴各类税收354.52万元，代收代缴车船税等550.51万元。12月，公司以第一名入围2017—2018年度贡井区机关事业单位用车投标业务承办权。签订自贡市飞龙峡旅游快速通道工程一切险。获2016年度四川省“文明诚信十佳示范单位”。地址：汇东路西段840号市场开发服务中心综合楼3楼。

（中华联合财产自贡中心支公司）

【大地财险自贡中心支公司】 2016年，总保费收入5637.97万元，比上年增长22.82%。处理各类赔案6469件，支付赔款2465.56万元。在自贡市市场份额占比6.1%，列第五位。全年实现利润299.9万元，在大地财险四川分公司系统内排名第一位，地址：汇东路425号妙观寺广场西。

（大地财险自贡中心支公司）

【华安财险自贡中心支公司】 2016年，总保费收入750.3万元，比上年增长25.2%。赔款支出283.22万元。公司保费收入自2011年起一致保持正增长。贯彻落实保监会《关于进一步规范财产保险市场秩序工作方案好》和行业协会自律规定，全年未受到一件客户投诉，未受到一件行政处罚。丹桂北大街川南机电市场西3楼。

（华安财险自贡中心支公司）

【天安财险自贡中心支公司】 2016年，总保费收入1699.5万元，比上年增长32.8%。增速高于行业增速20.5%。其中，新单保费1379万元，续期保费320.5万元。市场份额1.8%，全市排名第九。处理各类赔案1200余件，赔款和给付支出685.04万元，比上年增长20.21%。代收代缴车船税102.5万元，代扣代缴个人所得税104.02万元，上缴营业税金及其他税金49.47万元。地址：丹桂大街817号泰丰大厦5层。

（天安财险自贡中心支公司）

【安邦财险自贡中心支公司】 2016年，总保费收入306.26万元。其中，市本级保费收入186.54万元，占60.91%；富顺机构保费收入119.72万元，占39.09%。全年赔款支出187.45万元。代收代缴车船税17.93万元。地址：丹桂北大街蓝鹰海岸大厦10层。

（安邦财险自贡中心支公司）

【中宏人寿自贡市自流井区营销服务部】2016年，总保费收入2700万元。其中，首年期缴保费830.42万元，比上年增长39%；10年以上首年期缴保费608.82万元，比上年增长51.98%。处理各类赔案1200余件，理赔金额261.37万元；上缴各类税金60.48万元。地址：丹桂南大街6号宏丰·财富名都写字楼6楼。

（中宏人寿自流井区营销部）

【民生人寿自贡中心支公司】 2016年，总保费收入2.1亿元，其中银行保费收入1.88亿元，个人业务2229.53万元。赔（给）付388.99万元。开展反洗钱、反销售误导、反非法集资等宣传活动25次。地址：汇东路东段2号工商大厦第10层。

（民生人寿自贡中心支公司）

【新华人寿自贡中心支公司】 2016年，实现规模保费1.81亿元，新契约保费1.1亿元，其中期缴保费3431万元（个人险期缴保费1748万元，续期期缴保费313万元，银贷渠道期缴保费728万元，财富期缴保费642万元）。团险规模保费147万元。给付理赔款474.86万元，其中身故赔付158.31万元，医疗赔付148.43万元，其他168.12万元。地址：丹桂北大街439号附8号。

（新华人寿自贡中心支公司）

【华泰财险自贡中心支公司】 2016年，总保费收入1326.21万元。其中，车险998.06万元，非车险328.15万元，比上年增长18.74%。累计成立15家EA门店，成为社区内驻点新型服务站。全年接报案1240件。地址：汇川路652号综合楼6层。

（华泰财险自贡中心支公司）

【合众人寿自贡中心支公司】 2016年，总保费收入2448.97万元，比上年增长23.32%。全年累计满期给付353件给付金额901.66万元；处理各类赔案155件，赔款金额61.7万元，理赔结案时效1.2天，客户满意度100%。上缴各类税款48.02万元，其中代扣代缴个人所得税46.22万元，营业税金及附加税金1.8万元。地址：通达北街241号。

（合众人寿自贡中心支公司）

【人保寿险自贡中心支公司】 2016年，总保费收入3.16亿元。其中，首年期缴保费3834万元，比上年增长227.64%；首年标准保费7970万元，比上年增长62.28%；10年期以上期缴保费1889.27万元。新单规模保费市场排名第一。寿代产业务906万元，全年累计期满给付1.35亿元，比上年增长627.63%。处理各类理赔案件1101件，比上年增长39.72%，赔付金额134.54万元，比上年增长10.83%。城镇职工补充医疗保险参保20.65万人。地址：汇川路明珠小区通达房产2楼。

（人保寿险自贡中心支公司）

【太平人寿自贡中心支公司】 2016年，总保费收入6243.06万元，比上年增长31.64%。其中，个人险渠道保费收入1952.1万元，比上年增长92.47%；团体渠道保费收入32.2万元，比上年增长508.7%；银行、邮政代理渠道保费收入4243.99万元，比上年增长14.23%；电销渠道保费收入1.14万元，比上年增长0.88%。全年赔付及给付保险1622件，金额341.01万元，比上年增长162.85%；年金给付144件，金额251.09万元，比上年增长117.02%。地址：丹桂北大街184号九鼎大厦13楼。

（太平人寿自贡中心支公司）

【国寿财险自贡中心支公司】 2016年，总保费收入4229万元，比上年增长29.8%，高于全市财险市场增速17.6个百分点，市场份额占4.5%，市场排名第六位。全年受理赔偿案3653件，比上年下降22%，其中已决案3421件，未决案232件，赔款支出1697万元。查处保险欺诈案4件，挽回直接经济损失5万余元。上缴营业税金及附加90万元，代扣代缴个人所得15万元，代收车船使用税299万元。地址：丹桂北大街人寿保险公司自贡市分公司综合楼。

（国寿财险自贡中心支公司）

【锦泰财险自贡中心支公司】 2016年，总保费收入2286.35万元，比上年减少10.6%，市场份额占2.46%，在自贡市场名列第七位，与上年持平。受理各类案件1741件，其中已决案件1676件，赔款和给付支出715.39万元，未决赔款267.91万元。开展反洗钱、业务技能技巧、公司规章制度、保险法律法规和合规经营等培训16场，参加231人。地址：汇东路大西洋汇东壹品商业房2层。

（锦泰财险自贡中心支公司）

【太平财险自贡中心支公司】 2016年，承保车辆3928辆，保险金额30.16亿元，保费收入1387万元，比上年增长30%。赔付859件，金额668.4万元，其中5万元以上赔案17件。未出现财产险类保险欺诈司法案件。全年上缴各类税金175.6万元。地址：丹桂南大街6号宏丰·财富名都1栋6层。

（太平财险自贡中心支公司）

【农银人寿自贡中心支公司】 2016年，总保费收入8590万元，占全年计划107.38%，其中期缴保费占11.18%。银行保费月人均期缴6万元，比上年增长36%。全年期缴保费收入960万元。地址：丹桂北大街508号华昊盈佳大厦三层。

（农银人寿自贡中心支公司）

【光大永明人寿自贡支公司】 2016年，总保费收入1.07亿元，其中银保趸交规模1亿元，个险期缴规模500万元，团险意外险200万元。承保全市第一个PPP项目建工险，实现保费破百万元纪录。主要与建设、工商、农业、邮政银行合作开展银保业务。地址：丹桂北大街兴达电脑城6层。

（光大永明人寿自贡支公司）

【恒大人寿自贡中心支公司】 2016年，首年银代渠道标准保费5457万元，首年寿险渠道标准保费178万元。无处理期满给付件；处理各类理赔案32件，赔款金额约76万元。全年营业税金及附加2.73万元，5—12月增值税进项税额2300万元。地址：丹桂北大街汇信商厦2层。

（恒大人寿自贡中心支公司）

【华西证券丹桂大街营业部】 2016年，实现收入4635.22万元，其中销售型收入132.21万元，融资型收入884万元；实现利润2296.64万元。新增10万元以上核心客户174户，完成增值产品签约3591户，增值收入132.14万元。

（华西证券丹桂大街营业部）

【海通证券丹桂大街营业部】 2016年末，客户资金账户1.6万户，客户资产6.06亿元，A股、基金、国债交易总额237.76亿元；融资融券业务客户78户，融资融券授信总额8910万元，完成收入1215.63万元，实现利润339.7万元。全年举办投资者教育讲座9次，参加93人次，开展“3·15”投资者权益、反洗钱、防范非法证券知识普及活动，宣传折页和手册1800份，向客户发送警示短信1.99万条。新客户回访100%，存量客户回访率15.32%。

（海通证券丹桂大街营业部）

【中投证券丹桂南大街营业部】 10月10日，中投证券自贡解放路营业部迁址丹桂南大街财富名都7楼，更名中国中投证券有限责任公司自贡丹桂南大街证券营业部。年末合格账户4.46万户。年内，巩固私募综合外包及证券经纪服务业务，进行限售股争揽，发展股权、债券融资等项目，参与新三板、企业融资等业务，服务实体经济，改善营业部单一收入结构。通过投资者沙龙开展“3·15”金融消费者权益日、反洗钱、打击非法集资宣传、咨询、讲座，保护投资者合法权益。

（中投证券丹桂南大街营业部）

【国都证券紫薇路营业部】 2016年，新增合格账户168户，总客户1209户，新开客户、创业板客户回访率100%。A股、基金、债券交易总额28.7亿元，实现营业收入153万元。定期更新投资者教育专栏、标语、宣传折页内容，利用“3·15”投资者维权保护日、反洗钱宣传月、打击非法证券宣传月、“12·4”法制宣传日等，宣传反洗钱、打击非法证券活动，发送通知、风险警示短信2000余条，帮助投资者认识权利和义务，维护投资者合法权益。

（国都证券紫薇路营业部）

【国信证券紫薇路营业部】 2016年末，客户资金账户4258户，总成交量6.6亿元。开展投资者教育、反洗钱、打击非法集资宣传等活动10余场，覆盖1000余人。注重员工综合素质培训，合规开展业务，严格执行投资者适当性管理办法。（国信证券紫薇路营业部）

【光大证券汇川路营业部】 4月29日，光大证券股份有限公司自贡汇川路证券营业部获上海证监会批准设立。11月10日，营业部取得中国证监会颁发的经营证券业务许可证。11月30日，营业部正式营业。

（光大证券汇川路营业部）

审　计

【概述】 完善《政府投资工程完工结算造价审计工作暂行办法》，出台高新区《政府投资建设项目随机抽选中介机构开展审计暂行办法》和《委托中介机构参与政府投资建设项目审计考核暂行办法》，规范社会中介机构参与高新区政府投资建设项目审计委托业务行为，政府投资建设项目审计质量提高。创新审计思路，按照“审计+纪检”模式，突出审计重点，提升效率。实行事前介入、过程监督、重点项目跟踪审计。侧重审计监督政府投资重大项目资金，确定送审起点、审计时限、审计方式和结果运用。

【政府投资审计】 2016年，完成政府投资工程造价审计项目107个，审计总金额5亿元，节约财政资金1029万元，审减率2.06%，出具审计建议意见书53件，向领导报送10个普遍性问题审计专报。实施监审联动，审计中发现违纪问题线索移交纪委监察，向高峰乡红肖路等抢险工程代建单位发出监察建议书，追回红肖路抢险工程超付工程款18.32万元，直接责任人予以除名。

（王坤华）

统　计

【概述】 统计工作围绕制度体系、基层基础、统计能力建设，推进统计改革。建立监测统计数据联网报送平台，实现部门监测数据及时、快速、准确汇总和测算。按照企业运行监测制度，实施工业、商贸服务业、建筑业和房地产业监测。开展专项调研，通过企业生产、销售变化、效益等情况真实反映企业经营现状和发展趋势。按月统计规模以上工业企业80家、限额以上商贸企业62家、规模以上服务业59家、资质以上房地产开发企业26家报表，62个重大项目投资和建设进度，编发《高新区统计信息月刊》12期，发布统计数据，为经济社会发展提供科学依据。完成规模以上工业企业、资质等级建筑业企业、限额以上批零住餐企业、规模以上服务业企业（以下简称“四上”企业）资料收集、申报。配合相关区县统计局在规定平台报送报表，做好数据采集上报，核实查询。高新区被评为2015年度火炬统计工作先进单位。

【统计基础工作】 不断夯实统计基础工作，完善街乡、部门统计职能职责分工，搭建统计人员沟通平台，主动对接部门、基层单位监测统计工作进展，帮助完善方法制度，夯实统计基础。编发统计信息 30 篇，培训统计人员 500 余人次。

【经济运行监测分析】 动态监测经济运行重点、热点、难点问题，通过行业主管部门调研，每月定期分析全区主要经济运行情况，找准问题，提出建议，增强经济发展预见性和针对性，提供经济发展基础资料。报送《高新区经济预警通报》10 期、每季度重大项目进展情况和进度表，围绕中心工作，撰写统计分析、信息，从统计数据研究发现问题，揭示规律，研判趋势。

【火炬统计】 填报《科技企业孵化器在孵（毕业）企业情况》表 75 份，编制《2016 年度科技企业孵化器综合情况报告》《国家级科技企业孵化器统计报表（2016 年度）》和《国家级科技企业孵化器考评报告》。自贡高新区在科技部火炬中心发文通报国家高新区 2016 年度评价结果中综合排名第 74 位。

【农业普查】 建立第三次全国农业普查领导小组，制定方案，通过明确时间表、任务图、倒排时间等措施，培训排查人员，做好全区第三次全国农业普查各项准备工作，做到机构、人员、经费、措施、业务“五落实”。

【基本单位名录库】 建立基本单位名录库建设领导小组。召开会议布置、培训，在单位填报基础上，现场调查核实基本单位情况。进行联网直报单位（项目）自查自纠和抽查，核查在库企业（项目）真实性，是否达到联网直报企业（项目）入库标准，清退破产、注（吊）销、未达标和其他原因还在平台报表企业。安排专人录入管理，建立起高新区基本单位名录库，适时更新、维护，保证基本单位名录库完整性、可利用性，实现名录库资源共建共享。

（吴昌银）

工商行政管理

【概述】 2016 年，高新区实有市场主体 1.44 万家，比上年增长 9.09%；注册资本（金）总额 354.87 亿元，比上年增长 16.35%。市场主体中，国有、集体及其控股企业 135 家，注册资本（金）8.64 亿元，比上年分别增长 8.18%、10.72%；私营企业 7460 家，注册资本（金）342.07 亿元，比上年分别增长 12.16%、57.72%；外资企业 45 家，注册资本（金）5.37 亿元，比上年分别增长 45.16%、73.23%；个体工商户 1.08 万户，资金总额 4.87 亿元，比上年分别增长 28.96%、22.67%。

2016 年自贡高新区实有私营企业主要行业情况表

表 14　　单位：亿元

行业	数量	注册资本
农、林、牧、渔业	47	2.18
制造业	403	56.99
建筑业	326	21.64
批发和零售业	1563	57.51
交通运输、仓储和邮政业	125	3.33
住宿和餐饮业	57	2.15
信息传输、计算机服务和软件业	279	7.68
金融业	21	4.1
房地产业	150	27.68
租赁和商务服务业	885	30.89
科学研究、技术服务和地质勘查业	261	18.91
居民服务和其他服务业	114	1.34

2016 年自贡高新区实有个体工商户主要行业情况表

表 15　　单位：万元

行业	数量	注册资本
农、林、牧、渔业	58	422.3
制造业	67	203
建筑业	35	79.6
批发和零售业	4083	17141.93
交通运输、仓储和邮政业	305	1376.5
住宿和餐饮业	940	7990.55
信息传输、计算机服务和软件业	43	169.9
房地产业	26	85.58
租赁和商务服务业	175	1461.8
科学研究、技术服务和地质勘查业	24	175.6
居民服务和其他服务业	726	2753.66
文化、体育和娱乐业	44	754.5

【市场主体培育】　落实“三证合一”“先照后证”、放宽住所登记条件等商事制度改革举措，完善“高新工业园区工商服务站”平台建设，实行“一站式”便民服务，专人协调企业事项，点对点帮扶企业，促进民营经济增量提质。全区新增各类企业 1411 家，比上年增长 28.04%，注册资本（金）72.33 亿元；新增个体工商户 2432 户，增长 62.03%，资金总额 2.32 亿元。采取群发短信提示、逐户电话通知、入户宣传并协助填报“三步走”推进年报公示工作，年度应报企业 4167 家，已报 4165 家，年报率 99.95%。实地核查 174 家个体工商户公示信息。

【市场监督管理】　开展“红盾春雷行动 2016”“2016 网络市场监管专项行动”“查处典型违法广告”等执法行动，检查经营主体 4800 家次，检查各类专业市场 300 个次。加强日常巡查，采取引导、约见、告诫，纠正轻微违法行为 500 余件，责令整改 150 家次。查处无照经营 6 家，疏导办照 50 家，取缔 10 家。全年立案查处各类违法案件 55 件，比上年增长 25%。案值 96.8 万元，其中查处万元以上案件 10 件，典型大要新型案件有 2 家公用企业侵害消费者合法权益案以及 3 件未经允许向他人发送广告案。

【商标管理】　推进商标品牌战略，引导企业自主创设品牌，推广品牌兴企，重点培育“三名”商标。1 月 18 日，省工商行政管理局公布 2016 年认定四川省著名商标名单，高新区 5 家企业认定为省著名商标。12 月 27 日，市工商局公示 2016 年自贡市知名商标复审认定名单，高新区 10 家企业通过认定。年内新增驰名商标 1 件、著名商标 3 件、知名商标 4 件，累计著名商标 17 件、知名商标 55 件。高新区通过省级商标战略示范园区验收，川润股份公司被评为省商标战略示范企业，川润股份公司、川力实业公司被评为市商标战略示范企业。加强“三名”商标保护，立案查处商标侵权案件 3 件。年内，申请注册商标 105 件，高新区企业累计注册商标 1691 件。

自贡高新区企业2016年四川省著名商标一览表

表16

企业名称	商标名称	类别	注册号	认定商品或服务项目	备注
四川英祥实业集团有限公司	英祥及图	37	3900837	建筑砖石建筑	新认定
四川大西洋焊接材料股份有限公司	大西洋及图	6	3022870	金属焊条、焊丝	新认定
四川川润股份有限公司	川润	7	5994244	液压元件（不包括车辆液压系统）、润滑设备	新认定
四川省自贡运输机械集团股份有限公司	自运牌及图	7	147163	输送机、提升机、给煤机	复审认定
四川花语精细化工有限公司	花语	1	1350097	磺基琥珀酸酯盐（MES）、椰油酰胺丙基羟磺基甜菜碱（CHSB）、烷醇酰胺（CMEA）	复审认定

自贡高新区企业2016年自贡市知名商标一览表

表17

企业名称	商标名称	类别	注册号	注册时间	核定使用商品	备注
四川光明雪食品有限公司	光明雪及图	30	3034350	2003. 2. 21	冰糕、冰棍、冰淇淋	新认定
四川大西洋焊接材料股份有限公司	大西洋及图	6	3022870	3003. 3. 21	金属焊条、焊丝	新认定
四川川润股份有限公司	川润	7	5994244	2010. 8. 21	液压元件（不包括车辆液压系统）、润滑设备	新认定
华西能源工业股份有限公司	华西能源及图	11	1. 2E+07	2014. 9. 21	锅炉（非机器部件）；加热用锅炉；固体、液体、气体燃料加热器	新认定
四川泰丰集团有限公司	泰丰及图	37	3226112	2004. 2. 28	建筑、水下建筑、拆除建筑物、工厂建设、建筑物隔热音、铺路、商业摊位及商店的建筑、室内装潢、室内外油漆、计算机硬件安装；维护和修理（商品截止）	复审认定

续表17

企业名称	商标名称	类别	注册号	注册时间	核定使用商品	备注
芭夯餐饮管理有限公司	芭夯	43	6434107	2010. 1. 21	住所（旅馆、供膳寄宿处）、咖啡馆、自助餐厅、餐馆、快餐馆、饭店、自助餐馆、酒吧；茶馆（截止）	复审认定
自贡兆强密封制品实业有限公司	兆强及图	43	6434107	2010. 1. 21	住所（旅馆、供膳寄宿处）、咖啡馆、自助餐厅、餐馆、快餐馆、饭店、自助餐馆、酒吧；茶馆（截止）	复审认定
四川省自贡运输机械集团股份有限公司	自运牌及图	7	147163	1985. 7. 15；续展 2003. 7. 5	输送机、提升机；给煤机（截止）	复审认定
自贡市机一装备制造有限公司	明星及图	7	1444951	2000. 9. 14	压缩机（机器）、空气压缩机、空气压缩器、空气冷却器、空气压缩机引擎、石油化工设备、充气器；泵（机器）（截止）	复审认定
自贡市贝尔吉教学仪器设备有限公司	贝尔吉及图	16	6163424	2010. 2. 7	书籍、文具、绘画仪器、画架、显微镜用生物样本（教学材料）、教学材料（仪器除外）、教学用模型教具、教学挂图；建筑模型（截止）	复审认定

【广告管理】 全区实有广告企业768家，其中新增广告经营企业234家，广告企业累计注册资本总额7174万元。加强广告发布审查，排查广告经营企业，建立动态监管台账，重点加强投资担保、医疗、房地产、保健品广告管理，办理户外广告登记68件。严厉打击群众反映强烈、严重损害消费者利益虚假违法广告行为，责令整改60件轻微违法行为，立案查处广告违法案件10件。四川理工学院7批80名大学生到市广告产业发展研究基地实习（见习），将高校人才资源、智力资源、政府管理职能、企业发展需求结合，发展广告文化产业。

【商品质量抽检】 流通领域商品质量抽检6次，抽检建筑材料、取暖器材、儿童玩具等商品60批次，其中不合格21批次，占35%。印发不合格商品信息30条，发布消费警示20条。

【企业诚信建设】 年内，国家工商总局2014—2015年度首次公示和已在2012—2013年度公示、继续公示“守合同重信用”企业名单，高新区10家企业获国家级“守合同重信用”企业。省工商局9月29日公示，高新区9家企业获2015年度省级“守合同重信用”企业。市工商局11月25日公示，高新区31家企业获2015年度市级“守合同重信用企业”。花语精细化工公司被省依法治省领导小组评为“诚信守法示范企业”，花语精细化工公司、川力实业公司被评为市“诚信守法示范企业”。

国家级“守合同重信用”企业：

四川凯茨阀门制造有限公司
四川花语精细化工有限公司
自贡市川力科技股份有限公司
自贡市贝尔吉教学仪器设备有限公司
四川安益生物科技有限公司
自贡市华华广告印务有限公司
自贡硬质合金有限责任公司
华西能源工业股份有限公司
四川大西洋焊接材料股份有限公司
四川省自贡运输机械集团股份有限公司

省级“守合同重信用”企业：

四川川润股份有限公司
自贡市英祥房地产开发有限公司
自贡通达机器制造有限公司
四川自贡汇东发展股份有限公司
四川自贡起重输送机械制造有限公司
自贡华气科技股份有限公司
四川自贡五洲广告有限公司
四川南方凯路物流有限责任公司
四川金软科技有限公司

市级“守合同重信用”企业：

自贡市四达汽车贸易有限公司
四川德浩会计师事务所有限责任公司
四川东方物流有限公司
四川雄飞集团有限责任公司
自贡市英祥建筑安装工程有限公司
四川金奇消防工程有限公司
四川金奇商务有限公司
四川东科管道制造有限公司
自贡武进机器制造有限公司
自贡诺力斯百盛压缩机有限公司
自贡市顺合钢化玻璃有限公司
自贡红运逆止器机械制造有限公司
四川友华房地产开发有限公司
自贡市名匠装饰设计工程有限公司
自贡银海房地产开发有限公司
四川精瑞硬质合金科技发展有限公司
自贡晨天医疗门诊部
自贡慧博机械制造有限公司
自贡川南工业管件制造有限公司
自贡市岭海房地产有限公司
自贡新美科技有限公司
四川省自贡工业泵有限责任公司
自贡市远龙电子有限公司
自贡市海天文化传播有限公司
自贡天星彩灯文化传播有限公司
自贡中兴耐磨新材料有限公司
自贡东远锅炉配件制造有限公司
自贡汇东物业管理有限责任公司
自贡汇东园林绿化有限责任公司
四川金灿光电有限责任公司
自贡市高新公园管理服务有限公司

【消费者权益保护】 开展“3·15”集中宣传活动，加强基层12315维权站点建设管理，建立公用企业消费纠纷自调机制。全年接待消费咨询2300余人次，受理消费投诉374件，受理来信来访件9件，办结率100%，挽回消费者经济损失42.1万元。典型案例有：妥善处理群体性投诉某房地产公司案，立案查处某客运公司销售人身意外伤害保险中侵害消费者权益案；处理9人投诉某装饰公司收取装修费后，未装修或装修部分停工案；调解消费者投诉购买空调型号不符、内外机生产日期不一致，经营者退还消费者购买和安装空调费2260元，另赔偿1000元。开展保护老年消费者专项行动，召开保健品行业法制培训会，约谈经营者，组织现场检查，采取高压态势打击保健品销售违法行为，立案查处2件，挽回老年消费者损失1.2万元。中国电信自贡分公司、芭夯餐饮公司、汇东大酒店、自贡市英祥房地产开发有限公司、光明雪食品公司等8家企业被评为自贡市2016年度“维护消费者权益示范单位”。

【红盾春雷行动2016】 2015年12月15日至2016年3月31日，高新工商分局以“治理虚假宣传，强化消费维权，反不正当竞争”为主题，开展为期100天“红盾春雷2016”行动。出动执法人员320人次，检查市场主体1500余家，纠正轻微违法行为280余起，立案查处案件47件，查处未经同意向他人发送电子信息广告、推销保健品侵害消费者权益等典型案件。

【工商服务】 完善板仓工业园区工商服务站“一站式”服务。班子成员走访市场主体430家，帮助企业解决问题36个。搭建“银协”融资平台，提供47户个体私营经济协会（以下简称个私协会）会员贷款1451.6万元；为各类市场主体办理不动产抵押登记28件，抵押物价值2.24亿元，借贷款1.6亿元。慰问个私协会会员1000人、困难会员20人，资助贫困大学生19人。助推大众创业、万众创新，工商分局创新创业孵化基地接收大学生实习（见习）680人，扶持创业56人，孵化创业主体12个，该基地被评为自贡市大学生创新创业示范孵化基地。

（吴　奇）

食品药品管理

【概述】 2016年，全区有食品生产企业10家、流通企业1217家，药品批发企业6家、零售药店150家、医疗器械销售企业178家，化妆品销售84家，餐饮服务单位1456家。按照“最严谨的标准、最严格的监管、最严厉的处罚、最严肃的问责”“四个最严”要求，日常监管与专项整治、现场检查与宣传教育相结合，突出重点治理，创新监管措施，不断提升监管能力，食品、药品抽验综合合格率分别为96.74%、94.29%，未发生食品药品安全责任事故。

【监管责任落实】 召开高新区食品药品安全委员会全体会议3次，分析食品药品安全态势，部署年度重点工作，落实食品药品监管。管委会与乡（街）和职能部门、食品药品监管局以及重点食品药品生产经营企业签订《2016年食品药品安全责任书》，层层分解落实责任。印发《高新区学校食品安全网格化管理实施方案》，责任细化每个区域、地段、学校，监管无缝连接。巩固村（社区）食品药品安全协管员队伍，定期组织培训，提升监管能力，宣传法律法规，报告食品药品风险信息，监管群体宴席。

食用农产品安全快速检测

【食品药品安全宣传培训】 开展“3·31宣传日”“5·25爱肤日”、食品安全宣传周和安全生产宣传咨询日活动，推进食品药品安全进社

食品药品安全宣传

区、进农村、进学校、进家庭，发放《食品安全法》《食品药品安全宣传知识手册》、宣传海报、投诉举报知识等资料1.5万份，接受咨询630人次。开展创建全国文明城市和迎接省卫生城市复审宣传，制作宣传卡6500张。组织食品药品生产经营企业培训13期，培训486人次。在主流媒体宣传正面典型，曝光违法经营，反映食品药品安全监管信息和动态，提高知晓度，动员社会力量参与维护食品药品安全。

【行政审批】 严格依法行政，规范行政许可，加强食品流通许可证、餐饮服务许可证、食品经营许可证受理审批，公开办证流程，开通绿色通道。全年办理食品流通许可证204家（新办120家、变更和延续84家），注销100家；办理餐饮服务许可证175家（新办143家，变更和延续32家），注销53家。6月1日起，落实食品流通许可证和餐饮服务许可证“两证合一”，发放食品经营许可证689家（新办474家、换证215家），注销6家。

【食品药品综合管理】 加强重点环节监管，落实日常巡查、索证索票等制度，开展农村群宴、节日市场隐患排查和整治，突出大中型餐饮、大中型超市、集贸市场监管，完成重大活动食品安全保障16次。抽检药品35批次，不合格2批次，合格率94.29%；抽检食品583批次，处理不合格食品19批次，合格率96.74%。

食品药品安全检查

梨苑农贸市场、人人乐购物广场、汇东九鼎超市等建立食用农产品安全快速检测室，每日入市农产品快速检测公示，不合格农产品禁止入市售卖。开展药品、医疗器械不良反应监测，报送药品不良反应327例、医疗器械不良反应41例。受理投诉举报195件，舆情监测18件，处理率100%。修订《高新区食品安全事故应急预案》，建立应急机制，实行24小时值班，常备应急处置队伍，规范食品药品安全事故应急处置流程。组织食品安全事故应急演练1次。

【保健食品化妆品医疗器械管理】 以批发市场、专卖店、药品经营企业为重点，加大保健食品、化妆品、医疗器械流通领域监督检查力度，执行索证索票等制度，落实企业主体责任，规范企业经营行为，调查保健食品、化妆品、医疗器械经营企业，建立监管档案，实行备案制度，增强行业自律，规范经营行为。围绕生产经营、标识标签、广告宣传等环节，开展日常监管、突击检查、专项整治，通过集中检查、随机抽查等方式，消除风险隐患。

【基本药物质量安全管理】 从流通、使用等环节加强基本药物质量安全管理。使用环节注重进货、验收、储存监督检查，全覆盖检查基本药物配送企业和实施基本药物制度基层医疗卫生机构，全年抽检35批次，合格率94.29%。加强基本药物不良反应监测和评价，及时掌握基本药物安全信息，强化不良反应预警应急处理。

【食品药品稽查执法】 食品药品监管局与自流井区检察院、高新公安分局建立联合执法机制，落实定期联席会议、食品药品违法案件协查协办、移送和工作对接等行刑衔接工作制度。开展牛肉、药品、冻库、疫苗和生物制品等专项整治，打击食品药品违法经营行为，全年集中约谈食品生产企业和药品经营企业2次，发出监督意见书162份，责令整改153家，立案查处食品药品违法案68件，结案68件，查扣不合格食品175瓶（听、箱）、药品1箱、过期医药用氧5瓶，销毁不合格食品1022盒，散装白酒1000公斤，罚款19.05万元，移送涉嫌药品犯罪案件4件。

【学校食品安全管理】 建立学校食品安全长效监管机制，继续推行“首席食品安全员”、教师陪餐等制度，每学期开学前组织检查全区学校（含托幼机构）食堂卫生、食品安全，定期检查学校食堂和校园周边食品店、饮食摊点，推进餐饮量化分级管理和食堂食品安全监管信息化建设试点，检查学校食堂及校园周边餐饮店、摊点324家次，责令整改56家，查处违法案4件。

【行业自律】 加强食品药品生产经营单位及从业人员法律法规宣传，引导食品药品经营者落实主体责任和经营管理制度，强化行业自律，规范经营行为。年内，成立高新区食品药品行业工会联合会，增进食品药品行业经营者之间沟通联系。

【“明厨亮灶”工程】 推广“明厨亮灶”工程，规范餐饮经营行为，根据店面大小、经营业态等实际情况，选择“透明厨房”“视频厨房”“隔断厨房”等形式，接受消费者监督，让老百姓明白消费，吃得放心省心。

【食品药品监管所规范化建设】 年内，投入20余万元资金推进乡（街）食品药品监管所规范化建设，制作形象墙，规范标识标牌，购置办公设备、执法记录仪，安装询问室监控设备，案件询问调查全程录音录像。丹桂街食品药品监管所被省人力资源和社会保障厅、省食品药品监督管理局评为“四川省食品药品监督管理系统先进集体”。

【监管模式创新】 启用“丹桂食品药品监管”（微信号：18990008920）微信平台，设立“餐饮服务”“食品经营”“婴幼儿乳粉”“药械经营”“学校和机关食堂”等5个微信群，不定期向经营者推送监管最新动态、最新监管法规政策和食品药品安全知识等，搭建监管部门与经营者互动平台，监管效率提高。

【查获销售假药案】 2015年12月3日，陈某在商铺销售假药被高新区食品药品监管局行政处罚，仍不悔改，依旧销售假药。2016年6月23日，高新区食品药品监管局再次查获陈某正在销售“黄金伟哥”“虫草鹿鞭”等16种假药，移送司法机关处理。陈某犯销售假药罪，被法院判处有期徒刑8个月，缓刑1年，并处罚金5000元。

（食品药品监管局）

质量技术管理

【概述】 树立质量技术监督服务转型升级，服务企业发展理念，强化计量、认证认可和标准化基础工作，工业产品监督抽检合格率保持98.11%，未出现区域性、行业性质量问题。高新区创建四川省知名品牌示范区通过验收，被工信部、国家标准委确定为国家高端装备制造业标准化（节能环保装备）试点基地。

【质量管理】 推动四川知名品牌创建示范区创建，召开质量培训会2次，品牌主题活动2次。24家企业27个产品申报第12届四川名牌，6家企业申报自贡市第2届市政府质量奖，自贡市贝尔吉教学仪器设备有限公司申报省级中小学质量教育基地。开展重点工业产品、电线电缆等整治，建材、化工、轻工、机电类产品抽检合格率100%。

【计量管理】 强化民生计量执法，开展电子计价秤、加油站、出租车计价器、动态汽车衡等计量器具专项监督检查。狠抓能源计量管理，开展全区重点能耗企业能源计量审查，检查5家大型超市、专卖店能效标识。开展“计量惠民生、诚信和谐”“5·20”世界计量日宣传活动，发放民生计量知识资料1200份，解答群众关于定量包装、医疗计量等咨询100余人次。

【认证认可】 加强“强制性认证产品”监管工作，全区CCC（中国强制性产品认证）企业8家，获证率、检查覆盖率100%。开展流通市场CCC认证产品检查，全年检查家用电器、儿童玩具等商品16批次，均合格。

【标准化工作】 高新区被工信部、国家标准委确定为国家高端装备制造业标准化（节能环保装备）试点基地。鼓励企业采用国际标准和国外先进标准，引导企业参与制修订国家、行业标准。发挥汇东大酒店旅游标准化、东方物流公司物流服务标准化示范作用，以标准化建设引领全区服务业质量提升。

【特种设备安全管理】 坚持实施“预防为主、综合治理”措施，严格特种设备安全监察，检查特种设备使用单位78家，商场、医院、车站、小区等人员密集场所电梯200台，全年未发生重大特种设备安全事故。解除丰宁小区电梯安全隐患，协调解决水岸豪庭小区物管更换，电梯资料长期未能移交问题。自贡电视台专题采访2次，用实例宣传电梯法律法规和安全使用知识。

【知名品牌示范区通过验收】 11月29日，省质监局专家验收组到高新区考核验收创建“四川省知名品牌示范区”工作。专家组经听取汇报、材料审查、实地考察，以近年来全省总分第一名成绩通过现场验收。专家组对高新区知名品牌示范区工作评价是：区域品牌基础坚实，发展环境良好，着力创新突破，区域品牌核心价值得到提升，一站式服务、政务中心、公共服务平台设施完善、服务优良，为园区品牌建设提供了保障。

11月29日，省质监局专家验收组考核验收高新区创建“四川省知名品牌示范区”工作

（张　建）

安全生产

【概述】 2016年，发生统计类生产安全事故59件，死亡4人，受伤48人，直接经济损失317.55万元。其中，道路交通事故35件，死亡1人，受伤47人；火灾事故21件，无人员伤亡；商贸企业安全事故2件，死亡2人，受伤1人；建筑施工安全事故1件，死亡1人；其他行业和领域未发生事故。与上年相比，事故总数下降22.03%，死亡人数上升33.33%，受伤人数上升11.63%，直接经济上升832.33%，辖区未发生较大及以上生产安全事故，安全形势总体平稳。创建省安全社区建设街道1个、安全建设示范单位6家。

【安全生产责任体系】 落实“党政同责、一岗双责、失职追责”和“三个必须”安全监管责任体系，完善隐患排查治理和安全预防控制体系，健全安全生产依法治理机制，细化各级政府和各部门安全生产履职情况考核内容和要求。印发《高新区2016年安全生产工作意见》，明确安委会各成员单位安全生产工作内容，把安全生产各项措施落实到操作层面。各部门、乡（街）层层签订《安全生产目标管理责任书》，分解落实安全生产控制指标，把安全生产目标纳入全年综合目标考核，实行“一票否决”，形成安全工作齐抓共管、整体联动格局。

【安全宣传培训】 开展“职业卫生宣传周”“全国安全生产月”“安全生产咨询日”宣传教育活动，营造“依法治安”氛围。6月16日，高新区安委会联合市安委会在春华广场举行2016年安全生产月暨“6·16”宣传咨询日活动，27家行业部门参加宣传咨询活动，设置宣传展板60块，发放宣传资料8000余份，接受咨询1000余人次；开展消防安全、道路交通安全、危化品安全、应急救援、防震减灾、职业卫生健康等安全宣传工作，设置宣传咨询点9个。各级开展安全宣传活动160余次，发放安全知识手册、宣传单5.3万余份，设置展板211块，挂图2100余幅，制作警示标志标牌400余块。播放安全警示片、专家讲座等形式培训企业负责人、安全管理人员、职业卫生负责人、特种作业人员，组织企业学习安全生产标准化、职业卫生基础建设文件2次。报送安全生产信息53条，其中省、市主流媒体和网站采用13条。

6月27日，高新区召开消防安全培训会

【安全隐患排查治理】 开展安全隐患大排查大整治，建立健全重大危险源监控和隐患排查治理制度，督促各行业主管部门、单位排查整改安全隐患，实行企业月自查、月改、月报制度。全年，排查一般隐患2238起，整改2197起，整改率97.36%；排查整改重大隐患33起，整改率100%。进入省隐患排查治理信息系统企事业单位190家，通过系统上报一般隐患670起，整改667起，整改率99.55%；重大隐患整改2起，整改率100%，落实安全隐患整改资金141.3万元。

【安全监督管理】 强化道路交通、建筑施工、危险化学品、特种设备和人员密集场所等重点行业领域日常监管力度。在日常监管和重要节点检查基础上，开展“建筑施工领域安全生产专项整治行动”“深化打非治违专项行动”“安全大检查大整治”“岁末年初安全生产工作”、“粉尘防爆及有限空间作业安全专项整治”、安全设施“三同时”、职业卫生“三同时”和应急预案专项检查等专项行动。全年组织检查组341个，出动检查人员8005人次，检查场所7382家次，其中管委会领导带队检查12次。查出一般隐患1970起，整改1916起，其中重大隐患整改33起。抓好渡口、渡船安全监管，检查渡船救生设备、安全设施配备10余次。采取检查与宣传教育相结合方式，督促企业检测和申报职业危害因素，至年末，申报职业危害企业70家。

【安全应急管理】 编制《高新区“十三五”突发事件应急体系建设规划》，完善安全生产应急预案与应急资源数据库，畅通安全应急管理情报信息，拓宽信息渠道，确保突发事件信息掌握及时、准确报送和妥善处置。全年，高新区和相关部门开展火灾、地震、电梯故障等应急培训、演练31次。建立成员单位应急救援队和应急救援队员档案库，定期清理补充物资装备，保障应急所需。

【中毒事故】 6月21日，川南农副产品批发市场内地埋式垃圾库清理时，发生中毒事故，造成1人死亡、1人受伤，直接经济损失72万元。事故直接原因是垃圾库清理作业人员未按照有限空间安全作业“先通风、再检测、后作业”要求，在未通风、检测，未采取防护措施直接进入聚集有毒、有害气体有限空间作业，间接原因是安全意识淡薄，未按《有限空间作业五条规定》要求违章进入有限空间作业；安全生产主体责任落实，监管不到位，违章作业未制止，属生产安全责任事故。分别认定直接责任、管理责任、领导责任给予处理。

【触电事故】 7月26日13时20分许，精瑞硬质合公司发生一起触电事故，造成1人死亡，直接经济损失93.1万元。事故直接原因是死者作业被电击致死，间接原因是安全生产管理制度不健全，未建立安全生产责任制，未执行新、改、扩建设项目安全设施“三同时”规定，未制定设备安装施工组织方案，未明确外包单位职责，安全生产隐患排查不到位，属生产安全责任事故。分别给予执行总经理、法定代表人6000元、1.26万元罚款，单位20万元罚款。

【坠亡事故】 11月27日13时40分左右，某装饰公司在泰丰国际城二期地下车库2号出入口雨棚制作安装中发生1人3.3米高坠亡事故，直接经济损失98万元。事故直接原因是死者未佩戴安全帽、安全带高空作业，间接原因是装饰公司安全生产主体责任不落实，员工安全教育培训不到位，高空作业未采取安全防护措施，隐患排查治理不到位，属生产安全责任事故。分别给予安装工程组长、施工员、安全员5000元、6000元、6000元罚款，法定代表人上年收入30%罚款，装饰公司20万元罚款。

（罗范杰）

城乡规划

【概述】 落实“做精做美城市、尊重山水格局、保山护水、显山露水”理念，高质量规划高新区发展，明晰主体功能分区，优化产城互动空间布局，完善区域总体规划。各类专业规划与总体规划有机结合，统筹推进产业集群和各功能区互动、四大功能区相互交融发展，打造新型产业和现代城市综合体，以产城一体生态产业园区为载体推进“两化”互动发展。坚持为城乡经济、社会可持续健康发展先导性服务，面向未来，高起点、严要求，超前做好城乡建设规划。在全市总体规划指导下，做好《自贡市南湖生态城控制性详细规划》《自贡市板仓工业集中区（整合）控制性详细规划》《自贡市高新区板仓工业集中区三期控制性详细规划》维护工作，南湖生态城片区控制性规划调整方案通过市规划局审查和专家论证。

【规划管理】 执行国家强制性规范及《自贡市规划管理技术规定》，严格“一书三证”审批。核发规划设计条件4件，审查建设项目规划设计方案和建筑设计方案12件、施工图11套；核发“建设用地规划许可证”4件，面积10.39万平方米；“建设工程规划许可证”7件，面积4.55万平方米；“建筑工程施工许可证”18件，面积27.09万平方米。加强批后跟踪管理，注重与建设项目有关的水、电、气、雨水、污水、园林绿化等配套设施统筹建设。核发《建设项目规划竣工核实通知书》40件，核实竣工建筑面积139万平方米；核发高新区城镇居民房屋买卖规划用地性质通知书117件。调解矛盾纠纷20余件，办理信访16件。

【规划服务】 围绕重大项目建设，开展规划选址论证和前期研究，为建设开发和项目落地提供前期咨询策划、中期方案把关、后期跟踪服务等一条龙服务，简化审批环节，优化审批流程，创新审批模式，推进管理工作重心由事务性审批向超前管理服务、效能储备前移。定期开展“走进企业”活动，主动与建设单位沟通，全面掌握项目情况、进展动态和建设过程存在问题，为建设单位提供咨询、解决难题。泰丰国际城、紫荆城邦、华商公园里等重点建设项目专人负责，建立“一对一”联络员机制，提前与建设单位进行沟通，项目报建前提前介入、主动服务、事先指导，项目办理过程做到全过程跟踪、全过程督查、及时跟进服务。

【天颐苑安居房设计方案】 位于自贡市二十中北侧，用地面积5.82万平方米，建筑面积23.35万平方米，其中地上建筑面积20.53万平方米。由3栋25层、1栋22层、7栋16~17层住宅2115户和农贸市场、地下车库组成，主要功能为住宅、物管及社区用房，商业功能有车库及设备用房。其中车库设备用房面积2.82万平方米，为1类汽车车库；农贸市场面积3086.69平方米，商业网点面积642.38平方米；社区、物管用房面积为1378.81平方米。

【丹桂北大街改造提升工程方案】 丹桂北大街汇川路至汇东路段，全长2.2公里。内容包含路面整治及公交系统改造、人行道铺筑及广场铺装、绿化整治及节点打造、城市家具系统、智慧城市建设及人行立体交通组织等六大板块。道路中央设隔离护栏，改造交叉路口2处和港湾式公交车站，设置公交车专用道，架设人行天桥1座；人行道铺装花岗石，绿化抽、剪、补，增补彩花彩叶植物；提升改造临街建筑物立面，泰丰大厦、人人乐广场、邮政局、兴达数码广场、市四医院汇东分院、政务中心、公交枢纽站等节点；改造配电设施，重新布置照明；完善城市家具，统一设计站棚、路灯、垃圾箱、休息坐凳等。

（谭历难）

城市新区建设

【概述】 自贡高新区规划建设汇东、南湖两座生态宜居城。2016年，以完善汇东城区功能，高标准推进南湖生态城建设为重点，打造现代城市宜居区。全年建设项目22个（新建11个、续建11个），计划总投资40.3亿元，年度计划投资6.3亿元，完成投资5.1亿元，占年计划80.95%。其中，政府性投资项目18个（新建9个、续建9个），计划总投资12.43亿元，年度计划投资4.36亿元，完成投资1.22亿元，占年计划27.98%；社会投资项目4个（新建2个、续建2个），计划总投资27.87亿元，年度计划投资1.94亿元，完成投资3.88亿元，占年计划200%。工程总产值3.06亿元，城市品质持续提升。

南湖新城一角

【工程管理】 加强工程招投标、竣工结算、材料认价、安全生产管理，推进工程建设。招标项目16个，中标金额2363万元，编制标底控制价2895万元。结算工程项目64个，送审金额1.92亿元，审定金额1.67亿元，审减2475.23万元，审减率12.9%。送审项目22个，送审金额1.29亿元。工程测算80个，工程进度产值审核8089.58万元。签订代建代管工程合同151份。加强安全教育、巡查，落实安全责任，做好应急准备，预警极端天气，未因管理不到位发生安全责任事故。

【市政设施建设】 持续完善市政基础设施，南湖公园西大门下沉式广场和汇园路竣工，加快推进纬四路、南林街、紫薇路中段等道路建设。梳理“缓堵保畅”工程项目，推进区域路网建设，实施节点改造，优化交通组织，提高通行能力。重点实施丹桂北大街综合改造工程，至年末，完成工程1/3。

丹桂北大街综合改造现场

【民生项目建设】 完成汇东实验学校南湖校区二期、汇西小学三期建设，军分区训练场改造和机关食堂维修，推进24个老旧小区电力改造，科信苑小区增设电梯投入使用。推进紫竹苑安置房和汇福苑安置房等建设，西区三期安置房和南湖三期安置房竣工，面积约9.5万平方米，住宅1195套。

【拆迁安置】 提前做好在建项目、市重点工程、棚户区改造工程地面建筑物、附着物征收、补偿、拆迁，保障工程推进。拆迁房屋287户，其中汇东、南湖片区42户，东兴寺片区45户，西山路片区98户，拆迁面积2.34万平方米，安置房屋面积2.16万平方米，货币补偿109户，金额7070.44万元。启动董家山棚户区改造，拆迁户149户模拟签约104户。

【汇东公园地下停车场投入使用】 1月1日，汇东公园地下停车场投入使用，总投资1.1亿元。该停车场建筑面积2.94万平方米，设置车位804个，铺设纳米超硬地坪，设四川理工学院东门（龙汇北街）单向入口、沃尔玛单向出口和市客运站双向出入口及18条人行通道。停车场采用车牌识别系统、现代导向系统等智能管理，实现无卡无票出入和快速定位。

【狮子山公园建成开放】 7月，狮子山公园建成开放。狮子山公园位于汇东城区西区，东邻南苑街，南靠石油花园，西至西苑街，北邻学府丽景小区，总占地约6公顷。该公园定位为区级综合性开放公园，是全市城市绿地系统重要组成部分，设计按照“四区一环”结构体系。公园依山而建，保留山体原有生态面貌，栽种有桂花、紫薇、蓝花楹等树木，四季有花可赏，有景可观，成为市民健身、休闲好去处。

【汇园路竣工通车】 11月23日，汇园路建成通车。该道路2013年2月开工建设，从汇兴路与汇东路西段交接处至西山路露水湾，中部上跨内（江）六（盘水）铁路，设计时速40公里，是连接汇东和西山片区交通干道，长792.5米（道路518米，桥梁274.5米），宽28米，双向6车道，其中车行道20米，两旁人行道各4米，车行道铺设沥青混凝土，人行道铺设仿花岗石。总投资约9000万元。

【汇东实验学校南湖校区二期竣工】 8月26日，汇东实验学校南湖校区二期竣工。该工程占地面积约1.64万平方米，建筑面积1.08万平方米，其中初中教学楼7256.5平方米，综合服务楼3574.86平方米。项目业主四川自贡汇东发展股份有限公司，四川远建建筑工程设计有限公司设计，自贡市第二建筑工程有限公司承建，成都衡泰工程管理有限公司监理。2015年5月开工建设，截至竣工，室内外工程总投资2761万元。

【汇西小学综合楼竣工】 8月25日，汇西小学三期综合楼竣工。汇西小学三期工程总建筑面积7201.85平方米，其中综合楼2508.04平方米、附属用房4676.59平方米、门卫室17.22

平方米。项目业主四川自贡汇东发展股份有限公司，自贡市城市规划设计研究院有限责任公司设计，综合楼由自贡市沿滩建筑安装有限公司承建，四川蓉信工程项目管理有限公司监理。综合楼于2015年12月开工建设，2016年投资257.53万元，累计投资361.61万元。

【南湖三期安置房竣工】 7月13日，南湖三期安置房竣工。南湖三期安置房位于南环路北，占地面积5.3万平方米，建筑面积7.5万平方米，建设15栋住房907套。项目BT业主四川自贡汇东发展股份有限公司，四川远建建筑工程设计有限公司设计，四川长源建筑工程有限责任公司承建，四川元丰建设项目管理有限公司监理。2013年9月开工建设。2016年投资2019.29万元，累计投资1.22亿元。

【西区三期安置房竣工】 3月27日，西区三期安置房竣工。西区三期安置房位于南湖生态城西区，占地面积1.57万平方米，建筑面积1.99万平方米，建设5栋住房288套。项目BT业主四川自贡盈盛房地产开发有限公司，成都西南交通大学设计研究院有限公司设计，自贡市永安建筑安装工程有限公司承建，四川东联建工程建设监理有限责任公司监理。2014年10月开工建设。2016年投资270万元，累计投资3901.99万元。

【科信苑小区增设电梯运行】 1月，全市首个老旧住宅楼增设电梯项目在高新区科信苑小区建成投入使用。该项目2015年8月开工，是全省首个获批施工的老旧楼加装电梯项目。项目涉及电梯裸机、运费、安装费、土建、用电专线铺设等费用政府补贴20万元，余下费用及投运后维保费、年检费、电费等按楼层实行梯级分摊出资。

【丹桂北大街建筑立面改造】 11月25日，丹桂北大街沿线建筑物立面升级改造工程启动。该工程突出重要节点、整治一步到位、强化区域可识别性与街景统筹设计、有可实施性可操作性改造临街重要节点32栋建筑立面，规范重置沿街建筑物灯饰、广告、店招、空调外机安装，清洗立面，打造景观优美、人文丰富、商业繁荣一条街。到年末，完成广告店招、旧空调罩拆除、空调外机调整、墙体清洗、外墙板岩砖铺贴及脚手架搭设，干挂花岗石2550平方米，外墙石感漆7800平方米，新安装空调外机罩1.6万平方米。改造工程于2017年1月中旬竣工。

【东兴寺“两桥”全面施工】 东兴寺“两桥”全面施工，施工路段实行交通管制，车辆绕行便道和钢架桥。扩宽铁路桥，由原来单孔16米长拓宽到三孔33.5米长。拆除原东兴寺主桥面，重建“半苜蓿叶+定向匝道”全互通立交，桥面拓宽5米，双向6车道扩至8车道，通过横跨东兴寺路的上跨天桥衔接立交外围设置人行道，大桥桥头设置4个桥头堡解决竖向人行交通。东兴寺路由双向4车道扩至6车道。年末，东兴寺大桥主桥面吊装合拢，完成桥面沥青铺装，主桥梁测试，道路标识标线，即将竣工通车。

东兴寺立交桥施工现场

【老旧小区电力改造】 2016年，是老旧小区3年电力设施改造最后一年。组织验收2015年

24个电力设施改造项目，报送电力设施改造项目34个。年末，完成改造项目23个，其余项目进入收尾阶段，2017年春节前全部竣工。

老旧小区电力改造现场

（马小红）

卧龙湖旅游区

【概述】 卧龙湖国际旅游度假区（以下简称卧龙湖旅游区）因卧龙湖得名。卧龙湖水域总长12.5公里，宽阔处300余米，湖中岛屿10余个，岛上曲径通幽，湖的形状如一条腾飞的巨龙，故得名“卧龙湖”。2011年启动卧龙湖旅游区规划，规划区域位于南环路以南，北与南湖生态城相接，以内宜高速公路为中心轴线分成东西两区，规划面积22平方公里。卧龙湖旅游区依托得天独厚的自然生态资源和自贡浓郁的历史文化积淀，以“盐、龙、灯”三绝文化为内涵，以井盐文化为核心、自然景观为依托、休闲康疗为载体，融入自然与生态、传统与文化、现代与时尚、运动与休闲元素，规划布局卧龙湖国际盐泉生态城、康疗养生基地、湿地公园、运动主题公园等项目。集康疗养生、休闲度假、美食娱乐、运动时尚、文化体验于一体，打造“国内一流、独具特色”国际化复合型文化旅游目的地。2012年3月29日启动卧龙湖旅游区建设，重点推进西区开发。境内主干道路5条，休闲旅游业发展迅速，卧龙湖湿地公园开放吸引游客。2016年，继续以基础设施建设为基本着力点，以产业项目建设为核心，不断强化土地、资金等要素保障，平稳、有序推进各项建设。全年实施重点项目8个，计划投资12.8亿元，其中基础设施投资4.2亿元，占32.81%；产业项目投资8.6亿元，占67.19%。实际完成投资16.4亿元，占计划128.12%，其中基础设施、安置房等配套工程投资7.8亿元，产业项目投资8.6亿元。全年固定资产投资17亿元。盐卤浴“海汤神泉”浴场、游乐设施建成营业，桑海森林商品房住宅区和配套学校、医院正在建设中，竣工交付安置房4.5万平方米，通车道路10.5公里。区内新增绿地面积约15万平方米，绿化覆盖率35.66%，“绿色卧龙、生态卧龙”已现雏形。

【项目计划编制】 针对卧龙湖旅游区项目减少现状，反复分析、对接，深度挖掘，梳理2016年重大项目计划8个，涉及产业、基础设施、社会民生等方面，分解项目节点、开工时限、存在问题，逐一落实。依据高新区产业、空间、土地利用规划和科技、社会事业等专项规划，分析汇总、优化整合、策划包装在建、拟建、储备项目，编制卧龙湖旅游区“十三五”项目储备库，储备项目11个，总投资约72亿元。

【基础设施建设】 2016年，持续推进基础设施建设，编排工程，加强管理，推进进度，严把质量关。启动卧龙大道二期建设，全长662米，路基填方约3万立方米，形成土路床。卧龙湖旅游区湿地公园配套停车场和游客集散中心建成投用，停车位541个。供水、供气、供电系统铺设完成，西区截污干管完成盐卤浴范围6600米铺设，临时污水处理站完成设计。卧龙湖医养中心完成场地平整。

【国际盐泉生态城建设】 成立“国际盐泉生态城”项目服务推进组，从督查办公室、重大项目办公室、卧龙湖指挥部抽调人员，服务协调项目建设。推进组每周到项目施工现场巡查2次以上，参加每周工程进度例会，制定各施工面倒排工期表，报送管委会主要领导工程进度周报25期。召开证照办理及竣工验收推进协调会10余次，对接项目证照办理资料、流程、时限，办理各类证照10件，协助业主办理“商品房预售许可证”。召开专题协调会，协调电力、供水、燃气、公共交通等要素保障。

【安置房建设】 2016年，重点推进景苑二期、三期，卧龙湖一期安置房建设，进行排查梳理，建立促建设、促入住两个方面动态管理台账，落实专人跟踪服务，定期召开推进会，通报项目进展情况，研究解决资金等要素保障问题。全年，3个安置房项目投资14.3亿元，竣工面积4.5万平方米。

【征地安置】 2016年，卧龙湖旅游区签订《房屋拆迁安置补偿》协议139户，拆除328户（含上年签订拆迁协议房屋），面积1.8万平方米，其中无产权房21户。住房安置130户，货币安置9户，安置面积1.8万平方米。

【桑海森林住宅区】 桑海森林住宅区是国际盐泉生态城配套高端房地产项目，依山就势，临湖而建花园洋房、叠拼平墅、独栋别墅等低密住宅组团。中港文化旅游投资开发有限公司投资分三期开发。2013年开工。一期柏麓郡占地20公顷，建筑面积33万平方米，住宅2172套，车位2650个，绿地率31.18%，绿化面积6.8万平方米。2015年8月，柏麓郡一批次11栋楼交房。二期香溪谷占地17.67公顷，建筑面积26.3万平方米，住宅约1700套，车位2120个，绿地率40.01%。2016年7月，香溪谷开盘。到年末累计投资10亿元，部分楼栋主体完工。

1月24日，桑海森林雪景

桑海森林临湖别墅区

【“海汤神泉”推介会】 9月13日，“自贡卧龙湖国际旅游度假区—海汤神泉”旅游推介会在成都举行，自贡井盐文化企业管理服务有限公司与省国旅等3家旅行社签订合作协议，各旅行社和媒体记者就“海汤神泉”客容量、优惠措施、营业项目、行车路线、配套住宿等提问。省旅游局，省旅游协会，各旅行社（商），中央、省、市新闻媒体参加推介会。

【盐卤浴“海汤神泉”开业】 10月1日，卧龙湖旅游区盐卤浴“海汤神泉”开业。该温泉位于“桑海森林”，占地9公顷，总投资70亿元。挖掘和利用自贡地下天然盐卤资源，净化处理打造成康疗保健养生温泉，分两期建设，由接待区、会所区、室内游乐区、汉方区和室外漂浮区5大板块组成。一期3万平方米，盐卤浴会所大楼分为三层，盐卤浴场有不同功能泡池 37 个。一楼分室内温泉游乐区和室外泡池区两部分，室内有家庭亲子娱乐、罗马浴、土耳其浴、鱼疗池、SPA（水疗）功能池、漂流河、儿童水寨、星空漂浮池等；室外布置“华夏盐泽”（金）、“天车森林”（木）“牧羊花屿”（水）“汲卤煮盐”（火）“白羊盐丘”（土）5 个区域。二楼休闲养生区，配备自助餐及特色美食、健身房、童趣堡、书吧、电玩室、棋牌室和家庭影院等功能区。三楼特色盐疗区，有韩式汗蒸房、风情盐疗房等 10 多个功能房。游客集散中心设小型车停车位 360 个，大型车停车位 25 个。国庆长假期间，接待游客近 6000 人次，营业收入 73 万余元。

卧龙湖旅游区盐卤浴“海汤神泉”开业仪式

（孙　瑶）

建筑与房地产

【概述】　2016 年，围绕“产城互动、园城融合”，以建设和谐幸福高新区为统领，住有所居为目标，加快房地产业发展和保障性住房建设，完善市场监管体系，强化改革创新，高水平设计，高质量推进房地产业发展、保障性住房建设。全区完成建筑业总产值 105.28 亿元，比上年增长 51.5%。建筑业总产值超 1 亿元企业 10 个，1 亿元产值以上企业总产值占全区建筑业总产值 96.99%。房地产开发投资 24.91 亿元，比上年下降 16.10%；开工面积 181.34 万平方米，比上年增长 126.22%；竣工面积 111.7 万平方米，比上年下降 38.43%。建筑业法人单位 362 家，有证照个体经营户 35 家。房地产业法人单位 174 家，有证照个体经营户 26 家。资质以上房地产开发企业 26 家。

【房地产项目】　2016 年，续建南湖领御、华商公园里、泰丰国际城、紫荆城邦、南湖逸都等房地产项目 11 个，投资 24.91 亿元，竣工面积 92.45 万平方米。贯彻落实中央、省、市房地产市场调控政策，加强房地产市场监测分析和开发企业预售行为监管，开发企业放缓开发节奏，商品房新增供应减少，房地产市场发展总体平稳。

【安居工程】　2016 年，适度扩大保障范围，降低准入门槛，新增公租房 193 套，其中居民 102 套，企业员工 91 套，入住 284 人。棚户区改造全面推进，开工南湖片区棚改住房 3424 套，续建南湖景苑安置房三期 1522 套，进入土石方平场施工 2198 套。安置房开工面积 50 万平方米，竣工面积 39.2 万平方米。

【项目服务】　完善方案预审、靠前服务、跟踪管理、催办督办、合同管理等制度，探索在建项目施工许可制度及监管方式，审批水土保持方案报告书等 7 件，组织零星工程项目抽标 24 次，拟订、签署合同书 48 件，产权查询 50 余次。

【建筑质量管理】　实施项目跟踪管理，建筑工程报建率、施工图审查率、工程质量监督率、工程质量合格率均 100%，评为 2015 年度自贡市“盐都杯”优质工程项目 6 个，占全市 46.15%。其中，南湖公馆 20～22 号、25 号房及 2 号车库，华商·国际城（一期二批次 7 号楼及地下室），丹桂幼儿园，大西洋·汇东壹品三期工程1、2号楼及地下车库工程获金奖；南湖逸都4号、6号房，芭夯餐饮食品机械制造及总部基地办公楼获银奖。

【建筑安全管理】 强化建筑施工领域安全管理目标责任制落实，开展专项整治，结合“打非治违”专项行动以及建筑安全专项整治重点，相继开展春季节后复工、高大支模、起重设备、夏季高温预警、食品安全、消防安全等检查、整治工作，全面排查现场安全隐患，督查整治施工企业管理薄弱环节和制度缺陷。继续推进安全生产标准化管理，加强“四类人员”（建筑施工企业主要负责人、项目负责人、安全生产管理员和特种作业人员）安全培训，安全检查18次，发出整改通知函8件。建筑施工安全事故1件，死亡1人。

【建筑扬尘治理】 整合“建设、城管、大气办公室”三方执法力量，加密建筑工地巡查，严格执行文明施工、建筑扬尘治理要求，全年常态化巡查在建工地225处次。加强施工主体行为监管，督促落实湿法作业、工地进出口管理，节假日、重要节点、汛期、重污染天气等专项检查18次，巡查在建项目30余个，送达整改通知函8件，违规单位立案处罚、媒体曝光。

【行政事业费征收】 2016年，征收各类行政事业性收费（基金）总额8506.15万元，其中城市基础设施配套费6812.97万元，新墙体材料基金583.67万元，白蚁防治费187.39万元，水土保持设施补偿费54.19万元，人防易地建设费867.94万元。落实国务院《工程建设领域保证金清理规范工作实施方案》，清理退还风险保证金4061万元。

【物业管理】 区、乡（街）、村（社区）物业管理网络健全。开展物业管理招标备案、资质等级评定初审、物业服务企业资质审验，建立“质价相符”物业服务机制。全区物业服务企业33家，其中一级物管企业6家、二级物管企业5家、三级（含暂定三级）物管企业22家。规范行业秩序，通过强化监管、严格考核、加强培训、扩大宣传等措施，提高物业行业管理服务水平，全年检查住宅小区55个，发现问题及时反馈给物业服务企业，督促限期整改。推进安置房小区物业管理市场化运作，协调南湖三期等5个安置房小区签订物业管理合同。协调处理南湖公馆18栋底层商铺信访问题、天伦苑安居房违规装修纠纷问题等30余起。3个小区被评为2016年自贡市物业管理优秀住宅小区。

高新区2016年自贡市物业管理优秀住宅小区一览表

表18

小区名称	物业服务企业	备 注
远达·南湖郡西区	自贡市新城物业有限公司	新申报
银海·金域国际	自贡市安宁物业管理有限责任公司	新申报
丹桂·龙汇家园	自贡市汇东物业管理有限责任公司	复 验

2016 年自贡高新区物业服务企业一览表

表 19

物业公司名称	等级
四川志升资产管理有限公司	一级
自贡汇东物业管理有限责任公司	一级
四川衡易物业服务有限公司自贡分公司	一级
成都金房物业服务有限公司	一级
四川银丰洁强物业管理有限公司自贡分公司	一级
金碧物业有限公司自贡分公司	一级
自贡市英祥物业管理有限公司	二级
四川绿城瑞锦物业管理有限公司	二级
自贡市新城物业有限公司	二级
自贡华商物业有限公司	二级
成都世高物业管理有限公司自贡分公司	二级
自贡康居物业有限公司	三级
自贡盈盛置业服务有限公司	三级
自贡市兴大物业管理有限公司	三级
自贡好家园物业有限责任公司	三级
自贡市广厦物业开发中心	三级
自贡市君阳物业有限公司	三级
自贡市佳缘物业有限公司	三级
自贡安居物业有限公司	三级
自贡市通达物业管理有限公司	三级
自贡竞诚物业管理有限公司	三级
自贡市和居物业管理有限公司	三级
自贡市中泰资产管理有限公司	三级
自贡汇东投资管理有限公司	三级
自贡隆通资产管理有限公司	三级
自贡市高新公园管理服务有限公司	三级

续表19

物业公司名称	等级
自贡市鼎益劳务有限公司	三级
自贡市荣光物业管理有限公司	三级
自贡鑫悦物业管理有限公司	暂定三级
自贡康鑫物业管理有限公司	暂定三级
自贡市吉达屋物业管理服务有限公司	暂定三级
自贡市东城物业管理有限公司	暂定三级
自贡市土人物业管理有限公司	暂定三级

【银海·金域华府】 自贡银海房地产开发有限公司开发商品房项目，位于汇东公园东，占地 3.33 公顷，建筑面积 12 万平方米，多层、小高层、高层楼盘 11 栋 850 套，2014 年开工建设，2016 年全部竣工售罄，累计投资 5.04 亿元。

银海·金域华府

【泰丰·国际城】 四川泰丰集团公司投资开发，坐落南湖生态城东部，位于丹桂南大街与南湖路东南，北临南湖公园。占地面积 22 公

泰丰·国际城

顷，总建筑面积 81.21 万平方米，43 栋组成，其中高层 21 栋、小高层 22 栋，商品房 5819 套，停车位 6072 个，其中地下停车位 5502 个，预计总投资 25 亿元。该项目由四川远建建筑工程设计公司设计，名城建筑工程公司、自贡市第二建筑工程公司施工，四川省四维高建工程监理咨询公司监理。2012 年开工建设。到 2016 年年末，累计投资 21.14 亿元，竣工面积 24.3 万平方米。

【南湖逸都】 四川自贡汇东发展股份有限公司投资开发，位于南湖生态城兴川南街东，紫薇路与南湖路之间，占地面积 4.7 公顷，建筑面积 15.78 万平方米，由 1 栋会所、5 栋（8+1），3 栋（10+1）和 1 栋（17+1）小高层，2 栋（32+1）高层 12 栋楼组成，住宅 963 套，计划投资 4.5 亿元。该项目由西南交通大学设计院设计，1～6、10、11 栋楼四川自贡汇东发展股份有限公司承建，7～9 栋楼自贡市第一建筑工程公司承建，四川元丰建设项目管理公司监理。2012 年 10 月开工建设，一期工程 2015 年竣工，2016 年二期建设，累计投资 6.4 亿元。

【华商·公园里】 四川友华房地产开发有限公司投资开发，位于南湖生态城龙汇南街西、南林街东、南湖路北、紫薇路南，东临华商·国际城，西望高峰公园，占地 6.97 公顷，建筑

12 月 24 日，华商·公园里 3 期开盘

面积 24.14 万平方米，规划高层、小高层 20 栋，住宅 1734 套，预计总投资 10 亿元，分三期开发。一期 6 栋，建筑面积 5.7 万平方米，2014 年开工建设，2016 年 4 月竣工交房，投资 2.27 亿元。2015 年开工建设二期 6 栋，建筑面积 6.57 万平方米。年末，主体完工，正进行室外施工，投资 2.49 亿元。

【远达·都市风景】 自贡市远达房地产开发有限公司投资开发，位于南湖生态城高峰公园东侧，紫薇路南，南与华商公园里相邻，占地 3.28 公顷，建筑面积 9.46 万平方米，其中住宅 6.44 万平方米，商业用房 7197.6 平方米，高层、小高层 10 栋，住宅 684 套，车位 721 个。2014 年开工建设，到 2016 年年末，累计投资 4.69 亿元。其中 6、7、8、9、10 栋及一期地下车库竣工交付业主；1、2、3、4、5 栋楼及车库主体封顶、砌体、外装完成，室外施工，完成室内水电、消防等安装工程。

【远达·南湖领御】 自贡市远达房地产开发有限公司投资开发，位于南湖生态城龙汇南街西，南林街东，北靠南湖路与华商公园里相邻，占地 9.51 公顷，建筑面积 30 万平方米，其中商业用房 1.1 万平方米，高层、小高层 26 栋，住宅 2256 套。2014 年开工建设，到 2016 年年末，累计投资 9.5 亿元，一期 13 栋楼竣工，启动二期建设。

【紫荆城邦】 自贡市德居房地产开发有限公司投资开发，位于南湖生态城东部南湖路与通达南街交会处，西与汇东实验学校南湖校区相邻，占地 14.8 公顷，建筑面积 47 万平方米，住宅 4000 余套，高层区和洋房区组成。2014 年开工建设。到 2016 年末，累计投资 9.96 亿元，1～17、22～24、36～38 栋峻工交房；18、28、31～35 栋达到预售条件。

【晶泽·华府开盘】 12月10日，首次开盘612套，开盘均价5825元。晶泽·华府由自贡市晶泽实业有限公司投资3.84亿元开发建设，位于南湖路与兴川南街交汇处东南，西与汇东实验学校南湖校区相邻，占地11.53公顷，总建筑面积36万平方米（含地下室），其中住宅26余万平方米，商业1万余平方米，容积率2.5。项目分3期开发，分别由11栋30层高层、1栋29层高层、11栋16+1层小高层、8栋6+1多层板式结构，呈大围合式排列而成。户数2876户，户型2房2厅、3房2厅、4房2厅，面积区间69~136平方米。打造阳光草坪、叠水平台、亲子乐园等园林景观12万平方米。

（缪 静）

园林绿化

【概述】 2016年，继续坚持生态打底、文化传承、功能升级、人文景观，推进园林绿化“规范化、标准化、精细化、市场化”，巩固成果，提升园林景观美化效果。全年完成园林绿化设计14个，园林绿化建设工程37个，栽植移植乔灌木1万余株、地被4500平方米，栽植摆放鲜花230万盆，累计竣工移交养护绿地面积290万平方米。新增绿地面积15.2万平方米，达936.49万平方米，绿地率35.45%，同比增长1%；新增绿化覆盖面积10.02万平方米，达1024.04万平方米，绿化覆盖率38.04%，同比增长0.98%，其中公园绿地面积374.27万平方米，比上年增加7.5万平方米，增长2.09%；人均公园绿地面积14.89，比上年增加0.31平方米。

【园林绿化设计】 完成园林绿化设计方案和施工图14件，面积5.58万平方米。自行设计方案和施工图10件，绿地面积5800平方米，包括元旦春节、劳动节、国庆节等节日城市景观、公园及绿道草花栽植摆放等设计方案。委托设计方案和施工图4件，绿地面积约5万平方米，包括龙汇街示范段景观优化设计、釜溪河绿道、汇东公园、南湖公园防护优化设计。

【园林绿化工程】 加强园林绿化工程监督管理。重点建设卧龙大道和龙汇南街延伸段道路绿化、南湖公园西大门跨线桥和市民广场改造、丹桂大街优化改造等7个工程。邀请招标汇东丹桂经一路、纬二路行道树修剪、南湖公园梯步改造等4个工程，实施汇东路西段、南环路路沿石修复、南湖公园沙坑改造等25个零星工程，投资138万元，栽植乔木300余株、灌木4500余株，铺植地被约2500平方米，移植乔木150株、灌木5000余株、地被约2000平方米，维修更换路沿石约150米，修剪乔木1330株。续建狮子山公园园林绿化工程。

【绿化提升和花卉布置】 城市窗口地段、主要交通道路、节点、风景区、公园进行绿化提升与花卉布置。提升釜溪河绿道、南湖公园、汇东公园等绿化景观，在道路节点和城市广场摆放花箱（花盆），随季节更换花卉品种，鲜花四季常开。邀请招标鲜花栽植摆放项目5个，栽植草花约3300平方米，摆放鲜花230万盆，投资235万元。引导单位、社区居民实施庭院、阳台、屋顶、墙面、室内绿化，拓展绿色空间。

釜溪河畔花海入画

【园林绿化管护】 制定《高新区政府出资园林绿化工程建设养护管理规定》《关于加强管理确保高新区政府投资城市绿地植物完好的通知》，维护园林绿化建设成果，养护管理“规范化、标准化、精细化、市场化”，发挥园林绿化景观生态作用。园林绿地实行网格化管理，实行日常巡查，季考核通报，及时发现问题，督促整改，发出整改通知55份，涉及整改问题158个。更换补植死亡、空缺、达不到景观效果乔木81株，灌木8.9万株。开展防汛防风抗旱工作，支撑加固2400余株易倒易折乔木。严格绿地占用审批管理，及时发现并制止占绿违章乱挖乱建，审批临时占绿36件，督促占绿施工结束即恢复绿地并确保植物成活和景观效果。组建园林和植物专家鉴定库，邀请专家对园林工程建设和养护中死亡、长势弱、病虫害、立地条件等进行鉴定，根据鉴定意见采取措施。

【公园管理】 高新区建成开放釜溪河绿道、南湖、汇东、卧龙湖、狮子山5座公园，面积330万平方米。釜溪河绿道成为市民近郊游首选，平均日游客近万人，节假日达2万人以上，配套建设4座驿站服务游客。南湖公园、汇东公园成为市民休闲、健身场所，每天跳健身舞、健步走上万人次。成立高新区公园及风景区管理领导小组，探索公园企业化管理、公益性服务，启动公园养护维护管理政府采购工作。

3月13日，釜溪河复合绿道万人踏青

【高峰玫瑰园】 高峰玫瑰园位于高峰乡，是高新区园林公司打造的特色花卉园林，占地7公顷，引进路易十四、卡罗拉、坦尼克、蜜桃雪山等品种，布局观景台，铺筑长冲水库沿湖步道3公里和赏花小道，开设农家乐和小食摊区，游客在赏花同时品尝美食。玫瑰花盛开季节，红、黄、粉、白30余种玫瑰成片竞相争艳。玫瑰园实行免费开放，供市民游览观赏、采摘选购。每逢周末，游园观花市民4000余人。

高峰玫瑰园

【义务植树活动】 3月12日，高新区绿化委员会组织100余人在釜溪河绿道玫瑰庄园开展“创建文明城市、绿色美丽家园”义务植树活动，栽植小叶榕120株和羊蹄甲77株。

（缪　静）

信息化建设

【概述】 中国电信自贡分公司、中国移动自贡分公司、中国联通自贡分公司均设在高新区，辖区经营性互联网联网单位240家，终端机器1230台，非经营性互联网联网单位29家，互联网个人用户（不含手机上网用户）11万人，占全市个人用户20%。信息化基础设施建设进一步完善，高新区辖区建有3G基站513个，新建4G基站373个，铺设光纤1.27万皮公里、建设管道8198孔公里，形成电信网、有线电视网、计算机网等较为完整的信息通信网络，实现宽带化、数字化全覆盖，全区4G覆盖率90%。2016年，高新区管委会投入信息化基础设施建设资金1100.83万元，比上年增长50.73%，大力实施信息化快速发展和带动战略，推进信息技术与城市发展深度融合，智慧城市建设稳步推进。

【自贡高新区网站】 2016年，自贡高新区网站（http：//www.zggx.gov.cn）新增“两学一做”学习教育、创文创卫专栏，发布动态信息、政府公开信息、办事查询信息和民意互动类信息700余条，区本级公开文件30余件，政务信息公开专栏发布信息200余条。

【电子政务】 加强电子政务网络、机关网络、行政效能监控系统日常管理和维护，处理硬件设备故障234次，电子政务外网系统运转正常。实施电子政务拓展网络到期租赁政府采购，比前一周期节约资金2万元。开展高新区网络安全及关键信息基础设施检查，保障电子政务安全。

【公园安防系统投入使用】 实施卧龙湖湿地公园、汇东公园二期安防系统建设。安装卧龙湖湿地公园安防系统点位16个，广播及救助系统点位5个，5月竣工验收投入使用。汇东公园（二期）综合监控系统由安防系统、外围道路监控系统、广播及救助系统三部分组成，安装安保监控点位24个，交警抓拍点位6个（交警与安保共建点位3个），语音求助点位7个，并采用全景摄像机新技术，8月竣工验收。

【公安信息化建设通过验收】 整合公安指挥中心和高新区应急指挥中心两大功能，包括应急指挥系统、领导会商室、点名及接处警室、图像监控中心、视频会议系统、中心机房。浙江警安科技有限公司中标建设，投资667万元，比预算节约资金130万元，3月通过验收。

【公共视频监控系统】 制定《高新区公共视频监控系统项目的建设方案》，本着“整合资源、共建共享”，综合考虑已建公安、交警、城管等视频资源点位与新建点位覆盖范围之间互补关系，形成有效整体覆盖效果，避免视频点位重复建设。邀请专业设计单位进行点位设计，完成194个视频监控点位和172个卡扣点位建设施工图，市视频办公室审查。6月，按政府采购程序完成招标，中标价1631.8万元，比控制价节约700多万元。

【非涉密系统应用迁移】 制订高新区门户网站、智慧高新社会公共服务平台、高新区项目管理信息系统等非涉密信息系统迁移计划，出台《关于进一步规范信息化项目基础设施建设的通知》，高新区管委会原则上不再批准涉及机房、专网、数据中心、服务器等信息化项目基础设施新建、续建和改造方案和资金预算。

【企业信息化建设】 2016年，推荐企业申报省、市工业信息化资金支持，全区4个项目获专项资金156万元，推进川润公司制造一体化及互联网+管理、安普瑞公司设备物联网平台数据采集系统、工业泵公司产品制造过程信息管理系统综合集成应用、花语精细化工公司生产与管理自动化信息系统、东方通用公司企业管控信息系统及生产过程控制等8个重点信息化项目建设，推广办公无纸化、管理网络化、生产过程控制自动化。全区规模以上工业企业信息化率75%。

【软件产业】 2016年，四川金软科技有限公司代理的金蝶软件和四川凤凰世纪网络有限公司代理的用友软件全市单位使用覆盖率80%以上，办公正版软件使用率100%。四川金软科技联合阿里巴巴共同开发“易企云”平台。限额以上软件企业3个，实现营业收入6112.6万元。

（郑　娟）

国土资源管理

【概述】 贯彻落实供给侧结构性改革精神，执行国土资源保护、利用和管理法律政策，保护资源、保障发展并举，推动国土资源事业发展和推动高新区经济社会全面发展紧密联系起来，努力拓展建设用地新空间，优化配置资源，提高土地利用质量和效益，提供用地保障，促进经济社会科学发展、转型发展、绿色发展。编制高新区2016年农用地转征用计划和供地计划，制定《高新区工业用地招拍挂出让供地操作流程》，全年征地126.37公顷，供地94.14公顷，保障项目落地建设。

【土地利用规划】 高新区托管面积65.39平方公里，已开发面积34.15平方公里，未开发面积31.24平方公里。土地利用规划为7个片区：汇东、东兴寺沿河片区8.73平方公里，南湖生态城8.97平方公里，卧龙湖片区14.01平方公里，板仓工业园区一期6.17平方公里，板仓工业园区二期4.45平方公里，板仓工业园区三期17.14平方公里，板仓工业园区配套服务区5.92平方公里。高新区托管范围65.39平方公里中，集体土地29.28平方公里，其中符合土地利用总体规划面积5.16平方公里，不符合土地利用总体规划面积24.12平方公里。开展土地利用中期规划调整和基本农田重新划定前期数据核查、论证，根据高新区“十三五”经济社会发展规划、城市总体规划和土地利用总体规划完善土地利用总体规划中期调整。局部调整重大项目布局规划用地64.27公顷。

【永久性基本农田调整】 高新区托管范围内中心城区划定为永久性基本农田面积由796.44公顷减少到52.81公顷，报送省国土资源厅核定，为高新区未来发展用地预留空间。

【用地报批】 省政府批准高新区2015年报送7个批次用地征地批文，面积124.35公顷。购买泸州市合江县占补平衡指标43.94公顷，用于自贡市2016年第25、26、27批城市建设用地，购买金额962.26万元。2016年报送6批建设用地，面积146.12公顷，完成市政府下达年度指标356.4%。

【土地征用】 宣传征地补偿政策，签订涉及15个村33个组《征收集体土地补偿安置协议》，征地面积126.37公顷，农转非1148人，支付土地和安置补偿费5191.69万元，土地调整费19.86万元。审核办理被征地农民社会保险3541人次，其中征地农转城人员养老保险1365人、医疗保险1345人、失业保险830人。

【土地供应】 开通项目用地预审绿色通道，环节上求简，机制上求活，办事上求实，重点保障南湖经一路、经五路、纬二路、南林街南段、高峰公园、板仓工业园区、西南无水港·高新区综合保税园区、保障性住房等市、区重点工程和民生工程用地。建设项目用地预审9宗，面积15.85公顷。组卷供地资料17宗，其中经营性用地2宗，面积7.27公顷；工业用地5宗，面积12.33公顷；划拨用地10宗，面积18.44公顷。实现供地32宗，面积94.04公顷，收入19.02亿元。其中，经营性用地19宗，面积51.53公顷，土地成交收入18.32亿元；划拨用地13宗，面积42.61公顷，地价款7000万元。

【拆迁安置】 拆迁房屋547户，面积6.75万平方米。房屋拆迁补偿安置515户，面积6.8万平方米；货币补偿安置32户，补偿金额1219.3万元。

【土地集约利用】 按照“产业聚集、布局集中、用地集约”原则，严格项目用地准入预审。执行项目建设建筑密度、建筑容积率、绿地率等控制指标，结合供地条件，做好土地利用动态跟踪巡查、检查，最大限度提高土地利用率。33.24平方公里土地集约更新评价成果已报省国土资源厅验收备案。

【闲置土地清理】 盘活闲置厂房15万平方米，容积率按0.7计算，盘活21.33公顷土地。收回四川天隆新技术开发有限公司2.66公顷国有建设用地使用权，按新的城市规划挂牌出让。

【土地储备】 2016年，高新区土地储备总量195.48公顷，其中国有土地30.16公顷、集体土地165.32公顷，计划按商住、工业、基础设施等供应。华夏阀门有限公司和四川省宇洋电力设备有限公司位于板仓工业园区出让土地8.82公顷，实施收储前期准备工作。

【土地执法监察】 2016年，立案查处违法用地2宗，面积3.17公顷（含耕地0.64公顷），罚款39.42万元，没收建（构）筑物1.62万平方米。通过严肃查处和定期巡查，遏制土地违法违规行为，巡查发现违法违规行为6宗，发出书面停工通知书5份，口头制止1宗。

【地质灾害防治】 高新区地处山地丘陵区，小规模地质灾害时有发生。深入贯彻“预防为主，防治结合，群策群防”方针，编制年度地质灾害防灾预案和突发性地质灾害防治应急预案，高新区20处自然灾害点纳入省地质灾害点监测，其中板仓街道8处、高峰乡9处、学苑街道3处，威胁42户120人，财产400万元。每处地质灾害点设立警示牌，落实监测人1人，开展汛前排查、汛中巡查、汛后核查、定期检查，不定期邀请市国土资源局地环站专家进行现场探勘指导，保持高频率监测。组织危房探测评估，动员提前避险搬迁125户。开展在建工程地质灾害排查，督促指导施工单位编制地质灾害危险性评估报告，制定防灾措施。治理2处崩塌地质灾害点，全年未发生地质灾害引发人员伤亡。

3月29日，防震减灾宣传进社区

【地籍管理】 推进地籍管理规范化建设，严格验收和确权工作。2016年1月至7月，办理“国有土地使用证”12380个。全年，项目竣工验收152宗，现场确权108宗。接收市交易中心移交档案2280件，集体、国有档案查询、复印1.32万件。

【被征地农民社保资金预存款管理】 完善被征地农民社会保障机制，高新区管委会印发《关于进一步规范被征地农民社保资金预存款缴纳工作的通知》，明确被征地农民社保资金预存款缴纳主体和方式，相关部门职能职责，社保安置方案制定、实施、结算和监管等事项，确保征地获批后及时缴纳被征地农民社保费，保障被征地农民权益。

【信访办理】 做好国土资源信访工作，全年办理信访回复3件，其中管委会转办2件，“行风热线”1件。协助相关单位调查办理信访回复7件，接待并答复来访95人次。

（屈　宁）

城市管理

【概述】　2016年，以城管执法体制改革为导向，以创建全国文明城市为契机，以打造整洁、优美、有序城市环境为目标，提升数字化手段，落实长效化措施，推进精细化管理，狠抓环境整治。着力从市容管理、环卫管理、户外广告管理、行政许可等方面，完善规章制度和管理办法，解决城市管理难点问题。继续提升数字城管信息系统，完善考评办法，拓展考核内容，强化问题处置，全面提升城市长效综合管理水平，经济发展和人居生活环境持续改善。高新区获自贡市2016年度城乡环境综合治理先进单位，连续7年排名全市城乡环境综合治理区（县）考核第一名，高新区城管执法大队获自贡市城乡管理行政执法责任制考核第一名。

【城市管理行政执法】　通过专项整治、规范建设、督查考评，推进行政执法。落实行政执法案件集体审议制度、行政执法过错和错案追究制度、行政执法证件管理制度、执法巡查责任制等各项制度，做到用制度管权、按制度办事、靠制度管人。建立执法全过程记录制度，配备执法记录仪76台。在日常巡查、执法基础上，分析存在突出问题，每月分别集中整治乱扔垃圾、乱贴广告、乱摆摊点、乱停车辆、工地乱象、夜市摊点、集贸市场、噪声污染等1至2次。全年受理简易程序案件375件、一般程序案件69件，现场处罚市容环卫违章2550件。

【数字城管】　完善二、三级责任体系建设，实行倒逼责任处置，执法和案件办理力度加大，按期处置率提升。在发现案件到处理案件过程中，实行流程化管理，定人、定时、定量，严格立案时限、派遣时限、处置时限和核查时限，提高案件反应率。全年受理、立案城市管理问题2.59万件，比上年下降2044件，下降7.32%，处置率99.94%。结案2.55万件，结案率98.74%，结案率比上年下降0.77%；按期处置2.5万件，按期处置率96.62%。其中，巡查上报2.44万件，占94.18%；受理公众投诉1380件，占5.34%。

【户外广告管理】　建立户外广告资料库，实行主要道路大型LED显示屏“户籍制”管理，加大公益广告宣传力度，更换公益宣传牌10余块100平方米。在大型户外LED显示屏播放公益广告累计近万小时。建立户外广告设施安全监督管理体系，维修更新高新区管委会投资的丹桂北大街、春华路2条道路广告。开展标示牌、广告牌等整治，开出核查通知书164份，责令广告产权单位修复破损广告500余平方米，拆除广告206处2891平方米，新制作安装店牌和广告牌1772块。

【餐厨废弃物管理】　宣传餐厨废弃物处置规范，建立餐饮单位产生餐厨废弃物台账，综合处置餐厨废弃物。与餐厨废弃物处理公司签订餐厨废弃物集中收运处置合同餐饮单位120余家，全年集中收运处置餐厨废弃物3600余吨。检查餐饮企业餐厨废弃物处理468家次，教育整改185家，重点检查河流水域附近餐饮店，杜绝餐厨废弃物污染河流水域。

【建筑垃圾管理】　明确各部门渣土运输和倾倒监管职责，建立监管体系。调查建筑垃圾消纳场、可利用消纳场、在建工程、拟建工程产生建筑垃圾数量、种类，确定土石方临时倾倒点2处。办理临时渣土运输证174张，渣土运输备案21件。全程监管运渣车辆运输过程，禁止沿途丢弃、撒漏建筑垃圾。公安、交通、城管、建设部门开展联合整治，检查工地和运渣车辆运输情况，处罚违规运渣车辆，全年检查工地4000余次，整改1015件（次），查处1件；检查运渣车3500余辆，处罚违规运渣车3辆。

【夜宵摊区管理】 按照“五统一”（统一经营地点，统一经营时间，统一经营范围，统一经营设施，统一标示标牌），在人员集中又不影响周边居民休息地段设置5个夜宵摊区，安置夜宵摊点100余家，引导有序经营，解决300余人就业。城管人员巡查监管，制止噪声、油烟、占道等扰民行为，取缔划定区域外乱摆摊点。

【违法建筑治理】 制定《高新区规划区范围违法建筑治理实施方案》，开展违法建筑清查、治理行动。实行上下联动联合执法，采取统一行动、疏堵结合、标本兼治办法，从严综合治理城市规划区范围抢建、新建违法建筑行为。开展违法建筑调查取证，送达限期自拆通知书371件，组织依法拆除社会影响大、群众反映强烈“钉子”违法建筑。全年拆除违法建筑161处，拆除面积2.04万平方米。分步治理历史遗留违法建筑，制定拆除历史遗留违法建筑7.6万平方米方案。建立区、乡（街）、村（社区）违法建筑三级监管体系和责任制，发现新建违法建筑及时制止并报告，从源头遏制违法建设行为。

12月27日，拆除妙客锦天小区楼顶违章建筑

【扬尘治理】 主次街道每天冲洗降尘4次，多功能抑尘车和吸尘车每天早、中、晚3次对主要街道喷雾降尘、吸尘作业。设置快速洗车点安装快速洗车设备1个，解决车辆带泥产生扬尘污染。重点开展建筑工地扬尘污染防治，推行施工现场标准化管理，城区在建工地严格执行“六必须、六不准、六个百分百（必须打围作业、必须硬化道路、必须设置冲洗设施、必须湿法作业、必须配齐保洁人员、必须定时清扫施工现场；不准车辆带泥出门、不准高空抛撒建筑渣土、不准现场搅拌混凝土、不准场地积水、不准现场焚烧废弃物、不准现场堆放未覆盖的裸土；施工工地周边100%围挡、物料堆放100%覆盖、出入车辆100%冲洗、施工现场地面100%硬化、拆迁工地100%湿法作业、渣土车辆100%密闭运输），确保工地扬尘污染最小化。开展建设工地扬尘整治专项执法行动，建立督查检察制度及严厉处罚和扬尘防控逐级问责制。全年，集中检查建设工地和道路5000余次，治理施工现场扬尘污染1715次，督促施工工地硬化道路25条，修建施工围墙、围挡22处3700米，清除、冲洗人行道泥土、积尘970次。

【占道经营治理】 继续实行“主街严禁、次街严控、支道背街规范管理”，主次干道、小区、市场出入口占道摊点发现一起，劝离一起。重点整治梨苑农贸市场、绿盛农贸市场、板仓大道糍粑坳转盘、学苑街、汇东路西段、学校周边等地段，疏导早市，劝离游摊，逐个规范冒店经营，暂扣多次整治仍占道冒店物品，规范坐商越门占道、冒店经营1659家次，取缔无证流动摊贩5621起、占道游摊506处，暂扣占道广告招牌210块。

商铺签订“门前五包”责任书

【小广告治理】 通过宣传引导、落实责任、机动巡查清除、购进新型防粘贴油漆、打造示范街、设置便民信息张贴栏等形式，清除城区乱喷涂1.7万余处、乱张贴1.9万余张，小区内乱喷涂、乱张贴9000余处。查获乱喷涂、乱张贴1人，责令自行清除2处。

清除乱张贴乱喷涂

【油煤烟污染治理】 探索建立餐饮油烟部门联审联批联管机制，餐饮企业安装油烟净化装置纳入餐饮服务许可审批内容。排查机关、企事业单位食堂和150平方米或75座以上餐饮企业油烟净化装置安装情况，督促289个新建餐饮店安装油烟净化装置、35家露天烧烤摊点安装油烟收集净化装置，完成国控点周边59家餐饮店油烟净化装置安装。全年治理油烟扰民投诉200余件。

【城市管理服务】 创新工作思维，秉承服务发展、服务群众理念和理性执法工作态度，在企业利益、群众需求与相关城市管理规定矛盾时，采取疏堵结合方法，既依法又合理解决问题。主动服务企业发展，协调相关部门简化办事流程，协调解决重点项目建设中临时占地、占绿、环境影响等问题。设置流动商贩疏导点5个，安置便民摊位150余个，为部分下岗、失地、残疾等困难群体提供生计需要；在农贸市场周边空地设置季节性蔬果临时售卖点5个，容纳120余人，制作、设置“温馨提示牌”，引导瓜农、菜农入场经营。

《自贡晚报》小记者参加城市管理体验活动

【队伍建设】 开展“忆党史、铭党恩”“三创联动”“振兴发展”大讨论，增强队员大局意识、服务意识、创新意识。贯彻落实中央、省、市关于密切联系群众改进工作作风各项规定，建立问题交办、督办、考核机制，全年办理交办件113件。严格执行工作制度、劳动纪律、《行政执法人员行为准则》《城管执法人员自律12则》，整肃队容队纪，依法行政、文明执法水平得到提升。制定市容环境管控标准、反映问题解决标准、市政资产管理规定等，实现“有人就有工作标准、有事就有质量标准、有物就有管理标准”。分2批组织拓展和业务培训，通过凝聚力、沟通力、执行力培训，增强向心力，培养团队精神，提升队伍素质。全区城管队员136人，其中新招公务员1人、协助执法队员14人。

（余　丽）

环境保护

【概述】 贯彻实施《中华人民共和国环境保护法》，推行总量减排、污染防治、环评审批、环境监测等环境保护工作。继续开展“蓝天、利废、宁静、清水、绿地”生态建设行动，重点综合治理大气污染。加大环保宣传力度，严格执行环保法律法规，推动经济发展方式转变，保障和改善民生，实现节能减排与经济结构战略性调整双促进。推进环保基础设施建设，治理河道水域、噪声、空气污染，防止新污染源产生，环境质量和人居环境持续改善。服务经济发展，减少和简化环保审批环节，促进全区符合环保要求优质项目早落地、早开工、早投产、早见效。2016年，城区吸入颗粒物（PM10）平均浓度均值96.8微克/立方米，比上年降低5.1微克/立方米，比市环保局建议值减少0.1微克/立方米；2016年高新区有效监测天数共357天，达标天数219天，比上年略有下降。

【环境监管网格化】 制定《高新区网格化环境监管实施方案》，建立属地管理、分级负责、条块结合、无缝对接、全面覆盖、责任到人网格化环境监管体系，推动环境监管关口前移，触角下延。网格划分二级（区）、三级（乡、街、3个指挥部）8个、四级（村、社区）64个，明确各级网格责任和责任人、网格员、巡查员、监督员，责任单位具体标准，实行“五定”（定区域、定人员、定职责、定任务、定奖惩）监管，制定各级网格考核方案，严控辖区内环境污染。

【建设项目环保监管】 严把建设项目准入关和验收关，建设项目“三同时”执行率100%，受理建设项目35家，其中登记表17家、报告表18就，无越权审批行为。开展违法违规建设项目清理，清出违法违规项目23个，其中限期验收18个、备案管理5个。年内，完成验收18个、风险评估临时备案管理类5个。

【大气污染综合治理】 分解大气污染防治9项任务，落实责任领导、责任部门及责任人，全面推进大气污染防治工作。按照“六个100%”要求监管建筑施工场地扬尘，推广湿法作业；加大城市道路洒水保洁降尘力度，定期冲洗路面积尘，主要道路机械化清扫；严禁使燃煤从事露天烧烤，城区所有餐饮经营户均使用清洁能源，安装油烟净化器。开展露天禁烧行动，发放宣传资料3万余份，悬挂宣传标语330幅，张贴标语1300多张，制作宣传栏65个，出动车辆宣传500余次，现场劝阻200余次，制止露天焚烧垃圾、树叶及秸秆100余起。

建筑工地喷洒降尘

【噪声治理】 城市区设为禁鸣汽车喇叭、禁放高音音响区，加大道路改造缓堵保畅降噪，推广使用低噪声机具和工艺，倡导绿色广场舞，降低交通、建筑工地、生活噪声。开展“两考”禁噪，印发宣传资料，落实电话值守和居民集中住宅区、学校、广场、建筑工地等区域巡查，严格控制产生环境噪音，保障“两考”有序进行。

【环境信用良好企业5家】 明君汽车有限公司、自贡天源水务有限责任公司、自贡鑫泰机电设备有限公司、华西能源工业股份有限公司、四川省自贡运输机械集团股份有限公司被评为自贡市2016年度环境信用良好企业。

（罗范杰）

城市环卫

【概述】 高新区纳入城市环卫管理道路70余条（段）主街、背街及广场路段244万平方米（含人行道），城市公厕9座、楼式垃圾库14处17座、地埋式垃圾库13处17座、42处临时垃圾收集点，路灯、射灯、轮廓灯1万余盏、乔木5800余株、灌木草坪约4万平方米，配备垃圾运输车14辆，小型垃圾收集车12辆，扫地车3辆，洒水车8辆，抑尘车1辆，吸尘车1辆，维修车（包括高空维修）2辆，巡查车3辆。2016年，围绕建设美丽、生态高新区，深化城乡环境综合治理，聚力打造干净、优美、青绿、生态的城市环境。全年，投入环卫经费2016.07万元，其中人员经费291.83万元，公用经费31.64万元，购置环卫设施等专项经费1233.35万元，市政设施建设维护经费495.25万元。

【新增管护面积】 2016年，新增保洁、市政维护城市道路面积3.98万平方米，其中景苑三期8000平方米，丹桂小区经一路、纬二路2.29万平方米，南湖公园西大门人行道607平方米、下沉广场4250平方米，汇东公园支道3982平方米。

【环卫改革】 探索清扫保洁机制改革，汇东路东段、丹桂大街夜间保洁、梨苑农贸市场周边、富台山隧道至新区医院、汇园路、自贡一中初中部支道、汇兴路、兴川街、丹桂北大街海关至簸米湾隧道路段、丹桂小区经一路、纬二路、龙汇南街延伸段、卧龙大道一期54.82万平方米道路对外承包清扫保洁。

【清扫保洁】 城区公共区域清扫保洁总面积244万平方米，其中车行道144万平方米、人行道100万平方米。执行城市保洁标准，推行清扫保洁全域化，道路、地段分片包干到组，分段落实到人，定时普扫，全天保洁，做到清扫保洁时间、标准、质量三统一。管理人员早、中、晚、节假日值班巡查，加大卫生盲点、死角整治，实现清扫保洁全覆盖。发挥机械化优势，扫地车清扫车行道，环卫工人主要负责人行道、背街小巷、广场等车辆无法完成作业区域清扫，降低环卫工人劳动强度和安全风险。定期抹洗果皮箱、护栏、电杆，捡拾树池、绿化带内烟头、纸屑，巡回清除“牛皮癣”。公厕定人值守，随时清扫冲洗，保持干净卫生。垃圾库每天冲洗，定期消毒和灭“四害”。小型垃圾收集车分片包点，及时收集清运果皮箱内垃圾，城区垃圾日产日清，果皮箱、垃圾箱、垃圾库不漫溢，车走场地净。全年清运垃圾约5万吨。

【洒水降尘】 扫地车和洒水车日常清扫、冲洗主次道路4次以上，重污染天气每天6次以上，每周行道树、绿化带、花台冲洗降尘2次，地下通道、雨棚冲洗1次。冬夏季，调整洒水车作业时间，重点路段循环洒水、喷雾降尘提升空气质量。

【环卫基础设施建设】 随着压缩式垃圾中转站建成投入使用，新增小型垃圾收集车3辆，减少清运次数，同时节能减排。减少城区垃圾库设置，关闭狮子山广场、文化路、一中初中部、谢家坝、丰宁小区、南湖印象6座垃圾库。

【绿化养护】 环卫站养护灌木面积3.68万平方米、行道树3377株、乔木576株、汇东路东段小乔木紫薇1198株。根据植物生长属性特点，适时修枝整形、除草施肥、防治病虫害、补植移栽、浇灌降尘保苗，保障植物正常生长和形态美观。注重景观塑造，维护汇东路“市花紫薇一条街”景观效果，补植麦冬150公斤、小叶女贞1940株、金叶女贞2040株、红继木80株，防治病虫害用药33吨。除草、清理杂物450多吨，养护地段植物浇灌及降尘用水330车。

【市政设施维护】 巡查市政亮化设施缺失破损情况，登记造册，及时修复。全年维修、维护人行道1.78万平方米，修复人行道1.5万平方米，盲道2730.8平方米，路沿1438米，花台58米。更换水窗板、沟盖板159块，更换下水道井盖63块，疏通下水道55处661米，更换果皮箱、垃圾桶41个，翻新果皮箱39个，新安果皮箱23个，修复果皮箱45个，修补道路15平方米，新安、更换隔离桩16个，清运渣土500斤，汛期排积水9万立方米，安装人行护栏16.5米、隔离球2个，维修保洁休息室105平方米，改造下水道96米。整改数字城管信息及督查问题1300余件。

【亮化工程维护】 修复、更换路灯1000余盏，更换LED路灯288套，更换电缆线2100余米，新增防盗智能节电柜4台、摄像头2个，维修和保养路灯灯杆及控制箱，亮化工程亮灯率99%以上。

【垃圾清运处理费征收】 宣传城市垃圾处理费征收规定，培训收费员，提高收费员素质，执行征收标准，热情服务，耐心解释，不重不漏，采取弹性工作制、上门征收等方式。全年征收城市生活垃圾处理费37万余元、垃圾清运服务费70余万元。

【安全工作】 加强职工安全教育，开展“安全生产月”“百日安全生产无事故”等活动，召开会议强调，聘请交警培训，警示职工树立安全生产意识。健全安全管理制度，高风险作业岗位落实防范措施，加强日常安全隐患排查，建立台账，及时排除隐患，强化责任追究。汛期前疏通排洪道，安排灾害天气巡查队、抢险队、低洼路段值守人员，组织排洪抢险演练，确保发生灾情迅速排险维修。环卫工作连续4年保持无重大安全事故。

【环卫队伍建设】 高新区环卫站现有职工404人，承担高新区城区清扫保洁、垃圾清运、市政设施、绿化、亮化管理维护等工作。夏季发放清凉降温药品物品价值20万元。建成环卫工人爱心服务站16个，提供环卫工人休息场所，配备桌椅、空调、微波炉、饮水机、风扇和医药箱。

（何南鹏）

公用事业

【概述】　自贡高新区公用事业重点确保城市运行安全，保障公用服务产品量与质。供电、供水、供气、通信、公交等公用事业由国家电网自贡供电公司、市水务集团有限公司、市天然气公司、通信运营商、市公交集团等根据高新区规划，保障高新区持续发展，及时配套水、电、气、通信等管线网络建设，新开行或延伸公交线路，城市承载力提升。全年各项公共事业运行情况良好。

【城市公交】　自贡市公交集团位于丹桂北大街与汇川路交接处东北，城市公交营运车辆近800辆，高级公交车占80%，营运线路140余条，线网总长1800余公里，站点700余个，日发班次6000班，公交日均行驶里程18万公里，日运送乘客50万人次，年运营近2亿人次，覆盖城区超过100平方公里，形成骨干线、干线、支线和社区公交线路为一体城市公交网络。高新区成为全市公交枢纽，辖区建成丹桂大街、汇川路2条智慧公交候车站，公交线路100余条通往全市，其中起（终）点站线路40余条，除汇东公交客运总站外，在高峰、学苑街、老年大学、板仓、华商·国际城、南湖西区、汇东实验学校南湖校区等设始发站，进入和经过板仓工业园区线路近10条，随着城市道路延伸调整线路和站点。春节期间，免费摆渡运送外地观灯游客37万人次。4月28日，自贡通手机公交卡正式上线。

城市公交运营车

【自贡汽车客运总站】　自贡汽车客运总站位于丹桂北大街与汇川路交接处东北，隶属于四川省汽车运输自贡集团有限公司，自贡市公路客运行业唯一开放型，集运输、商贸于一体，由交通运输部核定的一级汽车客运站。参营单位76家，经营省内外客运线路80余条，平均日发长途、市郊班车1000余班次，日运送旅客1万余人次。开通网络购票、微信购票服务平台。

自贡客运总站

【釜溪河绿道2条公交专线开通】　2月27日，贡井至釜溪河绿道（亦称“花海”）春季赏花公交专线开通。该公交专线周六、周日每天安排11个班次，其中上午4班，下午7班。专线车从16路起点站始发，站点为：鹅儿沟—荣新贡院—贡兴路—夏洞寺—马吃水—自贡军分区—川南农贸市场—大岩洞—市疾控中心—公交大厦—南湖体育中心—板仓孵化园—蓝天科技—华西能源—东方物流—复合绿道西站—复合绿道东站（返回）。3月1日，汇东枢纽站至釜溪河绿道公交专线车开通。该公交专线开行时间为3月1日至6月30日每周六、周日和节假日（雨天除外）9时至18时，班次按20分钟或载客50人以上发车，站点为：汇东枢纽站

—交通苑—南湖公馆—板仓孵化园—复合绿道西站—复合绿道东站（返回）。

【板仓东区2条定制公交线开通】 3月7日，板仓工业园区东区定制公交专线26路、401路开通，分别从贡井、自流井老城区开行至板仓工业园区东区，为园区企业职工上下班提供个性化服务。26路站点：鹅儿沟—荣新贡院—夏洞寺—盐都花园—马吃水—川南农贸—市疾控中心—公交大厦—南湖体育中心—板仓孵化园—蓝天科技—华西能源—龙乡大道—返乡兴业园—华西科技园—板仓东区，7时10分和17时10分从贡井鹅儿沟发车，华西科技园下午18时发车。401路站点：两口塘—檀木林—泰丰大厦—东兴寺—板仓孵化园—蓝天科技—华西能源—华西科技园，早上7时10分两口塘发车，下午18时华西科技园发车。

【师生公交直通车开通2条】 9月18日，首次开通2条师生公交直通车。两条线路每天运行9班，分别从翰林尚都、华商·国际城开往老城区，专门服务汇东实验学校南湖校区和绿盛实验学校南湖校区师生。其中，翰林尚都行车线路途经宏发小区—舞蹈学校—理工学院—新美商城—兴达数码广场—广电大厦6站；华商·国际城行车线路途经紫薇路招呼站—南湖国际社区—公交大厦—客运总站—市政府5站。

【汇东至内江北高铁站直通车开通】 1月5日，自贡汽车客运总站开通发往内江北高铁站直通车，票价35元，发车时间从7点20分到19点共7班，与内江—成都、内江—重庆高铁发车时间相配合，方便市民准点乘车。

【直达成都东站班线开通】 9月15日，自贡汽车客运总站至成都东站直达客运班线开通。该线路采取双向对发，两站发车时间均为9点30分和15点30分，市民可乘该班线直达车在成都东站换乘高铁或动车出行。

（高　鉴）

精神文明建设

【概述】 2016年，高新区围绕全市争创第五届全国文明城市开展精神文明建设，深化公民道德、社会主义核心价值观宣传教育，围绕“建幸福宜居新城，造千亿产业园区”目标，开展文化惠民系列活动；开展提升城市品质建设，改造老旧小区，整治背街小巷，绿化、美化、亮化主街大道；老百姓幸福指数不断提高，创建全国文明城市“知晓率、支持率、参与率、满意率”提高。高新区管委会获自贡市2016年度“三创联动”工作先进集体，学苑街白果社区、绿盛实验学校被确定为全市社会主义核心价值观示范点，创建市级以上文明单位（窗口等）33个。

【公民道德宣传月活动】 组织第14个公民道德建设宣传教育月系列活，倡导“诚信经营、爱岗敬业、文明服务、规范有序”；开展“学雷锋、树新风”“我推荐、我评议身边好人”、义诊、文明劝导、美化城乡环境等活动；交警、城管、公安、税务等部门开展文明执法、诚信纳税、安全进校园、环境整治等活动。规划主题广场打造，春华广场打造成“文化广场”，妙观寺广场打造成“法治广场”，汇东公园广场打造成“道德广场”，龙汇隧道人行走廊墙体打造成“城市文明宣传长廊”。

【文明城市创建】 调整高新区创建文明城市（以下简称创文）指挥部，下设政务环境、法治环境、市场环境、人文环境、社会文化环境、生活环境、安全稳定环境、城乡环境、创建活动9个组。召开全区创文推进会4次、指挥部及主要成员单位专题会3次。制作固定宣传标语牌1809幅，安装在路灯杆、公路护栏、花坛、绿化带等处，建筑围挡宣传画、标语1.98万平方米，开展宣传活动371次，印发宣传资料66.8万份，参加52.24万人次。以任务清单、问题清单、负面清单“三张清单”实现创建工作全覆盖，开展“十大专项整治行动”，美化市容环境，修复破损人行道、花台、绿化带，补栽缺损行道树，突出扬尘、交通秩序、市场秩序、背街小巷卫生死角、城市“牛皮癣”、广告牌匾等治理，文明劝导员600人次，劝导不文明行为5000余次。编发专报6期、简报147期、督查通报72期，网上申报25项创建工作和18项未成年人工作材料。

12月4日，创建全国文明城市宣传活动

【志愿服务活动】 在册志愿者队伍63支，成员911人。学雷锋爱心联盟开展“学习雷锋——邻里守望”“文化传情·点亮生活”“马上学雷锋”“传播文明·你我同行”“暖冬行动”等系列志愿服务活动，参加志愿者近400人。3月5日“中国青年志愿者服务日”，高新区团委组织团员志愿者40余人到釜溪河绿道开展“学雷锋树新风”志愿服务活动。文明志愿者定点或巡回车站、商业繁华区、交叉路口宣传文明出行，维持秩序，帮助行动不便人群，劝阻不文明行为。

977爱心车队参加文明交通行动

【文明单位创建】 深化文明单位、文明服务窗口、文明社区（村）创建活动，组织检查、复查和申报工作。华西能源工业股份有限公司申报省级最佳文明单位，汇东大酒店、自贡春秋旅行社创建市文明旅游示范点。全区累计创建市级以上文明单位17个、文明服务窗口6个、文明社区（村）10个。

（周 麟）

文 化

【概述】 2016年，紧紧围绕创建“公共文化服务”这一主题建设“高新文化”。推进文化基础设施建设，加强文化市场执法监督，规范文化市场经营秩序，文化市场发展平稳有序。坚持文化引领，打造精品，彰显特色，服务发展，普惠大众，开展系列文化活动，唱响时代主旋律。

【文化设施建设】 统筹公共文化设施发展，推进公共文化设施设备管理和整合利用。建有乡（街）文化站（中心）4所，社区文化活动室22个，农家书屋21个，社区书屋39个，农民工驿站3个，留守儿童之家12所，农村广播村村响21个，增添21个农家书屋图书各200册及音像制品。乡（街）、村（社区）公共文化场所实行免费开放，利用文化场所组织读书会、座谈会，交流读书心得，畅谈读书收益。补助乡（街）文化活动站（中心）经费各5万元。

【公共文化活动】 举办“情满高新·共创新高”迎春文艺晚会、“青春飞扬·劳动托起高新梦想”庆“五一”文艺晚会、“红色记忆、光辉历程”庆“七一”文艺晚会、“我要上春晚”高新专场演出、卧龙湖国际旅游度假节文艺晚会、社区文化艺术节等大型文艺演出，参加演出2000余人次，观众达1.5万余人次。全年免费放映农村公益电影250余场。

华西能源公司2016年年会文艺演出

【文艺创作】 2016年，主要创作健身操《时尚辣妈》、音乐快板《和谐社区》、歌伴舞《逛灯城》、双簧《闹新春》、情景剧《创建文明城市》等16件文艺作品。

【文化产业】 引导和培育文化产业健康发展，培育高新区文化市场，满足多层次需求。新增上规模文化经营项目6个，投资均150万元以上。2016年年末，全区文化经营单位202家，其中歌舞娱乐厅11家，网吧19家，打字复印64家，出版物出租、零售35家，政务报刊亭61家，电子游戏厅3家，印刷厂6家，电影城3家。九鼎百货、人人乐超市、沃尔玛超市等在商场设图书专区。自贡海天文化股份有限公司在新三板上市。彩灯企业在第四届“京交会”期间举办“川灯耀丝路”主题推介会等活动，推动彩灯企业境外办展，自贡中艺文化产业股份有限公司、四川天煜文化传播有限公司等7家企业在7个国家和地区办展19场。文化产业收入比上年增长18%。

超市设图书阅读区

【文化市场管理】 年审文化经营许可证230家，网吧业主签订《文明守法经营承诺书》，复（打）印单位、印刷厂签订《遵纪守法责任书》。坚持网吧上网实名登记制，落实巡查制度，清查网吧技术监控软件安装情况，实施监控平台监督，发动“五老”义务监督员，出动900人次，检查网吧352家次，处罚违规经营网吧8家，罚款4500元。整治电子游戏市场，出动人员15人次，检查游戏厅10家次。加强校园周边环境重点整治，净化校园周边书刊零售和文具店。举办文化场所安全培训2次、消防演练1次；安全检查6次，发现一般安全隐患4家，责令整改到位。

【地方志工作】 学习贯彻《全国地方志事业发展规划纲要（2015—2020）》《自贡市地方志事业“十三五”发展规划》，把地方志工作归入党政办公室，落实1人收集资料，聘请总编纂1人。采取分类法编纂《自贡高新区年鉴（2016卷）》，由类目、分目和条目组成，条目为记述主体。全书在保持框架设计相对稳定和资料连续性同时，根据自贡高新区特点体现年度特色，设置特载、“十二五”回顾、专文、概要、大事记、政治、经济、城乡、文化、社会、街乡、文件、附录13个类目，突出科技、创新发展特色，收录照片200余张，制作彩页39页，49万字，由四川科学技术出版社出版发行。编纂七方面内容69条目2万字、照片1页入编《自贡年鉴（2016）》，报送《四川年鉴（2016）》《中国高新区年鉴（2016）》约稿6000余字。

【档案工作】 贯彻执行《中华人民共和国档

案法》《四川省〈中华人民共和国档案法〉实施办法》。2016 年，管委会机关文书档案立卷归档 86 盒，1500 余件；整理补充人事档案、党员档案和其他类档案 30 余件（盒）。提供档案查询服务 180 次，提供研发资料 100 余份。

【“城市书房”开放】 5 月，华商·国际城落成自贡市首个公益“城市书房”，向市民免费开放。书房图书除一部分个人藏书外，主要是市图书馆和市民捐赠。书房场地租用、装修、茶水提供等由公益人士支持，150 余名志愿者报名，每天下午 2 名志愿者轮值服务。书房面积 55 平方米，按复古风格装饰，收藏图书 5000 余册，可同时容纳 40 人入座阅读，每天 13 时 30 分至 21 时开放。周末举办“相约名家”文学沙龙活动。

华商·国际城“城市书房”

【汇东影城开业】 7 月 8 日，汇东影城举行首映式。汇东影城位于汇东大酒店主楼负一层，

7 月 8 日，汇东影城举行首映式

面积 2000 平方米，观影大厅 5 间、VIP 厅 2 间，可容纳 500 人同时观影。采用国际流行“LOFT 后现代工业风格”装修，大厅安装高起坡、无遮挡式排椅，排距 1.2 米；VIP 影厅安装“芝华仕”头等舱电动座椅。引进比利时巴可数字放映机，5.1 声道、7.1 声道还音系统，确保观众对音画“动效”体验。

【《震复桥记》石碑】 10 月，板仓工业园区施工工地发现《震复桥记》石碑，石碑高 2 米、宽 1.05 米、厚 0.12 米。震复桥及石碑位于卫坪镇尖山村 3 组釜溪河与支流舒滩河汇合处，石碑距震复桥约 20 米。震复桥是一座石拱桥，始建于清康熙四十四年（1705），同治八年（1869）重修，系自流井通往重滩、仙滩，连接糍粑坳、沙坪、十里坡、詹家井、富顺的石板路必经之地，是盐运古道重要桥梁，现在保存基本完好。石碑是一块修桥记事碑，碑上“震复桥记”4 个大字由清康熙年间（1662—1722）蜀中第一书画家顾复初篆写，碑文记述自贡盐场大盐商王朗云及自流井民众捐资重建“震复桥”义举，是自流井盐运古道及“川盐济楚”重要物证。11 月 5 日，《震复桥记》石碑运送市盐业历史博物馆收藏。

“震复桥记”石碑

【红旗之光暨文明创建活动颁奖晚会】 3 月

29 日，红旗乡政府在华商·国际城西广场举办第十四届“红旗之光暨文明创建活动颁奖晚会”，演出小品《婆婆也是妈》《三句半，夸夸我们的好社区》和舞蹈《富强中国梦》等节目，表彰平安家庭 20 户、最美家庭 10 户、孝媳贤婿 10 人。

【庆祝劳动节文艺演出】 4 月 26 日，高新区管委会主办的“青春飞扬·劳动托起高新梦想”庆“五一”文艺演出在春华广场举行，演出鼓舞《激情飞扬》、歌伴舞《天河》、吉他弹唱《公路之歌》、舞蹈《如火青春》、健身舞《动感单车》、川剧《变脸》等 15 个节目，为劳动者点赞，为青春喝彩。

【“红色记忆、光辉历程”文艺晚会】 6 月 28 日晚，高新区党工委、管委会在春华广场举行主题为“红色记忆、光辉历程”文艺晚会，庆祝中国共产党成立 95 周年、纪念红军长征胜利 80 周年和推进“两学一做”开展。晚会以红色经典歌舞为主，器乐、快板、情景剧融于其中，演出歌曲《永远跟党走》《红旗颂》，舞剧《战斗吧！军帽》《松花江上》，诗朗诵《我向党来唱支歌》等 13 个节目，演出中穿插知识抢答与观众互动。

【春节联欢晚会节目选拔高新专场】 9 月 10 日，“2017 年自贡春节联欢晚会" 节目选拔赛高新专场在春华广场举行，演出歌舞、京剧、快板、四川清音等 23 个节目，启动" 2017 年自贡春节联欢晚会”海选。

【卧龙湖国际旅游度假节文艺晚会】 9 月 22 日晚上，高新区管委会在春华广场举办“社区文化艺术节暨卧龙湖国际旅游度假节文艺晚会”。晚会演出舞蹈《浮花》、川剧《变脸、吐火》、歌曲《悟空》、群口快板《老来乐》、健身舞蹈《时尚辣妈》等 11 组节目，展示社区群众文化艺术发展成果，宣传文化旅游产业特色，突出桑海森林·海汤神泉天然盐卤浴温泉特色推介。

【社区文化体育艺术展演】 9—11 月，高新区管委会主办，高新区文化大队、高新区文化研究会承办“弘扬社区文化，构建和谐文明社区”主题系列社区文化体育艺术展演活动，内容有优秀节目展演暨开幕式演出、广场舞比赛、青年歌手赛、社区文化体育摄影作品展览等，参加活动群众上万人。

【举办 2 场社区文化艺术节演出】 11 月 17—18 日，高新区第二届社区文化艺术节设在春华广场的“群众大舞台”举办 2 场比赛。17 日

广场舞大赛

晚，20名选手参加“青年歌手大赛”，演唱《共和国之恋》《亲爱的小孩》等歌曲，汇东股份公司徐家强、城管执法大队柯超获一等奖。18日下午，21支健身舞队参加“广场舞大赛”，演出《鼓动天地》《中华全家福》《时尚辣妈》等舞蹈，西湖社区、方冲舞蹈队、金海社区舞蹈队获一等奖。

【“新年心灯”手绘彩灯活动】 海天文化股份有限公司首创文化互动公益活动，以校园和中小学生为主要对象，2014年启动至2016年，每年举办，旨在传播中国彩灯文化，让学生了解彩灯热爱彩灯，培养传统文化兴趣。12月29日，启动2017年“新年心灯”手绘彩灯活动，海天文化股份有限公司向21所中小学校赠送1万盏灯笼，供教师、家长辅导学生手绘，体验彩灯制作乐趣，绘制心爱图案，书写新年心愿。完成绘制后移交海天文化股份有限公司，灯会期间悬挂檀木林大街、釜溪河滨江路沿岸树上，市民可观赏到万灯齐亮景象，绘制者可以寻找到亲手绘制彩灯。该项活动推广到国内外灯展中举办，影响范围广，参与人数多。

汇东实验学校“新年心灯”制作活动

（黄鹏欢）

体　育

【概述】 2016年，体育工作以丰富人民群众日益增长的健身需求、增强国民体质为目标，夯实体育基础设施，优化体育工作发展环境，提高群众体育意识和健身意识，推广全民健身项目，开展全民健身活动，引导体育消费、体育产业发展，群众体育、竞技体育与体育产业协调发展。高新区体育舞蹈协会被中国艺术职业教育学会授权国际标准舞考级培训基地。

6月8日，全民健身日活动

【体育设施】 辖区体育设施较完备，有南湖体育中心、城市广场5个、标准运动场6个、篮球场20个、网球场4个、羽毛球场7个、足球场6个、门球场2个、游泳池9个、健身馆10余所，健身路径100余件。新安装1个社区健身路径1套。定期检查、维修广场健身路径，保证完好和使用安全。

【群众体育】 建有高新区体育总会，老年人体育、篮球、足球、体育舞蹈等协会，群众体育活动广泛开展，公园、广场成为人们健身主要场所，广场舞、健步走成为普及健身方式，春华、妙观寺等广场定期组织交谊舞会。组织方队参加全市迎春长跑，举办高新区首届农民趣味运动会、篮球比赛、足球联赛，组织游泳、全民健步走等活动。乡（街）、村（社区）分

南湖晨练

别举办形式多样运动会、趣味健身活动。

【“光明杯”篮球比赛】　3月4—7日，高新区“光明杯”篮球比赛在绿盛实验学校南湖校区体育场举行，12支篮球队参赛。遵循“平等、民主、自助、互助、AA”原则，采用单循环、积分制，分小组赛和淘汰赛，光明医院、自贡监狱、高新公安代表队分别获冠亚季军，4支代表队获道德风尚奖。比赛由高新区管委会主办，高新区文化大队、高新区体育总会承办，高新区篮球协会、绿盛实验学校、光明医院协办。

【足球联赛】　4月—6月，举行高新区“汇东股份杯”足球联赛，16支足球队分2个小组比赛，高新公安分局足球队获冠军。比赛由高新区管委会主办，高新区体育总会、高新区文化市场综合执法大队承办、高新区足球协会、汇东股份公司、高新投资公司、汇东大酒店协办。

【无限极2016养生行走】　7月15日，中华中医药学会、自贡晚报社主办，无限极（中国）有限公司、思利及人公益基金会作为公益合作伙伴的“无限极2016养生行走日”在釜溪河绿道举行。活动倡导培养行走养生健康生活方式，传递科学调养观念，吸引2000多名行走爱好者参加。“行走教学体验区”领行员与参与者互动，在趣味地贴上教习多种日常养生行走姿势。4棵“健康养生树”（运动树、饮食树、情志树、起居树），供参与者贴祝福语传递健康正能量。行走沿途有舞台表演、趣味场景留影区、互动小游戏、终点能量水站。

【健康主题公园落成】　年末，全市首个健康主题公园——南湖公园建成。该公园由市卫生与计划生育委员会、高新区管委会、市疾控中心共同打造，使市民在游玩、休憩、运动、健身同时了解更多健康知识。公园面积35.5万平方米，道路全长5.1公里，围绕“自然、生态、运动、健康”理念，以“适量运动、合理膳食、戒烟限酒、心理平衡、和谐计生”为主题，制作艺术造型5组39个，包括健康步道1条，健康与疾病风险自助测试转盘4个，健康生活方式知识宝塔3座，传播健康四大基石（适量运动、合理膳食、戒烟限酒、心理平衡）、慢性病管理、和谐计生三大元素知识，展示“健康人生、幸福家庭”生活。

南湖公园骑行造型

（黄鹏欢）

教 育

【概述】 2016年末，高新区直属公办普通中小学校8所，其中完全小学4所，9年制学校3所，初中1所。幼儿园33所，其中直属公办幼儿园1所、公办学校附属幼儿园2所、民办幼儿园30所。秋季撤并重滩小学。辖区有四川理工学院、四川卫生康复职业学院、自贡职业技术学校、自贡市舞蹈学校、自贡一中汇东初中部、自贡老年大学，教育培训机构9所。教育投入1.68亿元，比上年增长15.91%。年末，在校中小学生1.85万人，中小学教职工1134人。汇东实验学校、绿盛实验学校成为全市规模知名学校，两所在校学生人数占高新区在校学生人数的73.03%。

【教师队伍】 把教师道德教育放在首位，各学校普遍开展师德论坛、师德承诺、评选师德标兵等活动，促进教师职业道德建设。继续加大教师培训力度，着力提高整体素质，促进专业化发展，安排学校干部、教师培训专项经费50万元，教师参加各级各类培训90批2798人次，选送教师参加全国、省、市培训74批次

绿盛实验学校南湖校区

1467人次，其中省以上培训362人。教师参加市第二届微型课题获奖46项。落实教师管理制度，提升管理和服务水平，建立教师考核评价制度，与奖励性绩效工资挂钩。严格教师准入制度，新增教师“凡进必考”，公开考试招聘教师65人。汇东实验学校和绿盛实验学校到部属和省重点师范大学招聘（签约）硕士生和免费师范生9人，其中2017届毕业硕士生6人、师范生3人。按政策开展教师专业技术职务晋升，年内晋升正高级教师职务1人，高级教师职务24人，一级教师职务21人。年末，中小学教师1131人，比上年增加23人，其中小学教师794人、中学教师337人。幼儿教师840人，其中公办幼儿教师82人。

绿盛实验学校第三十二个教师节表彰暨学习标兵颁奖典礼

【义务教育】 直属义务教育学校小学毕业1550人，比上年增加117人，毕业率100%；初中毕业暨升学考试1541人，比上年增加342人，毕业率100%。高中（含职高）录取1365人，升学率88.58%，其中国家级示范高中录取453人（均衡计划211人），上线率29.4%。小学、初中在校生辍学率为零。秋季中小学招生4340人，比上年增招229人，其中小学2623人，比上年增招151人；初中1717人，比上年增招78人。年末，在校中小学生364个班18548人，比上年增加20个班2025人，其中小学264个班13582人，比上年增加22个班1771人；初中100个班4966人，比上年减少2个班增加244人。

2016年年末自贡高新区直属中小学师生基本情况统计表

表20　　　　单位：个、人

学校	学生						教职工
	小学		初中		合计		
	班级	人数	班级	人数	班级	人数	
汇东实验学校	89	5335	45	2596	134	7931	408
绿盛实验学校	74	3955	38	1659	112	5614	343
英杰希望学校	12	431	5	152	17	583	60
二十中学	—	—	12	559	12	559	70

续表20

学　校	学　生						教职工
	小　学		初　中		合　计		
	班　级	人　数	班　级	人　数	班　级	人　数	
汇西小学	26	1322	—	—	26	1322	62
卫坪中心学校	33	1327	—	—	33	1327	105
红旗小学	14	554	—	—	14	554	40
汇兴小学	16	658	—	—	16	658	46
总　计	264	13582	100	4966	364	18548	1134

9月7日，国家教育督导团评估高新区义务教育均衡发展工作

【学前教育】　2016年年末，全区有幼儿园33所，其中公办3所、民办30所，年内新办佐伊幼儿园、金贝幼儿园2所。在园幼儿6269人。卫坪中心幼儿园申报市一级幼儿园，累计省示范幼儿园1所——汇东幼儿园、市一级幼儿园2所——贝贝幼稚园和卫坪中心校附属幼儿园。学前教育以优化幼儿园管理、提高保教质量为着力点，坚持“抓落实、促规范、提内涵、办特色”，强化管理、研究、指导、服务职能，提升学前教育品质。借助“名师工作室”，举办园长论坛；开启片区结对帮扶模式，形成联片互动、资源共享、协作提高格局；开展送教下乡和园所特色建设，形成“一园一品一特”，促进幼儿园内涵发展。

幼儿教师“聚焦课堂、有效教学”体育优质课比赛

2016年自贡高新区幼儿园一览表

表21　　　　单位：人

名　称	在园幼儿	地址
丹桂幼儿园	699	汇东公园
恒兴艺术幼儿园	130	文化路梨园新村
乐意幼儿园	200	市中心血站
银桦幼儿园	286	银桦小区
汇贤幼儿园	98	白果小区
园圆幼儿园	168	龙城国际1号楼
袋鼠妈妈幼儿园	328	泰丰会展中心3楼

续表21

名　称	在园幼儿	地址
袋鼠妈妈翰林园	277	翰林尚舒房小区
本杰明幼儿园	173	英祥丽景园
春蕾幼儿园	74	学苑街 136 号
绿盛幼儿园	339	绿盛农贸市场
蓓都妈咪家幼稚园	187	都市森林小区
爱苗幼儿园	186	南苑街中段
快乐宝贝幼儿园	128	汇川路凯悦星城
卫坪镇欣欣幼儿园	96	卫坪中心校后
快乐宝贝南湖园	82	南湖郡西区
卫坪胡家桥幼儿园	34	卫坪镇蔡市村
明珠大风车幼儿园	104	明珠小区
劲博国际幼儿园	61	雄飞水岸豪庭
小白鸽幼儿园	18	高峰乡罗冲村 7 组
春华幼儿园	106	园丁苑小区
汇东幼儿园	359	丹桂小区
贝贝幼稚园	290	方冲小区
华景幼儿园	177	华景社区
南湖体育馆幼稚园	153	南湖体育馆内
舞蹈附属学校幼儿园	222	舞蹈学校内
美育教育中心	91	新加坡花园
金苹果幼稚园	249	南湖路 188 号
大湾幼儿园	83	大湾社区西区安置房
金彩童年幼稚园	211	南湖国际社区
亲亲宝贝幼儿园	131	林涧美墅 21 号楼
卫坪中心校附属幼儿园	473	卫坪镇安置房小区
英杰希望学校肖庙幼儿园	56	高峰乡高峰村 1 组
合　计	6269	—

【民办培训机构】 加强民办非学历教育培训机构管理，明确各部门管理职责，推进民办教育健康发展。开展民办非学历教育培训机构办学情况检查，发出限期整改通知书 1 份，规范 2 所民办培训机构，新办 2 所民办培训机构。年末，全区有民办非学历教育培训机构 12 所。

9 月 20 日，爱丁堡教育培训学校挂牌

2016年自贡高新区民办培训机构一览表

表22

名　称	培训项目	地　址
聚名师培训学校	文化类培训	汇川路公交大厦
学之海培训学校	文化类培训	交通苑小区
缨美模特培训学校	艺术类培训	燊海森林商业A区5栋
点石成金培训学校	文化类培训	丹桂北大街蓝鹰海岸
亦学堂培训学校	文化类培训	一对山商业步行街
科迪城培训学校	文化类培训	汇东路东段
大风车早教培训中心	早期教育	丹桂北大街英祥商厦
爱丁堡教育培训学校	文化类培训	市图书馆（汇东路360号）
花园培训学校	艺术类培训	丹桂大街D29栋裙2层
状元堂文化培训学校汇东校区	学科测评、课外辅导、考前集训	丹桂大街445号附93号
南湖梦之音艺术培训学校	艺术高考、幼儿才艺培训	南湖体育中心
青少年素质教育汇东社区培训中心	学前教育、青少年素质教育培训	华园街

【教研活动】 基础教育研究中心指导各中小学各学科开展教学研究活动，学科兼职教研员组织学科教学研究活动。重点围绕提高课堂教学质量，开展校本研修、集体备课、教材培训、骨干教师示范课、中青年教师研究课、优质课竞赛、中小学毕业年级复习研讨课等。2016年，组织区级教研活动26次，参加教师1331人次。参加市级及以上教研活动1467人次。

【素质教育】 落实素质教育规定，开齐开足道德与法治和音、体、美课程，建立学生综合素质评价体系。贯彻立德树人、加强社会主义核心价值观教育要求，培养学生社会责任感、创新精神和实践能力。坚持德育在教育中首要地位，探索德育教育载体，把德育融入各学科教学和社会实践。推进德育课程化建设，德育阵地建设与德育实践相结合，利用课堂主阵地、重大节庆日、纪念日开展主题教育活动。以“少年强、中国梦”为主题，开展清明祭英烈、学习和争做美德少年、童心向党歌咏比赛、向国旗敬礼活动；以“学长征精神，做红色传人”为主题，开展纪念长征80周年系列教育活动；以“传承中华文化，共筑精神家园”为主题，开展讲爱国故事、诵历史经典活动。开展校园读书节、艺术节、创新节、书画展、经典诵读、体育节等活动，培养兴趣，激发潜能、培养特长，提高素质，促进全面发展。参加省

学生绘画作品展

第十二届中小学生优秀艺术人才大赛获奖570人，其中美术、书法156人，语言123人，器乐98人，声乐107人，舞蹈86人。组织长征故事我来讲比赛，选拔6名学生参加市比赛，获一等奖4人、二等奖2人。市表彰三好学生48人、优秀学生干部16人、先进班集体13个，高新区管委会表彰三好学生79人、优秀学生干部49人、先进班集体25个。

【教育惠民】 统筹解决外来务工人员子女就近接受义务教育240人，协调安排拆迁户子女就近入学398人，安排沿滩新城初一年级新生92人。减免816人次幼儿保教费62.7万元，资助困难职工子女上学68人12.8万元，补助贫困寄宿学生23人生活费1.44万元，国家免费教科书资助金额28.09万元，地方免费教科书资助金额165.39万元，免除义务教育阶段学生作业本费57.51万元。

【基础设施建设】 2016年，增加财政投入改善办学条件，汇东实验学校南湖校区二期（二食堂、初中教学楼）、汇西小学三期（综合楼）、景苑小区幼儿园、板仓安置房小区幼儿园竣工，总建筑面积1.68万平方米，投入建设资金6969万元。公办中小学、幼儿园购置、维护仪器设备、图书、电脑、教具、校舍等152万元。

【阳光体育】 按照部颁课程开齐开足体育课，深化体育课程教学改革，抓好体育课堂教学，提高体育课教学质量。举办高新区首届“学爱玩”校园足球联赛，学校普遍开展大课间体育活动，举办学生运动会，推进校园足球普及，确保学生每天体育锻炼1小时。组队参加市“三好杯”“萌芽杯”各项目比赛和“学、爱、玩”校园足球联赛等，四川省足球锦标赛绿盛实验学校获男子丙组冠军，汇东实验学校获男子乙组季军。汇东实验学校和绿盛实验学校被市教育局命名为校园足球示范学校。全市中小学体育工作暨校园足球运动会现场推进会在绿盛实验学校召开。

学生拔河比赛

【招生工作】 管委会印发《2016年中小学招生工作意见》，义务教育段小学、初中新生划片招生，免试就近入学，户口簿和房产证一致，按父母房产证所在地划片，统筹安排进城务工农民工子女、失地农民子女就近入学。

2016年自贡高新区小学划片招生一览表

表23

学校		招生范围
汇东实验学校	本部	春华、银桦、蓝鹰、英祥（1~7组）、园丁苑（1~5组、81~1组）、梨园（18~23组、2~628组除外）社区，丹桂社区就近组
	南湖校区	紫景、胜景、国湖、桂湖、景湖、东湖、西湖、杨公桥社区、杨公桥村（1、4组）、考举村（1、2、3、5、6、8、12、13组）

续表23

学　校		招生范围
绿盛实验学校	本　部	绿盛、方冲、交通苑、明珠、桂花（5、8、9组、11~20组、23~25组）社区，杨公桥村2组
	南湖校区	御景、和景、大岩、大湾、悦景、华景、高峰寺社区，龙神村（1~9组）
汇兴小学		楠桂苑、桂花（1~4组、6~7组、10、21、22组）、糍粑坳社区，尖山、卫里村，川西南矿区职工子女和自流井区毛家坝、钓鱼台、丹桂社区就近组
红旗小学		邓家坝、谢家坝、梨园（18~23组、26~28组）、英祥（1~7组除外）、新汇（1~4组）、龙城社区
汇西小学		白果、宏发、新汇（1~4组除外）、南苑、西景苑、金海社区、自流井区大缺口社区
卫坪中心校及村小		原卫坪镇招生范围
英杰希望学校		原招生范围，景苑、桑海社区，考举村（4、7、9、10、11、14、15组）、龙神村（10~12组）

2016年自贡高新区小学划片招生一览表

表24

学　校		招生范围
汇东实验学校	本部	春华、银桦、蓝鹰、英祥（1~7组）、园丁苑（1~5组、8~11组）、梨园（18~23组、26~28组除外）社区小学毕业生
	南湖校区	紫景、胜景、国湖、桂湖、景湖、东湖、西湖、杨公桥社区，杨公桥村（1、4组）、考举村（1、2、3、5、6、8、12、13组）小学毕业生
绿盛实验学校	本部	方冲、绿盛、交通苑、明珠、桂花、糍粑坳社区，尖山村、杨公桥村2组，自流井区毛家坝社区小学毕业生
	南湖校区	御景、和景、大岩、大湾、悦景、华景、高峰寺社区，龙神村（1~9组）和自流井大岩洞社区小学毕业生
自贡二十中学		卫里、卷子、重滩、付家、易市、詹市、蔡市、唐庙、打谷、万佳、瑶湾、新严、桔香村小学毕业生
英杰希望学校		高峰、双院、河山、罗冲、兴陈、考举（4、7、9、10、11、14、15组）、龙神（10、11、12组）村和景苑社区小学毕业生

【校园安全】 完善中小学、幼儿园“三防”（人防、物防、技防），增配保安员4人，配备喷雾剂、盾牌等防卫器械20件。完善校园巡控方案和处置突发事件应急预案，加大校园周边上学、放学时段巡逻守护，交警、教师在交通拥挤路口值守护送学生过斑马线。学校食堂规范化建设和管理，设立“首席食品安全员”，抓好食品、饮水、交通、楼道、消防、防汛、校车安全和传染病预防。清查毗邻校园网吧、游戏厅、出租房屋等场所，取缔违规违法经营，打击“黄赌毒”等违法犯罪行为。摸排校园周边高危人员、精神病人等6人，落实稳控防范。

开展治安防范、禁毒知识、消防安全、道路交通安全宣传讲座21场，演练3场。排查、整改校园内部安全隐患58处，校园及周边治安问题12处。

地震疏散演练

【合成材料面层跑道清理】　根据省教育厅、市教育局关于切实做好合成材料面层跑道专项清理整治工作通知，制定《高新区合成材料面层跑道专项清理整治工作方案》，全面清理中小学校、幼儿园合成材料面层建成的室内外跑道、运动场、人工草坪，编码登记造册，委托具有资质中介机构按照国家标准检测，出具检测报告。中小学校、幼儿园合成材料面层跑道、运动场、人工草坪8处（块），总面积4.55万平方米，全部符合标准。

【学前教育公建民营探索】　高新区按照“政府主导、社会参与、行业指导、管办分离”思路，探索学前教育管理体制和成本分担机制改革，提出“公建民营”办园模式，即政府出资建园，建成后以“办园理念、办园实力、师资力量、房屋租金”等方面作为考察标准，面向全市公开竞标选取承办者。减少政府投资成本，破解社会办学场地难题，解决幼儿“入园难、入园贵”问题。年内，推出2所“公建民营”幼儿园试点。景苑小区幼儿园位于高峰乡景苑小区二期，占地2972平方米，建筑面积1743平方米，办园规模6个班。板仓安置房小区幼儿园位于板仓八期安置房，占地2229.7平方米，建筑面积1800.26平方米，办园规模6个班。14所幼儿园参加竞标，沿滩区青草地乐贝儿幼儿园中标承办板仓安置房小区幼儿园，贡井亮晶晶幼儿园中标承办景苑小区幼儿园。

【“世界旅游小姐”定点培训基地授牌】　4月5日，“世界旅游小姐”定点培训基地授牌仪式在桑海森林举行。世界旅游小姐大赛组委会秘书长张洪鑫向缨美模特培训学校授牌，该校成为西部地区唯一“世界旅游小姐”定点培训机构。缨美模特培训学校于2003年成立，培养出王梦雅、朱珠、丁琬苧、杨雨菡、余冰瑶等国际国内名模，获67项国际大奖。市政协副主席牟玉昆、王孝谦出席授牌仪式。

【汇东实验学校】　1997年9月创办的九年制学校，设春华和南湖两个校区，总占地面积11.33公顷，汇东校区占地4.26公顷，南湖校区占地7.07公顷。2016年，选派教师438人次参加市以上培训。市以上教研课题立项10个（国家级1个、省级3个、市级6个），获奖1个；区级教研课题立项5个；参加市、区优质课竞赛、教师技能大赛获奖146人，论文获奖52篇。学生足球队参加各级比赛，获省级三等奖1次、市级冠军3次；健美操队参加各级比赛，获国家级奖项2项、省级一等奖2次；参加省艺术人才大赛，获奖600余人次。学校开展第五届绅士淑女节、第七届读书节、第20届校园文化艺术节、班徽设计大赛、心理剧创作大赛。小学毕业422人，比上年增加16人，毕业率100%；初中毕业暨升学考试813人，比上年增加196人，毕业率100%；高中（含职高）录取801人，升学率98.9%，其中国家级示范高中录取256人（均衡计划141人），录取率25.69%。秋季中小学招生2102人，比上年增招263人。其中，小学1154人，比上年增招

125 人；初中 948 人，比上年增招 138 人。年末，在校中小学生 134 个班 7931 人，比上年增加 13 个班 831 人。其中，小学 89 个班 5338 人，比上年增加 12 个班 789 人；初中 45 个班 2593 人，比上年增加 1 个班 134 人。通过高级职称评审 7 人，中级职称评审 10 人。年末，教职工 408 人，其中公招 42 人，双选签约大学生 5 人。专任教师 393 人，所有教师达到规定学历水平，中学高级职称 53 人，占 13%，中级职称 168 人，占 41.2%。省特级教师 2 人，省级骨干教师 17 人，市骨干教师 66 人。省优秀校长 1 人，市名校长 2 人，省榜样教师 1 人，省优秀少先队辅导员 2 人。教师年度考核评为优秀等级 61 人。学校获中国教育学会"十二五"教育科研规划重点课题子课题示范学校，全国青少年足球特色学校，市校园文化示范学校、课改工作先进学校、共产党员示范单位、文明校园示范学校。

5 月 27 日，汇东实验学校第十九届艺术节舞蹈比赛暨"童心向党庆六一"文艺演出

【绿盛实验学校】 2002 年 9 月创办的九年制学校，2013 年再建南湖校区，实行"一校两区，统一管理"。绿盛主校区坐落通达支路 26 号，南湖校区坐落于西林街 350 号。总占地 9.94 公顷，建筑面积 4.42 万平方米，其中绿盛校区占地 3.07 公顷，建筑面积 1.31 万平方米；南湖校区占地 6.87 公顷，建筑面积 3.11 万平方米。学校坚持"立德树人"根本宗旨，秉承"绿润生命、盛及未来"办学理念，坚守"着一片绿色，圆一生梦想"教育追求，以"绿色教育"思想为指南，以品质优良、品格鲜明、品味高雅义务教育品牌学校为定位，建设绿色管理、绿色队伍、绿色德育、绿色课程、绿色文化。承办省、市、区各类现场活动 43 次，接待领导、专家和考察团队 26 次。学校利用名师工作室、蓝青工程、校本研修等平台，开展"课研训"一体化培训，探索出教师梯级团队"建培用一体化"策略，促进各梯级团队教师协同发展。选派 356 人次参加国家、省级专业培训，送培市、区级教育领军人才 21 人合格。教师参加市级及以上竞赛 206 人次获奖，其中全国历史优质课一等奖、全国化学优质课一等奖。在研课题 15 个，获省市奖 7 个，其中省三等奖 1 个，市成果奖二等奖 1 个、微型课题成果奖 5 个。教师获国家级奖励 97 人次，省级奖励 39 人次，市级奖励 188 人次，区级奖励 44 人次。292 名教师参加继续教育检查，人均 267.9 学时，优秀率 100%。采取集体备课、小组合作学习、信息技术助推等手段优化课堂教学，促进学生主动学习，提高课堂效率提升教学质量。丰富课程设置，让校园成为学习乐园，促进学生差异化发展。全省中小学生艺术人才大赛获奖 650 人次，全国、省科技创新大赛获奖 23 人次，环保教育片获全国特等奖，全省中

4 月 7 日，香港世界地质公园、香港狮子会何德心小学师生到绿盛实验学校开展"自贡—香港两地青少年文化交流活动"。图为师生一起制作恐龙拓片

小学生足球锦标赛获冠军，舞蹈《快乐的布谷鸟》获市“童心向党”文艺会演一等奖。年内，学校获省阳光体育示范学校、市文明校园等8项荣誉。年末，在编教职工343人，其中市教育专家培养对象3人，市级名教师6人，市学科带头人7人，省、市骨干教师53人。教学班112个，其中绿盛校区57个班、南湖校区55个班；在校学生5614人，其中绿盛校区2983人、南湖校区2631人。

【英杰希望学校】 自流井区英杰希望学校坐落高峰乡高峰寺社区。2007年8月31日创办的九年一贯制学校，2012年4月1日，自流井区政府委托高新区管委会管理。学校占地1.35公顷。2016年，小学毕业72人，初中毕业55人，初中升入高中42人，升学率76.4%。学生参加区级以上竞赛获奖140人次，高新区“学爱玩”校园足球联赛女队获第二名，“拥抱新年，唱响校园”合唱比赛获市一等奖。投入170.7万元，建设实验室和采购实验仪器及音体美设备。选派教师343人次参加区级以上培训。微型课题结题4个，获市三等奖1个；参加市、区优质课竞赛获奖8人，论文获奖22篇。通过高级职称评审1人。年末，教学班18个，学生606人，其中小学12个班436人，初中6个班170人，比上年减少1个班，减少学生37人。教职工60人，所有教师达到规定学历水平，中学高级职称10人，占16.7%；中级职称30人，占50%。省骨干教师1人，市骨干教师7人，区骨干教师4人。教师年度考核评为优秀等级9人。

【自贡二十中学校】 自贡市第二十中学校坐落沿滩区卫坪镇沙坪街159号，1968年8月建校，2012年4月托管到高新区管委会。学校占地1.59公顷，建筑面积5881平方米。学校以“务本”理念，形成科学、严谨、务实管理制度，开展“礼·智”校园文化建设，用真情与智慧创建幸福校园。2016年，初中毕业184人，上高中录取线76人，升学率41.3%；上省级示范高中录取线30人，占16.3%。秋季初一年级招生147人，比上年减招36人。选派教师参加市以上培训137人次。区级教研课题立项1个，参加市、区优质课竞赛、教师技能大赛8次，获奖5人；撰写论文21篇，获省级奖1篇、市级奖7篇。学生参加市级以上竞赛个人获奖3人次。年末，教学班12个，学生559人，比上年减少2个班5人。教师70人，其中高级教师31人，占44.28%，省骨干教师2人，市骨干教师15人，区骨干教师2人，所有教师达到规定学历。教师年度考核评为优秀等级11人。

二十中学校召开“庆国庆·迎中秋”关爱留守学生座谈会

【汇西小学】 自贡市汇西小学校原名红旗乡大缺口小学，2005年从南苑街中段迁建西苑街中段，2010年8月更名自贡市汇西小学校。学校规划占地2公顷，建筑面积1.59万平方米，31个教学班规模。学校以“成功教育”为理念，小规模格局和精细化管理为特色。获区级以上教学、教研、教改成果奖68项，区优质课竞赛一等奖2人、二等奖3人。毕业班3科统测成绩居全区第一。创建全市第一家四川省棋类教学项目基地。学生参加各类比赛，获市第十七届华人杯征文大赛优秀奖4人、艺术人才大赛奖32人、第四届合唱比赛一等奖、健身操比赛二等奖、“童心向党”文艺会演三等奖、“希望之梦”舞蹈比赛优秀奖、乒乓球比赛小学乙组男子团体第四名、女子团体第三名、羽毛球比赛团体第四名、游泳比赛团体第五名，棋类比赛国跳团体第一名、中国象棋团体第二名等。年内公招教师3人，在编教职工64人。省、市、区骨干教师、学科带头人19人，年度考核评为优秀等级10人。年末，教学班26个，学生1322人，比上年增加1个班91人。

【卫坪中心校】　自贡市沿滩区卫坪镇中心小学校坐落卫坪镇沙坪街3号，下属曾家桥、群力2个村小。1929年，在沙坪街禹王宫设立起富顺县沙坪乡第一中心国民学校，新中国成立后先后更名为富顺县第五区沙坪小学、自贡市沿滩区卫坪镇中心小学校。2012年3月1日，沿滩区政府委托高新区管委会管理。学校占地面积5500平方米，建筑面积2366.5平方米。学校以“快乐成长”为办学理念，扎实抓精细化管理，促进教学质量提高。毕业201人，秋季招生212人。投资9万余元维修村小和幼儿园校园文化建设。参加自贡市第32届中小学生田径运动会获团体第七名，学生参加区级以上竞赛获团体奖6个，个人奖60余人次。评为省优秀乡村教师1人、市优秀乡村教师2人。年末，教职工105人，专人教师99人，其中副高级教师3人，占8%，一级教师71人，占67.6%，市级骨干教师13人，所有教师达到规定学历水平，年度考核优秀等级16人。在校学生33个班1327人，比上年增加22人；附属幼儿班8个，入园幼儿450人。

【红旗小学】　自贡市自流井区红旗小学坐落英祥社区13组汇东路409号。1953年，在一对山上原国立自贡工业专科学校校址创办，占地4830平方米，建筑面积2129.58平方米。先后曾用大安区红旗乡小学、自流井区红旗乡小学等校名，2013年更名自贡市自流井区红旗小学校。学校以“让更多的孩子接受更好的教育”为办学宗旨，打造特色德育活动、特色校本课程。教师获各级各类竞赛奖41人次，在《教育周报》等报刊上发表文章34人次。学生获各级各类竞赛奖184人次，在《名师讲作文》《作文大王》《语文周报》《自贡晚报》等发表习作279篇。秋季毕业90人，招生73人。年末，有教学班14个，学生554人，比上年增加1个班10人。教职工40人，专任教师38人，全部达到专科及以上学历，其中本科及以上学历28人，占70%。高级教师3人，一级教师24人，省级骨干教师1人，市级骨干教师6人，区级名师骨干2人。学校被评为四川省2016年度“天府书香·全民阅读”先进单位，2016年度自贡市全民阅读组织奖。

【汇兴小学】　1993年，在自流井区毛家坝白鹤林建立四川石油管理局川西南矿区子弟小学校。2002年9月移交自贡高新区管委会，更名自贡市汇兴小学校。占地6347平方米，建筑面积3516平方米。学校以“德育为先导，教学为主体，艺体为双翼，让学生全面发展”办学思路，以“校园美、素质好、质量高”为办学目标。投入60万元维修改造校园。小学毕业升入初中90人，秋季招生108人。所有教师达到规定学历水平，本科及以上学历28人。承担市、区在研课题各1个，教师参加省、市、区竞赛获奖83人次。学生参加各项竞赛活动获奖204人次，其中国家级77人次；团体获全国少年儿童美术书法摄影大赛集体一等奖，省防震减灾法制知识竞赛先进单位，市中小学生国学经典诵读比赛二等奖、自贡春节联欢晚会节目选拔大赛教育专场一等奖、“童心向党”文艺会演二等奖、“希望之梦”少儿舞蹈比赛优秀奖、第32届青少年篮球比赛小学男子组第二名、中小学生乒乓球比赛小学女子团体乙组第二名、甲组男子团体第三名等。年末，教职工46人，其中专任教师43人。一级教师36人，占75.5%，高级教师2人，省、市骨干教师11人。教师年度考核优秀等级7人。在校学生16个班658人，比上年增加30人。

【丹桂幼儿园】 丹桂幼儿园坐落汇东公园。高新区管委会主办、主管的第一所全日制公办幼儿园，占地9225平方米，室内建筑面积8402.5平方米，户外活动场地3000平方米，配套建图书室、建构室、陶艺室、创意美术室、形体室、演艺厅、足球场，监控系统、广播系统、中央空调全覆盖，汇东公司提供后勤保障服务。2015年9月8日开园。该园以“雨润无痕、花开有声”为理念，“亲近自然、乐享成长”为宗旨，实现“公益典范、幼教品牌”目标。与绵阳花园实验幼儿园达成共建合作协议。选派教师参加区级以上培训156人次，获市、区优质课竞赛奖4人，市“四个一”活动奖4人，省教玩具展评3件获三等奖，班级环创获市奖8人、省奖4人，教师舞蹈《春天》参加高新区文艺会演，高新区青年歌手大赛获优秀奖4人。幼儿舞蹈《芽芽的儿歌》获市一等奖。春季毕业57人，秋季招生280人。年末，15个班幼儿541人；在编在职教职工58人，聘用10人，所有教师均达到规定学历水平，其中一级教师7人，二级教师15人，市骨干教师2人，区骨干教师3人，教师年度考核评优秀等级9人。

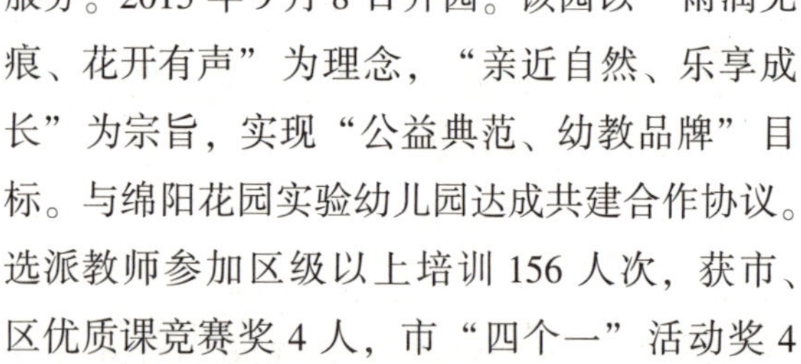

元宵节，丹桂幼儿园在舞龙表演中开始新学期

【汇东幼儿园】 1997年2月开办的民营幼儿园，坐落丹桂小区，建筑面积5076平方米。2009年12月通过“四川省示范性幼儿园”评估验收。该园秉承“教育即生长”，以“爱心呵护成长、童心塑造未来”为理念，本着“让每一位儿童健康快乐成长”宗旨，用“真诚、挚爱、追求、奉献”作风精心打造“花园、乐园、人才的摇篮”。年内，投入近50万元改造环境、厨房，采购玩教具，《密洞寻宝》获区优质课比赛二等奖，《好玩的地垫》获市优质课比赛二等奖，幼儿舞蹈《绿色出行》参加区展演。年末，12个班幼儿359人，教职工53人。教师中教育博士1人，硕士1人，本科12人，大专20人；高级职称2人，一级职称4人，初级职称10人；省优秀教师3人，省幼儿骨干教师2人，市级优秀教师4人，市幼儿骨干教师5人。

【金苹果幼稚园】 高新区管委会携手金苹果教育投资集团创建，2014年10月开园。该园占地1.33万平方米，开设国际部、国内部。探索确立“持续提升、深入研究、争创一流”发展方向，聚焦课堂、有效教学。年内，选派教师参加区级以上培训126人次，教师获市赛课二等奖1人、区优质课一等奖2人、全国“幼儿园优秀活动案例”征文比赛奖8篇。组织大

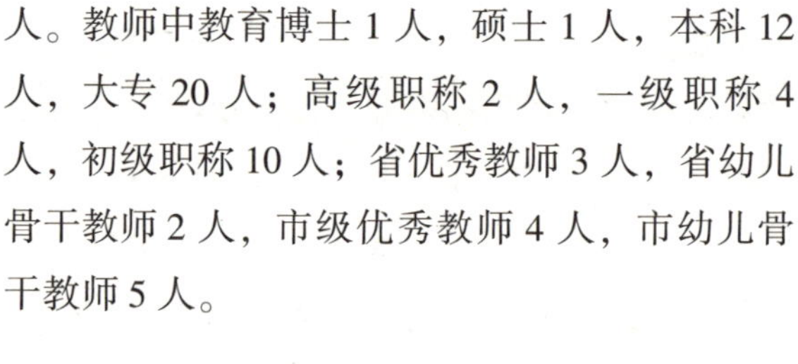

金苹果幼稚园

型主题活动7次，承担高新区优质赛课和幼儿园消防安全现场会。年末，在园幼儿13个班310人；教职工106人，其中教师63人，教师年度考核优秀等级48人。

【贝贝幼稚园】　20世纪90年代末创办，坐落方冲小区，占地3851平方米。该园以“育心、育能”为宗旨，“键、灵、美”为培养目标，“爱心、童心、匠心”为园训，幼儿情商素质教育为切入点，游戏活动为载体开展幼儿艺术教育、棋艺文化特色教育，被命名为市棋文化特色示范学校。年内，组织大型实践活动6次，国家级教研课题《幼儿三维操作及文明行为习惯的培养》结题，获第十届CCP国际儿童创意联赛和第十九届全国幼儿创意美术大赛集体特等奖，教师二等奖1人、三等奖3人，幼儿金奖36个、银奖66个、铜奖34个；市教育局“六一”优秀节目展演团体一等奖，高新区学前教育贡献奖，高新区幼儿体育优质课比赛一等奖1人。年末，在园幼儿8个班308人；教职工人数33人，其中教师18人。

（周　麟）

医疗·卫生

【概述】　2016年年末，高新区有各级各类医疗卫生机构88家，其中市直属医疗卫生单位和市注册医疗机构5家，三级医院市一医院、四医院、中医院分别在高新区设有分院4家。高新区属地管理社区卫生服务中心2所、社区卫生服务站3所、乡卫生院3所、民营医院（含诊所、门诊部）80所，病床717张，在册医护人员674人，其中医生321人。年内，卧龙湖康疗中心一期工程开工建设，全区各级各类医疗卫生机构累计门急诊诊疗35.6万人次，住院1.9万人次，上门服务1300人次。财政投入医疗卫生支出2289万元，比上年增加125万元，增长5.78%。

【公共卫生】　强化公共卫生管理考核，落实基本公共卫生服务项目，定期组织专家开展督导和年度考核，严格按照考核结果与专项工作完成情况结合进行资金测算，根据基本公共卫生服务项目补助标准足额保障。全区建立居民健康档案18.10万份，规范化电子建档17.07万份，建档率95.56%。开展免疫规划疫苗接种2.89万人次，接种率95.52%；管理高血压患者9216人，规范管理7631人，高血压患者管理率33.19%，规范管理率82.8%；管理糖尿病患者3625人，规范管理2911人，糖尿病患者管理率25.3%，规范管理率80.3%。在管65岁以上老年人2.28万人，免费健康体检8641

4月26日，“中国公民健康素养”巡讲在高新企业服务中心举行

义诊活动

人。开展公众健康宣传咨询和义诊活动238次，咨询服务2.54万人次，健康知识讲座129次、6722人听讲。完成重大公共卫生服务项目年度任务，基层医疗卫生机构综合改革不断深化。巩固公共医院内涵建设年和民营医院管理规范年活动成果，实行改善医疗服务行动计划，围绕群众看病就医反映医疗服务问题完善措施，群众看病就医感受改善。

【爱国卫生】　开展爱国卫生月活动，持续推进城乡环境卫生整洁行动，试点健康促进项目建设，投放灭“四害”毒饵6.5万包，打造健康主题公园1座。巩固卫生单位创建成果，新创市级以上卫生单位3个、无吸烟单位3个。高新区作为全市省级卫生城市复审重点区，检查组到高新区听取汇报、查阅资料、现场抽查、随访市民，档案资料和现场抽查全部合格。

【医疗卫生管理】　加强医疗机构和医疗市场日常管理，出动执法人员720人次，检查医院感染管理、重点部门、重点物品、重点环节及流程，进行现场指导，保障医疗安全。医疗机构消毒效果监测72家，采集样品216件，合格率100%，送达监督意见书72件。打击非法行医，检查医疗机构和医疗市场3次，现场指导整改存在问题，送达卫生监督意见书78件，查处并移送涉嫌非法行医案1件。打击非法使用注射用透明质酸钠，检查医疗美容机构1家，美容院32家。审查医疗机构7家，日常监督检查216家次，立案查处未取得医疗机构执业许可证擅自设立诊疗场所开展诊疗1件，没收药品、医疗器械和违法所得1410元，罚金4000元。检查8家医疗机构医疗废弃物处置情况。督导检查5家基层医疗机构基本药物制度执行情况，审核更新120家机构继续医学教育数据。

【公共场所卫生监管】　培训公共场所从业人员1420人次，发放培训教材、宣传资料3万份。加强公共场所卫生监督检查，日常监督检查公共场所318家，出动监督人员720人次，发出《卫生监督意见书》350份。宣传《饮用水卫生监督管理办法》，检查生活饮用水二次供水单位6家均合格。游泳场馆开放期间，空气、水质纳入日常检测，抽检游泳场馆11家均达标。年审放射卫生场所，出动26人次，检查10家单位。检查整治餐具集中消毒服务企业2家、大型商场内儿童游乐设施设备卫生。排查300余家住宿、洗浴、美容美发等场所公示卫生许可证、消毒保洁制度情况，“双证”持证率90%。推广使用安全套预防艾滋病，发放公共场所安全套1.5万支。公共场所检查、抽查中，发出卫生监督意见书300件。

【行政许可】　严格医疗机构设置审批，实行医疗机构现场校验制度，指导医疗机构规范执业行为，依法严格把控医师资格考试关、注册关，医师注册及医师变更注册294人次，护士注册及变更152人次。现场审核公共场所卫生行政许可758家，新办、换发卫生许可证99家，其中商场3家、宾馆34家、茶坊酒吧9家、美容美发34家、沐浴10家、音乐厅4家、车站2家、游泳场所1家、二次供水单位2家。

【学校卫生】　全面检查中小学、托幼机构传染病防控、生活饮用水卫生管理、教学环境和生活设施卫生，组织托幼机构和学校传染病防治、饮用水卫生培训，重点开展春秋季开学前学校卫生监督检查，开展学生食堂标准化创建。加强学校健康教育，发放艾滋、结核、乙肝、流感等传染病防治宣传资料3万余份，强化常见传染病管理，健全学校传染病报告制度。及时控制水痘疫情3起，流感病例疫情1起，流行性腮腺炎3起，手足口病3起。及时处置水痘疫情3起，流感病例疫情1起，流行性腮腺炎3起，手足口病3起。

【疾病预防控制】　每季度开展一次医疗机构传染病防治卫生监督检查，重点检查预防接种管理、疫情报告、疫情控制、消毒隔离制度执行情况、医疗废物处置，控制医源性感染。协助市疾病预防控制中心做好艾滋病、结核病、重症精神病等急慢性传染病预防控制工作，开展传染病管理、突发公共卫生事件应急处置、疾病监测、手足口病督导检查。报告法定传染病17种1202例，发病率612.24/10万，发病数比上年上升17.84%。处置聚集性疫情13起（其中流行腮腺炎疫情7起、手足口疫情4起、水痘疫情2起），布鲁氏杆菌病疫情1起、诺如病毒感染疫情1起。实施免疫规划，五苗接种率99.81%，扩免疫苗报告接种率99.78%。干预FSW1060人次，发放安全套1.37万只；干预MSM人群1350人次，发放安全套1.62万只，宣传材料1385份。报告登记活动性肺结核病人治愈率96.94%，总体到位率98.53%。

【计划免疫】　设定点计划免疫接种门诊6个，免疫接种率94.96%。基础疫苗接种率：乙肝疫苗99.95%，乙肝及时率99.23%，卡介苗99.82%，脊灰疫苗99.74%，百白破疫苗99.83%，麻风/麻疹疫苗99.83%，A群流脑疫苗99.81%，乙脑减毒活疫苗99.81%，甲肝疫苗99.26%。加强疫苗接种率：脊灰疫苗99.67%，百白破疫苗99.80%，白破疫苗99.82%，麻腮/麻风腮/麻疹疫苗99.82%，A+C流脑疫苗99.80%，乙脑减毒疫苗99.79%。查漏补种：脊灰两轮摸底10.2万人次，应种6333剂次，实种6131剂次，补种率96.81%；麻疹两轮摸底10.2万人次，应种5773剂次，实种5587剂次，补种率96.78%。秋季儿童入园、入学预防接种证查验，入园幼儿6259万人，查验6211人，查验率99.24%，补证308人，补种5418人次；查验学生2703人，补证318人，补种8383人次。

【妇幼保健】　通过委托方式开展妇幼保健工作，建立以委托区妇幼保健院为中枢、社区卫生服务机构和乡卫生院为网底、各级各类相关医疗机构为哨点和终端的孕产妇、儿童管理系统。开展免费婚前医学检查，孕产妇、儿童保健管理，幼儿听力、视力筛查和体检等工作。实施预防艾滋病、梅毒和乙肝母婴传播项目，农村孕产妇住院分娩项目和增补叶酸预防神经管畸形项目。实施孕前优生健康检查项目，服务覆盖率84.91%。孕产妇住院分娩率100%，孕产妇、儿童系统管理率99.15%、97.59%，孕产妇死亡率为零，婴儿死亡率0.76‰，剖宫产率69.02%，婚检率84.91%。

9月12日，公益讲座进社区

【人口与计划生育】2016年，纳入高新区服务管理计划生育口径统计总人口17.99万人，已婚育龄妇女3.77万人。出生1432人，其中一孩881人，二孩547人，人口自然增长率4.66‰，符合政策生育率98.81%。死亡747人，死亡率4.97‰。育龄妇女健康检查3.18万人次，孕前优生健康检查720人次，优生优育技术服务428人次，流动人口管理率94.8%。独生子女父母奖励6536人，奖金45.59万元；特别扶持家庭春节慰问155户，慰问金5.56万元；中秋节慰问141户，慰问金2.82万元；生日慰问 35 人，慰问金 7000 元。足额发放新增独生子女伤残死亡家庭一次性慰问金 25.98 万元。

【艾滋病防治】 高新区艾滋病疫情与全市整体低流行特征一致，经性途径感染比例上升明显，女性感染比例增加，青年学生感染者增多，老年感染者增加较快。印制艾滋病防治知识宣传折页 5 万份，学生、孕产妇、农村、感染者/病人、流动人口等人群防艾宣传读本 1.7 万册等，宣传标语 150 幅、展架 150 张，发放到企事业单位、学校、村（社区），构建预防传播立体宣传模式，15～60 岁城镇居民知晓率 89%，15～60 岁农村居民知晓率 82%。“四免一关怀”政策落实，艾滋病感染者/病人随访 CD4 检测率 96.1%，配偶检测率 95.77%，结核病筛查比例 99.15%。艾滋病病人及 HIV 感染者家庭低保 315 人次，低保金 11.55 万元；救助艾滋病儿童 2 人 16.32 万元，艾滋病病人及感染者家庭成员医疗救助和临时救助 6 人次 1.21 万元。年内，新报告艾滋病感染者 39 例，新报告病人 16 例，既往转化为病人 5 例，当年死亡 8 例。截至年末，报告住址在高新区艾滋病病毒感染者/病人 273 例，其中艾滋病病人 98 例，死亡 32 例，存活艾滋病毒感染者/病人 241 例。

【义务献血】 制订年度无偿献血工作计划，召开 2016 年无偿献血工作会议分解献血任务，利用新媒体、板报、专栏普及科学献血知识。全年组织无偿献血 7 次，实际献血 375 人，献血量 11.58 万毫升。

【布鲁氏杆菌病疫情处置】 3 月 13 日 11 时 36 分，市疾控中心通知，板仓街重滩村 5 组出现 1 例确诊布鲁氏杆菌病（以下简称布病）患者。布病是一种布鲁氏杆菌引起的严重危害人民健康和畜牧业发展人畜共患乙类传染病，人接触患病牲畜及其产品或污染物感染布病。高新区立即启动应急预案，患者住地为半径 3 公里范围内开展调查和疫情控制工作。查出产生抗体布病携带者 2 人，感染布鲁氏杆菌羊 3 只，捕杀无害化处理相邻 2 家饲养 43 只，其余畜圈每天消毒，严密排查。3 月末，布病患者治愈出院，布病疫情未扩散。

【诺如病毒感染疫情处置】 3 月 24 日 14 时 40 分起，某幼儿园有幼童出现呕吐症状，送医院治疗。3 月 25 日，高新区启动应急预案，成立处置工作领导小组，下设致病原因调查、现场处置、医疗救治、维稳疏导 4 个工作组。至 26 日，先后 27 名幼童出现该症状。3 月 27 日起无新增病例并陆续治愈康复。市疾病预防控制中心检测认定为诺如病毒感染引起暴发疫情，不符合食物中毒特征。4 月 5 日，疫情终止。主管部门做出取消该幼儿园 2016 年度评优评先资格、主要负责人罚款、该幼儿园承担所有费用决定。

【卧龙湖康疗中心开工】 12 月 23 日，自贡市中医院卧龙湖康疗中心举行开工仪式，市委副书记李国贵出席开工仪式并宣布开工。卧龙湖康疗中心位于卧龙湖旅游区，占地 13.33 公顷，业务用房 19 万平方米，设置床位 3000 张，估算投资 7.4 亿元，功能布局包括中医医疗中心、健康管理中心、康复训练中心、中医老年养护中心、中医药文化旅游中心、中药材基地等，是集医疗、康复、养生、养老、旅游为一体的中医药健康服务中心。项目分期建设，一期占地 5.33 公顷，估算投资 2.4 亿元，建设名中医馆、治未病中心和配套用房约 7 万平方米，设床位 500 张；二期占地 8 公顷，估算投资 4 亿元，建设中医药特色体验中心、康复训练中心、中医老年养护中心、中医药文化旅游中心、中药材基地等，建筑面积约 12 万平方米，设床位

1300张。该项目曾于2015年12月30日奠基。

【红旗乡卫生院】 红旗乡卫生院坐落于兴川南街269号（南湖大沙坪综合楼4号楼），医院职工23人，其中在职在编人员17人，服务11个社区3个村，人口约4.8万人。2016年，完善科室设置，健全规章制度，规范诊疗行为，以卫生院为主体的南湖社区卫生服务中心新建项目进展顺利，与市第四人民医院建立合作关系。承担十二类公共卫生服务，重点人群免费体检1256人，0~6岁儿童保健976人次，孕产妇保健286人次，预防接种一类疫苗9700余针次，设健康教育宣传点15个（14个村社区设有健康教育宣传栏及健康资料免费领取点），更新健康教育宣传栏12期，健康讲座10次，发放健康教育资料40余种计2万余份，下社区健康促进40次，义诊6次。诊疗1.2万人次，总收入535.58万元。

6月14日，市第四人民医院与红旗乡卫生院“院社共建、牵手社区”医疗结对服务启动

【高峰乡卫生院】 业务用房面积426.62平方米，编制床位10张，实有床位2张，在编在岗人员10人，临聘2人，服务高峰、双院、罗冲、肖庙、河山5个村和高峰寺、景苑、河山、桑海4个社区，人口1.22万人。更新健康教育宣传栏12期，开展公众健康咨询宣传活动12次，咨询440人次；举办健康教育讲座12次，435人参加。规范化电子建档8646份，免疫接种Ⅰ类疫苗1318剂次，Ⅱ类疫苗363剂次。0~6岁儿童保健620人，孕产妇保健184人，65岁以上老年人免费体检352人，慢病规范化管理361人。门急诊诊疗3320次，住院2人。

【卫坪镇中心卫生院】 卫坪镇中心卫生院属一级乙等基层医疗机构，业务用房面积3000平方米，床位20张，设预防保健科、内科、外科、儿科、中西医科、康复科、医学检验科、医学影像科，在编在岗25人，临聘6人。服务糍粑坳、卫里、瑶湾、尖山、新严、万佳、棬子、打谷、唐庙、蔡市、詹市、重滩、桔香、易市、付家、沙坪16个村（社区）3.5万人。2016年总收入603.02万元。

【丹桂街社区卫生服务中心】 业务用房面积2648平方米，医护人员47人，服务方冲、楠桂苑、丹桂、银桦、春华5个社区3万余人。建立居民健康档案2.98万人。慢性疾病管理采取“一医一护下社区”及“固定坐诊+电话随访”等提供服务。开展中医特色服务，根据不同体质提供健康指导，发放中医健康处方，开展健康讲座、中医养生操传授，设计高血压控制与卒中预防思维导图、新型体质辨识仪2项技术运用医疗服务，申请实用新型专利。下社区坐诊100次，健康教育讲座16次，妈妈培训班讲座10次，义诊居民1.56万人次，完成计划免疫接种。采用中医健康管理系统辨识65岁以上居民体质，提供个体化健康指导。获市科技进步三等奖1项、市第六届自然科学优秀学术论文二等奖 1 项、全国优秀论文奖 1 篇，发表学术论文 4 篇。

7 月 21 日，丹桂街社区卫生服务中心举办健康讲座

【学苑街社区卫生服务中心】 2012 年二级综合医院整体转型建立，位于汇东路 1250 号春天花园。评为省示范社区卫生服务中心。业务用房面积 1600 平方，设全科、中医科、儿科、儿保、预防接种、妇保与计划生育指导、慢病管理、全科病区、慢病康复区、日间照料等。工作人员 53 人，其中专业技术人员 46 人。服务南苑、新汇、西景苑、白果、宏发、谢家坝、邓家坝、大湾、龙城、金海 10 社区 6.6 万人。2016 年，管理 65 岁以上老年人 4902 人、0~6 岁儿童 2894 人、高血压患者 1867 人、糖尿病患者 880 人，门诊诊疗 4.42 万人次，住院 194 人次，接生婴儿 398 人。

12 月 2 日，自贡市第四人民医院与学苑街社区卫生服务中心医疗联合体挂牌仪式

【交通苑社区卫生服务站】 业务用房面积 1400 平方米，工作人员 18 人，设内科、外科、中医内科、中医康复、妇科。服务交通苑、绿盛和桂花 3 个社区，服务人口 2 万人。建立居民健康档案 1.77 万人，管理 65 岁以上老人 1688 人，高血压患者 1048 人，糖尿病患者 399 人，产妇 138 人，儿童 793 人，精神障碍患者 48 人，服药肺结核患者 5 人，上报传染病病例 4 例。开展健康教育讲座 18 期、咨询活动 24 次，设置健康教育专栏 3 张，更新内容 14 期。艾滋病高危场所巡查 4 次，艾滋病防控知识宣传和培训 10 次。全年门诊 1.3 万人次，其中中医门诊 7848 人次，免挂号费 7404 人次，金额 2 万余元。

【明珠社区卫生服务站】 业务用房面积 2700 平方米，工作人员 22 人。服务明珠、西湖、悦景、大岩 4 个社区近 1.5 万人，签约服务 2442 户，电子建档 1.4 万人，建档管理率 96.2%。健康教育义诊宣传 14 次，咨询服务 3510 人；健康知识讲座 12 次，1110 人次参加；发放健康科普知识资料 25 种 1.2 万份；办社区健康教育专栏 6 期，制作展板 5 幅，健康教育活动简报 7 期，公共事件急救演练 2 次。公共场所艾滋病干预宣传 3 次，干预高危人群 263 人次。

【园丁苑社区卫生服务站】 临床医疗、预防保健、社区卫生服务一体的综合性医疗卫生机构，业务用房面积 950 平方米，床位 25 张，设内科、外科、妇科、全科医疗科、预防保健科、中医科、医学检验，工作人员 34 人，其中专业技术人员 30 人。服务梨园、园丁苑、英祥、蓝鹰 4 个社区约 1.8 万人。2016 年，重点抓居民健康档案建档、健康教育、计划免疫、老年人保健，管理孕产妇、儿童、慢性病和重型精神病患者。

（周 麟）

劳动就业

【概述】 全区配备就业和社会保障工作人员

145人，区、乡（街）村（社区）劳动就业服务平台健全，重点发挥村（社区）劳动保障站基础作用，政策扶持、载体建设、技能培训、创业服务“四位一体”创业促进就业工作机制巩固。开展就业再就业、职业技能培训及鉴定、高校毕业生创新创业服务、公益性岗位开发与管理、园区企业就业服务、劳动关系协调等工作，推进“大众创业、万众创新”，引导创业带动就业，就业形势总体保持稳定。

【就业工作】　2016年，城镇新增就业2251人，比上年增加650人，增长40.55%，完成目标任务141%。其中，失业人员再就业388人，完成目标任务129%；就业困难人员就业137人，完成目标任务137%。城镇登记失业率控制在1%以内。帮助返乡人员创业38人，完成目标任务126%。认定公益性岗位150个，补贴金额133万元。

【职业技能培训】　根据市场用工需求和下岗失业人员意愿组织职业技能培训，重点适应农村转移就业劳动者实现就业和稳定就业需要，通过培训将农村转移就业劳动者培养成为符合经济社会发展需求的技能劳动者，安排进入人力资源市场的农村转移劳动者接受就业技能培训和品牌培训。2016年，劳动力品牌培训50人，青年劳动者技能培训103人。

【高校毕业生就业创业】　落实扶持政策，整合《关于加大力度促进高校毕业生就业创业的意见》《关于实施大学生创业引领计划的通知》，提供创业咨询、指导服务，出台《高新区高校毕业生就业服务精细化管理工作实施方案》，提供“一址多照”简易注册程序，降低准入门槛，实行房租、创业补贴，支持园外孵化。推进浙江大学高新众创空间建设，同四川理工学院、四川省机械设计院等科研院所搭建合作平台，提供创新创业外延服务空间和机制。实地走访、问卷调查、电话采访等途径了解创业者意愿及需求，开展“我能飞”“知识产权保护”“创业政策解读”等培训，提高创业成功率。建有省级高校毕业生创新创业园（孵化基地）1个、高校毕业生见习基地8个。推选高校毕业生兴办企业光恒智能科技有限公司为全市唯一代表参加省创业大赛，考古烧烤、安可咖啡、光恒科技获市“返乡创业明星”称号。全年，促进高校毕业生实现就业33人，创业补贴33万元。

大学生创新创业指导

【服务园区企业】　开展企业用工需求调查，召开就业形势座谈会，分析企业运营情况、用工结构性矛盾、劳动者择业观念、用工成本等问题。制定改善企业用工环境和提高就业者技能系列措施。加大校企合作力度，开展订单、定向培训；利用定点培训机构，开展“短、平、快”技能培训；鼓励企业开展岗前、岗位、转岗等技能提升培训；加强失业人员择业指导，转变择业观念；调整并落实就业政策，提供促进就业保障。

（周　麟）

社会保险

【概述】 加强社会保险宣传，完善社会保障机制，推进社会保险全覆盖。办理被征地农民养老保险 1359 人，医疗保险 728 人，发放 24 人医疗保险补助金 8000 元，小额人身意外保险参保 1.2 万人，城镇居民医疗保险参保续保 6.28 万人，其中新参保 2269 人。

【养老保险】 2016 年，被征地农民新征地超龄养老保险 495 人，解缴资金 4956.38 万元，新征地非超龄养老保险 592 人，解缴资金 4028.69 万元；办理原征地超龄养老保险 37 人，解缴资金 141.97 万元，原征地非超龄养老保险 235 人，解缴资金 761.22 万元。

【医疗保险】 2016 年，办理城镇居民医疗保险参保续保 6.28 万人，征缴金额 1499.94 万元。其中，一般人员 3.55 万人，征缴金额 1242.89 万元，低保人员 1976 人，征缴金额 29.64 万元；重度残疾 220 人，征缴金额 3.3 万元；低保重残 76 人，征缴金额 1.14 万元；“三无”人员 131 人；一般儿童 2.47 万人，征缴金额 222.41 万元；低保儿童 120 人，征缴金额 4800 元；重残儿童 21 人，征缴金额 800 元。办理被征地农民医疗保险 728 人，征缴金额 175.49 万元。

【小额人身意外保险】 2016 年，小额人身意外保险参保 1.2 万人，其中超龄参保 1572 人，适龄参保 1.04 万人，征缴金额 44.46 万元。

【社会化管理服务】 2016 年，社会化管理企业退休人员 2.89 万人，实名认证 2.85 万人，认证率 98.37%。慰问退休省级以上劳模、生活困难职工 220 人，开展创建离退休人员标准化服务社创建，组织退休人员开展文化、体育、互助服务等活动，举办健康养生、防诈骗、识别保健品虚假广告等讲座 50 余场次，发放慰问物品及活动经费 7 万元。搭建运用养老保险、工伤保险定期待遇领取资格协查认证省级平台，组织协查认证培训，开展认证工作，维护全区 61 条金保网。

（周　麟）

民　政

【概述】 2016 年，民政工作坚持以人为本、为民解困、保障民生、服务社会，加大社会救助力度，推进社区、社会组织建设和社会事务服务管理改革，发展养老服务和慈善事业，保障困难群众基本吃、穿、住、医、教，全年发放各类社会救助金 1696.16 万元，补助、救助标准比上年有所增长。

【新春走基层送温暖】 元旦春节期间，各级干部开展“走基层、送温暖”月活动。党工委、管委会领导分别到联系单位、乡（街）听取群众意见、解难题、办实事，慰问贫困党员和群众。各乡（街）、部门、团体按照党工委、管委会部署，走访慰问城乡低保户、孤老孤儿、百岁老人、重度残疾人、困难党员和群众、留守儿童等。全区慰问 1980 户，发放慰问金（物品）101.06 万元。

【最低生活保障】 7 月 1 日起，自贡市再次提高城乡居民最低生活保障（以下简称低保）标准，城市低保保障标准从 370 元/人·月调整到 430 元/人·月，差额补助水平从 230 元/人·月提高到人均 260 元/人·月；农村低保保障标准从 190 元/人·月调整到 240 元/人·月，定额补助水平从115元/人·月提高到150元/人·月。实行城乡居民低保动态管理，严格按照政策，规范申请、审核、审批程序，健全监督管理机制，实行分类管理、分类施保和退出机制，打造公平、阳光和诚信低保，推动城乡低保工作规范化建设，实现“应保尽保，应退尽退”。全年发放城乡低保金1452.71万元。其中，城市低保金1193万元，人均月补差262.46元；农村低保金259.71万元，月人均定额补助150元。年末，全区城乡低保对象4954人，比上年减少988人，其中城市3525人，比上年减少575人；农村1429人，比上年减少413人。

【武装工作】 高新区人民武装工作由自流井区人民武装部领导和管理，高新区社会事业局协调。乡（街）设人民武装部，建有基干民兵连、民兵抢险救援队。组织民兵训练、整组点验，利用国家公祭日等契机，开展爱国主义、集体主义、革命英雄主义、国防宣传教育，增强全民国防意识，营造爱军尚武，讲政治、讲正义氛围。发挥民兵在维护社会治安、抢险救灾等重大急、难、险、重任务中作用。开展征兵宣传动员，做好适龄青年和预征对象摸底登记工作，加强体检、政审双合格青年教育管理、走访，完成征兵任务。

【拥军优属】 2016年，高新区投入80万元支持部队和国防建设。落实拥军优属政策，兑现抚恤优待补助，发放4064人次优抚对象抚恤、补助金223.7万元，56名优抚对象医疗补贴8万元。“八一”建军节慰问驻军、武警、消防部队和优抚对象365人，慰问金（物品）25万元，乡（街）、社区到自流井区武装部、汇东消防中队联欢，召开退伍军人座谈会。完成2015年冬季退役士兵、士官接收安置任务，发放自主择业费、自谋职业金和待安置期间生活费119.2万元。安排有培训意愿退役士兵参加培训，取得结业证书100%。开展“双拥在基层”活动，利用媒体宣传优秀退役军人、情系国防好家庭、拥军先进人物，拥军先进单位事迹，树立典型，发挥示范引领作用。开展体验军营生活活动，自流井区人武部、汇东消防大队开展军事日、军营开放活动，学校师生和社区干部群众参观部队训练、武器装备、消防车辆器材装备，汇东消防大队开展“家庭消防安全五自查四应会亲子活动”，营造关心支持国防和军队建设氛围。更新优抚信息管理系统数据，年末，全区有优抚对象337人，其中伤残军人、伤残人民警察和伤残国家机关工作人员39人，老复员退伍军人21人，带病回乡退伍军人56人，参战参试人员138人，年满60周岁农村籍退役士兵82人，烈士遗属1人。

建军节慰问驻军部队

【社区建设】 统筹推进城乡社区建设，在村增挂社区居委会牌子，统筹村、社区事务，逐步适应农村城市化转变。及时将新建住宅区编入社区，入住居民纳入社区管理服务，全年新建3个社区。投资18万元，新建3个社区办公用房，改造、维修12个社区办公和服务设施，更新设备。社区党组织、居民委员会、监督委员会健全，发挥社区群众主体作用，完善村（居）民议事、民主恳谈、社区听证、社区论证、社区评议等制度，探索组务公开，在城市成栋楼房、农村小组聚居地公示财务、低保、救助、环境改造等信息，延伸民主监督。开展和谐、法治、文明、科普、安全、园林、廉政文化等社区创建示范活动，引领全面推进社区建设，夯实社会管理基础。2016 年，学苑街道安全社区创建通过省验收，原命名的各级各类示范社区得到巩固提高。

【新设 3 个社区居民委员会】 年内，高新区管委会批复同意设立御景、紫景、翠景 3 个社区居民委员会。御景社区位于南环路以北，南湖路以南，东临龙汇南街，西接华景社区，服务远大南湖领御等小区 2419 户住户。紫景社区位于南环路以北，南湖路以南，东临兴川南街，西接通达南街，服务紫荆城邦等小区 4000 余住户。翠景社区位于南环路以北，南湖路以南，东临华景社区，西接西林街，服务南湖生态城三期安置房等住户，2016 年有居民 907 户。3 个社区居民委员会由红旗乡政府管辖。

【综合救助】 城乡困难群众门诊医疗救助 148 人次，救助金 14.87 万元，人均救助 1004.9 元；住院医疗救助 583 人次，救助金 125.78 万元，人均救助 2157.54 元。补助城乡低保对象、特困供养人员、优抚对象、重残人员等特殊困难对象 5049 人参加医疗保险，金额 75.74 万元。困难残疾人生活补贴 8739 人次，补贴金额 52.43 万元。农村“五保”供养年末数 95 人，支出供养金 44.73 万元，发放 2 人丧葬补贴 9700 元。发放 745 户城乡困难群众临时救助金 25.64 万元，低保和残疾等特困家庭 417 名应往届大学生助学金 44.4 万元，年满 16 周岁就读高中、中专和技校农转城困难学生 38 人补助 3.66 万元，冬令春荒救济 416 户困难户 20.8 万元，城乡残疾人各类补助 8483 人次 67.86 万元。新增公租房 193 套，入住 284 人。

【养老服务】 按户籍人口统计，全区 60 周岁及以上老年人 3.6 万人，占总人口 20%，其中

慰问贫困儿童

90~99 岁高龄老人 530 人，百岁老人 16 人。农村“五保”和城镇“三无”老人 185 人。落实高龄老人生活津贴，90~99 周岁和 100 周岁以上每人每月 200 元、300 元，全年发放高龄补贴 119.6 万元。推进养老服务业发展，构建居家为基础，机构为主体、社区日间照料为依托、机构为补充养老格局，建有老年公寓（养老院）8 所、床位 391 张，入住老年人 181 人，其中民营上善颐养、银龄、和景无忧、欣悦、

1 月 30 日，“让我来居家智慧”养老服务平台在春华广场举行启动仪式

龙城社区老年人日间照料中心

丹桂延年、龙城无忧老年公寓（养老院）6所，上善颐养老年公寓与市四医院合作设立医养结合康复中心；新建新严、明珠、板仓、西景苑、万佳、园丁苑、交通苑、桑海社区日间照料中心8所，社区（村）日间照料中心累计21所，入中心老年人168人。政府出资为3299名独居、高龄、困难家庭失能老人购买居家养老服务，预约入户助餐、助浴、助洁、助医、助急等服务。开展老年人“邻里守望”结对服务，为独居、空巢老人提供志愿服务。

【残疾人工作】 2016年，全区领证残疾人2093人，其中视力残疾375人，听力残疾360人，言语残疾36人，肢体残945人，智力残疾216人，精神残疾136人，多重残疾25人。区、乡（街）、村（社区）残疾人服务网络健全，换发残疾证76人，新办残疾证183人，征收残保金618万元。落实残疾人组织、资金、设施保障，推进“量服”（量体裁衣式个性化服务），录入“量服”数据库4022人（含轻度残疾）。补助400名残疾人居家灵活就业2万元，居家灵活就业直接补贴25人1.25万元，农村残疾人扶贫解困50人补助1万元。医疗救助白内障复明手术40人（免费16人），康复训练脑瘫儿童、重度听力残疾儿童23人，智力残疾儿童9人。“阳光家园”计划补贴114人6.84万元，重度残疾人护理补贴917人67.15万元，精神病残疾人补贴10人5000元。捐赠家庭经济困难残疾人适配辅助器具81件，残疾人家庭无障碍改造10户。帮助残疾人就业10人，桂花社区邓见云被评为市“残疾人就业创业示范户”。开展“温暖万家行”活动，慰问贫困残疾人115人，慰问金2.3万元。开展助残日活动，宣传残疾人政策法规，悬挂标语和发放宣传资料2000余份，走访慰问贫困重度残疾人5人。

【村（社区）工作人员补助调整】 3月，高新区管委会印发《关于调整高新区村（社区）部分基层工作人员补助标准的通知》，从2016年1月1日起，调整村（社区）工作人员月基本补助标准。社区党组织书记2900元，居委会主任2700元，居委会副主任2600元，专职干部2500元，同时担任社区党组织书记和居委会主任增加100元。征收和统筹土地面积超过50%村干部参照社区干部补助执行。征收和统筹土地面积未超过50%村党支部书记2200元，村委会主任2100元，村委会副主任2000元，村文书（会计）1900元，同时担任村党支部书记和村委会主任增加100元。村民组长515元。居民组长按户数核定，基本补助390～420元，50户（含50户）390元，51～100户400元，101～150户410元，151户以上420元。村务监督委员会主任540元，委员384元；居务监督委员会主任480元，委员336元。仅担任村、社区党组织委员480元。

【殡葬改革】 贯彻落实党员干部带头推动殡葬改革意见，倡导文明绿色生态殡葬。改进殡葬管理服务，治理城区搭设灵棚、放烟花、做道场等丧事扰民，引导遗体暂存殡仪馆，文明、节俭办丧事，推行以火化为主殡葬改革，无乱埋乱葬现象，火化率100%。继续实行殡葬救助，补助低保户、五保户、“三无”人员56人殡葬费3.84万元。

【地名工作】 配合自流井区、沿滩区开展全国第二次地名普查工作。开展楼栋、门牌规范化设置工作，清理补正沿街错漏门牌，年末完成安装。调查规划、在建道路、小区，勘查南湖、卧龙湖、板仓片区新建、在建、规划道路，征集道路名称，报送39条道路命名更名方案。

（周　麟）

乡·街道

XIANG·JIEDAO

红旗乡

【概述】 1979年7月，红旗乡从自流井区划入大安区管辖。1994年6月29日，自贡市委、市政府决定，1994年7月1日起由大安区政府委托高新区管委会管理。2005年8月划归自流井区管辖，同时自流井区政府委托高新区管委会管理。红旗乡位于北纬29°19′53″、东经104°43′13″之间，地处自贡市城区南部，东以内宜高速公路为界与沿滩区新城相邻，南以南环路为界与高新区高峰乡相接，西以内昆铁路为界与大安区凤凰乡相邻，北以汇川路为界，与高新区丹桂街、学苑街相望。现辖区域主要是南湖生态城，多数是沿滩区委托高新区管理的原卫坪镇、高峰乡部分村组以及汇川路以南原红旗乡大岩村5~7组和会溪村2~4组。2016年年末，红旗乡辖龙神、考举、杨公桥3个村27个组，大岩、大湾、景湖、悦景、东湖、西湖、桂湖、杨公桥、华景、和景、国湖、紫景、胜景、翠景和御景15个社区138个组，面积10.45平方公里，常住人口5.99万人，其中农业人口799人，流动人口1.54万人。

红旗乡设党委、人大主席团、政府、纪委，内设党政办公室（挂群众工作办公室、财政所牌子）、社会事务管理办公室、统筹城乡经济社会发展办公室、村镇农业综合服务中心、村镇建设环卫服务中心、社会事业服务中心“三办三中心”，另设临时机构征地拆迁办公室、城管办公室，下派城管中队、食品药品监管所。乡机关工作人员43人，其中公务员11人、事业人员5人，其余为聘用人员。乡政府驻南湖新城兴川南街255号大沙坪综合楼。

红旗乡辖区道路通达，商贸繁荣。东西走向的南环路、南湖路、紫薇路、汇川路，南北走向的兴川南街、通达南街、丹桂南大街、龙汇南街、南林街、西林街贯通，商贸、餐饮、文化、体育、房地产等产业发达，新建一批商贸大厦、超市、宾馆酒店，银行证券保险业等竞相入驻。坐落汇东实验学校南湖校区、绿盛实验学校南湖校区、南湖体育中心、华商·国际城、川南农贸市场、南湖公园等，盐文化特色餐饮店遍布紫薇路、南湖路东段，形成自贡新宜居商业区。

【中共红旗乡第十五次代表大会】　6月27日召开。会议应到代表65人，出席代表65人，列席代表13人。大会审议通过中共红旗乡第十四届委员会《服务高新建设南湖，努力建设平安和谐优美新红旗》和乡纪委《努力开创全乡党风廉政建设和反腐败工作新局面》工作报告；选举中共红旗乡第十五届委员会委员8人，刘思东当选书记，刘勇、谢麒当选副书记；选举中共红旗乡纪律检查委员会委员5人，吴彦萃（女）当选书记。

【红旗乡第三届人民代表大会一次会议】　10月26—27日召开。会议应到代表47人，出席代表45人，列席代表18人。会议听取和审查乡政府工作报告、人大主席团工作报告、财政预决算报告；选举刘勇为乡政府乡长，明理、邱友绪、范嗣中为副乡长；选举红旗乡第三届人民代表大会主席团成员5人，尤德阳当选为主席团主席；通过乡政府工作报告、人大主席团工作报告、财政预决算报告决议。

【“两学一做”学习教育】　采取集中讲座、网络学习、撰写心得体会和知识竞赛等形式，学习党章党规和习近平总书记系列讲话，乡领导干部到村（社区）讲党课7次，村（社区）党组织书记带头讲党课、谈体会。开展3个专题学习讨论和党员承诺践诺活动，560余名党员做出承诺。15个党组织开展重温入党誓词主题日活动，接受心灵洗礼，唤醒入党初心。表彰先进党组织3个、优秀共产党员18人、优秀党务工作者4人，高新区党工委命名党员示范岗3个、党员示范团队1个。

6月8日，红旗乡“两学一做”学习教育知识竞赛

【领导班子建设】　领导班子以“两学一做”学习教育为抓手，加强思想建设，制定中心组学习计划，明确学习内容，灵活学习方式。班子成员通读《习近平总书记系列重要讲话读本》（2016版），撰写自学笔记，每月集中学习1~2次，班子成员分别作专题中心发言。加强制度建设，执行民主集中制原则，坚持党政联席会议、党委议事、民主决策、党员干部承诺践诺评诺、班子述职述廉等制度，重大决策、重要人事任免、重大突发事件处置和大额资金使用“三重一大”事项集体研究决策，营造“重大问题集体商，群策群力民主谈”氛围。召开“两学一做”专题民主生活会，查找问题，开展批评和自我批评，制定整改措施和时间表。班子成员牢记作风建设永远在路上警示，高标准要求，自觉接受党内监督和群众监督，

每周深入村（社区）调研1次以上，关心群众疾苦，现场解决问题。直面征地拆迁、城市管理、小区物业管理等突出矛盾，勇于担当，创新破解，应变能力、创新能力、识别能力和把控能力提高。

4月21日，召开红旗乡领导班子换届专题民主生活会

【人大主席团工作】 乡人大主席团围绕党委、政府中心工作，针对政府及其部门薄弱环节和群众反映热点难点问题，列出重点监督事项，检查财政预算和执行、政府工作报告落实等情况。人大主席团深入村（社区）调研，监督征地拆迁、统筹城乡安置房工程、城乡环境整治、民生工程和创建全国文明城市工作，组织部分代表评议乡机关4个部门工作作风、服务质量和廉政建设。每季度组织1次代表小组活动，通报乡政府工作，学习座谈，视察城乡统筹发展、民生工程建设，参观盐卤浴、湿地公园。主持召开红旗乡第三届人民代表大会第一次会议，办理代表意见建议17条。

【纪检监察】 党委制定党风廉政建设实施意见和党风廉政建设责任制实施办法，落实党委主体责任和纪委监督责任，完善规章制度，建立制度保证。分解党风廉政建设责任制任务，乡党委与村（社区）党组织签订《党风廉政建设目标责任书》，乡领导班子成员、村（社区）党组织书记和部门负责人签订《廉政承诺书》，落实责任追究。党委召开部门负责人和村（社区）主要干部集体廉政谈话会3次，组织观看警示教育片《镜鉴》《湖南衡阳破坏选举案》《南充拉票贿选案》，在村（社区）开展反腐倡廉建设成果巡展、巡讲。查找领导班子和班子成员、部门负责人廉政风险点，制定防范措施，细化具体责任。定期检查、突击抽查便民服务中心、机关各部门和村（社区）履责和遵守规定情况，通报批评脱岗1人。制定《关于村（社区）办公经费使用管理暂行办法》，清退超标准支付费用。发放助勤促廉卡、公布监督举报电话，畅通监督举报渠道，收集社情民意，全年收到信访举报3件、群众建议意见12件，均按程序办理回复。办结回复区纪工委转办信访件5件。推进党风廉政建设社会评价，印制宣传画3万张，制作宣传立体架提示120个，悬挂标语70余幅，发送手机短信400余条，通过小区QQ群、楼道、入户等宣传到户。创建悦景、东湖2个社区廉政教育示范点。

3月16日，红旗乡党委召开党员干部集体廉政谈话会

【基层组织建设】 党委把加强党的建设作为主要职责，把党建工作任务落实到班子成员，与各党组织签订《基层党建工作目标责任书》。规范党费收缴，清理补缴党费3.4万余元。投入10万元制作基层党组织上墙制度、宣传橱窗，规范党员活动阵地。整顿软弱涣散村党支部1个，实现转化升级。落实困难党员关爱制

度，乡领导班子成员按联系点走访慰问困难老党员，协调解决实际困难，发放关爱资金 2.5 万元。在职党员到社区报到 480 余人，发挥在职党员特长，开展政策咨询、扶贫帮困、法律援助、环境整治等活动，向困难群众捐赠 3 万余元，参加活动 500 余人次。参加高新区入党积极分子培训 11 人，参加市委党校发展对象培训 7 人。发展党员 7 人，预备党员按期转正 5 人，党员转入 75 人，转出 26 人，党委下设机关党支部 1 个，村（社区）党组织 14 个（党总支 3 个、支部 11 个），党员 776 人。

3 月 31 日，机关党员到烈士陵园缅怀革命先烈

【宣传思想工作】 学习宣讲中共十八大和十八届五中、六中全会精神，宣传社会主义核心价值观、“十二五”成就和“十三五”发展规划。开展“四进社区”和“三下乡”活动，集中设点宣传 8 次，运用各类宣传教育平台，把中心工作贯穿思想教育中。坚持每周五下午机关政治理论学习，全年党委中心组学习 17 次，机关工作人员学习 20 余次。播放社会主义核心价值观题材电影 17 场，运用手机短信和党务、政务、村（居）务公开栏，发布短信 800 余条。上报信息 126 条，高新区采用 65 条，市级以上媒体报道 7 条。

11 月 11 日，学习贯彻中共十八届六中全会精神

【普法依法治理】 推进依法治理，普法宣传进社区活动 5 次，发挥调解作用，落实矛盾纠纷逐级调解机制，化解重大矛盾 13 件。反“邪教”和打击非法集资设点宣传 5 次，发放资料 2300 余份。组织重大节日和重大工程开工维稳 15 次，化解不稳定因素 40 余起，群体上访、阻工 13 起，无越级非正常上访。开展防震减灾宣传，发放宣传资料 5000 余份，4 个社区组织应急演练。

【信访和群众工作】 畅通信访渠道，信访接待和办理时效作为群众监督重要窗口，完善信访接待、登记、办理、督办和反馈等程序。信访关口下移，在调研中现场解决反映问题，减少上访量。办理信访件 76 件，办结率 100%，上级交办信访件结案 100%。

【武装工作】 推进乡武装部正规化建设，应急救援分队民兵参加市军分区年度野营拉练，组织民兵点验、训练 75 人。宣传征兵政策，做好前期摸底，严把初审关，完成征兵任务。开展“双拥共建”活动，及时足额发放优抚补助，春节慰问义务兵家属 42 人，慰问金 2.1 万元；发放义务兵优待金 21 人，金额 14.5 万元。

【工会工作】 乡工会委员会辖基层工会组织 28 个，其中机关工会 1 个、村（社区）工会联合会 14 个、单独建立工会组织 13 个，工会会员 1581 人。机关工会和工会联合会均建立职工之家，设立职工书屋，职工书屋藏书 2.3 万余册。开展送温暖活动，慰问困难职工 77 人次，慰问金（慰问品）6.39 万元。

【共青团工作】　乡团委下设基层团组织 7 个，团员 92 人。乡团委与四川理工学院生物工程学院 14 名学生签订“周末村官”志愿服务协议，参加青年网络文明志愿者队伍 140 人，动员团员青年参加志愿服务活动，清理白色垃圾、卫生死角 40 余处，联合汇东消防大队开展消防安全进社区活动 4 次，请清华大学学生黄鹏熹给初、高中学生介绍学习经验。慰问贫困儿童 83 人次，发放慰问金（慰问品）1.52 万元。

10 月 19 日，红旗乡团委与四川理工学院生物工程学院团总支签订“大学生周末村官志愿服务”协议

【妇联工作】　宣传《中华人民共和国反家庭暴力法》，促进男女平等，发挥妇女作用，村（社区）干部中女性占 80.4%，村（社区）妇女代表 670 人次参加创建全国文明城市活动。举办妇女健康讲座 2 次，妇女免费健康检查 1620 人次，购买女职工大病保险 172 人，为 4 名贫困母亲送去爱心母亲邮包物品。表彰先进妇女工作者 10 人、平安家庭 20 户、美德家庭 10 户、孝媳贤婿 10 人。

向平安家庭、最美家庭、孝媳贤婿颁奖

【残联工作】　制定 417 名残疾人个性化服务方案，重度残疾患者护理补贴 528 人 9.5 万元，脑瘫儿康复训练 5 人 5.6 万元，发放残疾人辅助器材 16 人，残疾人家庭无障碍改造 1 户，筛查白内障患者 25 人，免费手术 1 人，补贴残疾人三轮车燃油费 10 人，扶持残疾人就业 44 人，慰问 60 户困难残疾人家庭 3 万元。悦景社区获省残联“量服系统工作示范社区”。

【关心下一代工作】　完善关工委工作机制，建立悦景社区未成年人心理健康辅导站，悦景、东湖、西湖等社区举办未成年人教育讲座 5 次，组织“五老”巡查网吧、酒吧等场所。各村（社区）结合实际开展未成年人暑期教育，开放图书室、绿色网吧室，组织学生参加文体和公益活动。结对帮扶特困学生 3 人、留守儿童 9 人。儿童节各级慰问贫困、留守、残疾儿童 20 人，送去书包、文具等价值 4000 元。

【社区矫正和安置帮教】　建立乡社区矫正工作领导小组、村（社区）工作站，落实信息登记、危险评估、定期走访、学习教育、关爱帮助等工作。制定个性化矫正方案，根据特长安排公益活动或介绍就业，协调发挥其亲友、单位及社会关系人作用，通过帮扶援助、教育疏导、回归引导，共同做好安置帮教和社区矫正对象工作。2016 年，接收社区服刑人员 26 人，解除矫正 22 人，在矫正 30 人，矫正期间，重新违法犯罪率为零。

【招商引资】　收集招商引资项目线索 10 条，报送信息 5 条。引进商业街、晶泽华府、泰丰贸易中心、德莱美有限公司等 3000 万元以上项目4个，总投资5.01亿元，到位资金2.7亿元。包装红旗乡社区卫生服务体系建设、南湖片区综合农贸市场、杨公桥压缩式垃圾处理站、川南汽车维修中心、轮胎仓储基地项目5个，完成招商引资目标任务167%。

【安全生产】 落实安全生产“一岗双责”，制定重特大安全事故应急救援、防洪抢险等预案，狠抓社区消防、公共聚众场所、交通安全和自然灾害事故预防。落实值班制度，危坎、危岩、危房、水库和低洼地段专人监测。狠抓汛期和重点时段安全检查，查处、整改安全隐患90余处，投入资金35万余元。辖区无重大伤亡事故及突发公共卫生事件发生。

【文明城市创建】 召开创建全国文明城市工作推进会5次，细化落实创建任务。建立宣传阵地150余处，组织文艺演出86场、知识竞赛56场、公益性讲座48场，制作创建卫生城市、文明城市、市民公约（村规民约）和社会主义核心价值观宣传图画各430余幅，发放宣传资料5万份，上门入户、沿街商铺发放《创建全国文明城市给市民的公开信》《高新区创建全国文明城市宣传资料》，提高市民知晓率。安排志愿者在道路交叉口协助疏导交通，出动700余人次上街开展文明劝导，开展志愿者服务活动52次，市民参与率提高。宣传本乡先进集体、先进人物事迹，发挥身边典型示范作用。

红旗乡创建文明城市宣传

【文化与体育】 辖区文化体育设施丰富，建有村（社区）书屋13个，年内，华商・国际城自贡市首个公益“城市书房”免费开放，建立悦景社区家长学校，南湖公园打造成全市首个健康主题公园，新安装杨公桥社区文化舞台健身器材，维修8个社区健身路径。建有群众文体团队7个，成立高新区第一支女子爵士鼓乐队。群众文化体育活跃，举办第十四届“红旗之光暨创文表彰”文艺晚会，送文化下村（社区）文艺演出7次、放映公益电影21场。市民除就近在小区广场健身外，每天到南湖体育中心、南湖公园健身锻炼上万人。悦景社区被省委宣传部、省文明办评为“书香社区”。

3月29日，第十四届红旗之光文艺晚会

【便民服务】 建立乡政府网格服务中心、村（社区）服务站和网格49个，公示审批、服务事项和程序，录入服务管理信息3.5万条。全年受理行政审批及服务事项574件，规定期限办结率100%。其中，即办件95件，占16.6%；承诺件479件，占83.4%。接待群众咨询350余人次。

【社区建设】 持续改善社区活动和工作条件，投资9万余元，标准化建设景湖、杨公桥社区阵地；投资10万余元，维修改造考举村、大湾社区、和景社区服务用房；投资5万余元，增加国湖、桂湖等5个社区文化设施。升级改造社区便民服务站，规范便民服务中心运行，行政审批系统和电子监察系统畅通率100%。东湖社区试点建设智慧社区服务平台。建立社区后备干部储备机制，组织社区后备干部选拔考试，从28名参选人员中选拔社区后备干部6人。年内，新建御景、紫景、翠景3个社区居民委员会。

【食品药品监管】 落实食品药品安全属地管理责任，村（社区）配备协管员1人，加强食品药品安全日常监管、宣传和信息报送。群体宴席备案37次1044桌，保障重大活动食品安全5次。执法检查出动576人次，检查企业1243家次，查处食品药品违法案件9件。红旗乡食品药品监管所被评为市药品流通领域专项整治先进集体。

【就业和社会保障】 新增就业503人，其中失业人员再就业82人，援助就业24人，高校毕业生实现创业就业12人。办理失业证228人、创业证12人。被征地农民养老保险113人，城镇居民养老保险115人，城镇居民医疗保险1.1万人，小额人身保险585份。企业退休人员社会化服务5234人，认证5234人，认证率100%。慰问退休人员114人次，金额5.14万元。

【民政救助】 全年城乡最低生活保障累计7102人次，发放低保金209.81万元，比上年减少248人次、增加13.63万元。城市月均低保583人，人均补差297.57元/月；农村月均低保9人，人均补差150元/月。春节期间慰问457人次31万元，临时困难救助75人次3.5万元，困难群众医疗救助50人次23.9万元，临时医疗救助106人次5.9万元，重特大医疗救助1人2.03万元。精神病患者救助4人次1.05万元，支付敬老院集中供养五保、“三无”人员医疗费5人次1.26万元，贫困大学生助学96人10万余元，发放90岁以上高龄补助7.11万元。“爱心超市”救助困难群众10人次物资价值5000元，廉租房补助8户12人1890元，春冬救济8人4000元。新建日间照料中心2所。

【人口与计划生育】 开展计划生育达标创建活动，落实计划生育长效管理措施，开展网上预约二孩生育审批服务，夫妇孕优检查108对。落实计划生育特别扶持政策，扶助伤残、失独家庭21户10万余元，慰问特别扶持对象136户次2.4万元，兑现独生子女奖励1.12万户10.5万元。全年出生272人，其中一孩161人、二孩109人、多孩2人，符合政策生育率97.7%，人口自然增长率5.29‰。死亡71人，死亡率2‰

【城乡环境管理】 完善《城乡环境综合治理办法》，落实“五定”方案，实行定点值守与流动巡查结合、平时管理和错时监管结合、长效管理与集中整治结合机制。划定严管区，加强繁华商业区、校园周边日常管理，城郊接合部突出环境问题整治。处理网格案件2700余件，清除乱张贴6000多张，取缔流动摊点1116起，规范占道、越店经营1100余次，暂扣占道物品190件，处理露天焚烧秸秆、垃圾13起，油煤烟扰民投诉7件。

【征地和土地流转】 流转和续流转土地113.8公顷，支付流转资金348万余元。征收土地8.58公顷，支付资金369.9万余元。补偿青苗61.47公顷，支付资金185万余元。

【拆迁安置】 拆迁A-13、B-21、B-17、D-08、北一路、残疾人康复中心、华商西广场、紫薇路、市中院审判庭、南湖四期安置房、南林街延伸线等重大项目建设用地范围内建筑物，拆迁房屋81户，面积1.22万平方米；安置房屋163套，面积1.47万平方米；安置人口252人。

（张　钰　白国新）

高峰乡

【概述】 1962年从郊区（沿滩区）舒坪公社划出高峰、龙神、考举、河山、肖家、双院6个管区组建高峰公社，辖7个大队。1983年高峰公社更名高峰乡，辖高峰、龙神、考举、河山、罗冲、肖家、双院7个村76个村民小组。1998年建川南农副产品批发市场，撤销龙神村7、8组建制，2001年成立高峰寺居民委员会。2005年8月1日，高峰乡划归自流井区管辖。2006年，高峰乡龙神村、考举村、河山村委托自贡高新区管委会管理。2010年，高峰村4、8、9组划红旗乡管理。2012年4月1日起高峰村（1、3、6、7、10、11组）、罗冲村（1、2、3、4、5、6、7、8组）、双院村（1、2、3、4、5、6、7、10、11组）3个村和高峰寺社区及肖家村1、2、3、4、7、8组划红旗乡管理后，高峰乡仅剩11个组，即肖家村5、6、9、10、11、12、13组，高峰村2、5组，双院村8、9组。2012年12月1日起，高峰乡整体委托自贡高新区管委会管理。2013年4月，原红旗乡托管的村组又划入高峰乡管辖。肖家村5、6、9、10、11、12、13组，高峰村2、5组，双院村8、9组11个组移交自流井区舒坪镇管辖。2014年3月1日起，接管红旗乡原管辖河山村（2、3、4、6、7、8、组）、河山社区（现更名为燊海社区，1、5、9、组）、兴陈村（1、2、3、4、5、6组）、高峰村（4、8、9组）、兴陈社区，接管面积5.5平方公里。

高峰乡位于北纬29°21′22″、东经104°36′50″。地处自贡市3区接合部，位于自流井区南部，东与沿滩区卫坪镇相邻，南与沿滩区兴隆镇接壤，西与舒坪镇相连，北与红旗乡相接。辖区面积12.94平方公里。设高峰、罗冲、双院、兴陈、肖庙、河山6个村44个村民小组和高峰寺、燊海、景苑3个社区10个居民组，户籍人口3352户1.08万人，其中城镇居民696户2676人，农业人口2656户8131人（已转为城镇户籍，同时享受惠农政策），少数民族19人。

乡政府驻高峰寺社区汇高路169号，距区政府3公里。设党委、人大主席团、政府、纪委，内设党政办公室、武装部、财政所、统筹办公室、社会事业办公室、群众工作办公室、劳动保障中心、征地拆迁办公室、食品药品监管所，乡政府机关工作人员50人，其中公务员15人，事业编制9人，聘用26人。村、社区干部35人。高峰乡乡政府原驻地高峰寺得名。高峰寺是一座环境幽静的古庙，初建于明成化六年（1470），万历二年（1574）重建法堂，清乾隆五十一年（1786）培修。庙内有十景，寺外有红色琉璃塔一座，数十里内遥遥可望，寺内外苍松翠柏，古木参天，有高峰独秀之誉。

高峰乡辖区是自贡市规划建设中的卧龙湖国际旅游度假区，境内主干道路5条，休闲旅游业发展迅速，建成盐卤浴“海汤神泉”浴场，国际盐泉生态城游乐设施、燊海森林高档住宅区和配套学校、医院正在建设中。9年制学校1所，幼儿园2所，卫生院1所，村卫生室5所，日间照料中心2所，敬老院1所，公园1座。高峰乡在第七届C21城市发展论坛上被评为“四川最美乡镇”。

【中共高峰乡第三次代表大会】 6日26—27日召开。会议应到代表45人，出席代表45人，列席代表21人。大会审议通过中共高峰乡第二届委员会工作报告和乡纪委工作报告；选举中共高峰乡第三届委员会委员7人，彭光全当选书记，汤勇、王吉颖当选副书记；选举中共高峰乡纪律检查委员会委员 5 人，王吉颖当选书记，毛勇当选副书记。

【高峰乡第三届人民代表大会一次会议】 10 月 27—28 日召开。会议应到代表 45 人，出席代表 45 人，列席代表 15 人。会议听取和审查乡政府工作报告、人大主席团工作报告、财政预决算报告；选举汤勇为乡政府乡长，肖慈良、李利春、涂强为副乡长；选举高峰乡第三届人民代表大会主席团成员 5 人，刘国华当选为主席团主席；通过乡政府工作报告、人大主席团工作报告、财政预决算报告决议。

【“两学一做”学习教育】 乡党委成立“两学一做”学习教育领导小组，制定学习教育方案，党委书记带头讲党课。党委成员分别联系指导基层党组织学习教育，班子成员到直属党组织讲党课 12 场，党工委集中学习 10 次。实施分类学习教育，围绕 3 个专题个人读原文、集中听党课、看影视、谈体会，举办“两学一做”知识竞赛，熟知党纪党规内容，领会习近平总书记系列讲话精神。开展“我为党旗添光彩”“重温入党历程”主题党日活动，再现入党初心，对照党章找差距，明确党员新时期新使命。开展示范行动，高新区党工委命名党员示范岗 3 个、示范团队 1 个。

7 月 29 日　高峰乡“两学一做”专题学习会

【领导班子建设】 坚持中心组每月集中学习 1 次，重点学习习近平总书记系列重要讲话、中共十八届五中、六中全会精神，学习党纪党规。带头参加“两学一做”学习教育。坚持党委、政府议事规则，召开党委会议 24 次，审议重大决策、重大项目、重要人事任免和大额度资金使用等事项。公示领导班子成员岗位、职责，接受监督。坚持领导干部联系村（社区）制度，班子成员每月下基层不少于 8 天，调研指导工作，了解社情民意，结对帮扶困难群众 16 人，现场办公为基层和群众解决重大问题 4 个。敢于直面重大项目建设、征地拆迁、民生工程等突出矛盾，冷静把控，创新破解，领导班子和领导干部能力素质提高。

【人大主席团工作】 人大主席团本着“宣传提高为重点，监督落实为手段，促进工作为目的”，依法对政府法律监督和工作监督。组织人民代表监督检查最低生活保障、惠农补贴、教育收费、征地拆迁等政策落实情况，审议财政预算和调整情况。全年主席团召开会议4次，视察、调研4次，代表小组活动4次。收到代表建议意见2件，转政府及有关部门办理回复。1月15日召开高峰乡第二届人民代表大会第六次会议，应到代表42人，出席代表42人，列席代表23人。听取和审议政府工作报告、人大主席团工作报告和2015年财政预算执行情况和2016财政预算报告，通过3个报告决议。

【纪检监察】 落实党风廉政建设党委主体责任和纪委监督责任，完善规章制度，建立制度保证。制定《党风廉政建设和反腐败责任分工实施意见》和考核办法，乡党委与村（社区）党组织签订党风廉政建设责任书。反腐倡廉宣传教育放在首位，加强党性党风党纪教育，组织村（社区）“两委”干部和监委会成员集中学习培训，召开党员干部廉政谈话会1次，警示教育2次。开展廉政文化“六进”活动，设廉政文化宣传栏、标语、挂图，组织廉政文化活动多形式宣传。查找领导班子和班子成员、部门负责人、岗位廉政风险点，制定防范措施，发放廉政风险提醒卡34张。受理办结群众来信来访和投诉举报21件。开展党风廉政建设社会化评价工作，印发宣传资料2000张，悬挂、张贴标语200幅，入户走访、召开座谈会，听取党风廉政建设意见建议、诉求，落实整改，引导群众客观公正参与评价。

【基层组织建设】 乡党委直属党组织10个，其中机关支部1个，村（社区）党组织9个。配强村（社区）干部队伍，举办培训班1次。坚持“三会一课制度”，加强党员教育管理，清理补缴党费1.22万元，根据党员特长，组织参加文明劝导、法制宣传、环境整治、关心未成年人等活动。开展党内关怀，帮扶、慰问困难、老党员48人，发放关爱资金1.78万元。送培入党积极分子和发展对象6人，全年发展党员6人，预备党员转正9人，党员转入21人、转出4人。受到市委表彰优秀党员1人，高新区党工委表彰优秀党员6人、优秀党务工作者2人、先进党组织1个。

7月1日，高峰乡庆祝中国共产党成立95周年暨表彰大会

【宣传思想工作】 学习宣传中共十八届五中、六中全会精神和习近平总书记系列重要讲话，宣传社会主义核心价值观、“十二五”取得成就和“十三五”发展目标，传达上级决策部署，凝聚共识，激励斗志。办事处机关每周集中学习半天，提高机关工作人员政治理论修养和工作能力。统筹对外宣传，扩大高峰乡影响力，增强招商引资吸引力。报送信息94条，高新区采用52条、市政府采用2条。

【普法依法治理】 开展法制宣传进村（社区）活动4次，讲座5场，悬挂标语12幅，发放宣传资料4000余份，接受群众法律咨询400余人次。以创建“平安高峰”为目标，开展法治乡、村（社区）建设，落实执法责任制，健全执法程序，实行行政决策和执法过错责任追究制。推进基层民主管理、依法治理体系建设，健全社会治安防控体系，建立乡、村（社区）治安巡逻队，防范和打击各类违法犯罪。深入禁毒宣传，提高群众反毒、防毒、拒毒意识，建立戒毒（康复）工作站，在管戒毒人员1

人。开展“打击非法集资，建设美好家园”宣传月活动，清理非法集资广告牌、张贴物53处。

【稳定工作】 乡政府与村（社区）、学校、企业签订维稳目标责任书，落实维稳任务、责任。随时掌控不稳定动态，定期排查不稳定隐患，通过维稳工作平台报送信息。节假日、各级“两会”前加大不稳定因素排查力度，加强重点人员走访和稳控，开展“崇尚科学，远离邪教”主题宣传教育活动。定期开展矛盾纠纷排查，发挥“大调解”作用，及时化解矛盾，防止激化升级，影响社会稳定。组织重大节日和重大工程开工维持秩序7次，化解不稳定因素4起，劝离群体上访、阻工3起，调解重点矛盾纠纷2件。

【信访和群众工作】 宣传《信访条例》，规范信访程序，理顺信访渠道，落实信访责任。接访和下访结合，开展“六下访”活动和群众工作月活动，下访12次，下访群众145人次，到问题突出村（社区）了解实情，现场答复或办理信访问题。受理30人次来信来访18件，办理回复18件，劝导越级上访2件，回复网上信访10件。

【武装工作】 管兵、练兵与用兵结合起来，做到在“管”中“用”，在“用”中“练”，在实战中锤炼队伍，组织民兵95人次参加军事训练。发挥了民兵在发展经济、扶贫帮困、抢险救灾、维护稳定等工作中助力军和突击队作用。开展征兵宣传，组织符合条件应征青年报名，严格初审，完成兵员征集任务。春节和建军节慰问老复退、伤残军人、军烈属67人次，慰问金6700元，发放11名义务兵家属优待金11.12万元。

【工会工作】 乡工会委员会下属工会组织17个，其中机关工会1个，村（社区）工会联合会9个，单独建立工会组织7个，工会会员2124人。签订工资集体协商协议6家、集体合同1份。帮扶困难职工39人，发放爱心粮油卡15张、乘车卡28张、电力卡10张，金额2.74万元；慰问困难职工39人，金秋助学资助贫困大学生8人1.6万元。创建工会组织规范化建设合格单位2家，模范职工之家1家、职工书屋示范点1家。

【共青团工作】 乡团委下属团组织9个，团员27人。围绕全乡工作中心，结合团员青年特点开展团的工作，号召团员立足岗位建功立业。组织学雷锋树新风、环境整治、敬老助残、关爱留守儿童等服务活动6次，举办“12·9”爱国健身运动会。捐赠留守、贫困儿童书包、文具等价值1200元，12名团员青年结对帮扶特困户、留守儿童、残疾儿童12人。

【妇联工作】 建立妇女权益保护机制，宣传《中华人民共和国反家庭暴力法》，促进男女平等。举办妇女法制和健康讲座4场，加强婚姻家庭矛盾调解，促进妇女就业13人，新办女职工大病互助保险108份，为4名困难女职工提供免费体检。关注农村留守女童安全，建立女童安全防护队，落实监护责任。

【残联工作】 全乡建档残疾人258人，制定残疾人个性化服务方案。残疾患者护理补贴394人次7.47万元，脑瘫儿康复训练1人1万元，配备残疾人辅助器材18件，残疾人家庭无障碍改造1户，筛查白内障患者4人，免费手术1人，补贴残疾人三轮车燃油费1人，慰问14户困难残疾人家庭1400元。

【关心下一代工作】 乡、村（社区）建立关心下一代工作委员会，组建“五老”未成年人教育队伍，加强未成年人思想道德教育，开展健康向上活动，劝导未成年人远离网吧、不沾烟酒、不赌博，从小培养良好行为习惯。留守儿童“暖冬行动”为26名贫困留守儿童送上爱心礼包及慰问金。结对帮扶“五失”青少年和贫困、留守儿童，儿童节慰问贫困儿童6人，送去学习和生活用品价值2400元。配合学校开展青少年暑期教育和社会实践活动，组织学生参加读书、讲座、知识竞赛、文艺演出、观看影视、文明劝导、打扫环境卫生、植树护绿等活动。

1月20日，“暖冬行动”慰问困难留守儿童

【社区矫正和安置帮教】 做好社区矫正人员接收，建立社区矫正人员基本情况档案，制订个性化矫正方案，就近落实人员监管，乡、村（社区）矫正工作组定期走访、谈心，了解在矫人员生活、工作情况，解决具体困难，评价矫正效果。组织矫正人员学习法律法规、心理矫治、参加公益活动，发动亲友、单位及社会关系人共同做帮教安置和社区矫正对象回归社会工作。根据矫正人员技能介绍职业或安排公益岗位。年内，接收矫正对象3人，解除5人，安置5人，在矫8人。

【农业农村】 2016年，实现农业总产值5641万元，比上年下降52.27%；农民人均收入1.03万元，比上年增长9.57%。小春农作物产量584吨，大春农作物产量2881吨，生猪存栏2500头、出栏5074头，大牲畜存栏96头，出栏肉牛31头，肉羊存栏920只，出栏1315只，出售家禽17.39万羽，肉类总产量814吨。流转土地322.65公顷，耕地504.46公顷，其中水田222.3公顷、土地282.16公顷。改善农村环境卫生，取缔水源水域外200米范围内规模化畜禽养殖，治理污水乱排放，改善水域周边环境卫生。延伸农村自来水、天然气安装工程，引导村民绿化美化农家大院和房屋周边环境。

【安全工作】 落实安全责任制，召开安全联席会议10次，开展安全法律法规和知识宣传、讲座25场次、应急演练2次。健全安全应急机制，制定发生灾害人员、财产转移安置预案。加强防汛值班，落实森林防火措施，专人监测11个地质灾害点，制定疏散预案。检查单位60余次，发现并整改安全隐患5个；农村道路交通安全执法检查52次，发放宣传资料470份，安全引导97次，治理道路安全隐患23处。汛期及时发布灾害性天气预报，提前调配水源防灾减灾。

7月15日，防汛排涝演练

【文明城市创建】 持续开展创建文明城市工作，村（社区）、单位属地管理、条块结合、齐抓共创。制作宣传栏10块，张贴宣传标语、画报500余份，卧龙湖湿地公园广场、高峰寺

场镇开展宣传活动3次，发放社会主义核心价值观、文明市民手册、居（村）民公约等宣传资料3000余份；入户宣传4次1万余人次，发送宣传资料2000余份。村（社区）组织自查整改楼栋、社区、摊点卫生、秩序，乡政府创建文明城市办公室不定期进村（社区）督查暗访，村（社区）之间互查互纠，通报整改发现问题。组建文明劝导队巡查场镇，值守道路交叉口，劝导不文明行为。

【文化与体育】 建有群众文体团队1个，举办“共筑文明、共享幸福”迎春文艺演出、计划生育协会活动日文艺会演、老年人趣味运动会、全民健身走等，组队参加高新区篮球、运动会比赛和健身舞展示，选送节目参加高新区文艺会演、青年歌手比赛。村（社区）书屋新增配图书1950册，宣传教育影碟120张，开展“学新技能、走致富路”等读书活动。

1月26日，“共筑文明·共享幸福”迎春文艺演出

【便民服务】 设乡便民服务中心、社区便民服务站和7个服务网格，公示审批、服务事项、办事程序，规范窗口服务，实行定岗定责，提供代理服务和一窗式受理、一条龙服务。全年受理行政审批及服务事项265件，规定期限办结率100%。

【食品药品监管】 落实食品药品安全管理责任，配备食品药品协管员9人，加强食品药品安全日常监管、宣传和信息报送。群体宴席备案25次650桌，督促餐饮业实施“明厨亮灶”，接受公众监督。出动460人次检查食品、药品安全，检查餐饮食品服务单位116家次、药品经营单位86家次，送达改正通知书15份，查处食品药品违法案件10件。

3月1日，高峰乡人大主席团视察食品安全

【就业和社会保障】 办理失业登记证12本，年审失业登记证104本，认定就业援助2人。进城务工人员餐饮服务技能培训50人。促进充分就业，新增就业221人。扶持大学生创业2人。办理城市居民医疗保险2810人，参保金73.11万元；新农合医疗保险5558人，参保金66.7万元；小额人身意外伤害保险2480人，参保金8.93万元。办理原征地人员养老保险10人，征地农转非养老保险557人、医疗保险457人、失业保险45人，新农保948人。发放失业保险金24人45.96万元，流转土地超龄人员生活补贴3255人116.3万元。企业退休人员社会化服务年审5234人，办理退休82人，变更20人，死亡注销118人。

【民政救助】 落实城乡居民最低生活保障制度，最低生活保障5090人次，低保金107.9万元，比上年增加547人次、31.1万元，增长12.04%、40.49%。城市月均低保160人，人均补差315元/月；农村月均低保264人，人均补差150元/月。开展医疗救助、灾害救济和社会救助行动。全年各类救助 110 人次 19 万元，其中医疗救助 36 人次 10.8 万元，临时救助 27 人次 1.67 万元，贫困大学生助学 36 人 3.75 万元，优抚对象 6 人 4841 元。发放各类慰问金 20.7 万元，廉租住房补贴 17 户 25 人 3937.5 元。自然灾害发放棉被 89 床、棉衣 50 件，红十字发放棉被（毛毯）4 件、棉衣 2 件。优抚对象丧葬补助 2526 元，惠民殡葬补助 4038 元。

2 月 1 日，乡领导走访慰问百岁老人

【人口与计划生育】 全年出生 138 人，其中一孩 88 人、二孩 48 人、多孩 2 人；男 70 人，女 68 人，性别比 111∶100，符合政策生育率 97.1%，人口自然增长率 5.6‰。死亡 81 人，死亡率 7.95‰。完善人口与计划生育基层工作，人口信息实现村（社区）直报。加强出生

5 月 29 日，高峰乡"5·29"计划生育协会会员活动日文艺会演

缺陷预防覆盖，孕前优生健康检查 28 对。购买独生子女安保险，帮扶计划生育"三结合"7 户，发放独生子女父母奖励金 3.8 万元，奖励扶助对象 138 人 13.25 万元。特别扶助 7 人，发放补助 19 万元；新增特别扶助家庭发放一次性奖励 5000 元，特别扶助对象节日慰问 6200 元。

【环境综合治理】 召开大气污染防治工作会 6 次，发放城乡环境治理宣传资料 3000 余份、大气污染宣传资料 3760 余份，巡查 184 次，制止露天焚烧秸秆。开展爱国卫生活动，组织健康教育、预防季节性流行病宣传，清理农家院落卫生死角，清除垃圾杂草 60 吨，春、秋季投放灭鼠毒饵 3400 包、灭蟑毒饵 50 包。定点设垃圾池，新建垃圾池 20 个，维修垃圾池 23 个，实行户分类、村收集清运。红肖路、高峰寺场镇全天保洁和垃圾清运，定期清扫村道，机动车转运垃圾 821 车，人力驾车转运生活垃圾 886 车。加强管理执法，签订"门前五包"责任书 30 份，规范场镇经营秩序，开展"五乱"治理，清理"牛皮癣"100 余处，劝导、纠正越门摆放、占道堆放物品 22 起，纠正冒店经营 40 余次。巡查制止违法建设，查处违法建设 7 处，拆除面积 2960 平方米。

【拆迁安置】 完成湿地公园、盐卤浴、龙汇南街延伸线、卧龙湖一期等重大建设项目用地征收和建筑物拆迁，征地 53.07 公顷，续流转土地 445.14 公顷。签订房屋拆迁协议 208 户，拆迁房屋面积 2.81 万平方米，安置面积 2.91 万平方米。

（杨 利）

丹桂街道

【概述】 1999 年 5 月 28 日成立丹桂街道办事

处，负责原红旗乡辖区城市管理和社区建设，接管红旗乡管辖的白果、桂花、谢家坝、园丁苑、丹桂、春华6个社区，此后相继组建梨园、宏发、邓家坝、银桦、方冲、交通苑、蓝鹰、英祥、楠桂苑、绿盛、明珠11个社区。2005年4月，龙汇北街以西英祥、蓝鹰、谢家坝、邓家坝、白果、宏发6个社区移交红旗乡政府。

丹桂街道地处汇东新城东部，东以东兴寺街为界，北以内（内江）六（盘水）铁路线为界与自流井区东兴寺街道接壤，南至汇川路与红旗乡相望，西以龙汇北街为界与学苑街道相邻，辖区面积约3.22平方公里。东西走向的汇东路、汇兴路、汇川路，南北走向的丹桂北大街、龙汇北街贯通全街，兴川街、通达街、文化路、春华路、华园街与主街大道相接，形成四通八达交通网络。辖区坐落众多市级党政机关，市级银行、证券、保险、通信公司和九鼎、千盛、人人乐、苏宁、兴大科技数码广场、机电市场等大型商场，梨苑、绿盛、通达等大型农贸市场，四星级汇东大酒店，川南最大汽车客运中心，汇东公园，汇东实验学校、绿盛实验学校主校区、汇兴小学等学校、太平洋电影城，所辖区域成为自贡市新城市中心。

2016年年末，总人口11万人，其中，常住人口2.4万户、8.79万人，流动人口1.5万余人，辖丹桂、南桂苑、方冲、桂花、绿盛、交通苑、梨园、春华、园丁苑、银桦、明珠11个社区居委会，232个居民组。街道办事处驻华园街258号，设党工委、办事处、纪工委，内设党政办公室、社会事业办公室、城市管理办公室、经济统计办公室、征地拆迁安置办公室、劳动保障所、食品药品监督管理所和城管中队。办事处机关工作人员30人，其中公务员9人、事业编制4人、聘用17人。社区干部71人。2016年，丹桂街道党工委、办事处主动适应高新区发展新常态，不断解放思想，深化改革，探索社会管理创新，发挥地处城市中心区域优势，推进各项事业健康协调发展，城市环境优美，社会和谐稳定，居民幸福指数不断提升。

【“两学一做”学习教育】 党工委成立“两学一做”学习教育领导小组，制定实施方案，党工委书记带头为街道、社区干部讲党课。建立党工委成员联系指导社区党组织学习教育制度，班子成员到直属党组织讲党课12场，党工委中心组集中学习12次。实施分类学习教育，围绕3个专题个人自学、上门送学、集中学习、听党课、看影视、谈体会，举办“两学一做”知识竞赛，熟知党纪党规内容，领会习近平总书记系列讲话精神。组织“我为党旗添光彩”“重温入党历程”主题党日活动，明确合格党员标准，不忘入党初心，为党再立新功。开展示范行动，高新区党工委命名党员示范岗3个、示范团队2个。

【领导班子建设】 贯彻从严治党方针，以“两学一做”学习教育为载体从严建设党员干部队伍，凝聚党心民心。领导干部带头学习党章和习近平总书记系列重要讲话，讲政治、守规矩、依法行政，履职尽责。中心组集中学习27次，班子成员记读书笔记和写心得体会1万字以上。贯彻执行民主集中制原则，召开党工委会议12次，民主决策“三重一大”事项。坚持领导干部联系基层、服务群众制度，领导干部分片联系社区，结对帮扶困难群众，牵头解决8个突出问题。

【纪检监察】 落实“两个责任”，推进“两深”和“三转”，完善党风廉政建设实施办法、责任分解、责任书“三位一体”定责。党工委召开党员干部集体廉政谈话会，与11个社区书记签订党风廉政建设和反腐败工作责任书。邀请专家举办廉政心理讲座、组织观看廉政教育片，坚持廉政谈话、诫勉谈话、警示谈话，发放提醒卡、警示卡、纠错卡“三卡”事前预防，筑牢不想腐、不敢腐心理防线。建立“一库四早四卡”制度，抓住重点环节、重点部位风险点监督，依法依规使用财政经费，把权力关进制度笼子。推行定事督查、定期质询、定时交流、定员评议、定责奖惩“五定”工作法，开展发生在群众身边“微腐败”和精神不振、担当不力、为官不为等问题整治，明察暗访15次，约谈党员干部14人次，除名党员2人。召开党风廉政建设社会化评价动员会，党风廉政建设社会评价工作与群众工作、廉政文化“六进”活动结合，入户走访、召开座谈会宣传引导群众参加党风廉政建设评价调查，收集和反馈群众反映强烈问题，听取意见建议、诉求，落实整改。投入7万余元，制作展板27块及宣传资料，小区、楼栋张贴告知牌1558张，扩大知晓度，引导群众客观评价。

【基层组织建设】 建设服务型党组织，重构符合新时期需要区域性党委、网格化支部、功能型党小组组织体系，在职党员到网格认领服务岗位100余个，服务群众1300余人次。3个社区党总支改设党委，选派1名年轻干部任梨园社区党委书记、11名机关党员担任社区联系人。试点社区党员积分制管理，把履行义务、发挥作用、遵纪守法等现实表现作为评分依据，党员管理有抓手、评议有标尺。清理补缴党费2.2万元。培训党务工作者24人次，送培入党积极分子和发展对象22人，全年发展党员8名，预备党员转正11人，党员转入215人、转出167人。受到高新区党工委表彰优秀党员15人、优秀党务工作者4人、先进党组织5个。党工委直属机关党支部1个，社区党委11个，党员2210人。

4月28日，成都龙泉驿区平江路社区干部到明珠社区考察

【宣传思想工作】 学习宣传中共十八大、十八届五中、六中全会精神和习近平总书记系列重要讲话，宣传社会主义核心价值观，传达上级决策部署，统一思想，凝聚共识。开展创建学习型机关、学习型社区活动，办事处机关每周集中学习半天，提高机关工作人员政治理论修养和工作能力。举办宣传信息员培训班1期，报送信息高新区采用127条、市政府采用8条、市以上新闻媒体采用112条。

【普法依法治理】 制定《丹桂街依法治街工作实施方案》，紧扣法治、创新、廉洁、服务建设目标，完善决策责任，落实行政决策终身责任追究和责任倒查机制。严格公正文明规范执法，健全执法程序，落实执法人员执法责任和责任追究机制。紧扣反恐防暴、金融安全、网络安全、公共安全等，破解难题、补齐短板，防控风险、服务发展，推进治理体系和治理能力现代化，夯实依法治街基础。坚持系统、依法、综合、源头治理总体思路，推行社会治安防控体系建设，开展危爆物品、寄递物流、禁毒防艾等整治，提高维护公共安全水平。建立联合指挥和跨区域应急联动机制、维护群众权益机制，针对食品药品安全、城市管理等难点问题，完善问题发现机制和预警应急预案，打击“法轮功”等邪教组织和非法宗教组织，防范、制止、打击危害国家安全违法犯罪活动。

举办普法骨干培训班5期，培训普法宣传员132人次，普法宣传活动6次，发放普法宣传资料8000余份，受教育2万余人次。

12月8日，省法院审批委员会委员叶明在方冲社区调研

【稳定工作】 层层签订稳定工作责任书，稳定工作落实到单位、部门、个人。每月集中排查调处不稳定因素1次，随时掌控不稳定动态，走访重点人员，谈心了解思想动态。加强重要节日、敏感时期和重要活动、重大工程不稳定因素排查和稳控工作，重点排查危房拆迁、物业管理、企业改制、农民工工资、邪教活动。全年化解不稳定隐患11件，预防群体上访4件67人次。协助处理“法轮功”邪教组织人员1人，帮教转化2人。

【信访和群众工作】 宣传《信访条例》，规范信访程序，理顺信访渠道，落实信访责任。接访和下访结合，网上与网下办理结合。开展“六下访”活动和群众工作月活动，在下访中了解实情，在交谈中缓解情绪，重点解决“忽视群众心声、漠视群众诉求、违背群众意愿、损害群众利益”等问题，解决1名下岗女工多年信访问题。接待群众来访14批次46人次，劝导越级上访6起，回复网上信访13件。

【武装工作】 选派22名民兵参加自流井区综合应急连冬季负重越野拉练、军训教官培训、综合训练，30名基干民兵接受自流井区人武部点验。调整民兵应急救援分队，调整后，平均年龄26岁、大专以上53%、退伍军人35%，配备服装、训练、防爆和抢险救灾器材，组织训练。汛期组织民兵清除淤积垃圾20余吨、危树20余棵。广泛宣传政策、做好摸底报名、严把初审关，完成征兵任务。开展拥军优属活动，建军节和春节，走访慰问驻军部队、老复退、伤残军人、军烈属、现役军人家属等122人次，慰问金7.9万元。发放50名义务兵家属优待金51万元。

【工会工作】 全街建基层工会组织83个，其中街道办事处机关工会1个、社区工会联合会11个、单独建立企业工会组织71个，纳入社区工会联合会企业171家，工会会员3378人，工会组织规范化建设达标56家。元旦、春节慰问困难职工29人，发放慰问金2.91万元。开展“送岗位到基层，工会就业援助在您身边”就业援助月活动，组织90人参加招聘会。90人参加“展职工风采，建活力丹桂”才艺比赛。年审爱心乘车卡4张，赠送18人每人200元爱心电力卡。慰问单亲、留守儿童6人，每人赠送200元购书卡及慰问品。“金秋助学”发放8名特困职工子女助学金1.8万元。丹桂社区工会“职工书屋”建成示范职工书屋。

【共青团工作】 街道团工委下设基层团组织11个，团员164人，青年志愿者服务队2支，成员共40人。强化组织建设，围绕街道党工委中心工作创新团的工作，争当生力军。开展学雷锋树新风、环境整治、组织学生暑期活动等服务活动4次。春节捐赠留守儿童1200余元学习和生活用品。重阳节慰问孤寡老人10人，捐赠价值860元日用品。开展“当贴心人、聊真心话、办暖心事”活动，20名团员青年结对帮扶特困户、“三无”人员、留守儿童、残疾儿童12人。

【妇女工作】　宣传《中华人民共和国反家庭暴力法》，建立妇女权益保护机制，促进男女平等。举办妇女法制和健康讲座11场次，促进妇女就业22人，新办女职工大病互助保险436份，建档困难女职工免费体检9人。

【残联工作】　新办残疾人证88人，录入“量服”系统978人，制定个性化服务方案。落实重度残疾人护理补贴、白内障复明、脑瘫儿童康复、假肢安装、听力残疾助听器配戴等。白内障体检筛查13人，免费手术2人。配发辅助器具16人，发放残疾人居家灵活116人就业补贴5800元，智力和精神重度残疾26人阳光家园补助1.56万元，残疾人机动轮椅车燃油补贴1460元，残疾人家庭无障碍改造5户金额1.25万元，对辖区重度残疾人876人护理补贴16.63万元，贫困残疾学生10人就读辅读学校补助1万元，长期服药精神病患者2人补助1000元。残疾人创业直补11人5500元，脑瘫儿童康复训练9人补助10万元。评为市残疾人就业创业示范户1户，市第二届残疾人文化艺术节获乐器组第一名1人，摄影作品金奖1人、语言类节目第三名1人。

市残联向残疾人创业示范户授牌

【关心下一代工作】　街道、社区建立关心下一代工作委员会和未成年人工作队伍，发挥“五老”在未成年人思想道德教育中作用，结对帮扶“五失”青少年，巡查9家网吧，检查实名登记上网和设置“未成年人不得进入”标志情况。开展“关注孤独儿童，让爱洒满人间”活动，为15名孤残儿童送去价值3000元慰问品。各社区配合学校开展学生校外教育，暑假开放社区绿色网吧室、图书室，组织学生参加讲座、读书、知识竞赛、文艺演出、观看影视、文明劝导、环境治理、植树护绿等活动。举办“老少同乐会”4次，“快乐儿童”跳蚤市场活动1次。

6月1日，明珠社区快乐跳蚤市场活动

【社区矫正和安置帮教】　党工委分管领导负责，司法所2名司法助理员具体承办社区矫正工作，社区建有矫正工作站，实行宽严相济个性化矫正。建立安置帮教和社区矫正人员个人基本情况、所犯罪行及所处刑罚、改造表现、家庭成员及社会关系等文字档案和电子档案库。矫正人员住地就近落实人员、手机定位等进行监管，发挥亲友、单位作用，共同做好安置帮教和社区矫正对象回归社会工作。帮扶引导结合，根据矫正人员特长安排公益活动或介绍就业，解决具体困难，纳入低保1人，申请公租房1人，临时救助1人，介绍职业3人，自主就业创业2人。开展社区服刑人员心理辅导和心理矫治300余人，警告1人。全年接收社区矫正人员19人，解除矫正20人，在册22人，无一人重新犯罪。

【经济统计】 利用注册资讯微信公众号，向企业推送最新宏观经济政策、区域经济发展状况、区情街情等资讯，编发10期、信息78条。开展录入名录库调查，核实、录入单位385家。统计限上企业社会消费品零售总额13.35亿元，比上年增长15.48%。

【安全工作】 划分社区安全责任区，签订安全责任书，明确各级职责。制定重特大安全事故应急救援、防洪抢险等预案，狠抓社区消防、公共聚众场所安全、交通安全和自然灾害事故预防。坚持值班值守，每月开展安全大排查，汛期、恶劣天气、重点时段随时巡查，危岩、危房、危树专人监测。加大烟花爆竹燃放管理及禁燃禁售区域管理和危化物品储存、销售管理。开展自然灾害点、安全隐患排查，协调相关单位和部门进行整治，督促修复交通苑小区3号房后山体易滑坡地段，维修、更换交通苑、丹桂、春华、园丁苑、绿盛、方冲等老旧小区变压器222台，整治安全隐患28处。

【文明城市创建】 围绕宣传教育、文明劝导、问题整改3个关键环节抓好争创全国文明城市创建工作。印发推进创建全国文明城市工作实施方案，细化阶段任务。街道、社区与辖区单位协作，物业公司与社区配合，广泛宣传、全员参与，共同推进。通过发放资料、制作展板、板报、电子显示屏、文化活动等宣传市民公约、居民公约和社会主义核心价值观，组织志愿者在繁华商业区、交通要道开展文明劝导，绿化、美化、亮化环境，督查巡查，通报问题，督促整改。

【文化与体育】 全街建有群众文体团队81支，新建桂花社区书屋，11个社区全部建立社区书屋。新安装健身路径3套，更换5套，维修损坏健身器材，累计健身路径35套。街道、社区组织文艺演出18场次，舞会9场。春节期间，社区举办迎春文艺演出4场、舞会5场，丹桂、园丁苑社区送春联200余幅，丹桂街艺术团受邀参加自贡市第22届国际恐龙灯会演出3场。方冲社区举办第十四届社区运动会，明珠社区举办“快乐儿童节”文化活动等。参加省第八届老年人运动会获中年组规定套路第一名和体育道德风尚奖，市老年文化艺节获健身球操《共圆中国梦》二等奖，器乐演奏二等奖，高新区第二届社区艺术节广场舞比赛获一等奖，丹桂社区、桂花社区舞蹈队获二等奖。

5月16日，方冲社区参加省中老年人健身球操比赛获奖

【便民服务】 街道办事处设便民服务中心，社

现场书写赠送春联

区设服务站11个和服务网格51个，公示审批、服务事项、程序和代办制度。录入网格信息5767条，其中人口信息54条，单位场所信息10条，事件3730条，任务清单1937条。全年受理行政审批及服务事项7200件，规定期限办结率99%。其中，即办件5800件，占81%；承诺件1400件，占19%。接待群众咨询6800人次。

【食品药品监管】 食品药品监管单位1686家，日常监督检查和专项整治结合，监督覆盖率98%。大型超市、农贸市场设生鲜蔬果安全快速检测室。群体宴席备案45次2000桌，保障重大活动食品安全10次。学校食堂及周边餐饮店检查6次，餐饮企业和食品流通环节、药品生产经营单位检查4次。13所学校食堂和大中型餐饮店改造成“明厨亮灶”。推进“餐饮量化分级”管理，C级单位131家，落实餐饮服务单位食品安全主体责任。食品药品违法立案48件，结案45件，罚款13.83万元。丹桂街食品药品监管所被省食品药品监管局、省人力资源和社会保障厅评为先进集体。

食品安全检查

【就业和社会保障】 办理失业登记证318人、大学生创业证10人，认定就业援助27人，家政培训30人并获结业证。新增就业535人，失业人员再就业98人，其中就业困难对象再就业50人。城镇居民养老保险291人、小额人身保险1666份，医疗保险新参续保1.07万人，筹集医疗保险基金320.67万元。退休人员社会化服务认证1.1万人，认证率100%。

【民政救助】 城市居民最低生活保障应保尽保、应得尽得、应退则退，新增26户27人，取消44户91人。全年累计保障1.35万人次，发放低保金342.59万元，比上年减少600人次、2.38万元，分别下降4.46%、0.7%。月均低保1121人，月均发放低保金28.55万元，人均补差254.67元/月。16周岁以上贫困高中生、困难大学生助学，医疗、临时、殡葬等救助245人次，金额34万余元。廉租住房租赁补贴193人2.9万余元，安置公共租赁住房35套。发放90周岁以上高龄老人补贴51万余元。慰问贫困居民、贫困党员、病残儿童、参战人员、孤寡老人等529人次26万余元，回族清真饮食习惯补贴77人1.16万元。

慰问贫困群众

【人口与计划生育】 全年出生367人，其中男186人、女181人，违法生育1人，符合政策生育率99.73%。出生人口性别比为102∶100，出生人口无一例畸形，出生缺陷一级预防覆盖率100%，人口自然增长率3.21‰。死亡205人，死亡率4.06‰。计生干部参加区培训2次，街道办事处办培训班2期，测试2次。人口动态情况正常，信息入库准确率95%以上，信息反馈100%，移动终端信息采集比对

100%，全员人口信息系统主要数据完整率、逻辑关系准确率99.8%，达到国标甲级一类标准。育龄妇女生殖健康检查582人，报销计划生育手术费10人，期内药具应用率、随访率、有效率100%。计划生育家庭特别扶助65户105人，其中伤残29户51人、死亡36户54人，金额56.88万元。独生子女父母奖励687户、959人，金额5.46万元。

【市容环境管理】 实行主干道严禁、次干道严控、背街小巷严管分类管理，定人、定段、定时监督，严格执法。发放大气环保、绿色出行、低碳生活、雾霾防治等宣传资料1.8万份，督促建筑施工单位湿法作业，道路洒水降尘治理扬尘污染和露天焚烧。开展污染防治、露天禁烧、垃圾分类和环境整治，出动3860人次，清除暴露垃圾20余吨、“牛皮癣”小广告1.86万张。取缔占道灯箱、站牌、展架，规范入店商家50余家，暂扣违规广告牌46块，取缔软体广告33幅。投放灭鼠毒饵1400余包。处理数字城管派遣案卷2000余件。

【拆迁安置】 配合重点工程建设，拆迁有证房7户，无证房7户，拆迁面积1365.07平方米。安置人口14人，住房11套，安置面积1009.27平方米，补偿46.28万元。配合董家山棚户区改造工程，调查登记147户。签订拆迁协议122户。拆除东兴寺改造工程用地上建筑物5394平方米，支付拆除费用10.95万元。发放437户拆迁房屋周转金181.2万元。

（母　维）

学苑街道

【概述】 学苑街道办事处于2006年9月经市政府批准建设立，行政管辖属自流井区政府，自流井区政府委托高新区管委会管理。学苑街道办事处地处高新区汇东城区西部，龙汇北街以西，汇川路以北，内昆铁路以南，东与丹桂街道相邻，南与南湖新城相望，西、北与自流井区东兴寺街道、大安区凤凰乡接壤，辖区面积约3.28平方公里。辖白果、宏发、谢家坝、蓝鹰、南苑、英祥、邓家坝、新汇、西景苑、金海、龙城11个社区居民委员会，居民小组235个，总人口8.8万余人，常住人口2.7万户、4.04万人，流动人口约4.75万人。

街道办事处驻学苑街28号，设党工委、办事处、纪工委，内设党政办公室、社会事业办公室、城市管理办公室、拆迁安置办公室、劳动保障所、司法所、食品药品监管所、城管执法中队四办三所一中队。机关工作人员59人（含食品药品监管所、城管执法中队），其中领导干部5人。

学苑街道辖区交通便利，商贸繁荣，文化氛围浓厚。东西走向的汇东路、汇兴路、汇川路，南北走向的龙汇北街、学苑街、南苑街、西苑街、汇园路贯通。辖区有机关企事业单位119家，个体私营经营户2000余家，坐落大专院校2所，中、小学3所，幼儿园9所，医院4所，公园1座，广场2个，大型综合市场3个。自然景观一对山下坐落妙观寺。

2016年，街道办事处认真贯彻中共十八届四中、五中、六中全会和省、市、区有关重要会议精神，把握“服务发展、改善民生”总基调，围绕“从严从实”要求加强作风建设，创新工作，经济稳步发展，社会和谐稳定，民生不断改善，人民安居乐业。全年限额以上企业社会消费品零售总额5.03亿元，实交税金7500万元。学苑街被命名为省和谐社区示范街道、安全社区建设示范街道、市最佳文明单位。

【“两学一做”学习教育】 党工委成立学习教育协调小组，制定“两学一做”学习教育实施方案，建立党工委成员联系指导基层党组织学习教育制度，班子成员到直属党组织讲党课12场，党工委中心组集中学习3次。实施分类学习教育，围绕3个专题个人自学、上门送学、集中学习、党员干部讲党课、谈体会，举办“两学一做”知识竞赛，开展“立、划、树”（合格标尺立起来、做人做事底线划出来、党员先锋形象树起来）大讨论，组织“我为党旗添光彩”“重温入党历程”主题党日活动，熟知党纪党规内容，领会习近平总书记系列重要讲话精神，明确合格党员标准，坚守做人做事底线。开展示范行动，街道党工委命名党员示范岗28个、示范单位1个、示范集体1个，学苑街道办事处被高新区党工委命名为党员示范单位。

6月21日，学苑街道“两学一做”知识竞赛

【纪检监察】 细化党风廉政建设“两个责任”，建立“两个责任”清单和落实台账记录。宣传党风廉政建设社会评价工作，形成全民关注党风廉政建设局面。深入学习贯彻《中国共产党廉洁自律准则》《中国共产党纪律处分条例》和中纪委、省市纪委会议精神以及各项规定，党工委召开党员干部集体廉政谈话会，集中开展反腐倡廉教育4次。加强预防腐败制度建设，防范廉政风险，执行重大问题集体研究、领导干部个人重大事项报告等制度。开展“微腐败”治理，解决发生在群众身边的“四风”问题，促进干部作风改进，服务效能提升。宣传党风廉政建设社会评价工作，形成全民关注党风廉政建设局面，群众认可程度提高。街道纪工委被市纪委评为“先进纪检监察组织”。

【基层组织建设】 落实党建工作责任，继续深化“四好班子”和“盐都先锋”行动。成立首个“南苑社区党校”。开展组织关系排查和党费收缴情况清理，与25名流动党员取得联系并建立定期联系制度，补缴党费1.36万元。坚持“三会一课”制度，发挥党员特长，组织参加文明城市创建、关心未成年人、维护平安、扶贫帮困、调解纠纷、环境整治等活动。落实困难党员、老党员关爱制度，帮扶、慰问党员66人，发放关爱资金3.3万元。送培入党积极分子和发展对象12人，发展党员7人，预备党员按期转正6人，党员转入182人、转出43人。表彰优秀党员37人、优秀党务工作者12人、先进党组织5个。年末，党工委直属机关党支部1个，社区党组织11个（党委5个、党总支4个、支部2个），党员1329人。

6月28日，学苑街道党工委召开庆祝建党95周年暨表彰大会

【宣传思想工作】 学习宣传中共十八届五中、六中全会精神，宣传“十二五”成就和“十三五”发展规划，开展社会主义核心价值观学习宣传实践活动，学习先进人物尤其是本土先进人物事迹，发挥引领作用。机关、社区干部定期学习，开展大型宣传咨询活动16次。上报信息73

条，“两学一做”专报12期，完成约稿4篇，报送舆情信息4条，新闻媒体发稿49篇（次）。

【普法依法治理】 制定年度普法计划，举办普法培训班22期，培训“法律明白人”261人次，普法宣传活动150次，悬挂普法标语26幅，制作普法图片展板12块，发放宣传资料4万份，受教育2.15万人次。深化平安社区、无毒社区创建，推进机关依法行政、社区依法民主自治，居务监督、居务公开制度落实。设人民调解室（点）38个，调解矛盾纠纷40起，成功率100%。

【稳定工作】 落实领导、部门、社区维护稳定责任制，定期集中排查调处不稳定因素，随时掌控辖区不稳定动态。重点加强重要节日、敏感时期和重要活动、重要工程不稳定因素排查和控制，关注工程建设、物业管理、农民工工资、邪教人员等不稳定隐患。走访重点人员了解思想动态，关心生产生活，解决实际问题。全年排查化解群体性不稳定隐患3件。

【信访和群众工作】 开展“六下访”和群众工作月活动，在下访中解决问题，在交谈中缓解情绪，重点解决忽视群众心声、漠视群众诉求、违背群众意愿、损害群众利益等问题，群众上访量减少。接待上访群众46批次，受理办结来信来访23件；上级转办信访件20件，办理回复率100%；化解信访积案1起。未发生非正常上访事件。

【武装工作】 组织民兵训练、点验、抢险演练，发挥民兵在发展经济、扶贫帮困、抢险救灾、维护社会稳定中突击队作用。投入8万元配备常备应急装备。开展征兵宣传，组织符合条件应征青年报名，严格体检和政审，完成兵员征集任务。春节和建军节慰问老复退、伤残军人、军烈属140人次，慰问金6.5万元，发放义务兵家属优待金56.7万元。

【工会工作】 全街基层工会组织44个，其中街道办事处机关工会1个、社区工会联合会11个、单独建立工会组织32个，工会会员2439人。新建工会组织1个，工会达标单位5家。签订区域性集体合同18份，涵盖单位189个，签订区域性工资集体协商协议18份。建档困难职工169人，慰问困难职工56人4.98万元，送爱心粮油卡9张、乘车卡70张、电力卡17张。

【共青团工作】 街道团工委下属团组织11个，其中新社会组织团组织1个，团员167人。建有义工社区工作站1个，大学生社区实践基地2个，青年志愿服务队50个。大中专院校学生志愿服务队进社区服务活动7次，结对帮扶贫困、留守儿童6人。街道团工委和社区团支部开展宣传、文明城市创建、环境整治等志愿服务活动124次，散发、张贴宣传资料1万多份，服务群众6500人次。

【妇女工作】 宣传《中华人民共和国反家庭暴力法》，促进男女平等，党政领导班子中女性占40%，社区干部中女性占81%，企业签订女职工特殊权益保护集体合同11份。举办妇女健康讲座23场，妇女免费健康检查828人次，购买女职工大病保险461人金额6.24万元，慰问贫困（单身）母亲52人2.78万元。

【残联工作】 制定680名残疾人个性化服务方案，重度残疾患者护理补贴594人11.06万元，脑瘫儿康复训练8人6.3万元，发放残疾人辅助器材16人，残疾人家庭无障碍改造2户，筛查白内障患者11人，免费手术6人，补贴残疾人三轮车燃油费11人4015元，扶持残疾人就业1人，慰问30户困难残疾人家庭6000元。

【关心下一代工作】 街道关工委开展儿童节慰问、暑期安全教育、读书活动等31次。各社区配合学校开展学生校外教育，寒暑假开放社区绿色网吧室、图书室，组织学生参加讲座、读书、知识竞赛、文艺演出、观看影视、文明劝导、环境治理、植树护绿等活动。儿童节慰问残疾、困难、留守儿童95人，金额3.1万元。结对帮扶“五失”青少年12人。

【社区矫正和安置帮教】 建立社区服刑人员档案，制定个性化矫正方案，定期与派出所核对刑释解教人员名单，互通情况，避免漏管、脱管、重新违法犯罪。做好信息登记、危险评估、定期走访、学习教育和困难帮扶工作，组织参加公益活动，动员社会力量参与帮教，引导矫正人员尽快回归社会。年内，接收社区矫正人员28人，期满解除矫正27人，年末在矫29人。

9月6日，市人大常委会到学苑街道调研社区矫正工作

【安全社区建设】着眼创新社会管理，制定创建安全示范社区方案，为居民打造安全、健康、和谐生活环境。依照《安全社区与管理基本规范》，按照“党委领导、政府负责、安办牵头、部门联建、公众参与”要求，精心谋划，严密组织，营造氛围。紧扣7个促进项目，分解落实创建任务、标准、进度，整改生产经营、食品药品、消防、交通、社区等方面安全隐患，解决难点，突破重点，打造亮点，形成单位、经营户、群众共驻共建格局，食品药品管理规范，防灾意识深入人心，社会治安明显好转，文明交通蔚然成风，安全理念得到提升，事故伤害明显下降，安全管理水平提升。10月14日，学苑街道通过省安全社区建设评定验收组评审验收。

10月14日，省安全社区建设评定验收现场会

【文明城市创建】 突出宣传教育、文明劝导、问题整改3个关键环节，推进全国文明城市创建工作，投入经费18万余元。制作宣传资料4000余份，组织文艺演出、集中宣传、入户宣传、知识竞赛，设置专栏、展板、画贴、电子显示屏，宣传市民公约、居民公约和社会主义核心价值观等，提高市民文明素质。设立7个固定文明劝导岗，14名志愿者执勤宣传疏导，规劝不文明行为。建立督查组巡查，通报存在

4月19日，“创文明城市　建安全社区”暨第十届学苑之春文艺晚会

问题，督促单位整改。组织志愿者500余人次参加突出环境问题整治。

【文化与体育】 群众文化、体育活动丰富、活跃。建有街道职工书屋和11个社区书屋，群众文化体育队伍33支。举办“创文明城市、建安全社区”文艺晚会、送文化下基层暨第十届学苑之春文艺演出、全民健身运动会等。各社区分别举办文艺演出、运动会、读书会，选送节目参加市、区展示。

11月4日，学苑街道第十届全民健身运动会呼啦圈比赛

【便民服务】 街道服务中心设便民服务窗口，社区服务站10个和网格53个，公示审批、服务事项和程序，录入服务管理信息1.3万条。全年受理行政审批及服务事项5500件，规定期限办结率100%。其中，即办件2500件，占45.45%；承诺件3000件，占54.55%。接待群众咨询1580人次。

【社区建设】 持续改善社区服务和工作条件，增加社区服务项目，推进社区“网格化”服务管理。按照“居民自治、管理有序、服务完善、治安良好、环境优美、文明祥和”标准，全面推进和谐社区建设，评为区级和谐社区占80%，市级社区标准化和廉政文化进社区建设达标70%。

12月21日，市长刘永湘到蓝鹰社区调研

【食品药品监管】 落实食品药品安全属地管理责任，配备社区食品药品协管员11人，加强食品药品安全日常监管、宣传和信息报送。群体宴席备案2次42桌，保障重大活动食品安全8次。督促餐饮业实施“明厨亮灶”，接受公众监督。执法检查出动386人次，检查餐饮食品服务单位1144家次、药品经营单位164家次，送达改正通知书87份，查处食品药品违法案件27件。

【就业和社会保障】 办理失业证260人、创业证7人。职业技能培训25人。发布用工信息24期，提供岗位150余个，介绍成功就业61人，新增就业556人。办理被征地农民养老保险74人、城镇居民养老保险349人、医疗保险1.45万人、小额人身保险1180份。企业退休人员社会化服务认证8501人，认证率100%。慰问退休人员3.85万元。

【民政救助】 全年最低生活保障累计1.4万人次，比上年减少3149人次，下降18.31%；发放低保金349.98万元，比上年减少59.13万元，下降14.45%。月均低保1167人，月均发放低保金29.16万元，人均补差250元/月。新增低保对象34人，退出低保163人。发放被征地农转非居民713人生活费补助249.84万元。医疗、临时困难、助学和廉租住房补贴299人

(户)次，慰问特困家庭、优抚对象499人(户)次，发放各类救助、补贴、慰问金61.76万元。新建老年人日间照料中心1个，累计6个。

【人口与计划生育】 落实人口与计划生育长效管理服务机制，全年出生237人，其中一孩165人、二孩72人，符合政策生育率100%，人口自然增长率3.61‰。死亡155人，死亡率4.42‰。开展人口与计划生育优质服务活动，网上预约二孩生育审批。落实计划生育特别扶持政策，扶助伤残、失独家庭51户3.36万元，慰问特别扶持对象51户3.88万元，兑现独生子女奖励906户5.44万元。白果社区计划生育协会被全国计划生育授予先进单位。

【市容环境管理】 加强城市管理，落实城市秩序管理、环卫保洁、卫生监督网格责任。城管队员实行划片包干，定点值守与流动巡查结合、平时管理和错时监管结合、长效管理与集中整治结合机制，重点整治市容环境、集贸市场、校园周边、建设工地、城郊接合部。处理数字城管案件6057件，发动900余人次集中整治20余次，清除“牛皮癣”小广告2400多张(处)，规范店招店牌120余家，取缔流动摊点1000余个，取缔占道、冒店经营9000余个，暂扣占道物品322件，处理露天焚烧秸秆、垃圾3起，油煤烟扰民投诉6件。

6月18日，学苑街道党员干部参加环境整治

【拆迁安置】 拆迁西山路和西山路保障性住房、汇园路和汇园路保障性住房、狮子山公园等工程建设用地范围内建筑物，拆迁住房86户，面积1.25万平方米。安置房屋98套，面积8791.39平方米。

(赵午生)

板仓街道

【概述】 2007年7月，板仓街道办事处建立，沿滩区人民政府委托自贡高新区管委会管理，辖7个村(社区)，面积16.5平方公里。2012年4月1日，沿滩区卫坪镇、仙市镇8个村中14个村民小组和1个社区18.76平方公里委托高新区管委会管理，划入板仓街道。2015年4月1日，沿滩区卫坪镇詹市村9组0.24平方公里委托高新区管委会管理，划入板仓街道。

板仓街道因板仓坝取名。板仓坝昔日叫河坝。清咸丰元年(1851)至同治二年(1863)间，自贡盐商首富王朗云在此地修建玉川公祠。民国年间，玉川公祠内用木板隔成粮仓堆放大量粮食，“板”即木板，“仓”即粮仓，取会意名“板仓”。板仓得名是盐文化的结晶。

板仓街道位于高新区东南部，东邻釜溪河与沿滩区仙市镇相望，南与沿滩区卫坪镇相接，西与高新区红旗乡相邻，北与大安区和平乡接壤，辖区面积35.5平方公里。街道办事处驻糍粑坳卫里街18号，辖瑶湾、卷子、万佳、新严、打谷、兴唐、蔡市、詹市、易市、桔香、重滩和付家12个村124个村民组，糍粑坳、卫里、尖山和沙坪4个社区34个居民组，总人口3.69万人。街道设党工委、办事处、纪工委，内设党政办公室、综治稳定办公室、社会事业办公室、就业和社会保障服务中心、征地拆迁办公室、城乡管理办公室、道路交通办公室，高新区城管执法大队派驻城管中队、高新区食品药品监管局派驻食品药品监管所。街道办事处机关工作人员35人，其中公务员5人、事业编制11人、聘用人员19人，村（社区）干部96人。

板仓街辖区有板仓工业园区、南岸科技新区、自贡职业技术学校、自贡一医院板仓分院、糍粑坳、沙坪街和重滩3个综合市场。街道办事处重点围绕板仓工业园区和南岸科技新区开发建设，狠抓征地拆迁安置，城乡统筹发展，维护社会稳定和安全生产，稳定农业农村工作，促进社会事业和城乡环境综合治理，实施民生工程，推进农村向城市转变，辖区呈现经济健康发展、社会安定、人民安居乐业景象。

【“两学一做”学习教育】 扎实开展“两学一做”学习教育，突出以上率下，书记和班子领导带头履行主体责任，采取集中讲座、观看影视、网络学习、撰写心得体会和知识竞赛等形式，学习习近平总书记系列讲话和党章党规。街道领导干部分别到联系村（社区）讲党课、作指导，村（社区）党组织书记带头讲党课、谈体会。开展“两个重温”（重温入党誓词、重温入党历程）主题党日活动，开展合格党员大讨论，不忘入党初心，做合格党员，当干事先锋，立足岗位为全面建成小康社会建功立业。开展示范行动，街道设立“党员示范岗”40个，高新区党工委命名党员示范岗2个、示范团队2个。

5月25日，街道党工委组织重温入党誓词活动

【领导班子建设】 深入开展“四好班子”创建活动，加强党政领导班子建设，带动队伍建设。把思想建设放在首位，落实中心组学习制度，班子成员通读《习近平总书记系列重要讲话读本》，学习中共十八届五中、六中全会精神和省、市委重要会议精神，廉洁从政规定，全年中心组学习18次，参学率100%，班子成员分别谈体会、贯彻落实措施。执行民主集中制，严格议事规则，坚持“三重一大”制度，重大决策党政保持一致，确保上级党政组织指示和工作要求在街道贯彻落实。班子成员包片联系3~4个村（社区），每周深入村（社区）工作1次以上，直面征地拆迁安置、统筹城乡发展等热点问题，敢于担当，创新破解难题，与联系基层工作同述、业绩同考、责任同担，形成齐抓共管工作合力。街道领导班子和领导干部自觉接受监督，民主生活会测评群众满意率97%。

【纪检监察】 落实廉洁自律规定和领导班子成员履行“一岗双责”要求，持续用力正风肃纪。层层签订目标责任书，村（社区）“两委”成员、机关党员干部做出廉政承诺。加大党风廉政建设教育力度，讲廉政党课16场次，制作廉政板报15期，发放宣传教育资料、公开信等2万余份。完善廉政风险防控机制，落实廉政谈话、签字背书、述职述廉、案件查办等制度。开展“立、划、树”讨论和“庸懒散浮拖”整治，问责不作为、慢作为、乱作为。电子监控系统全程监控便民服务窗口，全年无一起脱岗、溜岗行为。加大问责和案件查办力度，存在作风苗头性问题6个村（社区）班子分别提醒谈话，通报批评机关工作人员和村（社区）干部6人次，问责6人，诫勉谈话6人，扣发目标绩效奖3人，责令1名村干部辞职，开除党籍1人。重点加强征地拆迁安置、惠民政策、工程项目、集体财务、作风效能监督检查，受理信访投诉14件次，其中上级转办件12件次、自办件2件次，全部办结回复，受到市纪委通报表扬。扎实开展党风廉政建设社会评价工作，制作标语50幅、专栏20张、宣传单3万份，宣传画100幅，下基层走访、召开座谈会宣传引导群众参与评价调查，收集和反馈群众反映强烈突出问题，听取党风廉政建设意见建议、诉求，及时落实整改。

6月1日，街道、社区干部参观自贡市廉政教育基地

【基层组织建设】 全年召开党建工作领导小组会议12次，研究部署基层组织工作6次，听取基层组织工作汇报3次。建立基层组织建设责任体系，领导班子成员履行“一岗双责”，坚持“书记亲自抓，分管领导具体抓，班子成员一起抓”工作格局。开展后进党支部整顿、三项整改“回头看”、村社区阵地建设，改造卷子村、詹市村办公用房，规范7家非公有制企业党支部阵地“五室、八有”建设，换届选举16个村（社区）党支部，推动基层党支部晋位升级。落实民主自治机制和“四议两公开”监督机制，规范村（居）务公开，公开面100%。加强村（社区）干部队伍建设管理，组织村（社区）干部培训交流4次，开展新一轮“走基层”活动，建立和完善“三本台账”，派驻村（社区）干部16人，大学生村干部3人。加强党员教育管理，坚持“三会一课”制度，定期联系服务管理流动党员65人，140名党员佩戴党徽上岗。高新区党工委表彰优秀共产党员6人，优秀党务工作者2人，先进党组织3个，街道党工委表彰先进党组织7个，优秀共产党员30名。培养入党积极分子35人、发展对象8人，党员转入11人、转出29人。年末，街道党工委直属党组织32个，其中机关党支部1个、板仓校区党支部1个、村（社区）党组织16个、“两新”党组织14个，党员794人。

4月1日，机关党支部到江姐故居开展主题党日活动

【宣传思想工作】 学习宣讲中共十八大和中共十八届五中、六中全会精神，学习践行社会主义核心价值观，宣传“十二五”成就和“十三五”发展规划、典型经验和先进人物，运用各类宣传教育手段，把宣传思想工作落实到推动发展、惠及民生中，凝聚加快发展共识和力

宣传活动

量。报送政务信息149条，创文专报35条，纪检信息43条，高新区采用129条，市级媒体采用23条，省级媒体采用5条。

【普法依法治理】 推进街道、村（社区）依法治理，完善决策、执法、民主管理等制度，依法行政，文明执法，实行决策、执法责任和过错追究机。开展法制宣传3次，悬挂宣传横幅36幅，发放宣传资料5000余份；反邪教宣传2次，发放宣传资料3000余份；打击非法集资宣传1次，发放宣传资料6000余份。建立治安防控体系，组建15人治安中队，巡逻于城乡，震慑违法犯罪，保民平安。

【稳定工作】 建立稳定信息收集、分析、处置机制，落实稳定责任制，完善应急预案26个，建立30人应急处突队伍。关注征地拆迁、工程建设、农民工工资、民间集资、社会民生等热点问题，收集信息，分析判断，采取对策把20余件不稳定因素化解在萌芽状态。开展重大事项社会稳定风险评估3次。协调处置阻工、水污染、土地流转、拆迁安置等6件群体事件，化解影响稳定矛盾纠纷12件。

【信访和群众工作】 落实信访责任，规范信访程序，引导群众依法反映诉求。开展下访活动，在下访中了解实情，解决问题，减少上访。受理群众来信来访16件，办结15件。上级转办件8件，市长信箱5件，13件均办结。调解群众矛盾纠纷11件，调解成功10件，建议司法程序处理1件。

【武装工作】 完善街道武装部正规化建设，补充维护装备器材，32名民兵参加自流井区人武部整组点验，组织民兵应急分队训练、参加抢险救灾、维护稳定、帮助困难户抢收抢种等。宣传征兵政策，组织符合条件应征青年报名、初审，完成新兵征集任务。慰问老复退、伤残军人、军烈属等154人次，慰问金7.7万元，发放34名义务兵家属优待金33.7万元。

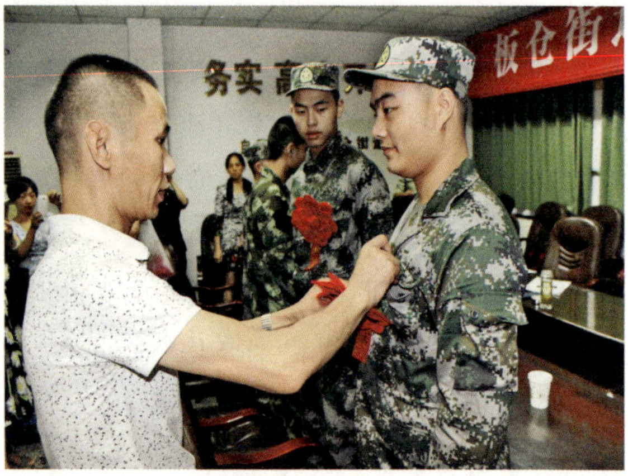

欢送新兵入伍

【工会工作】 新增企业工会3个会员128人。街道工会委员会下属工会组织85个，其中机关工会1个，村（社区）工会联合会16个，单独建立工会组织68个，工会会员7308人。工资集体协商问卷调查127份，签订工资集体协商合同18份，覆盖职工1030人。办理工会法人资格证书6份，与板仓工业园区企业签订工会经费代管协议返还经费3.01万元。组织60名失业人员参加招聘会，帮扶困难职工93人5万元，指导教育活动和文艺演出4场。初审推荐“农民工文化驿站”、区工会规范化建设示范单位18家、市“示范社区工会”1家、“职工书屋”示范单位4家。

【共青团工作】 街道团工委下属团组织24个，其中“两新”团组织8个，团员256人。组织团员和青年志愿者到卫坪敬老院开展学雷锋志愿服务活动和城乡环境综合治理。12名志愿者走进沙坪社区开展以“心系春蕾女童·关爱青春成长”为主题的女童安全防护宣传活动。

【妇女工作】 建立妇女权益保护机制，宣传《中华人民共和国反家庭暴力法》，促进男女平等。办理女职工大病保险236份，金额2.36万元；慰问贫困母亲、单亲女工9人，金额5600元。组织女职工参加区“妇女节巾帼趣味运动会”，评选推荐“最美家庭”“最美家风”和“书香三八”作品征集。关注农村留守女童安全，建立女童安全护卫队，落实监护责任。

【残联工作】 残疾人“智慧量服”平台录入786人，制定个性化服务方案。发放重度残疾人护理补贴284人11.15万元，困难残疾人生活补贴282人20.33万元，农村扶贫残疾人30人补助6000元，特殊学校残疾学生补贴14人1.46万元。组织12名残疾人参加专场招聘会，残疾人居家灵活就业人员80人。开展“关爱孤残儿童、让爱洒满人间”活动，走访慰问残疾人5人。残疾人家庭无障碍改造2户，每户2500元。白内障免费手术3人，残疾人安装假肢5人。医疗救助重度精神病人4人。

【关心下一代工作】 街道、村（社区）建立关心下一代工作委员会，组建“五老”教育队伍，配合学校开展青少年教育实践活动，寒暑假进行安全教育，组织辅导作业、读书、讲座、参加公益活动和家务劳动。协调安排拆迁户子女360人就近入学，邀请市关工委专家作“爱护我们的身体”女童安全教育讲座，120余名女童听讲。建立“五失”青少年台账，结对帮扶“五失”青少年14人。春节慰问困难留守儿童68人，发放价值7600元书包、文具以及9200元慰问金。儿童节慰问留守儿童，发放价值2000元书包、购书卡和文具等节日礼物。发放困难农民工子女22人助学金3.32万元，街道办事处干部职工为车祸学生爱心捐款1840元。

未成年人教育

【社区矫正和安置帮教】 制定社区服刑人员个性化矫正和刑满释放安置方案，落实矫正帮扶责任，定期走访、学习教育和困难帮扶工作，组织参加公益活动，避免漏管、脱管、重新违法犯罪。接收刑满释放人员5人，刑释解教人员12人，发放刑满释放人员每人500元临时救助金。接收矫正对象5人，缓刑5人，解除社区矫正49人。长期生活居住外地1人，联系居住地司法机关负责社区矫正。

【农业农村】 2016年，新继流转土地627公顷，现有耕地1282.16公顷。发放农业补助资金6.05万元，提灌站维修及渠道清淤1.38万元。整治村道27条，总长10公里，补助资金8万元。整治山坪塘囤水田2口，资金2.05万元。兑现耕地地力保护补贴政策，进行摸底核实，名单公示，核准补贴面积，直补资料录入农民补贴网络信息系统，兑现723.97公顷，4963农户补贴122.62万元；退耕还林81.61公顷，补贴15.3万元。加强农村财务管理，每季度集中做账，换届前审计村（社区）2014—2016年财务收支、资产及债权债务，进行公示。村（社区）财务人员参加“会计人员从业

修建詹市村8组、10组道路

资格证”培训考试10人。

【统计工作】 按时完成各项统计工作，报送25家工业、商贸服务、小微企业统计表、调查表。组织“三农”普查、基本单位调查，核实、录入单位名录库200多家。新增规模以上企业4家、规模以下企业3家。

【安全工作】 开展安全生产知识、道路交通法律法规教育集中宣传和“关爱生命，文明出行”5次，“两考”期间交通安全疏导。开展农村“四危”、地质灾害、安全隐患排查，现场勘察房屋552处、隐患62次、点位753处，安全检查8次，辖区省道和56公里乡村道路安全隐患排查8次，整改安全隐患点44处，提前拆迁120处。深入开展平安小区创建活动，糍粑坳社区、新严村被评为高新区“平安小区”，辖区未发生重大以上刑事案件和公共安全事故。

【文明城市创建】 对照文明城市标准，细化落实创建任务。开展社会主义核心价值观、市民公约等宣传13次，完善村（居）民公约，张贴发放宣传资料8000余份，提高群众知晓率、参与率，在参与中提高农民向市民转变过程中文明素养，适应生活工作环境变化。选树好家风、尊老爱幼典型，发挥典型示范作用。组织志愿者在场镇、道路交叉口协助疏导交通，劝导不文明行为。开展“美丽乡村”行动，巡查通报整改问题，治理农家院落物品乱堆放、垃圾乱丢乱倒，净化绿化美化家园。

【文化与体育】 配送易市村、兴唐村篮球桩，安装付家村、桔香村、街道办事处乒乓球台各1台，安装糍粑坳社区、新严村儿童游乐设施。集中居住区普遍建立群众健身队伍，推广体育项目，引导开展健身和读书活动。重大节日组织文艺下村（社区）演出，开展参加全民健步走、组织游泳活动、组队参加高新区首届“五人制”足球赛和第二届老年人运动会。

趣味运动会

【便民服务】 规范街道便民服务大厅、村（社区）便民服务站管理，印制便民服务卡，公示部门职能、办事流程、承办人员电话、投诉电话，方便服务对象办事，接受群众监督。全年受理行政审批及其他服务事项2250件，规定期限办结率100%，接待群众咨询869人。

【食品药品监管】 落实食品药品安全管理责任，培训食品药品安全信息员48人，强化日常监管。签订学校食堂安全承诺书7份，下达食堂监督意见书24份。群体宴席备案70次2100桌，督促餐饮业实施“明厨亮灶”。检查食品、药品344家次，餐饮服务单位208家次、药品经营单位35家次，送达改正通知书18份，立案查处食药药品违法案件10件，结案8件，处罚金1.79万元。

【就业和社会保障】 实现就业361人，其中下岗失业人员再就业70人，困难人员再就业23人，高校毕业生创业2人，登记失业率控制在2%以内。城镇居民参加医疗保险1.18万人，办理原征地农民养老保险388人、医疗保险462人、失业保险223人，小额人身保险参保4980人。

【民政救助】 执行城乡居民最低生活保障制度，最低生活保障2.24万人次，低保金410.54万元，比上年减少4894人次、28.16万元，下降17.89%、6.42%。城镇低保8537人次217.2万元，月均711人，人均补差254.57元/月；农村低保1.39人次，月均1157人，人均补差139.2元/月。城乡困难群众医疗救助330人次45.43万元，困难群众临时救助78人4.64万元，困难大学生101人助学金11.2万元。90周岁以上高龄老人补贴96人23.28万元，155户优抚金74万余元，3名孤儿生活费2.69万元。新增五保户2人，发放45人五保金20.64万元。低保、五保殡葬补助16户1.06万元，火化率达100%。慰问困难群众625户31.25万元，列入居家养老服务962人，新建日间照料中心1所。

街道领导慰问困难群众

【人口与计划生育】 全年出生377人，其中一孩210人、二孩160人、多孩7人；男孩189人，女孩188人，计划生育率99.6%，人口自然增长率3.87‰。死亡235人，死亡率6.4‰。已婚育龄妇女7992人，免费孕前优生健康检查85%，采取节育措施255人，发放避孕药具7560只，综合节育率98%。独生子女伤残死亡特别扶助家庭23户2.43万元，计划生育特殊家庭医疗补助5133元，发放独生子女父母奖金18.66万元。

【医疗卫生】 辖区有市一医院板仓分院、卫坪镇卫生院，诊所、药店48家。开展健康教育、预防季节性流行病宣传3次。开展除“四害”活动，发放灭鼠、蟑螂毒饵5000包。组织义务献血活动，54人献血1.76万毫升。

【环境综合治理】 建立环境网格化管理体系，实行统筹治理，街、村（社区）、组分级负责、分级管理。集中清理整治村容村貌及环境卫生，覆盖原乱倒垃圾堆进行绿化，完善农村生活垃圾收运体系，新建9个垃圾池，维修垃圾池7个，改造垃圾池（库）3个，定时清运，垃圾有效处置92%以上。治理马路市场、废品收购点、露天烧烤、路边洗车、户外广告、店牌店招、占道经营、夜市摊区，完成餐饮企业煤改气和油烟净化装置安装，疏导占道经营1450余起，制止越门占道经营行为620余次，撤除占道广告牌匾180余块。集中居住区实行常态化清扫保洁，清理“僵尸车”8辆。健全釜溪河流域管理体系，加强釜溪河绿道管理，出动打捞船2049艘次，打捞清漂人员4349人次，打捞漂浮物1980余吨，清理河岸垃圾121处。治理乱摆摊点、乱设棚伞、无序骑行和不文明游园行为，清理违规广告800余处，沙坪街、小区设置信息张贴栏71块。开展夏秋季禁烧秸秆、落叶、垃圾专项行动，制止露天焚烧15起。巡查制止违法建设，查处违法建设22处，拆除面积9700平方米。

【征地和土地流转】 年内征地86.01公顷，办理农转非770人，支付补偿费3200万元，办理养老保险462人，失业保险456人，解缴资金1900万元。完成青苗附着物丈量，补偿金直接兑付农户。新续流转土地627公顷，支付土地流转补偿金1848万元。

【拆迁安置】 签订房屋拆迁协议210户，安置房屋面积2.2万平方米，安置人员615人，腾空交房165户，支付拆迁补偿金6062万元、临时过渡周转金3902万元。交付安置房屋1323套，面积11.25万平方米，入住3380人。

（舒　勇）

文件选辑

关于印发《高新区创新驱动发展专项扶持资金管理暂行办法》的通知

自高管委发〔2016〕1号

各有关单位：

《高新区创新驱动发展专项扶持资金管理暂行办法》已经高新区党政办公会议审议通过，现印发你们，请遵照执行。

高新区创新驱动发展专项扶持资金管理暂行办法

第一章　总　则

第一条　为进一步促进高新区工业经济发展，加快引进和鼓励发展战略性新兴产业、“中国制造2025”“互联网+”产业、五大高端成长型产业和高新区招商引进的产业（以下简称优先发展产业），推动产业结构优化升级，促进创新驱动发展，充分发挥财政资金扶持、引导和带动作用，加强财政资金管理，提高资金使用效益，根据国家、省、市相关法律和法规，结合高新区实际，制订本暂行办法（以下简称《办法》）。

第二条　本办法所称的创新驱动发展专项扶持资金（以下简称专项扶持资金）是指经高新区管委会批准，由高新区财政预算安排的用于培育和发展优先发展产业的专项资金。原则上每年安排专项扶持资金2亿元，但根据当年项目落地、开竣工建设情况不限于2亿元。

第三条 专项扶持资金由高新区财政局、经贸发展局按照职责共同管理，各负其责。

高新区财政局负责资金的预算管理和拨付，会同高新区经贸发展局下达资金使用计划和预算，牵头组织开展绩效评价和资金使用监督检查，参与编制专项扶持资金年度申报指南、项目评审与验收，参与制定资金分配建议方案。

高新区经贸发展局负责项目管理，会同高新区财政局编制年度申报指南，组织项目评审，牵头制定资金分配建议方案并按程序报批，组织开展项目实施管理和竣工验收，参与项目绩效评价和资金使用监督检查。

第二章 资金使用

第四条 专项扶持资金使用原则

（一）自主创新。围绕产业转型升级关键领域，激励企业提升自主创新能力和自主知识产权运用能力，鼓励和支持通过原始创新、集成创新、引进消化吸收再创新突破产业关键核心技术，开发具有自主知识产权的新产品、新技术、新工艺，促进高新技术和自主创新成果转化和产业化。

（二）突出重点。重点支持符合战略性新兴产业发展规划、“中国制造2025”行动计划、“互联网+”行动计划，具有自主知识产权、核心竞争力强、产品市场潜力大，有利于实现创新驱动发展的项目和企业。

（三）市场导向。充分发挥市场配置创新资源的作用，发挥财政资金的导向功能，有效调动企业、金融机构和社会等各方面投入创新活动的积极性，促进资源整合。

（四）注重绩效。资金安排根据项目重要性、成熟度等依序安排，严格执行项目评审、绩效评价等制度，强化评价结果运用，提高资金使用效益。

第五条 专项扶持资金支持方向

（一）主要用于支持工商注册、国地两税解缴关系均在高新区，具有自主知识产权、成长潜力大、市场前景广阔的节能环保、装备制造、新材料、生物医药、电子信息、“中国制造2025”“互联网+”等覆盖的产业和高新区招商引进的产业。

（二）具备规模化生产条件，短期能扩大生产规模、迅速占领市场的发展项目，具有技术领先优势、能够迅速做大做强的发展项目，可为优先发展产业项目配套的产品项目。

（三）已完成新产品研发试制，取得核心和关键技术突破，形成自主知识产权，产品整体技术达到国内领先水平，可快速投产实现产业化的项目。

（四）高新区管委会决定支持的其他项目。

第六条 支持方式

（一）无偿补助。对以自有资金为主实施的项目，采取无偿补助的方式予以支持。支持额度根据项目投资额度、强度、自主创新能力、市场拓展以及经济和社会效益等因素确定，自项目开工建设起，根据其实施进度进行拨付，最高补助金额不超过投资总额的30%。

（二）融资贴息。对以向金融机构融资为主实施的项目，可采取贴息方式进行支持，包括贷款贴息和直接债务融资贴息。贴息金额根据项目单位与金融机构签订的合同金额，或项目单位发行银行间市场直接债务融资工具金额，按当年人民银行一年期贷款基准利率为标准计算，贴息期不超过项目建设年限且最长不超过3年。自项目开工建设起，根据其实施进度进行拨付，最高贴息金额不超过所支付利息总额的50%。

第三章 项目申报与管理

第七条 申请专项扶持资金须符合以下条件：

（一）企业符合本办法第五条，且具有独立的法人资格，行业发展前景优势明显，企业管理、会计核算规范，具有良好的银行、纳税信用的工业企业。

（二）项目实施地必须在高新区范围内，项目必须符合国家产业政策、行业发展规划和高新区产业定位。

第八条　申报和审批程序

（一）高新区经贸发展局根据高新区管委会当年的发展决定或目标，结合高新区发展实际，每年会同财政局确定当年的扶持重点，编制并发布项目申报指南（通知）。

（二）企业根据申报指南（通知）向高新区经贸发展局、财政局申报，并对申报资料真实性、完整性负责。

（三）高新区经贸发展局会同财政局按照有关规定进行初审及现场核实，严格审核项目申报资格条件及相关资料，确保项目和申报资料的真实性，并提出候选项目。高新区经贸发展局重点对项目真实性、可行性以及前置行政审批手续齐备性等进行审查，高新区财政局重点对项目资金筹措、财务状况等进行审查。

（四）高新区经贸发展局会同财政局组织专家对候选项目进行评审，根据专家评审结果，拟定支持项目名单和资金安排方案，报高新区党政办公会审定。

（五）党政办公会审定后，将审定结果通过媒介（高新区网站或自贡日报）予以公示，接受社会监督，公示期7天。对公示无异议的，进入资金兑现流程；对在公示期间收到有异议的情况反映，高新区经贸发展局会同财政局进行核实，根据核实的具体情况，向高新区党政办公会重新报告审定。

第九条　专项扶持资金使用单位应当按照规定履行以下职责：

（一）制定项目投资预算，负责项目实施。

（二）应按建设计划组织项目实施，规范管理和使用专项扶持资金，按期报送项目进度、资金使用及效益指标等情况。

（三）专项扶持资金实行专款专用，并按《中华人民共和国会计法》和国家统一的会计制度进行管理和核算，不得以任何形式、任何理由截留或挪用。

（四）接受高新区经贸发展局、财政局的监督检查和验收。

（五）按要求提供项目执行情况及附属材料。

（六）不得擅自调整项目，如因特殊情况确需调整的，须向管委会提出书面报告，经批准后方可调整。

（七）遵守促进企业发展、规范企业行为的法律法规和行业政策。

第四章　资金安排

第十条　高新区经贸发展局会同财政局制定资金预算规模，报管委会批准后执行。

第五章　监督管理

第十一条　高新区经贸发展局会同财政局对项目实施进行跟踪监督，确保项目及时有效组织实施。

第十二条　高新区财政局会同经贸发展局对专项扶持资金使用情况开展绩效评价。

第十三条　专项扶持资金应当用于规定的支持方向和重点。对违反规定使用、骗取资金的，该项目单位三年内不得申请任何扶持资金，并按照《财政违法行为处罚处分条例》（国务院令第427号）等国家有关规定进行处罚。

第六章　附则

第十四条　本办法由高新区财政局、经贸发展局负责解释。

第十五条　本办法自2016年1月1日起施行，有效期三年，在实施期间若国家、省、市出台新的相关政策，按新政策执行。

（2016年1月4日）

关于印发《自贡高新区国家司法救助实施办法（试行）》的通知

自高管委发〔2016〕57号

各有关单位：

为贯彻落实省委政法委、省财政厅、省高级人民法院、省人民检察院、省公安厅、省司法厅《关于印发〈四川省国家司法救助实施办法（试行）〉的通知》（川政法〔2014〕85号）和市委政法委、市财政局、市中级人民法院、市人民检察院、市公安局、市司法局《关于建立完善国家司法救助制度的意见》（自政法〔2015〕12号）要求，规范高新区国家司法救助工作，现将《自贡高新区国家司法救助实施办法（试行）》印发给你们，请认真遵照执行。

自贡高新区国家司法救助实施办法（试行）

第一章　总则

第一条　为规范高新区国家司法救助工作，有效维护当事人合法权益，保障社会公平正义，促进社会和谐稳定，根据省委政法委、省财政厅、省高级人民法院、省人民检察院、公安厅、司法厅《关于印发〈四川省国家司法救助实施办法（试行）〉的通知》（川政法〔2014〕85号）和市委政法委、市财政局、市中院、市检察院、市公安局、市司法局《关于建立完善国家司法救助制度的意见》（自政法〔2015〕12号）的有关精神，结合高新区实际，制定本办法。

第二条　本办法所指的国家司法救助，是指对遭受犯罪侵害或民事侵权等情形，通过诉讼无法得到有效赔偿且生活困难的被害人、被害人近亲属或其他当事人，采取的以适度发放救助金为主要措施的国家救助制度。对生活困难但不符合国家司法救助条件或者实施国家司法救助后仍然面临生活困难的当事人，办案机关应当告知当事人向有关职能部门申请其他救助。

第三条　开展国家司法救助应当遵循以下原则：

（一）辅助救助原则。对于能够通过诉讼等方式获得赔偿、补偿的，应当通过诉讼渠道解决；通过诉讼无法得到有效赔偿且符合国家司法救助条件的，纳入救助范围。

（二）公正救助原则。严格把握救助标准和条件，兼顾当事人实际情况和同类案件救助数额，公平、公正、合理、适度救助，防止因救助不公引发新的矛盾。

（三）及时救助原则。对符合救助条件的当事人，办案机关应当及时告知当事人有关权利，并根据当事人的申请或依职权及时提供救助，确保及早化解社会矛盾。

（四）一次性救助原则。对同一案件同一当事人原则上只进行一次救助，特殊情况需突破的，必须从严掌握。

（五）属地救助原则。对符合救助条件的当事人，原则上由案件管辖地办案机关负责救助。案件管辖地，是指正在办理案件的办案机关或作出生效法律文书的办案机关所在地。

第四条　国家司法救助资金实行专项管理，专账核算，专款专用，任何单位或个人不得挤占挪用。国家司法救助资金的支付，按照财政国库管理的有关规定执行。

第二章　救助适用范围

第五条　对下列人员提出国家司法救助申请的，可以予以救助：

（一）刑事案件被害人受到犯罪侵害，致使重伤或严重残疾，因案件无法侦破造成生活困难的；或者因加害人死亡或没有赔偿能力，经过诉讼无法获得赔偿，造成生活困难的；

（二）刑事案件被害人受到犯罪侵害危及生命，急需救治，无力承担医疗救治费用的；

（三）刑事案件被害人受到犯罪侵害死亡，因案件无法侦破造成依靠被害人收入为主要生活来源的近亲属生活困难的；或者因加害人死亡或没有赔偿能力，致使依靠被害人收入为主要生活来源的近亲属通过诉讼无法获得赔偿，造成生活困难的；

（四）刑事案件被害人受到犯罪侵害，致使财产遭受重大损失，因案件无法侦破造成生活困难的；或者因加害人死亡或没有赔偿能力，致使被害人经过诉讼无法获得赔偿，造成生活困难的；

（五）举报人、证人、鉴定人因举报、作证、鉴定受到打击报复，致使人身受到伤害或财产遭受重大损失，经过诉讼无法获得赔偿，造成生活困难的；

（六）追索赡养费、抚养费、抚育费等，因被执行人没有履行能力，造成申请执行人生活困难的；

（七）被侵权人因交通事故、安全生产事故等民事侵权行为，人身受到伤害，经过诉讼无法获得赔偿，造成生活困难的；

（八）其他特殊情况确需救助的。

第六条　申请人有下列情形之一的，不予救助：

（一）对案件发生有重大过错的；

（二）无正当理由，拒绝配合查明犯罪事实的；

（三）故意作虚假陈述或者伪造证据，妨害刑事诉讼的；

（四）在诉讼中主动放弃民事赔偿请求或拒绝加害责任人及其近亲属赔偿的；

（五）生活困难非案件原因导致的；

（六）通过社会救助等其他救助措施，已经得到合理补偿、救助的；

（七）申请人系法人或者其他组织。

第三章　救助方式和标准

第七条　国家司法救助以发放救助金为主要方式，与思想疏导、教育帮助相结合。

第八条　积极推进国家司法救助与国家帮扶、社会救助等机制的有效衔接。对于未纳入国家司法救助范围或者实施国家司法救助后仍然面临生活困难的当事人，符合社会救助条件的，办案机关应当告知当事人向其户籍所在地有关部门申请社会救助。

第九条　国家司法救助金标准一般以被救助人住所地的区县上一年度职工月平均工资为基准，最高不超过36个月的总额。

第十条　个案的具体救助金额，综合考虑以下因素确定：

（一）申请人实际遭受的损害后果；

（二）申请人本人有无过错以及过错程度；

（三）申请人及其家庭的经济状况；

（四）申请人维持其住所地基本生活水平所必需的最低支出；

（五）加害人及其他赔偿义务人实际赔偿情况等。

第十一条　对于损失特别重大、生活特别困难的特殊情形，需适当突破救助限额或救助次数的，应严格审核控制，救助金额最高不得超过人民法院依法应当判决的赔偿数额。

第四章　救助申报和审批程序

第十二条　相关办案单位（管委会下属各相关部门，下同）在办理案件的过程中，对于符合第五条规定的当事人，应当告知其有权申请国家司法救助。

第十三条 救助申请由当事人向办案机关提出；刑事被害人死亡的，由符合条件的近亲属提出。申请一般采取书面形式；确有困难不能提供书面申请的，也可以以口头方式提出，由案件承办部门记录，申请人签字确认。

第十四条 申请国家司法救助，申请人应当如实提供以下证明材料，并对所提供材料的真实性负责：

（一）有效身份证明，包括居民身份证、户口簿或户籍所在地公安机关开具的户籍证明等；

（二）个人及家庭财产、收入及由其住所地村（居）民委员会或其所在单位出具的家庭生活困难证明，应当如实载明申请人的家庭人口、劳动能力、就业状况、家庭人均收入等具体情况；

（三）其他相关材料。

第十五条 相关办案单位对申请人提供的材料进行核实，并对案件办理情况及申请人遭受的实际损害后果、获得赔偿情况等制作综合书面报告，提交本单位主要领导或分管领导审核。

第十六条 经相关办案单位研究拟决定给予救助的，应及时将《司法救助专项资金审批表》及相关材料报送高新区综治办公室审核，经高新区综治办公室审核后再提请高新区管委会分管领导审批。经研究决定不予救助的，自做出决定之日起3日内由相关办案单位将结论告知申请人，做好解释说明工作，并报高新区综治办办公室备案。

第十六条 经审批后，由相关办案单位向高新区综治办公室提交资金使用计划，高新区综治办公室根据相关办案单位提交的资金使用计划向高新区财政局报送月度综治资金计划，高新区财政局根据批准的月度资金计划向高新区综治办公室安排资金，高新区综治办公室按报账程序将救助资金划拨到相关办案单位。相关办案单位收到救助资金拨付款后，通知申请人一次性领取救助资金或存入申请人指定的银行账户，并由相关办案单位经办人员和申请人在司法救助专项资金发放记录表上签名和捺印确认。

第十七条 对急需医疗救治等特殊情况，相关办案单位可依据救助标准，先行垫付救助资金。对先期垫付的救助资金，应当告知当事人款项的性质及赔偿款、执行款等款项到位后须优先收回等内容，做好记录交当事人签名确认。救助后及时补办审批手续。相关办案单位要加大办案力度，不得拖延或停止办案。相关款项到位后，相关办案单位应及时归还垫付的救助资金。

第十八条 予以救助的案件需移送下一办案环节或其他相关办案单位的，各相关单位的案件承办部门将国家司法救助有关材料随案卷一并移送。

第五章 救助资金筹集和管理

第十九条 国家司法救助资金实行“分级管理、分级负担”的经费保障体制，根据高新区经济发展和司法救助工作实际，由高新区财政局列入年度综治财政预算，并建立动态调整机制，切实给予保障。

第二十条 积极拓宽救助资金的来源渠道，提倡和鼓励个人、企业和社会组织提供捐助、捐赠。利用个人、企业和社会组织捐助的资金实施司法救助的，应当告知捐助人救助资金使用情况，并遵守相关规定。

第二十一条 各相关办案单位建立完善司法救助资金财务管理制度，严格资金管理，建立救助资金使用台账，并按规定专账、专卷管理，强化监督措施，管好、用好救助资金。

第二十二条 各相关办案单位建立健全司法救助工作档案和台账制度，规范司法救助工作。案件办结后，案件承办部门要及时整理卷宗材料，实行一案一卷宗、一案一登记。

第二十三条　各相关办案单位每年 11 月 30 日前应向高新区综治办公室报送本年度发放救助资金的明细及国家司法救助总体工作情况，接受高新区综治办公室、高新区财政局、高新区监察审计局的监督检查。

第二十四条　高新区综治办公室每年 1 月 31 日前将高新区上一年度开展国家司法救助情况报高新区管委会和市国家司法救助领导小组。

第六章　责任追究

第二十五条　申请人通过提供虚假材料等欺骗手段获得国家司法救助金的，应予以追回，构成犯罪的，依法追究刑事责任。

第二十六条　申请人所在单位或基层组织等相关单位出具虚假证明，使不符合救助条件的申请人获得国家司法救助的，依法依纪严肃处理，并追回救助资金，构成犯罪的，依法追究刑事责任。

第二十七条　各相关办案单位有关人员在履职过程中存在失职、渎职行为的，一经发现应及时予以纠正。对截留、侵占、私分、挪用或者骗取国家司法救助资金的单位和个人，对违反规定发放国家司法救助资金造成重大损失的单位和个人，依纪依法严肃处理，并追回救助资金，构成犯罪的，依法追究刑事责任。

第七章　附　则

第二十八条　各相关办案单位可根据本实施办法细化国家司法救助的相关程序规定。

第二十九条　本办法自 2017 年 1 月 1 日起施行。

（2016 年 11 月 24 日）

关于印发《高新区党工委党务公开工作实施办法（试行）》的通知

自高党政办发〔2016〕3 号

各直属党组织：

经党工委同意，现将《高新区党工委党务公开工作实施办法（试行）》印发给你们，请认真贯彻执行。

高新区党工委党务公开工作实施办法（试行）

为认真贯彻党的十八大和十八届三中、四中、五中全会精神，切实落实省市委部署，积极推进党的建设制度创新，规范有序地开展高新区党工委党务公开工作，特制定本实施办法。

第一章　总体要求

第一条　目的意义。党工委在总揽全局、协调各方过程中，对决策部署、重大活动和管理服务等重要信息进行公开，是加强党的执政能力建设、实施科学民主依法执政、推进权力运行公开化规范化的必然要求，是创新领导方式、改进工作作风、密切党群关系的重要举措。推进党工委党务公开工作，对于贯彻党要管党、从严治党方针，增强党建工作社会公信力，巩固党的执政基础具有十分重要的意义。

第二条　基本原则。党工委党务公开工作，坚持围绕中心，服务大局，遵循依法依规、积极稳妥、分类实施、优质高效的原则，推进党务公开规范化、制度化、常态化。

第三条 审核把关。党务公开内容严格按政治性、政策性、保密性、敏感性要求进行审核把关，确保公开事项的及时性、准确性、完整性和权威性，增强公开社会效果。

第二章 公开事项

第四条 党务公开重点。除涉及党和国家秘密或依照有关规定等不宜公开的事项外，凡符合公开要求的党务事项，都应当进行公开。党工委党务公开事项主要包括以下方面：

（一）党工委会议重要决议决定事项；

（二）党工委重要文件（含以党政办公室名义印发的重要文件）；

（三）党工委重要工作会议精神；

（四）党工委重要工作情况；

（五）党工委领导重要党务、政务活动；

（六）党工委领导重要批示指示精神及其办理落实情况；

（七）其他党务公开事项。

第五条 党务公开事项的提出。按照“谁承办谁提出”和党政办公室统筹提出的要求，由承办部门（单位）提出公开建议意见，主要包括是否公开、公开内容、公开方式、公开载体、公开时间等。对应当公开而未提出公开的事项，党政办公室应要求有关部门（单位）提出公开建议意见。

第三章 公开形式

第六条 公开方式。根据公开事项内容，视情况通过以下方式公开：

（一）消息报道；

（二）文件登载（全文或摘要公开）；

（三）专题解读；

（四）新闻发布；

（五）情况通报；

（六）其他方式。

第七条 公开载体。党工委党务公开主要依托自贡高新区网页、新闻媒体、公开栏和高新区电子政务内网发布信息，注重发挥新兴媒体和其他公开载体作用。

第四章 公开实施

第八条 组织实施。按照“谁承办谁提出”原则，由承办部门（单位）在起草党工委文件、会议通知、活动方案、批示交办件等工作的同时提出公开建议意见。党政办公室根据部门（单位）提出的公开建议意见，制定党工委党务公开事项的实施安排方案，及时组织公开。

拟通过新闻媒体公开的，由党政办公室按照实施方案安排，统筹协调新闻媒体实施；拟通过其他方式公开的，由党政办公室协调有关部门（单位）实施。

涉及党工委领导活动的公开报道，严格按中央八项规定、省委省政府十项规定和市委市政府十一项规定关于领导活动新闻报道的要求办理。

第九条 保密审查。党工委党务公开工作须建立保密审查机制。遵循“谁主管、谁负责，谁公开、谁审查”的原则，对拟公开的内容是否符合公开目录要求、是否存在涉密信息等进行严格审查把关，确保公开内容不涉密。

第十条 舆情引导

（一）部门（单位）在提出公开事项时，应当对可能出现的热点舆情做出预判，制定应对预案。

（二）党工委党务信息公开后，由党政办公室牵头并会同有关部门（单位）做好舆情监测、收集、快速报送、引导、处置工作。

第五章 组织保障

第十一条 建立党工委党务公开工作协调小组。按照党工委统一领导、党政办公室组织协调、高新区各部门各负其责的要求，成立党工委党务公开工作协调小组，由党工委委员、管委会副主任任组长，管委会有关部门负责同志为成员，负责党工委党务公开工作的研究部署、统筹安排、协调推动。协调小组办公室设在党政办公室，负责党工委党务公开的具体工作。

第六章 其他

第十二条 本实施办法适用于面向社会的党工委党务公开工作。

第十三条 高新区各单位（部门）的党务公开工作参照本实施办法执行。

第十四条 本实施办法由党政办公室负责解释。

第十五条 本实施办法自发布之日起执行。

（2016年1月20日）

关于印发《高新区网格化环境监管实施方案》的通知

自高党政办发〔2016〕8号

各乡（街）、各有关单位：

《高新区网格化环境监管实施方案》已经高新区管委会同意，现印发给你们，请认真贯彻落实。

高新区网格化环境监管实施方案

为认真贯彻落实《国务院办公厅关于加强环境监管执法的通知》（国办发〔2014〕56号），着力强化环境监管，根据《自贡市人民政府办公室印发自贡市网格化环境监管实施方案的通知》（自府办函〔2015〕120号）要求，结合我区实际，制定本实施方案。

一、总体目标

以“整合管理资源、提升监管效能、改善环境质量、保障环境安全”为目标，建立和完善以“属地管理、分级负责、条块结合、无缝对接、全面覆盖、责任到人”为原则的网格化环境监管体系，推动环境监管关口前移，触角下延，形成“政府统一组织、环保部门统一协调、相关部门各司其职、社会各界广泛参与”的环境监管格局，实现环境监管工作规范化、精细化、效能化、长效化，建设天更蓝、山更绿、水更清的生态自贡。

二、分级网格和工作职责

（一）二级网格

高新区管委会为二级网格。主要工作职责：

1. 负责二级网格的建立、实施和运行，明确本级网格的管委会负责人和各有关部门的环境监管职责，落实监管方案，明确监管任务，强化环境保护重点区域、流域的协同监管，配合市监察支队组织开展联合执法、区域执法和交叉执法，确保环境监管执法全覆盖。

2. 负责划定三级网格，组织各乡（街）成立监管工作组，每个工作组监管人员不少于3人，组长由负有环境监管职责的部门负责人担任，明确重点监管对象（适时动态调整）、监管任务、监管责任人。

3. 负责指导监督下一级网格化环境监管体系的建立、实施和运行，加强巡查、抽查和督查，发现问题、接到投诉举报按照“谁主管、谁负责”的原则组织开展调查处理。

（二）三级网格

以三街二乡和三个指挥部为单元划分三级网格区域，责任主体为乡政府、街道办事处和指挥部。工作职责：

1. 负责三级网格的建立、实施和运行，明确本级网格责任人，配备必要的环境保护监督员。

2. 负责组织、指导和监督四级网格的建立和运行。

3. 负责建立与上级网格的联动机制，按规定承担本级网格相关环境监管检查、巡查、协调和报告工作，切实履行环境监管职责。

（三）四级网格

乡人民政府和街道办事处，以所管辖的各村（社区）为单元划分的四级网格区域，责任主体为各村（社区）。工作职责：

1. 负责四级网格的建立、实施和运行，明确本级网格责任人，配备必要的环境保护监督员。

2. 建立与三级网格的联动机制，负责日常了解、巡查、协调和监督，协助上级网格开展环境监管工作，及时发现、制止、报告环境违法行为。

三、网格成员职责

环境保护机构或人员工作职责：

经贸发展局：按照年度工作计划开展网格日常环境监管工作，配合市环保局开展污染源巡查和各类执法检查，及时查处环境违法行为，妥善处理环境信访投诉、环境污染纠纷和上级交办案件等，按要求公开环境监管信息；对需多部门进行联合执法、区域执法和交叉执法的，及时上报网格责任主体组织实施；统一监督各监管工作组工作。

三级网格环境保护人员：排查并及时发现、制止、上报环境问题和环境违法行为，协助上级网格工作。

四级网格环境保护人员：及时发现、制止、上报环境问题和环境违法行为等，协助上级网格处理环境信访投诉、环境纠纷和违法案件等。

四、网格化环境监管运行监督

（一）落实网格化环境监管工作责任

1. 明确各级网格负责人。高新区管委会、乡政府、街道办事处、村（居）民委员会的负责人为各辖区网格第一责任人，对辖区网格化环境监管工作负总责。

2. 实行“五定”。建立各级网格内环保监管“五定”机制，即对网格内所有污染源实行定区域、定人员、定职责、定任务、定奖惩的“五定”监管，确保网格边界清晰、责任主体明确、目标任务具体、考核评价客观，相关内容应向社会公开公示。

3. 建立责任制。上级网格与下级网格之间要层层签订责任状，明确工作任务和奖惩措施，各级网格内各部门之间要加强协调，密切配合，建立联动机制，认真履行环保监管职责。

4. 完善监管档案。对网格内所有污染源建立并完善涵盖所有污染源的一厂一档制度，充分运用现代信息技术，建立污染清单和信息数据库，完善各级网格内污染源档案，并保持动态更新，有条件的要组织建立网格化环境监管平台。

（二）明确网格化环境监管工作重点

1. 加强巡查报告。上级监管工作组每年要对下一级网格的工作进行督查，对责任人的履职情况进行监督管理。各级网格要对照职责，按规定进行巡查，及时发现、制止环境问题和环境违法行为。

2. 及时调查处理。网格责任主体或相关部门接到环境违法行为的报告后，要及时进行调查处理。对不属于本级本部门管辖的，要及时移交移送，并配合相关单位进行调查。受理单位要在规定时间内完成查处工作，并将查处结果反馈移交移送单位。对需要多个部门进行联合调查的，由同级网格责任主体负责组织实施联合执法。

3. 强化沟通反馈。做好上下级网格责任主体的信息沟通，对环境违法问题的查处结果，要及时反馈回复，并按要求公开。

4. 定期考核评价。各级网格每年对本级网格运行情况进行自评，上级网格对下级网格进行考核评价，研究改进措施，评价结果逐级上报。

（三）加强网格化环境监管监督

1. 加强工作监督。上级网格要督查下级网格的日常运行情况，不断完善和优化网格化环境监管体系。各级网格化环境监管工作组每半年要向网格化环境监管工作领导小组汇报工作情况，各级政府督查机构要加强对网格化环境监管工作的督查督办。

2. 鼓励公众监督。鼓励群众积极参与环境监督，增强公众环境意识，保障群众的知情权和监督权。鼓励各网格设立环境监督员，牵头协调组织各界代表等对网格化环境监管责任主体工作开展情况、实施效果予以监督。

3. 接受舆论监督。充分发挥新闻媒体的作用，利用报纸、电视、网格等媒体宣传环境保护法律法规，曝光环境违法行为，追踪查处结果，参与环境监管工作。

五、实施步骤

（一）动员部署阶段（2015年12月20日前）

各乡（街）要统一思想，高度重视，深入研究网格化环境监管体系建设工作，做好动员部署，落实必要的人力、物力和财力保障。要在2015年12月20日前将联系部门、联系人员信息及部署情况报送高新区经贸发展局。

（二）体系建立阶段（2016年1月30日前）

各乡（街）要结合辖区实际，制定网格化环境监管体系实施方案，建立网格化环境监管体系，要在2015年12月30日前将监管网格划分方案报高新区经贸发展局备案，2016年1月30日前将工作开展情况报送高新区经贸发展局。

（三）全面实施阶段（2016年1月起）

2016年1月起，全区网格化环保监管体系正式运行。各乡（街）要严格按照网格化环境监管体系的工作流程和工作任务，认真履行环境监管职责，确保辖区环境安全，要在每年12月10日前向高新区经贸发展局报送网格化环境监管工作总结。

六、网格化环境监管保障措施

（一）加强组织领导，确保责任落实

成立高新区网格化环境监管工作领导小组，负责组织推进全区网格化环境监管体系建立和相关工作的落实。各乡（街）也要成立相应的网格化环境监管工作领导小组及其办公室，负责组织推进辖区内网格化环境监管体系的建立和相关工作的落实。高新区经贸发展局负责综合督查各乡（街）网格化环境监管体系建立、实施和运行情况。领导小组成员单位要切实发挥各自职能优势，增强责任意识、大局意识，各司其职，各负其责，协调联动，密切配合，形成环境监管合力，全面做好网格区域内环保工作。

（二）完善工作机制，严格考核奖惩

要制定工作流程，明确相关部门在网格化环境监管中的责任，出台考核评价办法及奖惩措施，保障各级网格的高效运转。建立完善联席会议和移交移送等制度，提高环境监管效能。建立信息报告和信息公开制度，按要求公开相关工作情况。

（三）强化要素保障，提高工作效率

将网格化环境监管工作经费列入相关部门综合预算，进一步加强环境监管能力建设。加强环境监管护法业务培训，尤其要加强乡（街）和村（社区）网格监管责任人员业务能力的指导和培训，适应监管工作任务要求。组织相关部门开展综合护法，充分借助各部门现有网格监管体系，提高监管效能。

（四）严格依法行政，强化责任追究

严格落实企业事业单位和其他生产经营者环境保护主体责任，对环境违法行为要依法严肃查处，涉嫌环境犯罪的，要及时移送司法机关。建立严格、科学的责任追究机制，按照权责一致、能力与责任相匹配等原则，实事求是健全网格监管责任追究机制，科学合理界定追责情形与免责情形，对失职渎职等行为依法依纪实施问责。

（2016 年 1 月 25 日）

关于印发《中共自贡高新技术产业开发区工作委员会贯彻落实党委（党组）意识形态工作责任制实施方案》的通知

自高党政办发〔2016〕130 号

各乡（街）党（工）委、各直属党组织：

经高新区党工委同意，现将《中共自贡高新技术产业开发区工作委员会贯彻落实党委（党组）意识形态工作责任制实施方案》印发给你们，请认真贯彻执行。

贯彻落实党委（党组）意识形态开工作责任制实施方案

根据中央、省市文件精神，为进一步加强和改进意识形态工作，落实党管意识形态原则，明确党委（党组）领导班子、领导干部意识形态工作责任，结合高新区实际，制定本实施方案。

一、责任主体

（一）按照属地管理、分级负责和谁主管谁负责、谁主办谁负责原则，各级党委（党组）领导班子对本区域、本部门（单位）意识形态工作负主体责任。党委（党组）书记是第一责任人，必须旗帜鲜明地站在意识形态工作第一线，带头抓意识形态工作，带头管阵地、把导向、强队伍，带头批评错误观点和错误倾向，重要工作亲自部署、重要问题亲自过问、重大事件亲自处置。

第一责任人：王　猛

牵头单位：党政办公室

责任单位：党政办公室、各乡（街）党（工）委、各直属党委（总支）

（二）党委（党组）必须明确分管意识形态工作的领导，作为直接责任人协助党委（党组）书记抓好统筹指导工作。

第一责任人：叶茂恒

牵头单位：党政办公室

责任单位：党政办公室、各乡（街）党（工）委、各直属党委（总支）

（三）党工委班子和各党委（党组）其他成员根据工作分工，按照“一岗双责”要求，抓好分管联系部门（单位）意识形态工作，对照责任范围内的意识形态工作负领导责任。

一责任人：各党工委委员

牵头单位：各党工委委员所分管部门（单位）

责任单位：各乡（街）党（工）委、各直属党委（总支）

（四）各级党委（党组）要把意识形态工

作作为党的建设和政权建设的重要内容，纳入重要议事日程，纳入党建工作责任制，纳入各单位目标管理，纳入对领导班子和领导干部年度考核，纳入党的纪律监督检查范围，与经济建设、政治建设、文化建设、社会建设、生态文明建设和党的建设工作紧密结合，一同部署、一同落实、一同检查、一同考核。

第一责任人：叶茂恒

牵头单位：党政办公室

责任单位：纪工委、各乡（街）党（工）委、各直属党委（总支）

二、工作责任

（一）把握正确方向导向

认真贯彻落实中央和上级党委关于意识形态工作的决策部署和指示精神，牢牢把握正确的政治方向，保持政治清醒和政治定力，严守政治纪律和政治规矩，严守组织纪律和宣传纪律，有令必行，有禁必止，坚决维护党中央权威，在思想和行动上同党中央保持一致，维护党的权威。

第一责任人：叶茂恒

牵头单位：党政办公室

责任单位：各乡（街）党（工）委、各直属党委（总支）

（二）定期研判、通报意识形态领域情况

对本辖区重大事件、重大情况、重要社情民意中的倾向性苗头性问题，有针对性地进行引导，做出工作安排，维护意识形态安全。建立定期研究制度，各级党委（党组）领导班子每年至少两次专题研究意识形态工作，及时向上级党组织报告意识形态领域的重大情况并提出建设性意见。遇到突发问题和重大事项及时专题会商。健全通报制度，定期在党内通报意识形态领域情况，统一思想认识，明确工作方向。

第一责任人：叶茂恒

牵头单位：党政办公室

责任单位：各乡（街）党（工）委、各直属党委（总支）

（三）加强对意识形态工作的统一领导

统筹协调本区域、本部门（单位）在行政管理、行业管理、社会管理中体现意识形态工作要求，出台措施和开展工作充分考虑对社会思想文化的影响，考虑价值导向、舆情民意、社会效果，维护意识形态安全。切实形成党工委统一领导，党政齐抓共管、宣传部门组织协调、有关部门分工负责的工作格局，指导和督促下级党组织的意识形态工作。加强对本区域、本部门（单位）党员领导干部意识形态工作的教育培训。增强责任意识，提高政治鉴别力。

第一责任人：叶茂恒

牵头单位：党政办公室

责任单位：各乡（街）党（工）委、各直属党委（总支）

（四）加强意识形态阵地科学管理、依法管理、有效管理

1. 加强对外宣传平台管理

（1）加强对外宣传平台建设，依托各类媒体特别是新媒体强化舆论引导。各级党委（党组）书记要带头阅看主要媒体内容和各类舆情内容，带头正确把握媒体宣传导向，带头批评错误观点和错误倾向。

第一责任人：王　猛

牵头单位：党政办公室

责任单位：各乡（街）党（工）委、各直属党委（总支）

（2）严格落实新闻通气会、新闻发布会制度，及时传达中央和省委、市委及党工委的重大决策部署、重要会议精神，明确宣传任务、严明宣传纪律，牢牢把握正确新闻舆论导向，健全内部管理机制，加强对媒体合作版面、高新手机报、门户网站等媒体平台及采编人员的管理，强化安全刊播意识。建立健全网络媒体日常管理考核办法，强化内容监管。探索建立

微博、微信、手机客户端等新兴媒体管理机制，强化对民间自媒体的管理和引导。

第一责任人：叶茂恒

牵头单位：党政办公室

责任单位：各乡（街）党（工）委、各直属党委（总支）

2. 加强出版物管理

（1）高新区文化市场综合执法大队要严格执行出版物管理规定，严格审核、把住作品准入关，严格执行出版导向一票否决制。实行重大选题备案制度，涉及国家安全、社会稳定等方面的重大选题，涉及重大革命题材和重大历史事件的选题，要按照有关备案管理规定履行备案程序。

第一责任人：叶茂恒、邹发勇

牵头单位：文化市场综合执法大队

责任单位：各乡（街）党（工）委、各直属党委（总支）

（2）深入开展“扫黄打非”，加强文化市场综合执法，抓好集中专项整治行动和案件查办。

第一责任人：叶茂恒、邹发勇

牵头单位：文化市场综合执法大队

责任单位：各乡（街）党（工）委、各直属党委（总支）

（3）加大对涉爆、涉恐、涉藏独、涉邪教等非法出版物、政治性有害出版物和反宣传品的查处打击力度，加强对进口出版物、接受捐赠的境外出版物的监管，坚决封堵境外政治性有害出版物向境内渗透。

第一责任人：邓 权

牵头单位：公安分局

责任单位：各乡（街）党（工）委、各直属党委（总支）

3. 加强思想文化类学会协会等社团建设管理

高新区社会事业局要进一步对辖区思想文化类学（协）会的指导管理，各主管部门要加强对所属各学（协）会的班子建设，培养选拔马克思主义理论功底扎实、政治意识强的人才进入班子，牢牢掌握社科研究的主动权和话语权，实施哲学社会科学骨干培训工程，培养一批具有坚定马克思主义信仰的哲学社会科学优秀人才。各类民间学会和学术团体，主管部门党委（党组）要加强管理和指导。

第一责任人：叶茂恒

牵头单位：社会事业局

责任单位：各乡（街）党（工）委、各直属党委（总支）

4. 加强报告会、研讨会、讲座论坛等管理

严格执行审批审查制度，涉及意识形态的报告会、研讨会、讲座论坛等，举办前须将活动相关情况书面报告党政办公室和业务主管部门，经审查同意并按照有关程序报批后方可举行。邀请境外专家学者须事先报送外事主管部门审批同意，对学术研讨成果的宣传推广、新闻报道等，主办单位党委（党组）要严格审查把关。

第一责任人：叶茂恒

牵头单位：党政办公室

责任单位：各乡（街）党（工）委、各直属党委（总支）

5. 加强宗教及宗教思想传播管理

依法加强对宗教及宗教思想的传播管理，引导宗教界巩固其与社会主义社会相适应的思想理论基础，防范和抵御宗教极端思想侵蚀。三级宗教工作网络要及时发现和制止各类非法违法宗教活动，防御异端邪说和封建迷信侵扰。各级领导干部要主动宣传党的宗教民族政策，敢于发声亮剑，带头批驳错误观念和错误倾向。

第一责任人：叶茂恒

牵头单位：党政办公室

责任单位：各乡（街）党（工）委、各直属党委（总支）

6. 加强对外文化交流活动、学术交流合作、境外非政府组织和基金会等在区内管理。

（1）严把背景关、方向关和内容关，坚决禁止有损意识形态安全的活动出国或在本地举办。

第一责任人：叶茂恒

牵头单位：党政办公室

责任单位：各乡（街）党（工）委、各直属党委（总支）

（2）加强境外非政府组织和基金会资金流动监管，严防打击非法活动。严格防范、严厉打击境外非法组织在辖区内的一切活动。

第一责任人：邓　权

牵头单位：高新公安分局

责任单位：投资促进局、各乡（街）党（工）委、各直属党委（总支）

7. 加强基层意识形态阵地管理

加强产业园区、文化园区和农村基层的党建工作。加强各类文艺场所的管理，建好管好用好广播电视设施、影剧院、图书馆、文化馆、美术馆、基层综合性文化服务中心、幸福美丽新村（社区）文化院坝和农家（社区）书屋等基层宣传思想文化阵地。

第一责任人：叶茂恒、邹发勇

牵头单位：党政办公室

责任单位：文化市场综合执法大队、各乡（街）党（工）委、各直属党委（总支）

（五）加强各类学校管理

1. 加强学校的意识形态工作的指导

坚持党的教育方针，坚持社会主义办学方向，加强各类学校领导班子思想政治建设，强化学校思想政治工作和德育工作，牢牢把握学校意识形态工作的领导权、管理权、话语权。

第一责任人：叶茂恒

牵头单位：社会事业局

责任单位：各乡（街）党（工）委、各直属党委（总支）

2. 加强对各级各类中小学、职业学校和民办学校管理

加强教师队伍思想政治建设，持续开展青少年思想道德建设，定期开展思想动态分析，掌握思想引领工作主导权。加强对学生主题活动、校园文化、社会实践等的价值引导，发挥爱国主义教育基地和社会实践基地的作用，不断增强广大青少年对伟大祖国、中华民族、中国特色社会主义制度的认同。

第一责任人：叶茂恒

牵头单位：社会事业局

责任单位：各类学校，各乡（街）党（工）委、各直属党委（总支）

（六）加强维护网络意识形态安全

1. 建立健全网络意识形态工作领导体制和机制

各级党委（党组）主要负责人要亲自抓网络意识形态安全工作，领导和组织互联网管理部门及有关部门加强互联网管理，建立健全管用防并举、方方面面齐动手的制度体系。党政办公室、公安分局（国保大队）等要严格履行监督管理责任。坚持“正能量是总要求、管得住是硬道理”，加快完善网络管理机制办法。建立健全网上舆情研判会商、联动处置机制，建立专兼结合的网络工作队伍，大力推动传统媒体与新兴媒体融合发展，加快构建大网络大舆情全媒体工作格局。

第一责任人：叶茂恒、邓　权

牵头单位：党政办公室、公安分局

责任单位：各乡（街）党（工）委、各直属党委（总支）

2. 做大做强网上正面思想舆论

坚持正确舆论导向，积极探索运用网络媒体团结引导服务群众的途径和方法。加强信息发布、政策解读、网络评论，善于运用新媒体对政策措施进行权威解读，及时回应社会关切，提高网上议题设置能力和舆论引导水平。

第一责任人：叶茂恒

牵头单位：党政办公室

责任单位：信息办公室、经贸发展局、文化综合执法大队，各乡（街）党（工）委、各直属党委（总支）

（七）加强意识形态领域重大问题处置

1. 坚持以中国特色社会主义为度量衡，评判意识形态领域的是非曲直。注意把握好“时、度、效”，遇到突发情况后，按照属地管理原则迅速进行分析研判，在向上级报告的同时，及时表明立场，第一时间妥善处置，防止重大问题发酵放大。

第一责任人：叶茂恒

牵头单位：党政办公室

责任单位：各乡（街）党（工）委、各直属党委（总支）

2. 对否定中国共产党的领导、攻击中国特色社会主义制度等错误思潮和言论，要敢抓敢管、敢于亮剑，及时有效地发出声音。对坚持错误思想的意见领袖、网上活跃人士、敏感人物、“异见分子”等人物，要密切关注动向，坚决防止非法串联、造谣生事；同时，采取座谈、约谈等多种形式加强教育引导，做好转化工作；对危害严重、触犯法律的，要依法追究法律责任。

第一责任人：叶茂恒、邓　权

牵头单位：党政办公室、公安分局

责任单位：各乡（街）党（工）委、各直属党委（总支）

（八）做好知识分子的团结引导服务工作

1. 各级党委（党组）领导班子成员特别是主要负责同志，要注重同社科理论界、新闻出版界、广播影视界、文化艺术界、教育科技界知识分子交朋友，做好各项领域学术带头人、领军人物和新媒体中代表认识的工作。

第一责任人：王　猛

牵头单位：党政办公室

责任单位：各党工委委员，各乡（街）党（工）委、各直属党委（总支）

2. 畅通联系渠道，加强对党外知识分子的政治引导和政治吸纳，加强同新经济组织、新社会组织和新文艺组织、文艺群体中知识分子的联系，做好耐心细致的思想政治工作，引导他们与党同心同德、同心同向、同心同行，把他们最大限度地团结凝聚在党的周围。

第一责任人：叶茂恒

牵头单位：党政办公室

责任单位：各乡（街）党（工）委、各直属党委（总支）

（九）加强宣传文化队伍建设

1. 加强对宣传思想文化部门和单位领导班子成员的选拔任用。明确宣传思想文化部门和单位领导班子成员任职资格条件，加强对相关人选的审核把关。

第一责任人：叶茂恒

牵头单位：党政办公室

责任单位：各乡（街）党（工）委、各直属党委（总支）

2. 加强宣传思想文化部门和单位领导班子成员管理，严格落实干部动议提名、推荐考核、任命宣布的有关程序和要求，进一步拓宽干部选任视野，加大宣传思想文化系统干部与系统外干部的双向交流力度。

第一责任人：叶茂恒

牵头单位：党政办公室、人力资源局

责任单位：各乡（街）党（工）委、各直属党委（总支）

3. 根据现有领导班子职数，配齐配强宣传文化部门和单位领导班子，对敢抓敢管，敢于同错误倾向做斗争，善于做意识形态工作的同志要公开支持，大胆提拔使用，对不适合、不适应的要及时做出调整。

第一责任人：叶茂恒

牵头单位：党政办公室、人力资源局

责任单位：各乡（街）党（工）委、各直属党委（总支）

4. 加强宣传思想文化部门和单位队伍建设，用好现有编制资源，及时补充工作人员，切实配齐配强工作力量。

第一责任人：叶茂恒

牵头单位：党政办公室、人力资源局

责任单位：各乡（街）党（工）委、各直属党委（总支）

5. 高度重视城乡基层宣传文化干部队伍建设，严格落实市委宣传部等7部门《关于加强县（区）和城乡基层宣传文化队伍建设的实施意见》（自委宣发〔2014〕15号）精神，切实解决基层宣传文化队伍建设中的实际问题，乡（街）党（工）委要配备负责宣传文化工作的专兼职人员，在现有编制总量内，每个乡（街）综合文化站（中心）至少应有1至2名工作人员。

第一责任人：叶茂恒

牵头单位：党政办公室、人力资源局

责任单位：各乡（街）党（工）委、各直属党委（总支）

（十）严格党员干部纪律约束

加强党员干部的党纪党规教育，加强党员干部政治纪律、组织纪律的执纪监督，绝不允许公开发表违背中央和省委、市委、高新区党工委精神的言论，绝不允许参与各种非法组织和非法活动。对在境内外各类媒体、互联网、出版物及讲坛论坛等公开场合发表同中央、省委、市委、高新区党工委精神相违背的言论，非议党的理论和路线方针政策的决策部署，散布传播政治谣言的党员干部，要依纪依法严肃处理。

第一责任人：林作文

牵头单位：监审局

责任单位：各乡（街）党（工）委、各直属党委（总支）

三、督查考核

（一）党政办公室作为高新区主管意识形态工作的综合职能部门，履行指导、组织、协调、督查和抓落实的职责。每年对本辖区意识形态工作进行一次专题督查，督查结果向党工委报告，并报市委宣传部。督查发现的问题，要及时研究解决，督促整改落实。

（二）各党委（党组）要建立意识形态工作责任制的检查考核制度，明确检查考核的内容、方法、程序。

（三）各党委（党组）每半年向上级党组织专题汇报一次意识形态工作。党工委要把意识形态工作作为向全委会报告工作的重要内容。各党委（党组）班子成员要把意识形态工作作为民主生活会和述职报告的重要内容，接受监督和评议。

（四）各级纪检机关要把落实中央和上级党委、同级党委关于意识形态工作决策部署情况，纳入执行党的纪律尤其是政治纪律和政治规矩的监督检查范围，作为监督执纪问责的重要内容。

（五）党政办公室组织工作部门要把抓意识形态工作的成效和表现，作为领导班子、领导干部考察考核的重要内容，作为干部评价使用和奖惩的重要依据。对领导班子、领导干部抓意识形态工作的考察考核意见，由上级党委宣传部门负责提供。

（六）高新区文明办要把落实党委（党组）意识形态工作责任制情况纳入文明乡（街）、文明单位考核测评内容，作为评先表扬的重要依据。

四、责任追究

（一）党委（党组）领导班子、领导干部违反或者未能正确履行本实施方案规定的工作责任，有下列情形之一的，要追究责任。

1. 对意识形态工作领导不力，疏于监督管理，以致管理范围内意识形态领域出现重大问题、造成不良影响的；

2. 对中央、省委、市委、和高新区党工委交办的意识形态工作事项不传达贯彻、不安排布置、不督促落实，或者拒不办理的；

3. 对中央、省委、市委、和高新区党工委安排部署的重大宣传教育任务、重大思想舆论斗争组织开展不力的；

4. 对本地区、本部门、单位和系统出现的意识形态领域重大问题隐瞒不报、迟报漏报、不予办理的；

5. 在处置意识形态领域重大问题上，党委（党组）书记没有站在第一线，没有带头与错误观点和错误倾向做斗争的；

6. 管辖范围内发生由意识形态领域问题引发群体性事件的；

7. 对所管理的党员干部公开发表违背党章、党的决定决议和政策的言论放任不管、处置不力的；

8. 所属新闻媒体平台出现严重错误导向的；

9. 管辖范围内公开发行的出版物和编写的教材等在意识形态方面有严重错误导向的；

10. 丧失对管辖范围内的刊物、新闻网站等宣传思想文化阵地的领导权和实际控制权的；

11. 管理范围内网络意识形态安全出现严重问题的；

12. 管辖范围内举办的报告会、研讨会、讲座论坛和党校课堂教学有发表否定党的领导、攻击中国特色社会主义制度言论，造成严重影响的；

13. 其他未能切实履行工作职责，造成严重后果的。

（二）党委（党组）领导班子、领导干部具有以上所列 13 条违反或者未能正确履行工作责任的情形，情节较轻的，给予提醒、批评教育；情节较重的，责令做出书面检查、进行通报批评；情节严重的，给予组织处理和纪律处分。

（三）党委（党组）领导班子、领导干部具有以上所列 13 条违反或者未能正确履行工作责任的情形，并具有下列情节之一的，要从重追究责任。

1. 对管辖范围内发生的问题掩盖、袒护的；

2. 干扰、阻碍责任追究调查的。

（四）党委（党组）领导班子、领导干部具有以上所列 13 条违反或者未能正确履行工作责任的情形，并具有下列情节之一的，可以从轻或者减轻追究责任。

1. 对管辖范围内发生的问题及时如实报告并主动查处和纠正，有效避免损失或者挽回影响的；

2. 认真整改，成效明显的。

（五）实施责任追究要实事求是，分清集体责任和个人责任，主要领导责任和重要领导责任。追究集体责任时，领导班子主要负责同志和直接分管的领导班子成员承担主要领导责任，参与决策的班子其他成员承担重要领导责任。对错误决策提出明确反对意见而没被采纳的，不承担领导责任。错误决策由领导干部个人决定或者批准的，追究该领导干部个人的责任。

（六）实施责任追究不因领导干部岗位或职务的变动免于追究。

（七）受到责任追究的领导班子、领导干部，取消当年年度考核评优和评选各类先进的资格。

（八）对领导班子、领导干部进行问责，要按照干部管理权限，由上一级党组织依据有关规定实施。党政办公室（宣传部门）可向实施问责的党委、纪委提出问责建议。对领导班子、领导干部问责情况，要报上级党委组织部门备案。

（九）党政办公室（宣传部门）要加强对下级党组织实施责任追究情况的监督检查，发现应当追究而未追究或者责任追究处理决定不落实等问题，要及时督促下级党组织予以纠正。

（2016 年 8 月 15 日）

重要文件目录

2016年中共自贡高新技术产业开发区工作委员会文件一览表

表25

文件名称	文　号	发文时间
关于认真做好乡镇领导班子换届工作的通知	15号	4月11日
关于印发《关于在全区党员中开展“学党章党规、学系列讲话，做合格党员”学习教育实施方案》的通知	23号	5月5日
关于印发《2016年高新区大综治大维稳工作要点》的通知	32号	5月20日
关于印发《高新区“两学一做”学习教育工作基本标准》和《基层党组织领导班子在“两学一做”学习教育中发挥示范表率作用的基本标准》的通知	35号	5月26日
关于印发《高新区2016年党风廉政建设社会评价工作方案》的通知	36号	5月26日
关于表扬高新区优秀共产党员、优秀党务工作者、先进基层党组织的通知	52号	6月28日
关于在“两学一做”学习教育中开展三项整改“回头看”的通知	55号	7月28日
关于印发《高新区2016年党风廉政建设和反腐败工作意见》的通知	58号	6月25日
关于命名共产党员示范岗、示范团队、示范单位等的通知	64号	8月29日
自贡高新技术产业开发区管理委员会关于机构整合及人员调配的通知	68号	9月29日
关于印发2016年度委机关部门、基层单位目标绩效任务的通知	72号	11月1日
关于定期报送“两学一做”学习教育和三项整改“回头看”落实情况的通知	73号	11月1日
关于印发《高新区贯彻落实〈中共自贡市委 自贡市人民政府关于促进自贡国家高新技术产业开发区加快发展二十条政策措施的意见〉责任分工方案》的通知	75号	11月1日
关于印发《自贡高新区综合目标绩效考评办法（试行）》的通知	95号	11月1日
关于2016年工作总结和2017年工作计划的报告	103号	12月2日
2016年度领导班子落实党风廉政建设责任制情况自查报告	105号	12月1日
关于印发《高新区村（社区）党组织换届工作方案》的通知	109号	12月2日

2016 自贡高新技术产业开发区管理委员会文件一览表

表 26

文件名称	文 号	发文时间
关于印发《高新区创新驱动发展专项扶持资金管理暂行办法》的通知	1号	1月4日
关于印发《高新区创新驱动发展专项扶持资金评审细则》的通知	2号	1月4日
关于高新区财政投资评审工作相关事宜的通知	4号	1月12日
关于开展 2015 年度土地卫片执法检查的通知	5号	1月12日
关于调整高新区村（社区）部分基层工作人员补助标准的通知	8号	3月3日
关于下达 2016 年重大项目计划的通知	9号	3月7日
关于印发高新区 2016 年度大气污染防治目标任务分解表的通知	15号	3月28日
关于印发《高新区 2016 年消防工作意见》的通知	16号	3月31日
关于印发《高新区 2016 年信访积案集中攻坚计划安排表》的通知	17号	4月7日
关于表彰 2015 年度优秀公务员先进工作者和优秀服务能手的通知	18号	4月7日
关于印发《高新区 2016 年地质灾害防灾预案》的通知	20号	4月6日
关于 2016 年迎接省级卫生城市第四轮复审迎检工作的通知	23号	5月10日
关于做好人大代表建议和政协提案办理工作的通知	24号	5月7日
关于进一步规范高新区被征地农民社保资金预存款缴纳工作的通知	28号	5月20日
关于表彰 2015~2016 学年度“三好”学生优秀学生干部和先进班集体的通知	29号	5月20日
关于印发《高新区“自贡生物科技产业园”项目推进工作方案》的通知	31号	6月15日
关于乡镇机关事业单位工作人员实行乡镇工作补贴的通知	33号	6月23日
公务用车制度改革实施方案	35号	6月30日
关于印发《高新区合成材料面层跑道专项清理整治工作方案》的通知	40号	7月22日
关于印发《2016 年高新区全面深化改革工作目标任务分解表》的通知	43号	8月19日
关于下达 2016 年招商引资目标任务的通知	52号	9月22日
关于下达 2016 年固定资产投资和重大项目目标任务的通知	53号	9月22日
关于进一步规范信息化项目基础设施建设的通知	54号	9月26日
关于印发《自贡高新区国家司法救助实施办法（试行）》的通知	57号	11月24日
关于印发《2016 年第一批电子信息产业项目专项扶持资金使用管理办法》的通知	58号	11月23日
关于高新区各乡（街道）设立安全生产监督管理办公室的通知	59号	11月28日
关于印发《自贡高新区绿地植物保存管理规定》的通知	60号	12月1日

2016年自贡高新技术产业开发区管理委员党政办公室文件一览表

表27

文件名称	文号	发文时间
关于印发《高新区党工委党务公开工作实施办法（试行）》的通知	3号	1月20日
自贡高新技术产业开发区管理委员会党政办公室关于安排职务与职级并行工作的通知	5号	1月21日
关于印发《高新区网格化环境监管实施方案》的通知	8号	1月25日
关于印发《高新区2016年主要工作任务分解表》的通知	21号	3月9日
关于印发《高新区党政领导班子成员落实管党治党责任暨落实党风廉政建设主体责任开展谈话工作方案》的通知	31号	4月8日
关于印发《党政机关等重点领域“两学一做”学习教育指导意见》的通知	39号	5月5日
关于印发《高新区依法治区2016年工作要点》的通知	43号	5月10日
关于印发《高新区基层应急管理示范单位创建工作实施方案》的通知	47号	5月13日
关于进一步加强新形势下高新区老年人体育工作的意见	58号	5月26日
关于做好共产党员示范岗、示范团队、示范单位等评选命名的通知	75号	7月20日
关于公务用车制度改革后机关工作人员公务出行租用车辆的通知	78号	7月11日
关于开展深化庸懒散浮拖问题专项整治工作的通知	95号	8月29日
关于印发高新区2016年食品安全重点工作安排的通知	96号	8月26日
关于印发《高新区开展深化庸懒散浮拖问题专项整治工作实施方案》的通知	97号	8月30日
关于印发《高新区深入治理城乡“六乱”提升城乡环境质量专项治理工作实施案》的通知	114号	11月2日
关于印发《中共自贡高新技术产业开发区工作委员会贯彻落实党委（党组）意识形态工作责任制实施方案》的通知	130号	8月15日

2016年先进集体、先进个人名录

自贡市委、市政府以上表彰先进单位（集体）一览表

表28

单　位	获奖称号	授奖单位
自贡硬质合金公司粉末分厂偏钨酸铵班	全国工人先锋号	全国总工会
四川东方物流有限公司	全国物流行业先进集体	人力资源和社会保障部等
华西能源工业股份公司	五一劳动奖状	省总工会
红旗乡悦景社区	书香社区	省委宣传部、省文明办
高新区学苑街道南苑社区党委	先进基层党组织	中共自贡市委
高新区丹桂街道春华社区党委	先进基层党组织	中共自贡市委
自贡高新技术产业开发区国家税务局党委	先进基层党组织	中共自贡市委
四川自贡汇东发展股份有限公司党委	先进基层党组织	中共自贡市委
华西能源工业股份有限责任公司水冷壁分厂党支部	先进基层党组织	中共自贡市委

注：含辖区单位

自贡市委、市政府以上表彰先进个人一览表

表29

姓　名	单　位	获奖称号	授奖单位
林庆荣	自贡三辰实业有限公司	全国物流行业劳动模范	人力资源和社会保障部
王忠芬	高新区环卫站职工	五一劳动奖章	省总工会
宫　强	高新分局丹桂派出所民警	最美人民警察	省公安厅、省文明办
王　莉	管委会机关一支部书记、党政办副主任科员	优秀共产党员	中共自贡市委
邱家明	高峰乡高峰村党支部书记	优秀共产党员	中共自贡市委
郑国成	绿盛实验学校后勤工人	优秀共产党员	中共自贡市委
刘思东	红旗乡党委书记	优秀党务工作者	中共自贡市委
廖　晟	丹桂街道党工委委员、纪工委书记、办事处副主任	优秀党务工作者	中共自贡市委
胡玉仙	学苑街道党工委委员、纪工委书记、办事处副主任	优秀党务工作者	中共自贡市委

自贡高新区党工委、管委会表彰先进集体、先进个人

优秀共产党员、优秀党务工作者、先进基层党组织

优秀共产党员（80名）

徐树君　丹桂街道桂花社区监事会主任
任晓曦（女）丹桂街道春华社区第二党支部书记
雷晓芳（女）丹桂街道梨园社区党委书记
王　华（女）丹桂街绿盛社区副主任
万泽辉（女）丹桂街绿盛社区三支部组织委员
何　虹（女）丹桂街道明珠社区党委书记
段晓珊（女）丹桂街银桦社区党委书记
许　铭（女）丹桂街园丁苑社区党总支部书记
罗安琴　丹桂街道园丁苑社区居民
何国民　丹桂街道道方冲社区副主任
曾　伟　丹桂街道楠桂苑社区党总支部书记
丁雪桥（女）丹桂街道楠桂苑社区党总支部委员
徐　莉（女）丹桂街道丹桂社区党委副书记
万雪红（女）丹桂街道交通苑社区党委书记
龚　萍（女）丹桂街道劳保所所长
邓文勤（女）学苑街道办事处副主任
蒲碧英（女）学苑街道西景苑社区副主任
江明书（女）学苑街道白果社区党委书记
张　群（女）学苑街道谢家坝社区副主任
梁石秋　学苑街道金海社区党员
赵木容（女）学苑街道新汇社区党总支部书记
项　伟　学苑街道宏发社区党委书记
刘　琼（女）学苑街道邓家坝社区副主任

姜玉容（女）学苑街道蓝鹰社区副主任
李贵青（女）学苑街道龙城社区副主任
钟 莉（女）学苑街道南苑社区副主任
郭晓军 学苑街道英祥社区党委书记
陈志忠 板仓街道党政办公室主任
罗文天 板仓街道党政办公室党务工作人员
冯文友 板仓街道菜市村党支部书记
毛怀平 板仓街道新严村主任
周世宗 板仓街道卷子村党支部书记
朱泽雄 板仓街道兴唐村党支部书记
彭懿玮（女）红旗乡政府科员
魏政华（女）红旗乡龙神村党支部书记
唐琪英（女）红旗乡景湖社区党总支部书记
缪旋辉（女）红旗乡桂湖社区党支部书记
朱兴孝（女）红旗乡杨公桥社区党支部书记
郭慧英（女）红旗乡西湖社区党员
何登学 红旗乡和景社区党支部书记
高建云 高峰乡统筹办、群工办主任
马 明 高峰乡财政所所长
魏 萍（女）高峰乡党政办主任
周端武 高峰乡人大主席
魏政伦 高峰乡高峰寺社区监委会主任
李雍美 高峰乡双院村三组组长
周帆影（女）高新区文化市场综合执法大队科员
金建华 高新区红旗乡卫生院副院长
雷远贵 高新公安分局法制大队民警
胡于海 高新公安分局国保大队民警
童 灵 高新公安分局经侦大队民警
黄倩颖（女）高新公安分局治安大队民警
杨 敏（女）高新区国税局第三支部书记
范淑仙（女）学苑街社区卫生服务中心工会主席
夏泽平 高新区食品药品监管局办公室主任
李晓飞 汇东实验学校教师
曹秋芸（女）汇东实验学校教师
刘丽梅（女）绿盛实验学校教师
钟 敏（女）绿盛实验学校教师
王艳娟（女）自贡市第20中学校团委书记
赖 莉（女）自贡市丹桂幼儿园办公室主任
李君权 汇东股份有限公司代建二分公司副经理
缪国湘 汇东公司物业管理公司秩序维护员
周 莉（女）汇东大酒店综合管理部经理
陈 敏(女) 自贡市兴大房地产开发有限公司办公室主任
曾翠梅(女) 自贡市鹏飞装饰有限责任公司办公室主任
钱玉贵 四川花语精细化工有限公司驾驶员
幸享智 自贡市建华房地产公司总经理
邱延秤 四川川油天然气科技股份有限公司纪检委员
罗有利 四川英祥实业集团有限公司经济师
詹 胜 四川东科管道公司技术部部长
黎文友 四川沃兰特阀门制造有限公司常务副总经理
罗会兰（女）四川凯茨阀门制造有限公司
邓 谦 自贡市华燃天然气有限责任公司项目经理
舒倩颖（女）管委会党政办公室工作人员
梁 磊 管委会财政局工作人员
倪俊峰 管委会经贸发展局工作人员
姜 宽 管委会重大项目办公室工作人员
罗忠科 管委会园林局工作人员
张雪川（女）管委会社会事业局工作人员

优秀党务工作者（29名）

吴凌云（女）丹桂街道方冲社区党委副书记
孟晓玲（女）丹桂街道春华社区党委书记
陈 勇 丹桂街道桂花社区党总支书记
李建中 丹桂街道党政办主任
胡永峥（女）学苑街道蓝鹰社区党委书记
张云芳（女）学苑街道西景苑社区党总支部书记
曾家礼 学苑街道龙城社区党支部书记

吴彰涛　学苑街道邓家坝社区党总支部书记
梁礼超　板仓街詹市村党支部书记
毛智红　板仓街道卫里社区党支部书记
王　荣（女）红旗乡东湖社区党总支部书记
倪念明　红旗乡悦景社区党总支部书记
刘昌慧（女）高峰乡纪委委员、社事办主任
毛　勇　高峰乡纪委委员、拆迁办主任
袁　璨（女）丹桂派出所党支部宣传委员
黄　敏（女）四川自贡汇东发展股份有限公司党务干事
周丽莎（女）自贡市高新投资有限公司党支部副书记
缪体燕（女）汇东实验学校党政办副主任
李真高　蜀光绿盛实验学校党政办公室副主任
韩　毅　汇兴小学党小组长
徐开琼（女）英杰希望学校党政办主任
刘庆庆（女）浙江大学自贡创新中心党支部书记
张远慧（女）四川川润股份有限公司党委书记
岳志冯　四川东方物流有限公司党群干事
罗　维　四川鸿康科技股份有限公司党支部书记
刘　川　自贡市通达机器制造有限公司党总支部书记
秦　川　高新区管委会机关一支部组织委员
江　艳（女）高新区管委会机关四支部组织委员
王玉桢（女）高新区管委会机关五支部组织委员

先进党组织（30个）

丹桂街道梨园社区党委
丹桂街道银桦社区党委
丹桂街道党工委
丹桂街道明珠社区党委
丹桂街道交通苑社区党委
学苑街道党工委
学苑街道新汇社区党总支部
学苑街道谢家坝社区党委
学苑街道白果社区党委
学苑街道英祥社区党委
板仓街道机关党支部
板仓街道桔香村党支部
板仓街道糍粑坳社区党支部
红旗乡龙神村党支部
红旗乡大湾社区党总支部
红旗乡悦景社区党总支部
高峰乡桑海社区党支部
高新区国税局党委一支部
板仓派出所党支部
自贡市城乡管理行政执法局高新区执法大队总支部
自贡市汇东实验学校党总支部
自贡市蜀光绿盛实验学校党支部
自贡市沿滩区卫坪镇小教党支部
自贡市汇西小学党支部
自贡市自流井区红旗小学党支部
自贡市农业融资担保有限公司党支部
自贡市华燃天然气有限责任公司党委
自贡市卫生纸厂党支部
四川自贡汇东发展股份有限公司党委
高新区管委会机关党委二支部

共产党员示范岗、示范团队、示范单位、示范行业

共产党员示范岗（39个）

徐晓娟（女）丹桂街道银桦社区党委委员
江伯阳　丹桂街道交通苑社区党委副书记
洪祥英（女）丹桂街道办事处武装干事
曾家礼　学苑街道龙城社区党支部书记
钟　莉（女）学苑街道南苑社区副主任

唐昭平　学苑街道办事处党政办公室副主任
陈秀英（女）板仓街道桔香村党支部书记
周结荣　板仓街道党工委书记
雷　利（女）红旗乡西湖社区党支部书记
彭懿玮（女）红旗乡人民政府科员
袁茂秋　红旗乡人民政府工作人员
何　斌　高峰乡高峰村副主任
刘慧中（女）高峰乡桑海社区党支部书记
张全平　高峰乡肖庙村党支部书记
舒　同　高新公安分局南湖派出所教导员
陈康为　高新公安分局刑事侦查大队民警
虞文君　高新区国税局政策法规科科长
夏泽平　高新区食品药品监管局办公室主任
朱连萍（女）高新区城管执法大队副主任科员
李　定　高新区文化市场综合执法大队大队长
郭泰谦　高峰乡卫生院院长
夏红燕（女）学苑街社区卫生服务中心护士
冯慧玲（女）浙江大学自贡创新中心项目主管
张屏华　汇东实验学校副校长
冯晓敏（女）绿盛实验学校南湖校区教师
朱光俐（女）汇兴小学校教导主任
刘学平　第二十中学校教师
李　林　红旗小学校教师
陈宇燕（女）汇西小学校团支部书记
陈雪梅（女）英杰希望学校教师
何礼平　卫坪镇火花小学校长
李君权　汇东发展股份有限公司代建二分公司副经理
周　莉（女）汇东大酒店有限公司综合管理部经理
杜宗甫（女）高新投资有限公司战略发展部副经理
邓　绪（女）自贡市华燃天然气有限责任公司党委组织委员
岳志冯　四川东方物流有限公司党群工会干事
舒桂芳（女）自贡市卫生纸厂党支部书记
梁　磊　管委会财政局工作人员
崔岩峰　管委会企业服务部部长

共产党员示范团队（20个）

丹桂街道方冲社区
丹桂街道梨园社区
学苑街道白果社区便民服务室
学苑街道新汇社区便民服务室
板仓街道糍粑坳社区便民服务室
板仓街道办事处党政办公室
红旗乡悦景社区
高峰乡肖庙村
高新公安分局板仓派出所
高新区国税局纳税服务科
高新区丹桂街食品药品监督管理所
高新区城管执法大队丹桂中队
汇东实验学校党委春华小学数学组
绿盛实验学校历史教研组
汇兴小学校综合教研组
第二十中学校团委
红旗小学校英语组
汇西小学校数学教研组
卫坪中心校语文组
自贡市高新投资有限公司战略发展部

共产党员示范单位（6个）

学苑街道办事处
高新公安分局
高新区监察审计局
汇西小学校
自贡市高新投资有限公司
四川川润股份有限公司

共产党员示范行业（1个）

高新公安分局户政服务窗口

2015—2016 学年三好学生、优秀学生干部、先进班集体

三好学生（81 名）

小学

汇东实验学校

唐可昕　赵皓安　吴卓锡　杨翱铭
罗镱心　何婉贞　尤琬婷　李锦序
谈语嫣　刘思言　任欣宜　罗新雄
吴睿妮　黄莉钦　封皓源　吴思睿
叶子涵　彭逸潇　曾梓轩　卓睿月

绿盛实验学校

张珂玮　兰亭序　周子涵　王玄植
杨晰然　范君怡　张第航　江思锐
刘雨桐　黄子量　王良升　廖洛影
薛继烨　杨亚以　王语婷　温建霖

汇兴小学

黄可心　邱　奕　胡爱琳

红旗小学

方蔚然　胡鑫阳　殷彩玲

汇西小学

刘梦灿　詹蕊嘉　李　享　叶梦琳
王巧思

卫坪中心校

王新雨　曾思婷　刘益守　朱朝宇
邱依冉　万梦瑶　万思琪

英杰希望学校

郑巧巧　林思晨

重滩小学

余梦玉

中学

汇东实验学校

张恺雯　林鹭佚　黄婧芸　郑　一
王乾宇　赵武灵　刘瑾妍　蒙凯仑
刘宇轩　钟璨然　蒋　澈　许思蕊

绿盛实验学校

徐璟果　王苗锦　王智宇　杨　溢
甘　露　郑家辉　蔡　雨　李秋樾

二十中学校

苏　涛　赖　敏　林诗雨

英杰希望学校

刘荟萃

优秀学生干部（49 名）

小学

汇东实验学校

王炜杰　付予芊　饶梓琪　肖韵韩
杨思烨　廖禹童　罗闵琦　钟梓丹
赵茂森　黄　哲　缪千寻　曾子豪

绿盛实验学校

李宛霖　陈晓玥　杨睿灼　黄思雨
曾　延　何依蕊　余文静　陈鸿坤
张祺越

汇兴小学

陈琦玥　朱倍颜

红旗小学

何慧玲　熊　钰

汇西小学

范柯尔　陈思旭　唐一沁

卫坪中心校

张珍仪　张雨婷　林　煜　袁　亮

英杰希望学校

明希艾　冷双玲

重滩小学

宋晓桥

中学

汇东实验学校

陈珂颖　陈钰杰　林志钢　何美杏
陈乙菁　杨　柯　刘晓诺

绿盛实验学校

明　川　宁华丽　张育珩　陈　悦

二十中学校

赖远杰　刘　针

英杰希望学校

何耀辉

先进班集体（26个）

小学

汇东实验学校（春华校区）

二年级3班　三年级4班　四年级6班　五年级6班

汇东实验学校（南湖校区）

四年级1班　三年级2班

绿盛实验学校（本部）

四年级1班　五年级6班

绿盛实验学校（南湖校区）

六年级1班　五年级3班

汇兴小学

六年级1班

红旗小学

六年级2班

汇西小学

一年级3班　二年级3班

卫坪中心校

六年级2班　五年级1班（曾家桥）六年级1班（群力）

英杰希望学校

四年级1班

重滩小学

一年级1班

中学

汇东实验学校（春华校区）

七年级8班

汇东实验学校（南湖校区）

八年级1班　七年级5班

绿盛实验学校（本部）

七年级4班

绿盛实验学校（南湖校区）

八年级1班

二十中学校

2006级1班

英杰希望学校

八年级2班

（党政办公室）

2016 年自贡高新区重大项目表

表 30 单位：万元、%

序号	项目名称	建设性质	建设规模及内容	建设时限	总投资	截至2015年完成投资	2016年计划投资	2016年			业主
								完成投资	占年计划	进度	
—	合计 62 个			—	1952593	689138	386049	500595	129.7	—	—
—	一、产业项目（25 个）			—	1464740	548626	240000	376344	156.8	—	—
—	1. 第二产业（11 个）			—	111200	31500	45500	31100	68.35	—	—
1◆	西南静脉产业园	续建	占地 13.33 万平方米，建筑面积 6.5 万平方米，建设模具修护中心、表面处理中心、激光再制造中心、资源再生中心等	2014—2017	25000	15000	10000	10000	100	竣工试产	四川新吉隆环保科技有限公司
2◆	四川道学公司机械设备制造	续建	占地 1.6 万平方米，建筑面积 1.2 万平方米，建设石油、铁路、环保机械设备制造生产线	2015—2016	7000	3500	3500	3500	100	竣工试产	四川道学机械制造有限公司
3	新型紧固件生产线	续建	占地 1.67 万平方米，建筑面积 1.3 万平方米，建设 5000 吨/年新型紧固件生产线	2015—2016	4200	3000	1200	1200	100	竣工试产	四川海峰紧固件制造有限公司
4◆	凯茨阀门工业园	续建	占地 10 万平方米，建筑面积 7 万平方米，建阀门生产线、厂房等	2015—2017	26400	10000	10000	10000	100	一期投产	四川凯茨阀门有限公司

续表30

序号	项目名称	建设性质	建设规模及内容	建设时限	总投资	截至2015年完成投资	2016年计划投资	2016年			业主
								完成投资	占年计划	进度	
5◆	工业阀门生产制造	新建	占地7.33万平方米，建筑面积5万平方米，工业阀门生产制造	2016—2017	13000	—	6000	—	—	项目取消	华夏阀门有限公司
6	大型集装箱船舶及脱硫机械密封扩建	新建	占地1.6万平方米，建筑面积1.2万平方米	2016—2017	3800	—	1500	1500	100	竣工	四川大禹机械制造公司
7◆	过滤设备生产线	新建	占地1.47万平方米，建筑面积9000平方米	2016—2017	3500	—	2800	1400	50	基础建设	宇洋电力设备公司
8	输电线路状态监测系统产业化	新建	占地1万平方米，建筑面积7000平方米	2016—2017	2300	—	1000	1000	100	竣工	自贡市三人实业有限公司
9◆	迁建中国石油集团川庆钻探工程有限公司自贡生产区	新建	占地4.27万平方米，厂房及生产配套用房	2016—2017	5000	—	2000	—	—	取消	自贡市城市建设投资开发有限公司
10◆	迁建国网自贡供电公司综合用房	新建	占地6.4万平方米，国网自贡供电公司培训中心、经济信息研究所、自贡电力建设集团公司、自贡电力设计院、检修公司、计量中心等	2016—2017	15000	—	5000	—	—	取消	国网自贡供电公司（市城投资公司代建）

续表30

序号	项目名称	建设性质	建设规模及内容	建设时限	总投资	截至2015年完成投资	2016年计划投资	2016年			业主
								完成投资	占年计划	进度	
11◆	中药制造生产线	新建	占地1.7万平方米3，5000吨/年中药材饮片生产线、中药颗粒剂等	2016—2017	6000	—	2500	2500	100	竣工	四川盛世锦荣药业有限公司
—	2. 第三产业（14个）			—	1353540	517126	194500	345244	193.5	—	—
12◆	高新孵化园（一期）	续建	占地3.9万平方米，建设高新技术孵化大楼及其配套设施	2014—2017	58000	10000	10000	10000	100	主体断水	自贡市高新投资有限公司
13◆	华商·国际城	续建	占地15万平方米，建筑面积约48万平方米，建设大型商贸中心、百货、酒店、影院等	2012—2017	110000	65000	10000	9080	90.8	一期投用	四川友华房地产开发有限公司
14	泰丰·国贸中心	续建	占地5.33万平方米，建成企业总部基地、科技、金融、信息、商业商务、五星级酒店于一体，配套齐全、设施完善总部经济区	2012—2016	58700	27000	5000	29773	595.5	主体施工	自贡泰丰房地产开发有限公司
15◆	卧龙湖国际盐泉生态城	续建	占地221万平方米，盐卤浴、体育公园、房地产等建设	2012—2017	460000	235126	60000	99291	165.5	盐卤浴一期等营业	中港文化旅游投资有限公司、自贡中置文化旅游投资有限公司

续表30

序号	项目名称	建设性质	建设规模及内容	建设时限	总投资	截至2015年完成投资	2016年计划投资	2016年			业主
								完成投资	占年计划	进度	
16◆	泰丰·国际城一期	续建	占地22.4万平方米，修建多层和部分高层，建筑面积80万平方米	2013—2017	250000	130000	20000	20000	100	部分竣工	四川泰丰集团有限公司
17◆	南湖领御	续建	占地9.51万平方米，建筑面积30万平方米	2014—2017	59200	40000	30000	30000	100	部分竣工	自贡市远达房地产开发有限公司
18◆	紫荆城邦	续建	占地14.8万平方米，居住兼容商业，建筑面积47万平方米	2014—2017	92500	—	10000	65000	65	部分竣工	自贡市岭海房地产开发有限公司
19	产华商公园里二期	续建	占地6.93万平方米，二期建筑面积5.7万平方米	2015—2017	120000	10000	10000	69000	69	部分竣工	四川友华房地产开发有限公司
20	南湖逸都二期	新建	占地5.33万平方米，多层和高层，建筑面积18万平方米	2016—2018	45000	—	10000	10000	100	主体建设	四川自贡汇东发展股份有限公司
21	东区邻里中心	新建	占地1.4万平方米，建筑面积2.2万平方米	2016—2017	7660	—	3000	—	—	前期工作	—
22	丹桂小区地下车库改造	新建	4.5万平方米	2016—2017	10000	—	400	—	—	—	四川自贡汇东发展股份有限公司
23	卧龙湖九年制义务学校	新建	占地5.33万平方米，建筑面积2万平方米	2016—2018	10000	—	5000	—	—	方案设计	四川明君集团公司

续表30

序号	项目名称	建设性质	建设规模及内容	建设时限	总投资	截至2015年完成投资	2016年计划投资	2016年			业主
								完成投资	占年计划	进度	
24◆	自贡医养中心	新建	占地13.33万平方米。一期占地5.33公顷，建筑面积5万平方米	2016—2017	70000	—	20000	3100	15.5	施工招标	自贡市中医院
25	自贡汇东燃气输配抢险服务中心	新建	占地8200平方米，建设10万立方米/天配气站及配套抢险服务中心	2016—2017	2480	—	1100	—	—	前期工作	自贡市天然气有限责任公司
—	二、政府性项目（37个）			—	487853	140512	146049	124251	84.9	—	—
—	1. 高新区投入项目（35个）			—	484153	140512	142349	124251	87.29	—	—
—	1.1 基础设施（16个）			—	116653	81062	20099	25074	124.8	—	—
—	道路（13个）			—	104971	74120	17059	22021	129.1	—	—
26	东四路支路	续建	3921米×6米	2015—2016	1000	200	800	800	100	竣工	自贡市高新投资有限公司
27	横二路	续建	724米×16米	2015—2016	1039	500	539	539	100		
28◆	东五路	续建	1608米×16米	2015—2017	3102	1000	1200	1200	100	路床形成80%	
29◆	东六路	续建	2003米×16米	2015—2017	3900	1200	1500	1500	100		
30◆	南岸科技新区道路	续建	一环两纵三横道路硬化	2012—2016	60000	55000	5000	5000	100	竣工	
31	南林街	续建	1600米×30米	2012—2016	6480	4980	900	451	50.1	暂停施工	

续表30

序号	项目名称	建设性质	建设规模及内容	建设时限	总投资	截至2015年完成投资	2016年计划投资	2016年			业主
								完成投资	占年计划	进度	
32	汇园路	续建	800米×28米	2013—2016	9000	8000	1000	2184	218.4	竣工通车	四川自贡汇东发展股份有限公司
33	紫薇路中段	续建	1000米×24米	2012—2017	3300	1800	500	501	100.2	停工	四川自贡汇东发展股份有限公司
34◆	卧龙大道二期	续建	800米×30+100米绿化带	2015—2016	5600	1440	1200	6194	516.2	完成水稳层	自贡市高新投资有限公司
35	东七路（一期）	新建	2190米×24米	2016—2017	7000	—	3000	3000	100	部分路床	自贡市高新投资有限公司
36	南四路	新建	500米×16米	2016—2017	1200	—	800	—	—	方案调整	—
37	纬三路	新建	750米×16米	2016—2017	1800	—	120	—	—	办理手续	—
38	纬四路	新建	500米×16米	2016—2017	1550	—	500	652	130.4	土石方施工	—
—	市政配套（3个）			—	11682	6942	3040	3053	100.4	—	—
39	南湖公园西大门交通组织和绿化景观优化	续建	修筑跨线桥及改建下沉式广场	2015—2016	7942	6942	1000	1013	101.3	投入使用	自贡市高新投资有限公司
40	水电气网配套改造	新建	"天海苑"安置房水电气安装	2016—2017	3500	—	1800	1800	100	竣工	自贡市高新投资有限公司
41	电网敷设项目	新建	新建10千伏输电线	2016	240	—	240	240	100	竣工	自贡市高新投资有限公司

续表30

序号	项目名称	建设性质	建设规模及内容	建设时限	总投资	截至2015年完成投资	2016年计划投资	2016年			业主
								完成投资	占年计划	进度	
—	1.2社会事业及民生（19个）			—	367500	59450	122250	99177	81.1	—	—
—	安置房（10个）			—	339300	57550	106750	91673	85.9	—	—
42◆	天海苑（板仓九期安置房）	续建	占地6.67万平方米，建筑面积29万平方米	2013—2016	40000	20000	20000	20000	100	大部分竣工	自贡市高新投资有限公司
43◆	板仓八期安置房	续建	建筑面积5万平方米	2013—2016	16100	12000	5000	5000	100	竣工	
44	南湖西区三期安居工程	续建	占地1.57万平方米，建筑面积2万平方米	2014—2016	3500	2500	1000	1080	108	投入使用	BT业主：四川自贡盈盛房地产开发有限公司
45◆	紫竹苑安置房（南湖五期）	续建	占地1.32万平方米，建筑面积4.86万平方米	2015—2017	10000	1000	7000	4019	57.4	主体施工	四川自贡汇东发展股份有限公司
46	狮子山安置房二期	续建	占地2700万平方米，建筑面积3600平方米	2015—2016	800	50	750	—	—	停工	
47◆	卧龙湖一期安置房	续建	占地10.67万平方米，建筑面积26万平方米	2015—2017	99000	10000	20000	33914	169.6	11栋主体建设	

续表30

序号	项目名称	建设性质	建设规模及内容	建设时限	总投资	截至2015年完成投资	2016年计划投资	2016年			业主
								完成投资	占年计划	进度	
48◆	景苑三期安置房	续建	占地9.33万平方米，建筑面积15万平方米	2014—2017	51900	12000	20000	21150	105.8	主体竣工，室外装饰	自贡市高新投资有限公司
49◆	天颐苑安置房	新建	建筑面积23万平方米	2016—2018	50000	—	9000	3600	40	基础建设	四川自贡汇东发展股份有限公司
50◆	天福苑（沙坪三期安置房）	新建	建筑面积5万平方米	2016—2017	10000	—	6000	2400	40	基础建设	
51	汇福苑安置房（南湖四期）	新建	占地8万平方米，建筑面积20万平方米	2016—2018	58000	—	18000	510	2.8	平基施工	
—	**教育**（3个）			—	18300	1400	8600	3704	38.6	—	—
52◆	汇东实验学校南湖校区二期	续建	占地1.67万平方米，建筑面积3.5万平方米	2015—2016	4300	1200	3100	1446	46.6	建成投入使用	四川自贡汇东发展股份有限公司
53	汇西小学三期工程	续建	占地1.17万平方米，建筑面积3100平方米，修建附属用房、综合楼	2015—2017	2000	200	500	258	51.6	综合楼投入使用	
54◆	卫坪中心校	新建	占地6.67万平方米，建筑面积2万平方米	2016—2017	12000	—	5000	2000	40	基础建设	
—	**卫生**（2个）			—	5000	—	2500	—	—	—	—

续表30

序号	项目名称	建设性质	建设规模及内容	建设时限	总投资	截至2015年完成投资	2016年计划投资	2016年			业主
								完成投资	占年计划	进度	
55	南湖社区卫生服务中心	新建	占地8000万平方米，建筑面积4500平方米	2016—2017	3000	—	1500	—	—	完成招标	自贡市高新投资有限公司
56	卧龙湖社区卫生服务中心	新建	占地6700万平方米，建筑面积4080平方米	2016—2017	2000	—	1000	—	—	施工图设计	
—	其他（4个）			—	4900	500	4400	3800	—	—	—
57	浙大众创空间	新建	建筑面积2100平方米	2016—2016	1300	—	1300	1300	100	主体建设	浙大创新中心
58	公安分局监控系统	续建	—	2015—2016	3000	500	2500	2500	100	建成投用	汇东公安分局
59	糍粑坳农贸市场搬迁	新建	商铺、道路及其他经营场地等	2016—2016	300	—	300	—	—	获审批	自贡市高新投资有限公司
60	汇西广场	新建	占地6.67万平方米，建筑面积6650平方米	2016—2016	300	—	300	—	—	—	
—	2、其他政府性项目（2个）			—	3700	—	3700	—	—	—	—
61	自贡市残疾人康复中心	新建	占地7.07万平方米	2016—2016	2500	—	2500	—	—	招标	市残联
62	理工学院过街隧道	新建	面积1400平方米	2016—2016	1200	—	1200	—	—	方案优化中	市人防办

（重大项目办公室）

旅游指南

自贡高新区旅游景区一览表

表 31

名 称	地 址	简 介
妙观寺	汇东路富台山隧道南洞口对面（一对山下）	山峦苍翠，绿竹成荫。有藏经楼、七佛殿等建筑，殿堂肃穆典雅，建筑精致，自贡佛教协会设在寺内。寺前是广场，寺庙大门对联写道：“暮鼓晨钟惊醒世间名利客，经声佛号唤回苦海梦中人”
玉川公祠	尖山社区板仓坝	省级文物保护建筑，自贡市遗存甚少的盐商宗祠建筑。自贡最早四大盐商之一王郎云于清咸丰元年（1851）至同治二年（1863）间修建的宗祠。坐西北向东南，占地 4950 平方米，建筑面积 1700 平方米。建筑结构设计精巧，用楠木做立柱，石刻木雕精美
南湖公园	南湖生态城	面积 35.5 万平方米，湖面 8.5 万平方米，布局广场 3 个。湖四周浅丘环绕，景观错落有致。游览步道 5 公里，环湖骑步道 2.5 公里
釜溪河复合绿道（花海）	釜溪河南岸（龙乡大道西段—东环线）	面积 210 公顷，长 6.7 公里，开放式滨河公园带。利用釜溪河沿岸自然景观、山型和植被，修复历史遗迹，观光车道、骑行道、步行道、桥梁等串联起苍林盐话、林泊水苑、飞鸟诗栖、乐芙田园、东环之兴五大景观区，配建板仓驿站、陈家坝渔村、玫瑰庄园、东环之兴酒店，获评中国风景园林学会“优秀园林工程奖”金奖
汇东公园	汇东新城中南部	文化主题公园，面积 14.13 公顷。建有五人制足球场、篮球场、健身广场、步行道等
卧龙湖旅游区	南环路以南	规划面积 22 平方公里。卧龙湖水域长 12.5 公里，宽处 300 余米，湖中岛屿 10 余个，岛上曲径通幽，形如一条巨龙。布局卧龙湖国际盐泉生态城、康疗养生基地、湿地公园、运动主题公园等

续表31

名 称	地 址	简 介
盐卤浴“海汤神泉”	卧龙湖旅游区桑海森林	占地9公顷，接待区、会所区、室内游乐区、汉方区和室外漂浮区5板块组成。盐卤浴场泡池37个，水面3000平方米，水体2000立方米，室内休闲娱乐和室外风情景观康疗泡池两部分。室内有亲子娱乐、罗马浴、土耳其浴、鱼疗池、SPA（水疗）功能池、漂流河、儿童水寨、星空漂浮池等；室外布置“华夏盐泽”（金）、“天车森林”（木）”、“牧羊花屿”（水）、“汲卤煮盐”（火）、“白羊盐丘”（土）5个区域
卧龙湖湿地公园	卧龙湖旅游区	生态主题公园，占地58公顷。依湖体和山形自然形态打造中心广场、湖泊、自然水岸、生态岛、万花谷等景观，人行主干道4.5公里，穿插园中小径，跨湖面人行木栈道3条，植被品种157种
高峰玫瑰园	高峰乡高峰村	占地6.67公顷。栽培30余种玫瑰，布局观景台，铺筑沿湖步道3公里和赏花小径，开设农家乐和名优小食摊区

自贡高新区主要宾馆酒店一览表

表32

名 称	地 址	电 话
汇东大酒店	丹桂大街99号（丹桂北大街与汇东路交叉口）	0813-8288888
英祥锦江国际大酒店	汇兴路333号（汇兴路与龙汇北街交叉口）	0813-8233333
天骄大酒店	汇川路天骄国际2号楼	0813-5396666
龙辰酒店	汇兴路281号（汇东公园北）	0813-8288777
森海温泉度假酒店	丹桂南大街2666号欧镇A区	0813-8111116
格林东方酒店	华商国际城	0813-7986666
新新嘉园酒店	汇兴路四川理工学院东侧	0813-8182888
江南印象酒店	文化路37号	0813-8185666
新新商务酒店	文化路广电大厦北楼	0813-8188777
君临商务酒店	丹桂大街309号（自贡汽车客运站旁）	0813-5536666
四季港湾酒店	丹桂北大街怡景湾	0813-8265666
莫丽酒店	紫薇路南湖俊景1栋（南湖公园旁）	0813-8225999

续表32

名　称	地　址	电　话
艺锦酒店	汇东路东段 11 号	0813-8257777
东环之兴酒店	东环路段釜溪河绿道停车场对面	0813-8618999
青花瓷大酒店	汇川路东段汇川大厦	0813-8266222
学苑宾馆	汇兴路 806 号	0813-8115885
索菲亚酒店	汇川路明珠小区 18 栋	0813-8239666
巴登度假酒店	丹桂南大街 2666 号（海汤神泉广场钟鼓楼）	0813-2608666
7 天连锁酒店（汇东中心店）	丹桂大街 817 号泰丰大厦 1 楼	0813-5398777
伊莎贝拉假日酒店	汇东路东段 205 号	0813-5699999
惠川酒店	丹桂南大街段西侧惠川广场 1 栋 8-9 层	0813-3333002
小驻·轻奢主题酒店	南湖路南湖领御	0813-3333320
维景阳光酒店	汇东路东段 19 号	0813-2207999
尚东商务酒店	丹桂北大街 479 号	0813-8182666
四方宾馆	丹桂北大街 524 号	0813-8119212
森林源精品酒店	汇东路西段新维花园	0813-2106118
西苑宾馆	学苑街 280 号（四川理工学院对面）	0813-8111616
汇信宾馆	丹桂北大街 101 号	0813-8119777
福林商务酒店	丹桂北大街机电市场 A 座	0813-8208082
鑫悦商务酒店	丹桂北大街蓝鹰海岸综合楼	0813-8220616
兴大商务酒店	丹桂北大街 200 号	0813-8220666
红旗宾馆	华园街 29 号	0813-8204076
鑫贵商务酒店	通达北街 110 号（自贡客运站旁）	0813-8220066

自贡高新区主要旅行社一览表

表 33

名　称	地　址	电　话
自贡春秋旅行社	丹桂北大街（广电对面 3 楼）	0813-8218901
自贡汇东海德旅行社有限公司	汇东路东段 16 号（汇东大酒店 1 楼）	0813-8218901
自贡中国国际旅行社汇东门市部	华园街 29 号	0813-8118965
自贡神州旅行社汇东营业部	华园街 7 号	0813-8285928
新大陆旅行社汇东门市	春华路 128 号	0813-2200882
自贡青旅旅行社	龙汇北街蓝鹰花园 5 号	0813-8288899
光大旅行社汇东门市	丹桂北大街	0813-8222297
自贡康辉旅行社	丹桂大街广电大厦旁新新商务酒店 2 楼	0813-8208000
自贡市交通旅行社	高笋塘小区西北角	0813-8119900
自贡印象国际旅行社春华路店	春华路 36 号	0813-8115916
自贡飞扬旅行社汇西门市部	汇东路西段 1418 号	0813-5501666
平安旅行社形象店汇西门市	汇东路 440 号	0813-8267966
自贡巴士旅行社（龙汇门市）	龙汇北街龙汇家园对面	0813-8288899